시각과 공감

우현(佑賢) 김준우 칼럼 모음

김 준 우

시각과 공감

한국학술정보

차례

이 책을 읽는 이들에게

글이 개인의 생각을 담아 내는 그릇이라면 글쓰기는 생각을 글이라는 그릇 속에 담아 내는 행위이다. 생각이 순간이라면 남겨진 글은 영원하고 많은 이들에게 영향을 미치게 된다. 그래서 스쳐 가는 생각을 글로 담아 내지 않으면 그것은 곧 증발하기에 글로 표현할 때만이 그 생각이 드디어 의미를 갖게 되는 것이다.

이 글이 배경으로 하는 시기는 2019년 문재인 정부 집권 초기부터 2023년 윤석열 정부의 집권 첫해까지로서 이때는 공교롭게도 필자의 정년인 2021년 전후의 5년간과 일치한다. 이 시기는 한반도 역사뿐만 아니라 세계 역사에 큰 변곡점을 나타내는 시기라 할 수 있다.

역병, 전쟁, 기술 그리고 권력

역사가들은 역사를 기술할 때 흔히 도구로 시기를 구분하거나 혹은 역사를 바꾼 몇의 충격요소(예: 총균쇠)로 시대를 정의한다. 대표적인 예로서 전자가 역사를 전쟁 도구로 구분하였던 전쟁사학자 존 키건이고 후자는 역사 평론가 제러미 다이어몬드이다. 우리가 생각하는 기간에는 이러한 충격 요소(역병, 전쟁, 기술)가 동시에 나타났다.

코로나 사태는 2019년 12월 발병에서부터 현재까지, 우크라이나 전쟁은 2022년부터 현재까지 그리고 첨단 정보기술의 발현으로서 인공지능은 2016년 알파고의 바둑 대국에서 시작했으나 2023년 ChatGPT를 기점으로 폭발적으로 확산하고 있으며 이 첨단기술은 비트코인, 드론, 양자컴퓨터 등 새로운 기술들과 함께 융합 및 혁신적 진화를 계속하고 있다.

코로나와 전쟁 그리고 첨단기술은 개개로 보면 중세 흑사병이나 근대의 산업혁명 그리고 세계 1차, 2차대전에 비하면 규모가 작지만 이 세 충격은 동시에 발생하여 서로 상승작용을 한 측면도 없지 않다. 다시 말하면 각각의 강도가 작아서 실제 파급효과를 지금 당장은 실감을 못해도 역사에서 보듯 충분한 시일이 지나면 뚜렷한 파장을 느낄 수가 있을 것이다.

코로나와 전쟁의 여파는 세계 공급망 붕괴로 이어졌고 이는 그동안 작동하였던 신자유주의를 무력화시키고 있다. 또한 기술의 발전, 특히 드론이나 인공지능과 같은 기술은 우리의 생활뿐 아니라 자연히 전쟁의 형태 역시 바꾸어 놓고 있다. 더욱 나아가서 이러한 충격들은 인간의 한계를 일깨워 준 계기가 된 반면 새로운 세계관을 여는 계기 또한 마련하였다.

이럼에도 불구하고 이 시기의 국내 현실은 이러한 역사적 충격보다는 권력 유지나 창출에 더 많은 이슈를 만들어 냈다. 이는 세월호 사고로 정권을 잡은 문재인 정권이 계속된 정책실기를 덮기 위해 코로나 사태를 이용했을 뿐 아니라 코로나 사태를 극복하기 위한 지원자금이라는 명목으로 천문학적 자금을 뿌렸던 것이다. 또한 대선과 총선을 거치면서 이슈는 민주당 이재명 후보와 국민의 힘 윤석열 후보로 옮겨 갔고 서로의 공방전으로 결과된 것은 국민의 분열이었다.

다른 큰 이슈는 소위 문재인 정권의 도덕성 문제였다. 조국 사태, 윤미향의 일제 위안부 사태를 포함하여 민주화 운동 세력의 연이은 성추행 행각과 몰락 그리고 소위 내로남불의 몰염치는 국민을 한없이 절망스럽게 했다. 더욱 분열을 가속화한 것은 문 대통령의 모호한 이념이었다. 진보, 민주, 종북, 반일, 반미의 개념이 구분 없이 혼합되어 국내 이념체계를 지배했고 현재도 그렇게 통용되고 있는 실정이다.

물론 중앙의 정치와 아울러 지역의 일도 살펴볼 필요가 있다. 인천시는 총선을 치렀고 바이오 산업의 유치 등 나름 많은 이슈를 갖고 있으나 지역 특성상 개발이나 복지영역에서 이슈가 더 크게 부각되었다. 물론 세계의 정세는 언급한 바와 같이 태풍과도 같은 일들의 연속이었다. 우크라이나 전쟁, 중국의 미국 패권도전, 미얀마 사태, 아프가니스탄 미군 철수뿐만 아니라 미국 대통령 선거를 포함하여 굵직한 사건들의 연속이었다. 이러한 이슈들 역시 우리의 상황과 연계하여 생각해 봐야 할 과제들이었다. 그 사건들로부터 교훈을 얻어내야 하기 때문이다.

소명(召命)으로서의 직업

인간의 행복이란 개인이 처한 상황에서 욕망을 얻으려 노력하여 누릴 수 있는 최대의 만족일 것이다. 다시 말하면 그가 원하는 것을 얻거나 혹은 해야만 하는 것을 해 내었을 때 행복하지 않나 싶다. 그래서 행복이 갖는 의미는 개인마다 꽤나 다양해서 이것을 추구하는 사람 못지않게 이를 정의(定義)하는 사람에게도 많은 고통을 주어 왔다.

사회과학자로서 행복은 작게는 우리가 속해 있는 학교, 지역, 국가 및 세계에 대한 그 나름대로 얻어진 시각을 갖고 분석하고 처방을 내리는 것이다. 물론 모든 분야에 전문 지식을 갖출 수는 없기에 자칫 잘못된 견해가 있을 수 있지만 그것도 개인의 의견이고 사회를 위해 중요한 일이다.

특히 우리 주변 요소들의 격변을 보면서 사회과학자로서 귀를 막고 눈을 감고 있을 수만은 없는 노릇이다. 사회과학자의 역할은 독일 철학자 막스 베버가 "소명으로서의 직업"을 논할 때의 심정으로 사회 현상에 대해 분석, 질책, 칭찬, 그리고 조언 및 대안제시를 통해 그가 얻은 지식을 사회에 다시 돌려주어야 한다고 생각한다. 다시 말하면 사회과학자의 소명은 세상으로부터 얻은 것을 바탕으로 우리를 둘러싸고 있는 정치, 경제, 문화 등에 대해 방향제시와 의견을 제시하는 것이다. 그것이 사회과학을 연구하는 이가 갖는 유일한 소위 노블레스 오블리주라 할 수 있을 것이다.

그 작업의 시작점이 바로 역사의 탐구였다. 그래서 먼저 고대 그리스부터 근대에 이르는 통사, 전쟁이나 경제사를 비롯한 주제사, 지역이나 한 시점을 돌아보는 미시사(microstoria) 등은 이를 위한 기본 지식인 셈이다.

물론 역사서 탐독을 하면서 잘못 이해한 일들에 대해 알게 되었다. 예컨대 르네 그루세의 "유라시아 유목제국사"에 의하면 근대에 들어 시작된 유럽 대항해시대 이전의 역사를 유라시아 유목민들이 주도했다는 사실, 그리고 우리 조선말(末)을 포함한 조선 근현대사가 왜곡이 많아서 소위 위인이라고 알려진 많은 인물들이 신화로서 우리에게 각인되어 왔다는 사실 또한 깨닫게 되었다.

이외에도 그동안 거쳐 왔던 학문 영역 즉 수학, 경제학, 그리고 경영학을 포함한 컴퓨터공학은 최근의 조류를 이해하는 데 큰 도움이 되었다. 특히 요즘 회자되는 정보기술산업과 첨단 기술(블록체인, 메타버스, 인공지능 등)들은 어려운 용어이지만 이것이 전공과 연관되어 쉽게 접근할 수 있는 것도 큰 도움이 된 것이다.

그러나 몇 권의 책과 짧은 경험을 갖고 세상을 말한다는 것은 대단한 자만(自慢)이 아닐 수 없다. 평생을 경영학에 몸담았어도 경영에 대해 말하는 것도 벅찬 일인데 학교에만 갇혀 있던 사람이 세상을 말한다는 것은 분명 용기가 필요한 일이다. 그러나 소명을 갖고 감히 할 수만 있다면 그 일은 또한 기쁜 일이 아닐 수 없다. 그래서 그간의 지식을 바탕으로 지역을 포함하여 국가와 세계적 이슈에 대해 부각될 때마다 칼럼으로 남겼다. 이와 아울러 그간 느꼈던 여러 감정과 생각도 함께 정리하였다.

칼럼은 세상에 대한 내 견해를 제한된 지면 공간에 함축적인 내용으로 녹여내리는 작업이다. 그래서 간결해야 하고 논리적이어야 하며 또한 읽기 쉬워야 한다. 또한 가장 중요한 것은 내가 전달하고자 하는 메시지가 있어야 할 뿐 아니라 그것이 뚜렷해야 한다는 것이다.

그러한 칼럼 수가 100회를 넘는 순간 그제까지 파편화 되어 있는 칼럼에 대해 한번 매듭이 필요하다고 생각되었다. 그러나 시사 칼럼이 그렇듯 칼럼집을 구성하는 것은 쉽지 않은 일이다. 여러 조각 글들을 범주로 묶으려 해도 각 사안들이 다른 관점을 갖고 있어 쉽지 않기 때문이다. 할 수 없이 각 연도별로 국내외 이슈를 기술하고 여기에 맞추어 칼럼을 정리하였다.

그러나 칼럼을 쓰면서 경영학 교수로서 갖고 있는 갈등은 국내의 경영환경과는 경영학이 지향하는 바와는 꽤나 이질적이라는 것이다. 경영학은 기업의 효율화를 이루어 이윤을 극대화하는 것을 목표로 하는 학문이다. 이 점을 평생 배워 왔고 그렇게 믿고 또한 후학들에게 가르쳐 왔다. 그러나 문제는 국내의 기업환경은 완연히 다르다는 것이다. 국내에서는 효율성보다는 가치 그리고 분배에 더욱 큰 방점을 갖고 있다. 효율성과 가치에 따른 분배는 전혀 다른 이슈임에도 국내에서는 후자가 전자를 우선시하는 경향이 있다. 다시 말하면 경영학이 설 자리에 이념이 들어가 버린 것이다. 그러나 공적 영역이 아닌 기업의 사적 영역에 이러한 사회주의적 분배 원칙이 들어서면 그때는 이미 기업이 아니다. 국내의 경영학자가 느끼는 고단함과 자괴감은 바로 이러한 것들이다.

시각과 공감

시각(視角)이란 개인이 세상을 보는 관점이다. 사람에 따라 배경도 다르고 생각도 다르고 갖고 있는 세계관도 다르다. 이렇게 모든 사람이 동일한 관점을 가질 수는 없는 것이다. 비슷한 시각을 한데 뭉뚱그려 우리는 이념이라 하고 여기서 더 나아가서 성(聖)스러움을 더하면 믿음이 바탕이 된 종교가 되곤 한다. 물론 이 글의 시각은 필자의 것이고 있을 수 있는 다양한 시각 중의 하나이다.

반면 공감(共感)이란 타인이 나에 대한, 내가 타인에 대해 느끼는 동질의 감정이다. 같은 생각을 의미하는 동의(同意)하고는 다르다. 공감은 상대방에 대한 이해를 바탕으로 하기에 시각에서 공감으로 나아간다는 것은 우리가 한 덩

어리 즉 통합을 이루는 근간이 되는 것이다. 그래서 글을 읽고 공감을 한다면 우리는 하나가 될 수 있는 실마리를 갖는 것이고 이는 하나 된 행동으로 나아갈 수 있는 계기가 된다. 함께하는 행동은 의견이 달라도 먼저 공감이 바탕이 되어야 하기 때문이다.

이 책 전체에 대해 관통하는 메시지는 무엇보다 먼저 우리가 교양인으로 거듭나야 한다는 것이다. 자유 민주주의가 의미하듯이 국가의 주인인 국민이 그 역할을 할 수 있기 위해서는, 다시 말하면 정치와 선동에 끌려다니거나 회유되지 않기 위해서는 나름 판단할 수 있는 수준을 가져야만 한다. 그래야 정치가 바로 설 것이고 이로써 외세의 어떠한 변화에도 우리를 우리가 지켜 낼 수 있다. 국민적 수준은 그냥 주어지는 것이 아니기 때문에 책 읽기로 무장을 해야 하고 지식인 층들이 이러한 운동에 대해 소명의식 역시 가져야 한다는 것이다.

책의 구성은 신문사로부터 칼럼 청탁을 받은 2019년부터 최근의 2023년까지 5년간 격주로 게재된 칼럼들이다. 칼럼의 주제는 당시 이슈화된 사안을 대상으로 했으며 2019년부터 연도를 장으로 묶고 각 장에는 칼럼 게재 순서에 맞추어 구성하였다. 그래서 본서는 전체 5장 114개의 칼럼으로 이루어졌다. 그리고 장(章)의 제목인 각 연도 페이지에는 칼럼의 이해를 돕기 위해 국내외 주목할 만한 사건을 날짜와 함께 정리하였다. 또한 각 칼럼 끝에는 게재날짜를 표시했는데 이 날짜가 없는 칼럼은 신문사 사정상 유보한 것이다. 이와 아울러 일상에 대한 필자의 느낌을 글들 사이에 포함시켰다.

각 칼럼은 시기별로 부각된 이슈에 대해 개인의 생각과 대안에 대해 정리한 것이다. 혹시 읽는 이에 따라 다른 시각을 가질 수도 있고 또 경우에 따라 동의하지 않을 수도 있다. 그러나 시각은 원래 다양성을 갖고 있는 것이어서 이 글들이 새로운 사고의 출발점 그리고 공감으로 가는 출발점이 되었으면 한다. 그리고 이 글을 통해 적시된 시각에 공감해서 사회에 대해 새로운 관점을 갖고 나름 소명의식을 갖는다면 그 역시 필자에게는 큰 보람이고 기쁨이 될 것이다.

마지막으로 각 칼럼을 쓸 때마다 읽고 조언을 아끼지 않았던 아내 이미종 권사에게 고마운 마음을 이 지면을 통해 전하고 싶다. 그리고 쉽지 않은 환경임에도 항상 귀한 신문 지면을 허락해 주신 기호일보에 깊은 감사를 전한다.

2023년 3월 동인천 우현제에서

2019년

글과 생각

　글은 흔히 소통의 수단이라고 한다. 인류는 글을 통해 비로소 인류의 생각과 감정을 기록하고 전달할 수 있게 된 것이다. 이러한 생각과 감정이 모이면 문화라고 하고 문화들이 쌓이면 어떤 의미에서 우리는 역사라고 지칭하게 된다. 사실 글은 역사의 흐름에 따라 많은 변천을 하게 마련이다.

　글은 훌륭한 작가나 사상가에 의해 발전되기도 하고 쇠락하기도 한다. 예컨대 독일의 문호 괴테가 없었다면 독일어는 아직 변두리 언어로 있었을 것이고 중세의 걸작 신곡을 쓴 단테가 없었다면 이탈리아어도 같은 운명이었을 것이다. 반면 우리의 경우를 보면 글이 없어 중국 글을 얻어 쓰다 겨우 세종에 와서야 우리 글을 가질 수 있었다. 그마저도 소위 사대부는 거들떠보지도 않았고 하층민의 글로 천시했다. 우리 글이 없다 보니 우리 생각을 담을 그릇이 마땅히 없었고 결국 우리 생각이 큰 발전을 못한 것이다. 예컨대 우리가 영어책으로 공부를 하면 미국의 생각을 따라갈 수는 있어도 넘어설 수 없는 것과 마찬가지이다.

　최근 우리가 모르는 사이에 우리 글이 점차 사라져 가는 것을 느낀다. 아니 더욱 정확하게 말하면 많은 사람들이 자기 생각을 갖지 못하게 되는 것 같다. 글은 생각을 표현하는 것인데 생각이 없다면 당연히 글로 표현할 수가 없는 노릇이다.

　이유야 여럿이 있겠지만 무엇보다 먼저 우리 교육제도를 지적하지 않을 수 없다. 주지하다시피 우리 초중고 교육체제가 대학을 가기 위한 기예만을 가르치고 있고 대학 역시 취직을 위한 기술만을 중시하고 있는 것이 작금의 현상이다. 인터넷 입시사이트에서 대학 입시논술을 위해 그 어려운 서양 철학가의 책을 5분간 동영상으로 간단히 요약 정리하는 것을 보고 놀란 적이 있었다. 암기 위주의 환경에서 어떻게 자기 생각을 만들 수가 있는지 모를 일이다. 이러한 환경에서 사육된 학생들이 당연히 논리적 사고와 판단보다는 말초적인 기능체에 불과하게 될 것은 뻔한 이치이다.

더욱 큰 문제는 한창 교육을 받을 나이에 소위 글을 접할 기회가 없다는 것이다. 우리 대학 입시의 특성상 폭넓은 교양보다는 암기 위주의 주입식 교육이다 보니 참고서와 교과서에 의존하여 대학에 오게 되고 대학 시절 역시 전공서적 외에는 글을 가까이할 기회가 거의 없게 된다. 만약 이공대 쪽이라면 그야말로 글과는 완전히 담을 쌓을 수밖에 없다.

또한 일상적으로 카톡이나 페이스북을 쓰다 보니 짧은 문장에 더 익숙해지고 요새는 아예 글자는 없고 소위 이모티콘으로 대체하는 경우가 많다. 주위가 빠르고 직설적인 반응에 익숙하게 되어 조금 긴 문장은 보기도 버거워한다. 최근에는 글보다는 사진이나 영상이 더 보편화되는 것 같다. 초등학생조차도 검색할 때 동영상의 유튜브를 활용한다고 한다. 이것이 정보화 시대에 사는 우리의 모습이다.

짧은 문장에 익숙한 사회에서는 생각을 만들기가 쉽지 않다. 생각이란 어떤 일정한 형식이 있고 이 형식에 맞추어 글로써 논리적으로 풀어 나가는 것을 말하는데 짧은 문장에 익숙하면 생각의 흐름을 잡을 수 없고 이를 글로써 표현하기 어려운 법이다. 이렇다 보니 교육현장에서 현실적인 문제에 부딪힌다. 예컨대, 학생들의 시험 답안지를 보면 철자법 등 기본적 문법은 고사하고 문장 핵심과 흐름을 찾아보기 어렵다. 시험자가 무슨 말을 하는지 이해하기가 어려운 경우가 종종 있는데 아마 글 쓴 본인도 무엇을 썼는지 이해하기 어려웠을 것이다.

결국 입시와 같이 경직된 사회체제에서 카톡에서와 같은 단문에 익숙하다 보면 생각을 깊이 하는 일이 줄게 되고 결국 이러한 환경이 오히려 생각 자체를 제한하기 마련이다. 더욱이 머리에 축적된 지식이 부족하다면 더욱 생각할 여지가 없게 된다.

미래에도 상황은 더 나아질 것 같지 않다. 역사학자 유발 하라리는 호모데우스라는 책에서 인공지능과 생명공학이 지배하는 미래 세상을 언급하고 있다. 기계가 우리의 생각과 글을 대체하여 미래 정보화 사회에서는 생각하는 기능조차 필요 없다고 한다. 그렇다면 앞으로 우리를 지키기 위해 어떻게 해야 하는가?

이제 다시 기본으로 돌아가 글을 읽고 생각하고 글로써 표현하는 노력을 해야 할 것이다. 초중고의 교육기관에서는 고전과 같은 독서에 많은 비중을 두어야 할 것이고 대학에서도 자기 생각을 피력하고 글을 표현할 줄 아는 보통 교양인을 만드는 노력이 필요할 것이다. 결국 현대 정보화 사회를 살아가는 우리가 인간 회복을 위해 하여야 하는 길은 다시금 우리가 글을 세우고 생각을 다듬는 일이 아닐까 싶다.

글은 사람이 사람답게 살기 위해 인류가 만들어 낸 가장 강력한 발명품이다. 글을 잃어버린 세대는 생각도, 문화도 그리고 역사도 같이 잃어버리게 되는 것이다. 우리 글을 아낄 줄 알고 글쓰기나 읽기를 장려하는 사회가 되어야만 어떤 발전된 문명 기기가 나타나도 우리 생각을 빼앗기지 않을 수 있다. 이번 칼럼 연재를 시작하며 우리 생각을 낚고 남길 수 있는 방법이 결국 글이라는 생각에 단초를 마련하였다.

2019-08-28

인천의 과거와 미래

"파란 하늘, 쪽빛 바다, 흰 물결, 황금빛 모래 해변." 이는 멀리 남태평양 최고의 휴양지 보라카이 해변의 선전물이 아니다. 바로 반세기 전 월미도 해변 모습이다. 당시 월미도는 초등학생 소풍지로 손꼽힐 정도로 아름다운 곳이었다. 그 아름다운 곳에 어느새 높은 축대를 쌓고 잿빛 공장들이 하나둘 들어서기 시작했던 것이다.

지금 인천 하면 머리에 무엇이 떠올려지는가? 송도? GM? 딱히 생각나는 것이 없다. 그건 그렇다 치고 그럼 인천의 미래는 어떤가? 라는 질문에 무엇이 머리에 떠올려지는가? 관광도시? 물류도시? 바이오 산업도시? 역시 억지로 생각해낸 것도 머리에 와닿지 않고 뭔가 아득하다.

솔직히 인천의 상황이 별로 낙관적이지만은 않다. 인천시의 중추 기업인 한국 GM 부평공장 사태에서 보듯이 아직도 임금 문제로 노사 갈등을 겪고 있고 해결 기미가 보이지 않고 있다. 이뿐 아니라 대부분의 중소제조 기업들이 구조적인 문제로 어려움을 겪고 있다. 우습게 보이던 중국기업들이 무섭게 치고 따라올 뿐 아니라 대내적으로 임금 상승이나 첨단 기술 부재 등 경쟁력 약화에 시달리고 있는 실정이다. 현 박남춘 인천 시장도 어떠한 해결책도 주지 못한 채 최근 터진 수돗물 사태 이후 더욱 무기력해진 느낌이다.

사실 인천시도 나름 바이오 산업과 관광 산업을 기존 제조업의 대체 산업으로 지원하고 있으나 실제 진척은 미진하다. 다만 크게 기대를 모았던 인천 송도 경제특구도 이렇다 할 기업 유치가 없이 대부분 아파트 일색으로 그야말로 베드타운화 되고 있다. 다시 말하면 인천 경제를 지탱할 부가가치를 갖는 기업이 별로 없다는 것이다.

그렇다면 도대체 원인은 무엇인가? 어쩌다 국내 최초 개항과 더불어 5개 이상의 산업단지를 거느린 인천시가 침체의 길로 들어선 것일까? 무엇보다 먼저 산업구조에 대해 언급하지 않을 수 없다. 인천은 제조업 다시 말해 2차 산업이 발달한 지역이다. 2차 산업의 제조업은 특성상 높은 투자 자원을 필요로 하고 산업 간 변환도 쉽지 않은 문제가 있다. 따라서 인천이 산업의 구조 변화를 하고 싶어도 이들 산업들이 이미 깊이 뿌리내리고 있을 뿐 아니라 장기간에 걸친 지원사업의 결과 인천시 당국과는 구조적으로 깊은 관련이 있기 때문에 다른 산업으로 변환이 쉽지 않은 것이다.

또 다른 원인으로는 인천시가 경쟁력을 위한 산업 전환이나 인천의 미래 가치에 대해 크게 관심을 기울이지 않았기 때문이다. 서울 위성 도시로서 적당한 인구는 어차피 보장되어 있고 기업도 그간 경기 상승시기에는 부동산 가치가 상승하기 때문에 기업이 경쟁력이 다소 떨어져도 기업이나 인천시나 별 신경을 쓸 필요가 없었다. 당연히 경쟁력향상을 위한 기술 개발도 등한시했던 것인데 경기가 떨어지니 상황이 변한 것이다.

새로운 산업에 대한 대비나 전략이 없다는 말은 결국 미래 산업의 전문 인력 부족을 꼽을 수 있을 것이다. 새로운 산업 즉 미래를 대비한 첨단 산업에는 지역에 이를 이해하는 인력들에 의해 새로운 가치가 조성되어야 할 것이다. 아무리 송도에 높은 빌딩을 짓는다 하더라도 그 속에 전과 같은 사람들이 산다면 결국 도시 거죽만 변했을 뿐 이들이 결코 미래 지향적인 생각을 할 수는 없다. 빗대서 말하면 갓을 쓰고 오토바이 타는 격이다. 인천시 전반 분야에 예전 사람들이 그 자리에 그대로 있으니 새로운 주위 환경 변화에도 인천이라는 거대 구조물 자체가 결코 움직이지 못하고 있는 것이다.

그렇다면 화석처럼 굳어진 인천시가 새로운 경쟁력을 갖기 위해서는 어떻게 해야 하는가? 물론 새로운 비전을 갖추고 이를 추구할 수도 있고 정부의 새로운 전략 정책을 받아 추진할 수도 있을 것이다. 이러한 노력도 좋지만 "직업의 지리학"을 쓴 엔리코 모레티의 충고를 참고할 만하다.

모레티는 방대한 자료를 분석한 결과 도시의 발전은 첨단 기업의 유치를 통하여 전문가 일자리 창출이 선행되어야 한다고 주장한다. 예컨대 첨단기업 마이크로소프트가 들어서는 바람에 미국의 시골 마을 레드몬드가 일약 세계적인 도시로 변모했고 구글이나 애플사의 본사가 있는 실리콘 밸리도 전문가 일자리가 창출되면서 첨단 도시화가 되었다는 것이다. 먼저 일자리가 생겨야 이들을 위한 사회시설도 생기고 필요한 문화 시설도 차츰 구비된다고 한다. 이와 반대 사례로 문화적으로 높은 독일 베를린이나 재즈의 도시 미국 뉴올리언스를 들고 있는데 이들 도시는 일자리가 줄자 상대적으로 점차 슬럼화 되고 있다는 것이다.

도시가 발달하기 위해서는 무엇보다 경제력이 바탕이 되어야 하고 경제력을 갖기 위해서는 전문 일자리를 창출할 수 있는 첨단 기업의 유치가 중요한 요소이다. 만약 첨단 기업들이 유치가 되어 많은 사람들이 모이면 이들을 위한 사회적 기반시설 조성과 새로운 문화가 형성이 되고 그래서 인천의 미래를 정할 수가 있게 되는 것이다.

물론 사회적 시설을 잘 갖춘다고 이들 첨단 기업이 유치되는 것은 아닐 것이다. 또한 세금으로 길을 넓히고 편의 시설을 놓는 것은 당분간 현 주민에게 좋을 수는 있어도 도시발전에는 큰 효과가 없을 수밖에 없다. 만약 당장 일자리가 없다면 말이다. 최근에 첨단 기업인 구글이 제2 본사를 조성하는 데 있어 뉴욕시가 엄청난 지원을 약속한 적이 있었음을 상기할 필요가 있다. 그렇다면 우리는 인천의 발전을 위해 그리고 미래를 위해 어떠한 일을 먼저 시작해야 하는지 자명하다.

2019-09-17

송도 블루스

206 대 1. 이것이 명절 바로 전에 있었던 송도 신도시 아파트 청약 결과이다. 그 전만 하더라도 쥐 죽은 듯하던 송도 부동산 시장이 정부의 GTX 예타(예비 타당성) 통과와 아파트 분양 가격 상한제라는 호재로 갑자기 광풍이 분 것이다.

주지하고 있다시피 송도는 예전 고 최기선 시장이 인천 앞바다를 메꾸어 당시 미래 도시의 아이콘인 실리콘 밸리를 만들어 보자는 의욕에서 시작된 도시이다. 당시로 보면 혁신적인 아이디어였다. 이 프로젝트는 고 최기선 시장이 YS와의 친분 덕분에 정부허가를 따낼 수 있었고 급히 외부 전문가를 꾸려 기본설계를 시작했다. 그후 송도 개발의 주축이었던 게일인터내셔널㈜의 스탠게일 사장의 말처럼 몇 번의 중앙정부와 지방정부의 수장들이 바뀌고 주위 환경 변화에 따라 송도에 대한 정책도 여러 번 변해 왔다.

송도개발의 원래 목적은 당시 정보산업의 부상과 함께 인천을 실리콘 밸리처럼 첨단산업을 발전 모멘텀으로 하여 인천의 산업구조 변화를 꾀하는 것이었다. 그래서 실리콘 밸리의 주역인 스탠퍼드 대학과 같이 세계적 유수대학의 유치에 시동을 걸었다. 세계적으로 유수한 대학이 들어와 좋은 인재를 길러내면 이들이 송도에서 창업하리라는 순진한 기대를 갖고 말이다. 그러나 정부와 시 정부의 막대한 지원에도 불구하고 소위 유명대학이라는 유치 대학들이 최근에는 운영상에 극히 어려움을 겪고 있는 실정이다. 더구나 연세대학교도 시로부터 파격적인 혜택을 받고 대학 일부가 송도에 입성했으나 실제 송도에 무슨 도움이 될까 싶다. 전원 기숙사 생활에 그리고 주말에는 서울로 가기 때문이다. 설령 이들 대학이 첨단 인재를 길러낸다 하더라도 이를 받아 줄 기업이 송도에는 없다.

이후 세계적으로 벤처 거품이 식자 송도는 당시 한창 꿈의 도시로 부상하고 있던 중동 두바이로 개발 방향을 바꾼다. 안상수 전 시장은 두바이를 벤치마킹하여 기업유치를 하고자 하였다. 그러나 빛을 보기도 전에 곧 경기 침체로 두바이가 침몰하자 송도는 다시 변신해 경제 특구 형태로서 정부로부터 지정을 받게 된다.

그러나 문제는 돈이었다. 시에서 개발 자금이 부족하니 경제 특구의 본연의 역할인 외국 기업의 유치보다는 손쉽고 실속이 있는 아파트 개발에 주력하게 된다. 결국 송도 땅값은 천정부지로 오르고 외국 기업유치는 더욱 힘들게 된 것이다. 물론 외국 기업 유치가 힘든 것은 땅값 문제뿐만이 아니다. 외국 기업에 대한 특혜 부분은 차치하더라도 철옹성 같은 행정 규제를 들여다보면 정말 아득하다. 전 세계 첨단 기업들이 몰려 있는 바로 앞 도시 중국 상해와 비교하면 좌절하게 된다.

송도는 산업공단이 아니다. 송도에 기업을 유치한다고 하면 공장 유치를 의미하는 것이 아니다. 기업 본사나 최소한 연구소가 들어와야 하는 곳이다. 남동공단이나 시화 공단이 첨단화 되는 것이 아니라 미국 맨해튼이나 호주 시드니 혹은 암스테르담같이 기업 본사들이 모여 있는 것이 송도의 의미이다. 그러나 경제청 통계를 보면 유치된 외국 기업의 수는 손에 꼽을 정도이다. 그나마 송도에 입주한 업체들조차도 초기에 남동공단에서 이주한 영세 중소 제조업들이 대부분이다. 인천시가 그토록 자랑하는 첨단 바이오 기업들도 결국은 굴뚝이 있는 자동화 공장이다. 왜 고용도 없는 공장들이 땅값 비싼 송도 한가운데 있는지 모르겠다.

사실 아파트 사업은 유치된 기업들을 지원하는 시설이었다. 기업 종사원의 거주처가 목적이었는데 도시 개발 중심의 도시 공사와 경제청에서 경쟁적으로 개발을 주도하다 보니 일산과 같은 아파트 위주의 신도시 형태가 되었다. 다시 말하면 송도가 처음 생각한 경제 특구보다는 서울의 새로운 위성도시와 별반 차이가 없게 된 것이다. 높은 아파트군이 이루는 스카이라인이 보기에는 멋이 있을지 몰라도 부가가치가 없다면 소비도시로서 도시 발전은 기대하기 어려운 법이다. 소위 베드타운이 되는 것이다.

박남춘 현 인천시장의 정책도 대부분 구도심 개발 전략이고, 그나마 송도에 대한 이슈도 고용효과가 크지 않은 바이오 단지 건설이나 혐오 시설 배제에 치우쳐 있어 외국 기업 유치와 관련한 경제 특구의 정책은 당분간 기대하기 어려울 듯하다. 정부 선심성 정책인 GTX 예타 통과에 대한 홍보가 요란한 것을 보면 주로 지역 주민을 위한 편의 시설 확충에 큰 비중을 두고 있는 것 같기 때문이다.

송도는 공항과 항만 그리고 서울을 포괄한 핵심 경제 도시로서 발전에 대한 충분한 가능성을 갖고 있는 도시이다. 더욱이 영종에 세 곳의 복합 리조트가 있을 뿐만 아니라 주위에 다섯 이상의 산업단지를 갖고 있다. 이와 같이 발전의 가능성 즉 높은 부가가치를 만들 수 있는 송도에서 대기업 간판 대신 아파트 견본주택 앞에 서 있는 긴 줄을 보니 씁쓸한 생각이 든다.

2019-09-25

대포와 드론

"사우디 유전이 드론의 폭격으로 불바다가 되었다. 곧 전 세계 원유 공급량이 95%로 줄어들 전망이다." 이것이 지난 9월 16일 일간지 일면 톱기사이다. 아니나 다를까, 다음 날 아침 집 앞 주유소 휘발유 가격이 껑충 솟았다. 그러나 더욱 아연케 하는 것은 단돈 1000만 원짜리 드론으로 엄청난 규모의 사우디 유전 시설을 삽시간에 초토화시켰다는 것이고 그 드론이 어디서 어떻게 왔는지 알 방도가 없다는 사실이다.

이 사건을 어떻게 받아들여야 할까? 단순히 사우디 유전이 폭파되어 피해가 많았다는 것에 그칠 것이 아니라 그 사건이 미칠 수 있는 여파에 대해 촘촘히 살펴볼 필요가 있다. 그래야 미래를 준비할 수 있기 때문이다. 흔히 우리는 이럴 때 과거를 돌아보게 된다.

15세기 유럽의 중세에는 주로 기사들의 전쟁이었다. 그때의 전쟁방식은 기사들이 값비싼 투구와 칼 그리고 창으로 무장한 채 탱크 같은 말을 타고 적진으로 돌진하여 파죽지세로 적군을 물리치는 일이었다. 따라서 특별한 전술보다는 호전적이고 근육질의 용맹한 전사가 필요했고 이들을 많이 확보하는 일이 승리하는 길이었다.

그러다 어느 날 갑자기 전쟁터에 대포가 등장한 것이다. 실로 엄청난 충격이었다. 하루아침에 칼과 창으로 무장한 기사들이 대포 앞에 무력했다. 급기야 전쟁방식도 대포를 활용한 전략으로 바뀌었고 이를 먼저 수용한 국가가 승자가 되었다. 그러나 실제 바뀐 것이 전쟁 승패만이 아니다.

먼저 대포를 사용하도록 군인들을 다시 교육을 시켜야 했고 여기에 맞도록 군 조직도 전면적으로 손을 봐야 했다. 값비싼 대포를 갖추려면 당연히 더 많은 세수 확보가 필요하다. 그러나 더 많은 수입은 결국 더 넓은 영토를 의미하기에 당시 유럽 역사는 영토확장을 위한 큰 전쟁으로 점철되었던 것이다.

이에 편승하여 대포와 같이 대규모 전문적인 무기제조 기업이 출현하게 된다. 조그만 동네 대장간에서 대포를 만들 수는 없기 때문이다. 그때의 사료를 살펴보면 엄청난 전쟁비용을 감당하지 못하고 외국에서 금전을 융통하는 경우도 허다했다. 결국 소위 금융과 어울어진 군수 복합산업이 발전하게 되었고 이는 이후 우리에게 익숙한 식민지 시대와 자본주의 시대를 여는 계기가 된다. 이러한 사실들이 시사하는 바는 기술의 발달이 단순히 전쟁의 승패만을 가르는 것이 아니라 주변의 형태 즉 기업이나 금융 그리고 우리의 생각과 제도까지 바뀌게 된다는 것이다.

이제 드론은 사우디 유전 폭파사건에서 보듯이 이제까지 알았던 레저용 장난감이 아니라 필요하다면 언제든지 대포처럼 무시무시한 무기가 될 수 있다. 싸구려 드론이 언제 어떻게 날라와 산업시설이나 주요 시설을 초토화시킬지 모르는 일이다. 실제 여기에 대한 우리 대응방식은 전무할 뿐만 아니라 아직 이렇다 할 묘책이 없다고 한다.

대포가 그러했듯이 각국은 앞으로 드론이라는 괴물을 전쟁에 적극적으로 활용하게 되고 이를 운용할 군조직과 훈련 그리고 군 제도들로 조만간 대체될 것이다. 아마도 군대는 힘든 훈련보다는 재택근무가 가능해져서 아이를 학교에 등교시키고 집에서 지구 반대쪽 적군에게 전자 게임을 하듯 드론의 폭탄을 아무 꺼리낌 없이 쏘게 될지도 모른다. 비대해진 군수산업도 엄청난 비용의 항모와 첨단 전투기를 개발할 이유가 없다. 앞으로 전쟁과 연관 산업의 형태가 이전과는 전혀 다른 모습이 될 것임은 두말할 것도 없다.

최근 기술개발에 대한 각국의 경쟁은 치열하다. 가장 크게 나가고 있는 국가는 바로 옆 국가인 중국이어서 이들은 패권 국가를 위한 초석으로 각종 기술 즉 드론이나 컴퓨터, 인공지능, 그리고 달나라 로켓까지 엄청난 투자를 하고 있다. 현재 중국 드론의 세계시장 점유율이 이미 70%가 넘고 있으며 인공지능 개발인력만 하더라도 국내 개발인력의 7배가 넘는다고 한다. 패권국 미국이나 일본 역시 예외는 아니어서 첨단 기술 개발에 총력을 기울이고 있는 실정이다. 그러나 우리나라는 외국에서 흔한 공유택시사업도 지지부진하듯이 높은 기술 개발 규제나 사업 규제에 묶여 한 치 앞을 나가지 못하고 있는 실정이다. 오히려 엉뚱하게 국가적으로 소모적인 이념적 논쟁에 매몰되고 있는 듯하여 답답하기 그지없다.

　새로운 기술은 단지 우리의 생활을 편하게 하는 것만이 아니다. 국가의 지위 더 나아가서 우리의 운명을 바꿀 수 있는 것이다. 기술 개발을 소홀히 하는 국가는 결국 국가 발전에 뒤처지게 될 것이고 결국 지배를 받게 되는 것이 역사가 주는 교훈이다. 이제 국가의 백년대계를 위해 기술 개발에 대해 더 많은 관심과 투자가 이루어져야 할 것이다. 기술을 갖는 이가 더 큰 대접을 받는 시대가 되어야 한다.

2019-10-09

인천 국제 원예엑스포를 열어야 한다

"교수님, 인천에 어디 갈 만한 데 있나요? 막상 집을 떠나면 갈 곳이 마땅치 않아요. 근처에 꽃놀이 동산이라도 있으면 아이들하고 잠깐 갔다 올 수 있을 텐데요." 며칠 전 관광 관련 모임에서 최근 인천에 이사 온 지인의 불평이다.

인천에는 갈 만한 곳을 생각해 보니 딱히 생각나는 곳이 별로 없다. 맘먹고 근처 섬을 가자니 너무 번잡할 뿐만 아니라 가도 별로 할 것이 없고 주위 유명하다는 위락시설은 사람이 너무 많다. 그렇다고 무작정 멀리 갈 수도 없는 노릇이다. 시내에 인천대공원이 있다고 하지만 아직 인천시민을 전부 소화하기에는 부대 시설이나 규모가 너무 적다.

도시는 사람들이 모여 사는 공간이다. 대부분 도시는 주로 시멘트 건물로 채워지지만 인공물의 딱딱함을 보완하기 위해 꽃과 나무와 같은 자연물과 함께 배치하여 사람들에게 편안함을 느끼게 한다. 그래서인지 귀에 익은 도시를 가보면 높은 건물뿐만 아니라 주위에 다양한 보태닉 가든(Botanic garden) 등의 전문적인 원예원을 흔히 볼 수 있다. 잠시 도시의 복잡함을 벗어나 자연의 여유로움을 느끼기 위한 배려이다. 이러한 원예원을 전략적으로 개발할 수 있는 것이 바로 국제 원예엑스포이다.

국제 원예엑스포는 세계적으로 유명한 원예기업들이 출품한 원예 상품으로 원예원을 조성하고 이후 지역에서 맡아 관리하는 일종의 박람회이다. 여수 엑스포 혹은 순천만의 습지 박람회에서와 같이 엑스포의 특성상 시설은 전시가 끝나면 철수하는 것이 아니라 모든 것이 그대로 남아 계속 활용할 수가 있다. 그래서 전시가 일회성으로 끝나는 것이 아니기 때문에 인천의 명소로서 언제나 꽃의 즐거움을 즐길 수 있다.

중국 한적한 마을인 쿤밍은 국제 원예엑스포를 1999년 200헥타르가 넘는 넓은 면적에 개최하여 지금은 쿤밍국제원예원으로 관광 명소가 된 곳이다. 원내에 유람차를 타고 다니며 각종 전통음식을 즐길 수 있다고 한다. 여기는 브랜드화가 되어서 쿤밍 하면 제일 먼저 국제 쿤밍원예원이 검색된다. 20년 뒤인 지난 2019년 4월 베이징에서도 근처에 지정된 크기보다 훨씬 큰 960헥타르 규모로 원예 박람회를 열었다. 이들의 경험으로 보건대 만약 인천에서 개최를 하면 몇 가지 이점을 생각할 수 있다.

먼저 인천 지역민은 물론 수도권 사람들에게 큰 즐거움을 줄 수 있을 것이다. 세계적 규모의 원예원이 있다면 이만한 녹지 공간을 새로 큰 세금을 들여 구비할 필요가 없다. 인천은 이미 인구가 300만을 넘고 있고 앞으로도 이 인구는 지속적으로 늘어날 것이다. 결국, 주거 공간 즉 아파트와 녹지 공간은 점차 더욱 필요하게 되는데, 인천시가 이러한 원예원을 만들게 되면 원예원을 시의 녹지공간으로 대신할 수가 있게 된다.

둘째, 큰 비용이 없이 관광 수입을 올릴 수 있다. 앞에도 언급했지만 엑스포는 출품기업이 자신들의 원예상품을 전시하는 곳이다. 즉 주위 환경만 만들기만 하면 세계적인 원예 기업들이 경쟁적으로 가든을 만들어 놓고 마케팅을 하게 된다. 이는 세계적으로 관광객을 불러들이는 효과가 있다. 국내 관광업계도 지난 4월 북경국제원예박람회를 상품으로 만들어 많은 관광객을 모집했다. 행사 이후에는 일반적인 보태니컬 가든(원예원)같이 원예는 꽃과 나무가 항상 피는 곳이므로 관리만 잘하면 관리 비용을 상쇄하고도 큰 관광 수입을 올릴 수가 있다. 수도권의 주민들뿐 아니라 인천 공항에 환승하는 많은 관광객도 잠시 쉴 겸 들러 볼 수 있는 곳이기 때문이다.

셋째, 영종에 개발 중인 복합리조트와 공항 환승객을 위해 훌륭한 관광 상품이 될 수 있다. 싱가포르의 유명한 관광지인 마리나베이 샌드 리조트를 방문할 때는 반드시 옆의 가든즈 바이베이라는 식물원을 같이 관광한다. 그 식물원은 싱가포르 정부가 수조 원을 투자하여 만든 전략 관광 상품으로서 식물원에는 슈퍼트리라는 인공식물을 만들어 각종 볼거리 쇼를 연출한다. 이같이 리조트를 중심으로 여러 관광명소를 같이 개발을 해야 전체적인 관광시너지를 높일 수 있게 된다.

넷째, 영종의 공항 주변이나 쓰레기 매립장과 같은 유휴공간을 활용할 수 있다. 원예원이 필연적으로 차지하는 넓은 공간은 원예원이 갖는 한계이다. 인천은 매립장 같은 유휴공간이 있고 또한 영종에도 아직 녹지로 남아 있는 넓은 공간이 있다. 이를 활용하면 큰 공간 비용이 없이도 개최가 가능하다.

마지막으로, 인천의 브랜드 가치를 얻을 수 있다. 마땅한 브랜드가 없는 인천으로서는 국제적 규모의 원예원이 주는 브랜드 가치 즉 바다와 꽃의 이미지 브랜드는 인천을 방문하는 사람들에게 새로운 인상을 만들어 줄 것이다.

물론 이러한 여러 이점에도 불구하고 인천에는 아직은 원예전문가와 엑스포 운영 경험이 부족할 수 있다. 그러나 시간이 충분하므로 이를 극복할 수 있을 뿐 아니라 전문적인 원예기업과 협업을 한다면 인천은 성공적인 엑스포를 치를 수 있다. 또한 인천은 수년 전 아시안 게임을 성공적으로 개최한 경험이 있어 이 경험을 살린다면 보다 효율적으로 개최 및 운영이 가능하다. 모든 국제적인 행사에는 비슷한 행정력을 요구하기 때문이다.

국제 원예 박람회는 일정상 2027년 엑스포를 신청을 할 수가 있다. 이미 2021년 4월 카타르의 도하를 시작으로 2026년까지 예약이 되어 있어 지금 신청하면 그때 원예 박람회를 개최할 수 있다. 지금이라도 전문가 팀을 꾸려서 시작할 때이다. 인천의 미래를 위해서는 머뭇거릴 시간이 없다.

2019-10-16

마트의 몰락

"요즘은 꼭두새벽마다 아침 식사가 배달된다죠? 아니 어떻게 그게 가능합니까?"

어느 모임에서 나이 지긋한 어르신이 신기하다는 듯 물었다. 그는 도저히 이해가 되지 않는 모양이다. 그도 그럴 것이 스마트폰 사용도 아직 어눌한 데다 부인이 평생 아침을 챙겨주었으니 아침 식사 배달을 납득할 수 없는 것이 당연하다.

정보기술이 우리 생활에 미치는 영향은 실로 엄청나다. 이제는 퇴근하면서 다음날 아침 메뉴를 고르고 아침에 배달된 음식으로 식사를 대신하는 젊은 층이 점차 늘어나고 있다. 특히 맞벌이 부부의 경우 식사준비를 생략할 수 있어 시간을 벌 수 있고 식사를 취향에 따라 선택할 수도 있기 때문에 크게 선호하고 있는 것이다. 이러한 새벽 배송 사업도 점차 전문화가 되어서 처음에는 신선 식재료만을 취급하다가 이제는 아예 조리된 상태에서 배달하는 경우가 대부분이다.

변화는 마트에서 피부로 느낄 수 있다. 동네 규모 있는 마트에 가보면 간편 냉장 혹은 냉동식품이 냉장고를 가득 메우고 있는 것을 볼 수 있다. 긴 조리 시간을 요구하는 탕이나 찌개 그리고 국에서부터 간단한 나물 무침에 이르기까지 상품의 종류도 없는 것이 없지만 전국의 모든 맛집의 음식들이 이미 조리가 되어 진열되어 있다. 정말 취급하기도 쉽고 요리하기도 쉽다. 대부분 그냥 몇 분이면 바로 식탁에 올릴 수 있도록 되어 있다.

이렇게 된 원인을 몇 가지 생각해 볼 수 있다. 먼저 현대인의 바쁜 일상에 대한 시장의 반응일 수 있다. 촌각을 다투며 정신없이 돌아가는 현대 일상에서 식사를 위해 신선 식재료를 구하고 긴 시간을 들여 조리하는 것은 상상하기조차 어렵다. 이러한 현대인의 식탁문제를 해결하기 위해 처음에는 동네 반찬가게에서 시작해 이제는 기업차원에서 대응한 것이다.

다른 하나는 혼자 하는 문화가 일반화되었다는 점이다. 젊은 층들이 스마트폰으로 늘 SNS를 하다 보니 이제는 혼자 있는 것이 익숙하게 되었고 결국 혼밥, 혼술, 홀로 여행 등이 오히려 익숙하게 된 것이다. 그래서인지 최근에는 인터넷 유튜브에서 먹방이 유행하고 있을뿐더러 실제 식당가에서도 혼자 먹고 마실 수 있도록 꾸며놓는 술집이나 식당도 늘고 있다고 한다. 물론 조리 기구도 혁신적으로 개선된 영향도 있다. 모든 집에 하나씩은 있는 마이크로 웨이브의 경우 조리시간을 혁신적으로 단축했고 간소화하였다. 누구나 그냥 집어넣고 몇 분만 돌리면 맛있는 요리가 튀어나오는 만화 같은 세상이 된 것이다.

그러나 가장 큰 영향은 아무래도 인터넷과 같은 정보기술의 발전이 크다. 배송회사들은 일반 음식점에서 음식 배달하는 것에서부터 진화하여 이제는 주기적으로 끼니에 맞추어 조리된 음식을 아예 음식공장에서 배달하게 된 것이다. 고객과 음식공장과의 효율적인 접점, 이것은 결국 인터넷과 스마트폰과 같은 정보기술발전에 의한 결과이다.

새벽배송 산업이 커지자 상대적으로 마트 시장이 급속하게 위축되고 있다. 국내 대표적인 마트인 이마트는 영업손실이 올해 2분기 약 300억 원 수준으로 돌아섰고 롯데 마트도 2분기에 약 340억 원 적자를 기록했다. 어쩔 수 없이 오프라인 매장을 줄이고 온라인 사업의 비중을 늘리고는 있지만 후발주자로서 쉽지 않다는 것이 업계의 일반적 평가이다. 하지만 대조적으로 새벽 배송의 선구자인 마켓컬리 같은 새벽배송 업체는 2018년 매출이 3년 만에 1800억으로 60배 성장한 기업이다. 올해는 4000억 매출을 한다고 하는데 전문화된 고객맞춤 서비스를 개발하여 공격적으로 사업규모를 키워가고 있다.

그러나 마트도 마트지만 무엇보다 가장 크게 영향을 받는 것은 바로 전통시장이다. 전통시장은 그동안 마트에 밀려 어려움을 겪고 있었으나 이제 더욱 급속하게 몰락할 수밖에 없는 것이다. 그동안 정부에서도 전통시장을 살리기 위해 마트의 휴일 강제휴점, 주차장 정비, 청년 창업 장려 등 다양하게 지원하여 왔으나 이제는 근본적으로 생각을 바꿔야 할 때이다. 이를 살리고자 한다면 예전과는 다른 특성화가 필요하다. 예컨대 전통시장이 갖는 놀이와 재미를 느낄 수 있는 기능을 발굴하고 첨단 정보기술을 접목한, 기존과는 전혀 다른 차원의 서비스 개발이 필요한 것이다.

전문가들은 새벽배송 시장과 함께 배송전문 레스토랑이 성장할 것이라고 한다. 소위 부엌 공유라고 하는데 부엌을 같이 공유함으로써 공간비용을 비약적으로 절감할 수 있다. 배달을 전문으로 한다면 굳이 비용이 많이 드는 음식점 매장 관리를 할 필요가 없고 아예 조리 부엌도 여러 음식점이 함께 공유하게 되면 비용은 더욱 줄일 수가 있게 된다. 오히려 요리에 전념할 수 있게 되어 저렴한 비용에 양질의 음식을 공급할 수 있다. 이는 결국 우리의 음식 및 조리문화가 크게 변화한다는 의미일 것이다.

이러한 진화가 지속된다면 우리 식생활문화는 어떻게 될까? 집에서 요리할 필요가 없으니 조리에 들어가는 시간을 다른 용도로 활용할 수가 있게 될 것이고 가옥의 구조도 부엌보다는 다른 용도로 활용하게 될 것을 상상할 수 있을 것이다.

이미 시작된 정보시대의 물결을 거스를 수는 없다. 변화에 머뭇거리면 그 피해는 결국 고스란히 우리 몫이 된다. 그때 그 어르신이 갖고 있는 과거의 생각을 갖고는 결코 변화를 이겨낼 수 없을 것이다. 짧은 미래에 우리 식생활 변화뿐 아니라 주택구조의 변화가 나타날 것이고 이는 결국 우리 문화 그리고 우리 생각까지도 필연적인 변화가 있음을 의미한다. 이러한 세상은 이미 시작되었다.

2019-10-23

관광의 새로운 패러다임, 스마트 관광

최근 우리 주위에 회자되고 있는 말은 아마 산업혁명 4.0이라 할 수 있다. 수년 전 알파고가 이세돌을 이기는 바람에 인공지능의 진가가 나타났고 자연히 우리 산업 전반의 변환을 지칭하는 용어로 쓰이게 된 것이다. 변화는 급기야 관광에도 불어닥쳤다.

산업혁명 4.0의 의미는 도대체 무엇인가? 간단히 말해서 예전에 불가능하던 일이나 서비스가 인터넷과 같은 정보기술의 발달로 가능하게 됨으로써 이를 적극적으로 활용하려는 것을 뜻한다. 요새는 핸드폰만 있으면 밤낮에 관계 없이 어디서든 송금할 수 있는 세상이다. 정보기술이 발달되지 않았던 시절에는 꿈도 꾸지 못한 일이었다. 첨단 기술로 좀 더 효율적으로 일을 할 수가 있을 뿐더러 새로운 서비스도 창출할 수도 있게 된 것이다. 첨단 정보기술을 관광에 활용한 것이 바로 스마트 관광이다.

사실 글로벌화가 진행됨에 따라 관광도 많이 변화했다. 모든 것을 언급할 수는 없지만 중요한 몇만 추려보자.

먼저 관광개념 자체가 바뀌고 있다는 것이다. 예전 관광 하면 있는 것을 잘 보여주고자 했다면 지금은 고객이 보고 싶어 하는 것을 보여주는 시대이다. 그러나 문제는 최근 고객의 욕구가 다양화되었다는 점이다. 요새는 외국에 유명한 것을 보러 가기보다는 쉬기 위해 또는 무엇인가 즐기기 위해 그리고 모임 등을 위해 집을 나선다. 이렇게 되면 우리 삶의 모든 것 즉 k-pop, 힐링, 레저, 스포츠, 컨벤션, 아니면 학업 등 다양한 것이 관광 산업의 범주 내에 들어오게 된다. 지금은 문화를 파는 시대라 할 수 있다.

다른 측면 하나는 규모화를 들 수 있다. 이제는 고객의 볼거리나 체험상품을 만들기 위해 모든 역량 집중 즉 첨단 정보기술, 관광 및 교통 인프라, 시민의 수준 등 모든 것을 집합해서 고객 만족이라는 관광의 목적을 달성하는 형태로 발전하고 있다. 이러한 수준을 맞추기 위해서는 당연히 대규모 투자를 수반하게 된다. 예컨대 미국의 라스베이거스나 디즈니 월드, 싱가포르의 마리나베이 샌즈 리조트 등에서 볼 수 있다시피 유명 관광지는 대부분 엄청난 투자를 수반하고 있다는 점이다. 이렇게 큰 자금을 움직이기 위해서는 정부와 함께 대규모 투자회사의 역할이 절대적이다. 최근 일본도 정부 주도하에 2025년까지 동경 근처에 약 10조 원 투자하여 복합리조트 건설을 추진하고 있는 것도 이와 같은 맥락이다.

이 같은 관광의 규모화나 다양화 등에 적절히 대응하기 위해 최근 첨단 정보기술을 기반으로 한 스마트 관광이 부각되고 있는 것이다. 스마트 관광은 간략히 서비스의 편리성과 효율성을 위한 것과 아울러 기술 자체를 대상으로 한 관광 상품 개발로 크게 구분하면 쉽게 이해할 수 있다.

스마트 관광 즉 정보기술을 활용하면 언제 어디서나 관광 안내나 관광 서비스예약 등과 같은 관광 서비스를 제공할 수 있고 아울러 효율적인 관련 시설 운영 역시 가능하다. 고객이 관광을 편하게 할 수 있도록 다양한 서비스 및 배려가 가능한 것이다. 예로 에어비엔비(Airbnb)와 같은 공유 숙박 앱이나 공유 전동킥보드 출현 등 관광을 편리하게 하는 다양한 정보기술을 통한 관광 서비스를 생각해 볼 수 있다. 물론 송도 컨벤시아와 같은 관광 시설도 정보화를 하게 되면 효율적인 시설운영뿐만 아니라 고객관리가 가능해져 수익을 기할 수 있게 된다.

이와 함께 첨단 정보기술을 활용한 새로운 관광상품을 창출할 수도 있다. 미래 사회를 체험하는 상품을 개발할 수 있을 것이고 다양한 첨단 기술을 체험하고 배우고 혹은 개발도 고객이 직접 할 수 있는 상품도 생각해 볼 수 있다. 인천대학에서도 약 삼천 명의 베트남 학생들이 어학 연수를 받고 있듯이, 새로운 첨단 기술에 대한 교육과 체험도 같은 형태의 상품을 만들어 볼 수 있다. 일전에 인천시에서 시도하였던 로봇랜드 사업도 이와 같은 개념으로 시작했으나 여러 우여곡절로 지금은 어렵게 표류하고 있어 안타까운 일이다.

그러나 가장 중요한 것은 바로 관광의 수동적 서비스에서 이제는 데이터 분석을 활용하여 공격적이고도 능동적 서비스의 창출이 가능하다는 것이다. 천수답처럼 관광시설을 멋지게 꾸며 손님이 오기를 기다리기보다는 적극적으로 고객을 분석하고 전략을 세워 상품을 개발하고 끌어당기는 유인책의 추진이 가능하게 된 것이다. 소위 경영학에서 말하는 고객관계관리(CRM: Customer Relationship Management)라는 것으로 데이터에 따른 고객관리가 이제는 관광산업에서도 점차 핵심 요소로 부각되고 있다.

그렇다면 스마트 관광을 위해 우리는 무엇을 준비해야 하는가? 우선 기본 조건부터 살펴보자.

스마트 관광에서도 무엇보다 가장 필요한 것은 시민 의식의 변화이다. 아직도 우리는 관광이나 서비스산업 하면 낮추어 보는 경향이 있다. 아무리 관광 영역이 첨단화하고 있다고 하지만 결국은 고객 접점은 시민이고 이들의 친절이 바로 관광의 핵심 서비스이다. 우리의 고루한 관광의식부터 불식해야 외국 손님들에게 보다 나은 친절을 베풀 수 있지 않을까 싶다. 관광에 대한 관심을 단적으로 나타내는 척도로 관광교육을 들 수가 있는데 인천에는 관광 관련 학과가 있는 대학이 단 한 곳도 없다. 관련 인재들이 없으니 할 수 있는 일에 한계가 있고 결국 관광 분야에서 주도적으로 할 수 있는 일이 없는 것이다.

시민의식과 연관하여 시 정부가 큰 관심을 가져야 한다. 시의 의지가 있어야 올바른 정책과 예산이 설 수가 있는 법이다. 시의 의지가 없다면 결국은 정책적 동인이 없어 기회가 사장되기 쉽다. 정책 수행에 있어서도 성급히 만들기보다 인문학적 사고와 공학적 기술 그리고 경영마인드를 갖고 정책을 입안할 필요가 있다. 이제는 관광영역이 단순히 관광이 아닌 산업이자 경영이기 때문이다. 그래서 먼저 스토리를 생각하고 이를 구현하기 위해 다양한 첨단기술을 융합하고 필요한 구조물을 구축할 필요가 있다. 물론 그 과정에서 필요하다면 법률적 보완도 물론 병행하여야 한다. 이처럼 관광산업은 그야말로 종합예술인 것이다.

이것이 미래 관광 즉 스마트 관광의 조건이다. 이러한 토대 위에 스마트 관광이란 데이터 수집에서 출발하여 데이터 분석 그리고 이를 바탕으로 전략화 및 서비스의 통합적 운영을 의미한다. 따라서 스마트 관광의 기저에는 관광에 대한 시민의식의 개선 그리고 걸맞는 정책과 예산책정이 있고 이를 토대로 다양한 데이터 분석에서부터 출발함으로써 가장 효과적인 관광체계를 구축할 수 있는 것이다.

세상이 변화하고 있다. 그리고 관광도 이제는 변해야 한다. 이제까지의 관광개념으로는 시대에 뒤떨어진 저가 및 저질 관광에 매몰될 수밖에 없다. 인천의 관광산업 그리고 인천의 미래를 세우기 위해 먼저 우리부터 생각을 바꿔야 한다.

2019-10-31 / 2019-11-07

유시티 그리고 스마트 시티

인천 스마트시티(Smart city) 사업은 2017년 중반 인천시의 송도경제청에서 시동되었다. 유시티(U-city) 사업이 2003년 송도에 시작한 지 십수 년 만에 우여곡절 끝에 새롭게 간판을 바꾸어 부활한 것이다. 언뜻 보기에도 별 차이가 없는, 정보기술 기반의 정보화 사업이라는 것을 쉽게 알 수 있다. 물론 그 사이에 유시티나 스마트 시티 사업이 각 지방 도시에 유행처럼 번졌지만 말이다.

유시티사업은 글자 그대로 인터넷과 같은 첨단 정보기술을 활용하여 도시 생활의 편의성과 도시 행정의 효율성을 올리고자 하는 사업이다. 유비쿼터스(Ubiquitous)는 인터넷 등의 정보기술을 활용하여 도시의 모든 기능을 실시간으로 연결함으로써 도시민을 위한 첨단 서비스를 창출하자는 데 목적이 있다. 그래서 복잡한 구도심보다는 신도시 즉 백지에서 그릴 수 있는 송도같이 신생도시가 여기에 적합하였다. 당시 전국적인 부동산 호경기로 우후죽순처럼 짓던 아파트 건설비용의 일부를 유시티 구축 기금으로 축적하였지만, 정작 문제는 아무도 이 엄청난 기금으로 무엇을 해야 할지 몰랐다는 것이다.

지금도 그렇지만 당시 유시티 전문가나 유시티에 대한 명확한 정의도 없었을뿐더러 실체가 없이 정치 구호 비슷한 형태였다. 이렇듯 유시티 정의(定義)부터가 모호한 만큼 이를 구현한다는 것 자체가 의미가 없는 일이었다. 유시티라는 회사를 설립하고 기금을 활용하려 했으나 마땅히 할 일을 찾지 못하고 고육책으로 CCTV를 도시 전체에 도배하여 감시하는 관제 센터를 세울 수밖에 없었다. 이것이 그때 담당자들 수준에서 이해할 수 있고 가장 쉬운 해결책이었던 것이다. 사실 관제 센터의 역할도 경찰의 관제 조직과 중복되는 일이었지만 말이다. 이 조직은 후일 경제청으로 이관되어 운영센터로 이름을 바꿨다.

이후 최근에 박남춘 시장이 구도심 개발을 위해 스마트 시티 사업을 언급하였다. 구도심에 발달된 정보기술을 활용하면 좀 더 효율적인 그리고 쾌적한 도심을 만들 수 있지 않겠냐 하는 의도에서 출발한 것이다. 여기에 발빠르게 대학 등 관련 업체들이 움직이고 있으나 실효성에 대해서는 전문가 누구도 선뜻 호의적이지 않다. 아직도 가장 중요한, "무엇을 어떻게"가 빠져 있기 때문이다.

도대체 무엇이 문제인가?

첫째, 도시는 정보기술의 집합체라고 하기보다 사람들이 모여 사는 공간이다. 먼저 주민들이 활용할 수 있고 더 쾌적하게 느끼기 위해서는 먼저 주민들에 대한 연구와 분석이 선행되어야 한다. 주민들이 바로 이러한 기술들의 소비자이기 때문이다. 이러한 노력이 없이 아름다운 이상향을 세워 만든들 주민이 어떻게 활용할 수가 있겠는가. 우리 몸에 맞지 않기 때문이다.

둘째, 주로 공급자 즉 정보기술 업체가 대부분 사업을 주도한다는 사실이다. 주로 이들 업체는 당연히 자신들의 장비를 파는 것이 목적이다. 그래서 처음부터 장비 위주의 사업진행이 되기 십상이다. 이러한 이유는 시 담당 공무원들 역시 이 분야에 전문성이 없다 보니 업체에 의존할 수밖에 없고 업체입장에서는 보여주기식의 단기효과를 위해서 번쩍번쩍한 장비를 깔아 놓는 것만큼 효과적인 게 없기 때문이다.

셋째, 설령 엄청난 예산을 들여 장비를 곳곳에 설치한다 해도 유지보수 등 관리 비용이 상당하다. 만약 유지 관리 예산이나 인력이 부족하면 결국 설치된 장비는 흔히 곧 무용지물이 되기 마련이다.

넷째, 소위 시스템 및 서비스 통합이라는 것인데 기존의 제공되고 있는 각종 서비스와 연계되어 주민들이 복잡함을 느끼지 않고 쉽게 활용할 수 있어야 한다. 예컨대 간단히 고객이 일일이 행정이나 금융서비스를 받기 위해 관청이나 기관에 갈 것이 아니라 누구나 쉽게 처리가 가능하다면 좋을 것이고, 교통 통제가 잘 이루어져서 교통 혼잡이 없이 출퇴근할 수만 있다면 좋을 것이다. 미래에는 자율자동차가 우리를 목적지까지 편안히 모셔다 줄 수 있을 것이다. 이렇게 하려면 수많은 시스템과 여기에 법과 규범 등이 목적에 맞도록 같이 바뀌어야만 한다.

이러한 사회적, 법리적 보완이 없이 수많은 장비만 깔아 놓는다고 주민이 편안할 수는 없는 것이다. 오히려 너무 복잡해서 피하기 마련이다. 외국에서 흔히 하는 원격진료가 아직 우리는 국회에서 시도도 못하고 있는 현실에서 아무리 큰 비용을 들여 첨단 시스템을 깔아 놓은들 이는 결국 반쪽의 혁신에 지나지 않는다. 오히려 결과적으로 값비싼 장비들로 도시를 가득 메우는 일들만 생기게 되는 것이다.

그렇다면 어떻게 해야 하는가? 먼저 아무리 실적이 필요해도 미래 도시에 대한 인문학적 고려를 통한 마스터 플랜이 필요하다. 여기에는 주민에 대한 분석을 포함하여 미래의 필요한 서비스 그리고 기존 서비스의 통합연구 등을 면밀히 살펴야 할 것이다. 이때 필요하면 조례나 규정 등을 미리 바꿔야 할 것이고 어쩌면 시민 참여나 시민에 대한 사전교육 역시 필요하다.

이러한 기본여건이 마련되면 우선순위를 정하여 사업을 정하고 여기에 따라 관련 구축기업을 선택하여 사업을 진행하여야 한다. 무엇보다도 주민의 수준에서 설계가 되어야 하고 구현되어야 한다. 결국 소비자가 주민이기 때문이다. 이런 형태가 되어야 주민을 위한 스마트 시티가 되는 것이지 흔히 관급 정보화 사업에서 벌어지듯 장비 업체가 장비만 깔아 놓고 떠나면 결국 우리에게 남는 것은 장비 무더기밖에 없다는 것이다.

어차피 스마트 시티는 우리가 가야 할 미래의 도시이다. 이 미래 도시도 역시 지금과 마찬가지로 우리가 살아가야 하는 곳이고 우리가 소비해야 하는 곳이다. 우리 즉 시민에 대한 연구와 분석이 없이 외국의 몇몇 사례를 보고 스마트 시티 구축 운운하는 것은 큰 비용만 낭비할 뿐이다. 따라서 시 역시 많은 세금을 들여 사업의 성급한 실행보다는 스마트 시티가 과연 우리에게 무엇인가

하는 근본적인 물음에서부터 논의가 시작되어야 할 것이다.

2019-11-18 / 2019-11-20

지소미아 사건을 돌아보며…

이번 일본과의 지소미아 파기를 둘러싸고 국내외 외교 전문가들은 한미일 군사 동맹에 문제가 생길 것에 대해 큰 우려를 가졌다. 다행히 큰 혼란이 없이 지나갔지만 당시만 해도 만약의 사태를 걱정하며 모두가 가슴을 조아렸던 것이다. 그렇다면 이러한 동맹이 우리에게 주는 의미는 무엇인가? 한번 곱씹어 볼 필요가 있다.

제1차 세계대전은 정말 우연찮게 일어났다. 역사학자 홉스봄은 역사 사건을 조건과 촉발원인으로 구분하고 촉발원인은 그 유명한 오스트리아-헝가리 황태자의 암살사건이지만 조건은 동맹의 붕괴라고 말한다. 19세기 후반까지 독일은 철혈재상 비스마르크에 의해 국력이 크게 신장되었다. 그는 독일의 동쪽을 동맹을 맺어 묶어 두기로 하고 러시아 그리고 오스트리아-헝가리와 소위 3제 동맹을 맺었다. 이러한 동맹 덕분에 독일은 안심하고 다른 한쪽 즉 영국과 프랑스를 견제할 수 있었다.

그러나 1890년 비스마르크가 실각하고 들어선 새로운 정권은 실수로 러시아와의 동맹 연장시기를 지나쳤다. 당시 러시아는 독일이 변심한 것으로 알고 영국과 프랑스와 동맹을 맺는다. 갑자기 유럽은 힘의 균형을 잃게 된 것이다. 결국 암살사건으로 오스트리아-헝가리는 세르비아를 침략하게 되고 동맹국인 독일도 같이 참전하게 된다.

동맹으로 묶인 유럽의 각 나라가 연쇄적으로 참전하게 되면서 결국에는 세계 전체가 전쟁에 돌입하게 된다. 세계 대전으로 말미암아 4년간 7천만 명이 동원되었고 그 중 900만 명의 군인이 전사했다. 더구나 전후의 미흡한 처리는 20년 후 다시 천만 명의 희생자를 낸 제2차 세계대전을 몰고 오게 된다.

물론 이 일은 100년 전 일이고 큰 전쟁을 이미 경험한 지금과는 상황이 많이 다르다. 그러나 우리가 눈여겨 봐야 할 것은 외교에서는 어떠한 실수도 그리고 잘못된 판단도 용납되지 않는다는 것이다. 특히 국가 간의 군사동맹의 경우 일단 맺게 되면 동맹국끼리는 전쟁에 공동으로 대처해야 하지만, 자국을 외국의 침략으로부터 보호해 줄 수 있는 방호벽 또한 될 수가 있다.

동맹국의 사례는 이것만 있는 것이 아니다. 스파르타의 펠로폰네소스 동맹과 같이 옛날 희랍 동맹에서부터 최근의 소련을 대적하기 위한 유럽 NATO 협정 등 역사적으로 수많은 동맹이 있다. 한국에서도 당나라와 신라의 동맹을 통한 삼국통일이나 혹은 조선과 명나라의 동맹으로 인한 임진왜란 극복과 같이 이해에 따라 동맹 및 협정을 맺어 왔다. 한국전에 미국의 참전도 그런 맥락이라 할 수 있다. 이렇듯 국가는 동맹 혹은 협정을 통하여 국가의 안전을 확보하고 국제적인 위상을 갖게 되는 것이다.

제2차 세계대전 이후 패권국 미국은 세계의 바다를 몇 지역으로 나누고 한국을 포함한 극동아시아를 미국 제 7함대가 통제하고 있다. 당시 미국과 소련의 양극체제에서 소련을 견제하기 위한 방편으로 한국과 일본과의 한미일 동맹을 맺었고 그 연장선에서 군사 정보 교환의 지소미아를 운영하고 있었던 것이다. 결국 미국의 적은 한국의 적이고 한국의 적은 바로 미국의 적인 셈이다. 최근 소련의 붕괴로 말미암아 한미일 동맹의 목적이 소련 견제에서 새로운 세력인 중국 견제로 새롭게 방향전환을 하였다. 그 연장선에서 몇 년 전 사드 배치를 했던 것이다.

한국은 이북만 대처하고 있는 것은 아니다. 중국, 러시아, 그리고 일본과 멀리 미국에 이르기까지 균형의 핵심에 있고 이 핵을 한미일 동맹이 이제까지 지켜주고 있는 것이다. 따라서 한미일 동맹이 무너지면 한국은 함께할 우방을 잃게 되어 그때는 우리 스스로 국방이나 경제를 지켜내야만 한다. 국방의 힘을 잃어버린 국가가 어떻게 경제를 지켜낼 수가 있는가? 현재와 같이 자본 네트워크가 국제적으로 그물망처럼 되어 있는 세상에는 있을 수 없는 일이다. 당장 썰물처럼 국내 외국자본이 쓸려 나갈 것이 불을 보듯 뻔한 이치다.

국가 동맹은 서로를 지켜주는 국가 간의 약속이다. 동맹을 파기하는 것은 특별한 전략적 이유가 있거나 유지할 이유가 없을 때뿐이다. 이러한 동맹의 부재는 국가의 존립을 위태롭게 할 수도 있으며 국가 운명도 좌우할 수가 있는 것이다. 국가의 안보는 그 어떤 일로도 바꿀 수 없는 절대적인 것이다. 그 안보가 동맹에 의해 지켜진다면 그 동맹은 우리에게 절대적인 가치를 가질 수밖에 없다.

이번 지소미아 사태가 몰고 올 뻔한 한미일 동맹의 파기는 극동아시아의 힘의 균형을 깨고 자칫 국가의 안보에도 큰 영향을 줄 수 있었던 사안이다. 이러한 동맹파기의 위험성을 깊이 인지하고 앞으로도 만에 하나 실수하는 일이 기필코 있어서는 안 될 것이다.

2019-11-26

사회적 경제 지표의 의미

지난주 인천에서는 사회적 경제 정책에 획을 그을 수 있는 큰 행사가 있었다. 바로 인천일보가 더 좋은 경제사회적기업 협동조합(사)과 함께 사회적 가치를 달성한 지자체에 대한 시상이 그것이다. 특히 의미가 있는 것은 국내 처음으로 지역 민간단체가 자발적으로 지표를 개발하고 모범적인 지자체에 대해 시상까지 했다는 점이다. 사실 정부에서도 아직 시도되지 않은 일로, 이번에 개발된 지표를 통하여 앞으로 사회 정책 수립 및 운영에 큰 틀을 만들 수 있게 되었다.

사회적 경제란 소위 사회 소외계층이나 약자들에 의해 발생하고 있는 부가가치를 의미한다. 이들은 몸이 불편한 장애인이나 노약자와 같이 노동력이 있으나 경쟁력이 없어 일반 사기업에는 취업하기 어려운 층이다. 따라서 사회적 경제의 주축이 되는 사회적 기업은 취약 계층을 활용한 생산을 하거나 혹은 방과 후 학교사업과 같이 이들에 대한 지원사업 등의 사회적 목적을 갖는 회사를 의미한다.

특히 외국에서는 사회적 기업이 사회적 협동조합의 형태로 나름 오랜 역사를 갖고 있다. 1970년대 말 세계적 경제침체에 따라 복지위기론이 대두되었는데, 당시 공공서비스의 민영화와 새로운 노동정책들이 시행되면서 이러한 사회경제 사업들이 확산된 것이다. 국내에서도 경제안정과 민주화 바람과 함께 소외계층 및 저소득층에 관심을 갖게 되었고 이와 함께 다양한 사회적 정책들이 부각되었다.

그렇다면 이러한 사회적 사업을 왜 민간에서 해야 하는가? 사실 소외계층과 약자들에 대해 정부가 직접 지원하려면 여러 가지 비효율이 따른다. 무엇보다도 알려지기 꺼리는 그들의 특성상 파악하기도 쉽지 않을뿐더러 관리하려면 상상할 수 없을 정도로 큰 행정 조직과 천문학적 예산이 필요하기 마련이다. 더구나 공조직의 특성상 엄청난 비효율을 감수해야만 한다.

사실 우리 주위에 꼭 필요하지만 수익이 되지 않은 일이 많다. 필요한 사회 서비스이지만 수익성이 낮고 꺼리는 일, 예컨대 임금이 낮고 힘든 일인 청소나 간병 혹은 수요가 별로 없는 소규모 전통 공예품 제조 등 수없이 많다. 시장논리로 보면 당연히 어느 누구도 하려 들지 않는 일이다.

이러한 일에 지자체에서 일부 수익성을 보전할 수 있도록 자금지원과 이들에게 경영기법을 지도한다면 지자체에서 맡아야 할 사회사업을 민간부분이 작은 비용으로 담당할 수 있게 된다. 이것이 바로 우리에게 친숙한 사회적 기업 혹은 협동조합이다. 물론 소외계층에 대한 고용창출과 아울러 필요한 사회적 서비스를 함께 얻을 수 있게 될 뿐만 아니라, 당사자인 소외계층이 직접 사업을 구상하고 운영하는 것이므로 가장 적절하고 효율적일 수밖에 없다.

그러나 문제는 '지자체가 어떻게 적합한 기업을 선정하고 지원할 수 있는가?' 하는 것이다. 이럴 때 우선적으로 해야 하는 것이 바로 지표(指標)를 개발하는 일이다. 여기서 사회적 지표란 주어진 목적에 맞도록 얼마나 지자체가 열심히 노력을 하고 있는지를 나타내고 있는 측정치이다. 예컨대 이번 지표조사에서 지역의 사회적 기업들이 일반기업들에 비해 성장지표는 높으나 수익과 안정 지표는 미흡하게 조사되었는데, 이는 지자체가 이들 기업들의 수익과 안정화에 더욱 비중을 두고 지원할 필요가 있음을 뜻한다.

일단 사회적 지표가 마련되면 다음은 이를 제도화하는 일일 것이다. 즉 지표를 전국적으로 확산하여 일반화하는 일이다. 그래서 누구든 사회적 가치를 올리기 위해서는 어떻게 해야 하는지 알 수가 있을뿐더러, 어떤 지역이 효율적으로 운영하는지를 쉽게 비교할 수 있다. 즉 지자체별로 수익, 성장, 안정 등 요인별로 비교할 수도 있고 사회적 가치 증진을 위해 이들을 계도할 수도 있는 것이다.

　물론 어떠한 지표도 완벽할 수는 없다. 앞으로 지역적 특성이나 측정치가 갖고 있는 여러 문제를 고려하여야 할 것이다. 아울러 한 가지 지표가 모든 것을 나타낼 수는 없기 때문에 각 목적에 따라 다양한 지표개발 역시 필요하다.

　사회적 경제정책에서 지표개발은 바로 사회적 경제사업의 첫 단추이자 마지막이라 할 수 있다. 이러한 지표를 더욱 정교하게 다듬어 사회적 경제 사업이 체계적으로 운영되고 확산될 수 있도록 해야만 한다. 함께 더불어 살아가야 하는 세상이기 때문이다.

2019-11-27

월미바다열차가 사는 길

2019년 10월 8일. 드디어 완공 후 11년 만에 열차가 손님을 태우고 움직였다. 그토록 인천 시민의 애간장을 태우던 월미바다열차가 말이다. 예전 안상수전 시장 때 완공 후 그동안 송영길 전 시장 그리고 유정복 전 시장을 거쳐 갖가지 우여곡절 끝에 드디어 현 박남춘 시장에 와서야 제대로 움직이게 된 것이다.

정식으로 열차 운행을 시작할 당시만 해도 담당자뿐만 아니라 모든 시민이 우려와 걱정이 많았지만 다행히 지금은 타려면 3시간 이상 기다려야 하고 급기야 대합실을 조만간 넓혀야 할 정도라 한다. 개통 후 한 달간 4만 명이 탔다고 한다. 정말 모두가 애물단지일 줄 알았는데 실제 뚜껑을 열어 보니 대박이 된 것이다.

최근에는 지자체에서 관광객을 유치하기 위해 여러 가지 시설을 하는 것이 이제는 낯설지가 않다. 산간 지방인 파주나 강원도 산에는 출렁다리를 설치해서 관광객을 쓸어 모으고 있고 땅끝마을 해남이나 충주 담양 같은 곳은 케이블카나 모노레일 등을 설치해서 많은 관심을 모으고 있다. 이러한 편의 시설은 누구나 주로 높은 산을 쉽고 편리하게 오를 수 있게 해준다. 최근 군산 선유도에서도 바다 위 짚라인을 설치해서 나름 명물로 떠오르고 있다.

그러나 문제는 월미바다열차가 주는 감동이 다른 시설에 비해 그리 크지 않다는 점이다. 월미바다열차는 결국 일종의 월미도 순환 열차이고, 10미터 높이의 고가 레일을 이용하여 잠시 바다를 내다볼 수 있는 정도이다. 이와 비슷한 기능이 용도는 다르지만 바로 영종 순환열차도 있다. 타고 높은 산을 오르는 것도 아니고 단지 5천 원 이상을 내고 월미도를 한 바퀴를 도는 것인데 만족감에 한계가 있지 않나 싶다. 더욱이 자가용운전자의 경우 월미도 내에 주차를 하게 되면 열차이용이 오히려 불편할 수 있다.

사실 걱정은 이뿐만이 아니다. 이미 투자 건설 비용 1000억 정도는 기존 시설 투자비용이라 치고 매년 들어 가는 운영과 유지보수 비용은 약 30억 정도 추산이 된다고 한다. 그래서 운영비용이라도 계상하려면 일 년 내내 지금처럼 약 1700명 정도 손님이 늘 있어야 하는 것이다. 만약 현재 상황이 이벤트 효과(초기 개장으로 관심을 끄는 효과)라고 한다면 안심할 일은 아니다. 더구나 고객을 항상 채우는 일 역시 쉽지 않다.

그렇다면 어떻게 손님들을 지속적으로 불러 유지할 수 있는가? 지금 고객이 있을 때 바로 고객들의 관심을 이끌기 위한 유인책을 분석하고 준비할 시점이다. 지속적인 방문을 유도하기 위해서 그리고 새로운 방문객을 위해서는 방문객에게 그만한 가치가 있는 관광 서비스가 필요한 것이다.

첫째, 관광에는 무엇보다 필요한 것이 스토리를 만들어야 한다. 아마 가장 쉬운 방식은 드라마를 찍거나 소설에 등장시키는 것이다. 인천대학에서 촬영한 "별에서 온 그대" 인기 드라마를 보고 많은 중국 관광객이 대학에 몰려든 적이 있었다.

둘째, 관광을 위한 동선을 만들어야 한다. 타고 먹고 쇼핑하고 그리고 쇼도 보는 등의 일련의 동선을 만들어 방문객들에게 다양한 재미를 얻도록 관광 메뉴를 만들 필요가 있다. 이를 위해서는 바로 열차와 맞물려 월미산도 아름답게 꾸며야 하고 횟집 일색인 음식점들도 보완해야 할 것이다.

셋째, 월미바다열차가 성공하기 위해서는 월미도 전체가 관광지 역할을 해야 한다. 월미바다열차는 월미도의 관광을 위한 교통수단이지 목적이 아니다. 따라서 관광객이 열차를 타고 내리면 어떤 재미를 느낄 수 있는지를 파악하여 월미도 자체를 앞으로 재설계와 함께 시설을 해야 할 것이다.

어쩌면 이 정도는 인천시에서 큰 노력을 들이지 않고도 쉽게 할 수 있고 또

계획도 갖고 있다. 만약 월미도가 동네 시민 정도 상대한다면 말이다. 그러기에는 월미도가 갖고 있는 잠재적인 기회가 묻혀 버릴까 아쉽다. 월미도의 국제화를 위한 새로운 비전과 이를 구체화할 패러다임이 필요하다는 것이다.

예컨대 외국인이 방문할 수 있도록 국제화를 겨냥한 개발이 필수적이다. 영종에 세워지는 리조트에 조만간 몰려들 외국 관광객이나 영종 공항 환승객에 대한 상품을 만들어야 한다. 이를 위해서는 홍콩처럼 월미도와 영종 간 바다 위의 케이블카도 생각해 볼 수 있다. 물론 영종대교 밑으로 고급 유람선도 띄우고 말이다. 좀 더 욕심을 내서 전주시처럼 답동 성당을 성역화하고 신포시장 그리고 전동 일본마을 그리고 북성동 차이나 타운을 연계하여 인천 도심을 복합 관광타운, 즉 외국인 및 국내인을 위한 경쟁력이 있는 관광 플랫폼을 만들 수가 있다.

다시 말하면 영종 바다열차가 사는 길은 먼저 월미도 자체가 관광경쟁력이 있어야 하는 것이고 이를 넘어 영종을 포함한 인천시가 관광 플랫폼으로 만들어져야 다 함께 발전할 수 있는 것이다. 이러한 비전과 노력이 없이는 결국 월미도는 인천시민을 위한 한낱 시민 공원으로 만족할 수밖에 없다. 이를테면 용을 지렁이로 만드는 꼴이다.

2019-12-19

2019년을 보내며…

"저는 우리나라 미래는 걱정하지 않아요. 역사적으로도 잘 적응해왔고 짧은 시간에 이렇게 잘살게 되었잖아요. 남들은 뒤처졌다지만 4차 산업도 걱정할 것 없어요. 우리는 변화적응에도 탁월하고 필요하면 언제든 전체를 갈아엎을 수 있잖아요." 지난주 지역 모임에서 어떤 지인이 소리를 높였다. 그런데 정말 그럴까?

우선 가까이 조선 시대부터 살펴보자. 근대 우리나라 최대 위기라 할 수 있는 1500년대 말 임진왜란 때는 명나라의 도움으로 겨우 나라를 보전할 수 있었으나 결국 1636년 병자호란 때 청나라 태종 앞에서 인조가 이마를 바닥에 9번 찧는 삼전도의 치욕을 겪었다. 다시 300년 후 일본에 합병되었다가 미국 도움으로 1945년 독립을 하게 된다. 몇 년 후 625 사변 때 역시 다시 미국의 도움으로 나라를 겨우 유지할 수 있었던 것이다. 망했다가 남의 도움으로 명맥을 유지한 것도 생존이라면 그럴 수 있을 것이다. 그러나 이러한 요행은 언제까지 지속될 수 있겠는가?

우리나라가 지도에서 없어지지 않고 그럭저럭 버티고 살아온 데는 우선 중국 중심으로부터 멀리 떨어져 있어 중국이 군대를 몰고 오기 쉽지 않았고 또한 굳이 침략할 마땅한 이유도 없었기 때문이다. 근대에 와서도 서구 열강들의 입장에서 보면 조선은 중국 변방의 조그만 속국이었다. 그래서 그들의 관심을 돌릴 수 있었고 나름 고립되어 살아 갈 수 있었던 것이다. 결국 우리가 세계 흐름에 잘 적응한 것보다는 당시 동양의 패권국 중국만 바라보고 있으면 되었기 때문이었다.

그러나 지금은 상황이 많이 다르다. 세상이 그물망처럼 촘촘히 연결되어 있을 뿐 아니라 한 곳에서 일어난 문제가 삽시간에 세계로 확산된다. 국제관계를 보더라도 단일 패권국이 된 미국이 거침없이 자국의 이해를 챙기려 하고 있다는 것이다. 이처럼 국제적 관계가 긴밀하고 파급효과가 클수록 그리고 국가 이익을 중시할수록 당연히 패권국과의 관계가 더욱 중요하게 된다.

그러나 국내 현 정권의 모호한 외교전략으로 미국과 일본과의 동맹이 불편하게 되었을 뿐 아니라 중국과 북한으로부터도 오히려 따돌림 받는 상황이 되고 있다. 즉 필요할 때 우리와 손잡을 국가가 마땅치 않다는 말이다. 더욱이 눈을 안으로 돌리면 상황은 더욱 심각하다. 경제, 국방, 교육 등 뭐 어떤 것 하나 제대로 해결되지 못하고 파국으로 치닫고 있는 듯하다. 더욱 심각한 것은 조국 사태 이후 국민들이 두 패로 나뉘어서 어떠한 타협점도 이루고 있지 못하고 있다는 점이다.

강력한 국가는 강한 경제력과 군사력 그리고 국민을 하나로 만들 수 있는 통치철학을 갖고 있다고 한다. 물론 예전처럼 국가가 쉽게 무너지지는 않는다. 그러나 순간적 실정으로 얼마든지 큰 혼란에 빠질 수가 있는 것이고 그런 사례는 역사 속에 수없이 많다. 그렇다면 이제 우리는 과연 어떠한가를 우리 자신에게 되물을 수밖에 없다.

4차 산업혁명으로 대변되는 혁신도 "타다"에서 보듯 온갖 국내 규제로 인하여 어렵기는 마찬가지이다. 중국과 미국에서 이미 활용되어 있는 기술도 규제에 묶여 꼼짝을 못하고 있는 것이 대부분이다. 규제로 모든 혁신이 묶여 있는데 아무리 변화에 대한 적응을 잘한다 해도 어떻게 그들을 따라잡을 수 있겠는가?

막스베버는 국가 권력은 경제적 자원의 분배를 할 수 있는 힘이라고 하고 정치적 집단은 이러한 권력을 목적으로 하는 것이라고 했다. 이러한 정치적 집단들에게 국가를 위한 일보다는 정권유지가 더욱 중요한 일이다. 권력을 잃으면 모든 것을 잃기 때문이다. 결국 선거로 정치적 집단을 평가해야 하는데 이마저도 선거제의 민주주의 체제에서는 쉽지 않은 일이다. 그 좋은 본보기가 바로 시민 선동이 일상화된 희랍의 민주정일 것이다.

그러나 이러한 우려에도 불구하고 내년 경자년 쥐띠 해에는 부디 그 친구 말대로 모든 것이 잘 풀려서 경제나 외교 그리고 국방에서 희망을 가졌으면 싶다. 만에 하나 잘못되어 일부의 우려대로 이전에 꽤 잘 나갔던 필리핀이나 베네수엘라처럼 되지 말란 법도 없다. 그런 나라를 어느 누구도 자식에게 물려주고 싶지 않을 것이다.

2019-12-29

2020년

1.2 추미애 법무부 장관 임명

1.19 신격호 롯데그룹 회장 별세

1.31 영국의 브렉시트 (유로 연합 탈퇴)

2.3 신천지 첫 대규모 감염

2.11 기생충 아카데미 4관왕 시상

4.1 오거돈 부산광역시장 성추행 사퇴

4.15 21대 국회의원 선거, 더불어 민주당 및 더불어 시민당 180석

5.7 위안부 피해자 이용수 할머니 정의연 악행 폭로

6.16 남북 공동 연락 사무소 폭파

6.25 긴급 재난지원금 지급

7.10 박원순 서울시장 자살

9.24 연평도 해역 공무원 피격사건

10.15 인천 바이오 공정 전문인력 양성센터 구축사업 승인

10.25 이건희 삼성 회장 별세

11.1 제 46대 미국 대통령 선거 존 바이든 당선

12.21 전 세계 코로나 확진자 7,150만 명, 사망자 159만 명

12.30 박범계 법무부 장관 임명

경자년과 신바람

1990년대 초에 이면우 교수가 "신바람" 이론을 소개하였다. 소위 한국인의 고유 성향인 신바람을 일으켜 세계 무대에서 앞서 나가자는 취지로, 이를 잘 활용하면 강대국인 중국과 미국의 머리 위에 올라타고 몰고 갈 수 있다는 것이다. 지금 보면 얼핏 웃을 수 있는 말이지만 당시 우리 경제가 높은 성장을 나타내고 있던 터라 나름 화제가 되었다.

우리는 신바람이 나면 신이 난다고 한다. 즉 신명(神明)이 난다는 것이다. 무당이 신명이 나면 시퍼렇게 날이 선 작두 위에서 맨발로 춤을 추듯, 신바람이 나면 엄두가 나지 않던 일도 쉽게 헤쳐간다. 이렇듯 신바람은 한국인의 감성적인 심성과 창조적인 잠재력을 잘 나타내고 있는 고유한 특징이라 할 수 있다.

그렇다면 이러한 신바람은 어떻게 얻을 수 있는가?

신바람은 자신감으로부터 나온다. 높은 자신감에서 신바람을 얻을 수 있는 것이고 남보다 잘 할 수 있다는 우월감에서 신바람은 더욱 커지기 마련이다. 그러나 무엇보다도 희망이 있을 때 이 신바람은 더욱 강해진다. 이처럼 가능성이 보일 때 희망이라고 부르고 가능성이 없을 때는 꿈이라고 한다. 일 예로 누구든 2002년 6월 한일 월드컵 축구를 기억할 것이다. 온 국민이 광화문과 텔레비전 앞에 모여 응원했고 기적과 같이 세계 4강에 오를 수 있었다. 신바람 즉 할 수 있다는 가능성을 봤기 때문에 그렇게 모두가 목청을 높일 수 있었던 것이다.

이렇듯 자신감과 희망이 서로 상승 작용하여 폭발적인 에너지를 갖게 된다. 우리는 희망과 함께 자신감이 주어질 수만 있다면 언제든 다시 신바람에 올라탈 수가 있을 것이다. 그렇다면 누가 신바람을 만드는가? 그것은 다름 아닌 우리가 선택한 정부이다.

그러나 2020년 전문가들의 전망은 사실 그리 밝아 보이지 않는다. 대외적으로 모호한 외교 노선을 견지한 후로 우리 안보를 지켜왔던 한미일 동맹에서부터 멀어져 왔다. 그렇다고 중국이나 러시아 혹은 이북에 다가선 것도 아니다. 사실 고립되어 있다는 편이 더 합당할 것이다. 더욱 어려운 일은 그동안 우리가 의지하고 있었던 패권국인 미국과 서로 엇박자를 내고 있는 듯하여 조마조마하다.

그렇다고 안으로도 편한 것도 아니다. 정부가 경제 발전보다는 분배를 중시하다 보니 노동 우선 정책을 펼 수밖에 없었고 결국 이는 새로운 규제로 이들을 비호할 수밖에 없었다. 결국 경제 발전에 필요한 혁신이 규제로 가로막혀 있었던 것이다. 이런 상황이 계속되다 보니 소위 산업혁명 4.0 시대에 먼저 치고 나가야 할 기술 발전이 중국을 위시한 경쟁국들에 비해 크게 뒤처져 있는 형국이다. 견디다 못해 공장을 통째로 뜯어 베트남으로 옮긴 100년 기업 "경방"을 비롯하여 앞으로 연이은 기업들의 탈출이 예견되어 있다. 두말할 것도 없이 올해는 일자리 부족현상이 더욱 가속될 것이다.

이제 총선거가 바로 눈앞에 있고 공수처 설립 등 첨예한 문제가 산적해 있다. 특히 조국 사태 이후 국민이 극단으로 나뉘어 그야말로 나라의 의견을 모으기가 쉽지 않다. 정치인들은 정치인대로 권력 유지 아니면 권력 창출을 위해 국민은 아랑곳 않고 이전투구하는 모습이 참으로 답답하다. 이렇게 가면 일본에서의 잃어버린 20년을 우리가 똑같이 답습하지 말라는 보장이 없다.

아무리 발전을 위한 과도기적 현상이라고 에둘러 말하려고 해도 자칫 그동안 일구었던 모든 것을 한꺼번에 잃게 되지 않을까 걱정이 되는 것은 나 혼자만이 아닐 것이다. 이렇듯 국내외 어느 것 하나 마음이 편하지 않다.

쥐는 부지런하고 활동적이며 섬세하고 민첩한 동물이라고 한다. 한 치 앞이 보이지 않는 경자년 쥐띠의 해에는 정부도 국민들도 쥐처럼 부지런하게 일하

고, 지혜롭게 대내외적으로 얽힌 복잡한 실타래를 신바람이 나게 풀어 갔으면
싶다. 그 어려운 2008년 금융위기도 잘 넘긴 것처럼 말이다.

　국민이 희망을 잃으면 정부는 권력을 유지할 수는 있을지 몰라도 국가는 나
락으로 떨어지기 마련이다. 바로 국민들이 희망을 찾아 줄지어 탈출하는 베네
수엘라를 보면 쉽게 알 수가 있다. 국가를 망치지 않으려면 국민에게 희망을
불어넣어 신바람 나게 해야 할 것이다.

2020-01-06

이 땅에서 경영학자로 사는 길

경영학의 근간은 자본주의이다. 쉽게 말해 돈을 벌기 위한 기업의 운용론이다. 역사적으로 보면 근대 초기에 자본주의 체제로부터 기업이 나타났고 이를 효율적으로 운용하기 위해 경영학을 고안한 것이다. 이러한 기업들의 부들이 모여 국부를 이루게 되고 기업이 잘되는 국가가 바로 패권국가로 된다고 역사학자 존 키건은 말한다. 사실 이탈리아의 베네치아나 영국 그리고 현재 미국이 각 패권국 시절에 크게 상업이 번성했고 또한 그때 경영학이 잉태되었던 것이다.

우리나라도 일본치하에서 초기 기업 모습이 보이다가 해방 후에 본격적으로 기업활동이 시작되었다. 사실 지금과 같이 한국 경제가 발전한 것은 여러 요인들이 있겠으나 몇 가지만 꼽으라면 먼저 소련과의 냉전에 따른 미국의 보호막, 월남전 참전에 따른 자본 유입, 스탈린식 작전과도 같았던 경제개발계획 등의 합작품이라 할 수 있다. 단시일에 기업들이 외형적으로 커지다 보니 많은 인력이 필요했고 이를 공급할 경영학자들이 필요했다. 결과적으로 외국 특히 미국에서 공부한 경영학자들이 대거 대학으로 진출하여 나름 기득권층을 형성하고 있는 것이다.

그러나 경제가 이제 어느 정도 올라와 있는 지금, 경영학자들이 직면한 것은 경영 경제논리보다는 가치논쟁 혹은 도덕논쟁이다. 강단에서는 경영학 교과서에서와 같이 경영 혁신 등을 통한 이윤창출에 대해 가르쳐야 하지만 실제 현실세계는 그렇지 않다는 데 고민스러운 것이다.

무엇보다도 선진 국가와는 달리 국내 기업들은 경영 효율성보다는 정치사회의 외적요소에 더욱 크게 좌우되고 있는 경향이 있다. 아마 그중 가장 큰 것이 기업을 압박하고 있는 각종 법과 규제 그리고 정부의 절대적 영향이라고 할 수 있을 것이다. 이렇듯 외부요인이 큰 상황에서는 경영이론이 끼어들 여지가 별로 없는 법이다.

몇 가지 예를 보자. 최근 미디어에 따르면 최고 경영자가 회사 일로 형사입건이 될 수 있는 법이 무려 2000가지가 넘는다고 한다. 현 실정법에서는 기업에서 일어난 사소한 실수나 잘못도 전적으로 결국 회사 최고 경영자의 책임인 셈이다. 사실 이런 상황에서 경영자가 소신껏 사업을 추진하는 것이 매우 어려운 일이다.

이런 법적 족쇄 외에도 탄력적이어야 할 노동 시장이 극도로 경직되어 있는 것도 문제다. 잦은 민노총 시위나 옆의 GM대우 사태에서 보듯 부적 노동 투쟁이 늘고 있을 뿐만 아니라 심지어 정치화경향까지 보이고 있다. 또한 52시간 강제 근무, 최저임금제, 임시직의 정규직 전환 등 큰 이슈화 될 수 있는 일들이 최근 논의 없이 정치적으로 채택되는 바람에 기업은 더욱 운신의 폭이 좁아지고 있다.

각종 규제가 겹겹이 처진 환경에서 경영이론은 무용지물이 된다. 무엇보다 혁신적인 사업을 하려면 정부차원에서 관련 규제를 풀어서 기업이 시장에 안착을 해야 하지만 실제 기존 시장과 이해가 맞물린 규제 그물망에 걸려 시작도 못하는 경우가 허다하다. 최근 이슈가 되고 있는 "타다"나 원격의료가 바로 그런 경우다.

대학 운영에서도 경영이론이 발붙이기 힘들기는 마찬가지다. 매년 바뀌는 정부의 교육 정책 또한 정신없게 만들고 있다. 정부는 대학 지원금으로 정부 입맛에 맞는 정책에 부응하는 대학에 지원한다. 그 때문에 대학은 대학지원금에 목매어 수시로 대학 구조를 바꾸고 커리큘럼을 새로 만들기도 한다. 그러나 이렇게 형성된 조직 변화는 대부분 일시적으로 끝나기 때문에 몇 번 작업을 하다 보면 대학이 무엇을 하는 곳인지 정말 애매하게 된다. 이렇다 보니 대학에 먼저 적용되어야 할 선진 경영 이론이 실제 대학 운영에서조차 적용할 방법이 마땅치 않다.

　그렇다면 교실에서는 어떠한가? 대학은 이미 스승과 제자의 관계가 단순히 지식전달자 역할로 전락한 지 오래다. 대학이 학문의 도야보다는 취직을 위한 수단이 되어 버린 탓이다. 더욱이 수업 시간에 이념적인 의견이나 강한 주장을 하게 되면 그대로 인터넷에 올라 곤욕을 치루는 경우가 허다하다. 이제는 학생들 앞에서 교과서 외에 말하는 것도 조심스러운 일이 되어 버린 것이다. 그래서 사회과학인 경영학의 특성과는 달리 사회 현상을 설명 못하는 결국 반쪽짜리 수업을 하고 있는 셈이다.

　경영학은 기업을 위해 존재하는 학문이다. 특히 외국의 모든 학문이 항상 우리에게 옳은 것은 아닐 것이다. 그러나 소위 성경과도 같은 경영이론을 학생들에게 가르치고 사회에 전도하는 마당에 너무나도 다른 우리 현실과의 괴리를 함께 설명하기란 매우 어려운 일이다. 그러나 귀 막고, 입 닫고, 눈 가리고 있는 일본 닛코의 원숭이 조각처럼 그렇게 단지 직업으로서의 경영학자로 살아가야 하는 것이 과연 옳은 것인지 되뇔 수밖에 없다.

　이 땅에서 경영학자로 살아가는 것은 참으로 답답하기만 하다.

2020-01-27

우한 폐렴과 문명

"국내 4번째 확진자. 172명 접촉", "2차 감염 우려", "지난번 사스보다 6배의 전염속도", "중국은 확진자가 7000명을 넘어섰다". 이것이 지난 30일 주요 일간지 머리기사다. 며칠 지난 지금은 사태가 더욱 어렵게 되었을 것이다.

우한 폐렴(코로나; COVID-19)이 세계를 삼킬 것 같다. 그동안 청정지역이었던 티베트를 포함 유럽 북쪽 끝 핀란드에도 확진자가 생겼다니 그야말로 짧은 시간에 전 세계로 퍼진 것이다. 우리 정부도 초기 미적거림을 버리고 전세기로 우한 교민 국내 송환 그리고 전수 조사 등 총력전으로 돌입했다.

전염병의 시작은 먼 옛날 처음 농업을 시작하면서 사람들이 모여 살게 되었을 때라고 한다. 인구 밀집은 당연히 전염되기 좋은 환경이 되었을 것이다. 더구나 동물을 농업에 활용하면서 동물균이 쉽게 사람에게 전염될 수 있었고 부실한 위생개념으로 파급효과가 더욱 빨랐던 것이다.

역병의 악몽으로는 1340년대 말 중세의 유럽 인구를 절반으로 감소시켰던 페스트를 들 수가 있다. 당시 유럽의 농가는 가축과 함께 한집에서 사는 구조여서 쥐가 가축의 균을 쉽게 전염시킬 수 있었고 위생에 무지한 사람들이 간병하다가 대부분 감염되어 죽어 나갔다. 이후 페스트는 무역상을 통해 중국에도 파급되어 그야말로 전 세계로 확산되었다.

마땅한 치료방법이 없던 당시에 할 수 있는 유일한 대안이 전염자를 격리하거나 피하는 방법이었다. 전염된 마을을 철저히 격리시켜 마을을 통째로 굶겨 죽이거나 방치하여 병에 걸려 죽게 한 것이 처방이라면 처방이었다. 답답한 마음에 민간요법이나 종교에 호소했지만 역병은 가차 없었다. 그래서 천년이 흐른 지금도 페스트의 참혹함에 대한 끔찍한 기억은 우리 머리 속에 남아 있는 것이다.

그러나 첨단 정보화 시대 한복판에 똑같은 일이 벌어지고 있다. 우한폐렴의 원인은 식용으로 먹은 박쥐에서 시작되었다고 한다. 이 박쥐는 2002년 사스(SARS)와 2012년 메르스(MERS) 사태에도 원인이었다. 메르스는 지금도 백신이 없다고 하니 갑자기 발생한 우한폐렴에 백신이 있을 턱이 없다. 우리가 당장 할 수 있는 것은 보균자를 찾아내고 격리하고 퍼지지 않도록 사람들에게 주의를 주는 수밖에 없는 것이다. 소위 인공지능이 지배한다는 첨단 정보화 사회에서도 이들 병원균에 대한 대안은 수천 년 전이나 현재에 별로 달라진 게 없다.

역사학자 제러미 다이어몬드는 "총·균·쇠"에서 전염병이 과밀한 인구 수를 조절하기도 하지만 때로는 강대국의 침략을 막거나 한 국가를 멸망시키는 등 인류 문명의 흥망성쇠에 큰 요인이 된다고 하였다. 한번 역병이 지나가면 다시 새로운 문명이 창출되기도 한다. 예전 페스트가 지나간 곳에 일어난 르네상스가 그랬듯이 말이다. 이렇듯 병원균이 인류 문명 역사가 시작된 후 피할 수 없는 운명이라면 이제는 공존의 길을 찾아야 할 것이다.

먼저 지난 몇 번의 경험을 토대로 앞으로는 동물로부터 전염병이 발생하지 않도록 조치를 할 필요가 있다. 예컨대 동물에서 옮아올 수 있는 병을 조사해서 대처 방안을 미리 준비하는 것도 필요할 것이고, 야생동물에 대한 밀엽 및 섭생 문화에 대해 주위를 환기시켜 피하도록 하는 것도 또한 필요할 것이다. 다시는 이러한 야생동물로부터 발병되지 않도록 제도화하여 발병국(發病國)뿐만 아니라 세계를 공포로 몰아넣지 말아야 할 것이다.

어쨌든 우한폐렴은 당분간 기승을 부릴 것 같다고 한다. 또 경우에 따라 우려했던 바와 같이 감당하지 못할 정도로 확산될 수도 있고 예전의 사스나 메르스 때처럼 기승을 부리다 곧 사라질 수도 있을 것이다.

그러나 이제 사스나 메르스가 지나간 것처럼 어느 정도 피해는 있겠지만 이미 원인과 증세 그리고 감염 루트 등을 파악하고 있는 이상 그리 오래 지속되지는 않으리라 판단된다. 그래서 우리는 과잉 반응할 필요가 없고 제시된 일반 준칙사항을 이행하면서 일상적인 생활을 하면 될 것이다. 물론 이를 이용하여 정치적으로 혹은 프레임을 지어 엉뚱한 짓을 하면 안 되겠지만 말이다.

이번 우한 폐렴사태로 다시 한번 우리는 자연 앞에 숙연해진다. 비록 인공지능이 우리 생각을 대신하고 자율자동차가 거리를 메운다 하더라도 보이지조차 않는 전염병에는 무력할 수밖에 없는 노릇이다. 첨단 기술의 부상과 함께 역병이 함께 융성하니 참 아이러니하다. 인류가 자연을 일구어 문명을 일으키고 새로운 세계를 만드는 것 같지만, 병원균이라는 작은 미물 앞에서도 어찌할 수 없는 것이 또한 인류인가 보다.

2020-02-03

인천의 발전과 대학의 역할

최근 도시의 새로운 변화 중의 하나는 대학이 차지하고 있는 비중이 점차 커지고 있다는 점이다. 대학이 지역에 주는 직접적인 경제 효과는 차치하더라도 대학의 벤처 창업과 같이 부가가치 창출을 통하여 도시는 비약적인 발전이 가능하기 때문이다. 대학의 태생 이후 이처럼 도시의 발전이 대학과 직접 결부된 것은 아마 최근 들어서라 할 수 있다.

대학이 현재와 같이 종합 대학으로서 형태를 갖추게 된 것은 11세기 중세에 들어와 당시 경제의 중심지인 이탈리아의 볼로냐에서였다. 십자군 전쟁 등으로 세계의 부가 이곳에 모이자 상법 전문가 육성이 절실했던 것이다. 이후 대학은 과학 그리고 기존의 철학 등 인문학을 포함해서 소위 정규 커리큘럼으로 정착되었으며, 오늘날의 대학으로 점차 발전하였다.

대학은 기본적으로 연구와 교육을 통해 도시 즉 사회의 발전을 이끄는 역할을 한다. 그러한 역할 중의 하나가 과학을 기반으로 새로운 기술을 연구하는 것이고 또한 이러한 기술로 무장한 첨단 인력을 배출하는 것이다.

첨단 기술이 일반화되면서 첨단 기업의 확보가 도시발전에 절대적인 영향을 주게 된다. 엔리코 모레티 교수는 "직업의 지리학"에서 도시의 발전은 첨단 기업의 유치에 있으며 예로서 구글과 애플의 본사가 있는 미국 스탠퍼드 대학 지역의 실리콘 밸리를 들고 있다. 최근 구글의 두 번째 캠퍼스를 유치하기 위해 미국의 수많은 도시가 유치경쟁을 했는데 그 이유는 바로 그 기업이 유발할 수 있는 지역에 대한 경제 효과가 워낙 크기 때문이었다. 물론 이들 기업이 필요로 하는 것은 첨단 인력이고 이를 배출하는 곳은 바로 대학이다.

도시에 사람들이 모이면 이들을 중심으로 지역 문화가 형성이 되고 결과적으로 문화도시로서 발전을 하게 된다. 하지만 독일 베를린이나 재즈의 고향 미국 뉴올리언스처럼 지금은 문화도시로서 이름이 있더라도 새로운 신 사업이 없어 점차 황폐해 가는 경우도 적지 않다. 문화도시를 지향하는 인천시로서는 한번 생각해 볼 일이다.

이렇듯 도시 발전을 위해서는 무엇보다도 첨단 기업의 유치가 필요한 것이고 이들 기업유치를 위해 먼저 기업의 토양이 될 수 있는 첨단 인력 육성과 이를 배출하는 대학이 우선 발전해야 한다. 그렇다면 도시의 발전이 첨단 인력 확보와 첨단 기업의 유치라면 이를 위한 인천시와 대학의 공조는 잘되고 있는 지 살펴볼 필요가 있다.

사실 인천시는 300만의 인구에 비해 대학의 수가 턱없이 부족할 뿐 아니라 서울과 지척에 있어 그나마 교육된 인력도 서울 쪽으로 빼앗길 수 있는 불리한 위치이다. 그럼에도 불구하고 당장 필요한 몇을 추려보면 다음과 같다.

먼저 인천시와 인천 소재 대학들은 지역의 첨단 인력 확보를 위한 공동노력을 해야 한다. 먼저 지역 대학이 대학의 첨단 인력 육성 전략을 수립하여야 할 것이고 시는 정책적으로 지원해야 한다. 시에 대한 사정은 지역대학에서 잘 이해할 수밖에 없고 외부사람들이 이해하기에는 많은 시간을 필요로 한다. 사실 생활을 하지 않으면 머리로는 알 수 있을지 몰라도 몸으로는 알 수가 없는 법이다.

그리고 일단 대학과 인력육성에 대한 전략이 수립되면 인천시는 대학의 필요한 지원요구를 포용해야 한다. 지역대학의 요구는 대학만 잘 되겠다고 하는 것이 아닐 것이다. 좋은 교육환경에서 배출된 첨단 고급 인력은 인천의 고귀한 자원이 되는 것이고 후일 인천의 발전을 위해 반드시 필요한 인력들이다. 이는 인천에 대한 미래 투자이지 단순히 대학에 대한 시의 지원이 아니라는 것이다. 이것이 다리 하나 놓고 길 하나 뚫는 것에 비할 바가 아니다.

마지막으로 인천시 구성체 간의 통합을 위한 노력이 필요하다. 대학과 시만 움직인다고 도시가 발전하는 것은 아니다. 아직도 대학과 인천시, 대학과 시민 그리고 대학과 기업들의 관계가 연결되어 있지 못하고 제각각 움직이고 있는 경향이 있다. 시, 대학, 기업, 시민들은 서로 다른 객체가 아니다. 이들은 서로 깊은 관계가 있을 뿐 아니라 우리의 오장육부처럼 인천시를 이루고 있는 유기체이다. 따라서 이들 연결고리의 중심에 서 있는 대학으로서 시와 함께 첨단인력육성 정책을 수립함과 동시에 이들 각 구성체에 적합한 역할을 안배할 필요가 있다.

이제 현대 정보화 사회의 중심에 서 있는 인천시는 도시의 발전 패러다임을 바꿔야 할 때가 되었다. 지역 대학이 인천의 발전 파트너가 아니라 지역의 일개 전문교육기관이라는 시각으로는 대학의 발전은 물론 인천시의 발전도 기대하기 어려운 일이다.

2020-02-10

전염병과 미래 사회

"인천 송도신도시 H 아웃렛에 우한 폐렴 확진자가 다녀간 이후 송도는 유령도시가 되다"

최근 일간지 신문에 코로나바이러스 확진자의 동선에 인천 송도가 들어가자 송도 신도시는 그 많던 군중이 썰물처럼 쓸려가 그야말로 초토화되었다. 뉴스 보도는 여기에 그치지 않는다. 연일 무시무시한 소식과 함께 보도된 발원지 우한시의 모습은 그야말로 바이러스 공포 영화와 다름없다. 불과 며칠 전만 하더라도 설마 했는데 눈 깜짝할 사이 전 세계가 거의 재앙수준이 되어 버린 것이다.

그럼 이번 역병이 우리에게 어떤 의미가 있을까? 그냥 전염병이라고 피하기보다 가능한 미래를 한번 곱씹어 볼 필요가 있다. 아마도 연이은 역병과 급격히 발달한 정보화로 미래는 지금과 사뭇 다른 세상이 될 가능성이 많다. 이를테면 공상과학 영화에서 보듯이 말이다.

이미 보도에서 보듯 마트, 시장, 백화점, 음식점을 비롯 각종 여행지까지 사람들이 모이는 곳은 한결같이 큰 타격을 받고 있다. 이번 바이러스가 올여름까지 지속된다고 하니 사태가 상당 기간 지속되겠지만 회복된다 해도 이들 시장은 앞으로도 크게 위축될 듯싶다.

당연히 시장에 못 가니 인터넷 쇼핑몰에 몰릴 수밖에 없다. 지난 28일 자 보도를 보면 새벽 신선식품 배송을 하는 마켓컬리는 연일 조기마감을 하고 있고 쿠팡은 일일배송 건수가 330만이라고 하는데, 이는 전 달에 비해 두 배에 가까운 수치라고 한다. 역병 덕에 택배회사나 인터넷 쇼핑몰은 그야말로 대박을 맞이한 것이다. 더구나 음식 배달주문도 폭주하고 있다니 배달음식이 안전하다고 느꼈기 때문일 것이다.

이처럼 대면 활동보다는 집에 갇혀 첨단 정보화 기기에만 의존한다면 미래는 어떻게 될까?

아마도 생각이 필요가 없는 세상을 가정해 볼 수 있을 것이다. 니콜라스 카는 "생각하지 않는 사람들"에서 정보기기의 사용으로 사람들의 사고 기능이 퇴화하고 있다고 경고한다. 개인들이 거대한 기계의 부품화 되고 있다는 것이다. 사실 노래방기기가 나온 뒤로는 노래가사를 잊게 되었고, 네비게이션 기기로 생각 없이 운전하게 되었다. 이제는 기계가 생각마저도 대신하는 세상이 된 것이다.

생각이 많지 않다면 모든 것이 단순해질 수밖에 없다. 남을 이해하거나 새로운 생각을 받아들이기 위해서는 더 많은 사고가 필요하고 이 또한 힘든 일이다. 차라리 복잡한 것을 멀리하게 될 것이고 생각하기보다는 편한 것을 찾으려할 것이다. 멀리서도 말고 카톡의 짧은 글에 익숙한 우리를 보면 알 수가 있다.

그렇다면 고립되고 생각을 뺏긴 개인들이 만들어 내는 사회는 어떨 것인가? 아마 점차 분화되고 더욱 화합하기 어려운 사회가 될 가능성이 많다. 인터넷의 특징 중의 하나는 정보를 선택할 수 있다는 점이다. 선택적으로 정보를 취하다 보니 생각은 편협적이기 쉽고, 이 생각은 점차 확신과 믿음으로 종국에서는 종교화 되기 마련이다.

근사한 예로 최근 우리 사회의 모습을 보면 쉽게 이해가 된다. 며칠 전 지인이 푸념하길 정치에 관한 자기 생각을 페이스북에 올려 놨더니 오랜 친구가 자기 생각과 다르다며 친구관계를 끊더라는 것이다. SNS 하게 되면 흔히 겪는 경우이다. 이처럼 인터넷 공간에서는 생각이 같은 사람들끼리 그룹을 형성하게 되고 생각이 다른 그룹과는 배타적일 수밖에 없다. 이것이 극한에 이르면 종교전쟁처럼 되는 것이다. 지난번 나라를 두 동강 낸 조국 사태가 바로 그런 경우이다. 서로 대면을 하지 않으니 경청하고 이해하는 미덕이 있을 수가 없는 노릇이다.

이렇듯 모든 개인들이 네트워크로만 연결되고 사회가 끝없이 분화된다면 결국은 국가의 의미도 퇴색하게 된다. 국가는 우리를 외적으로부터 보호하고 재산을 지키는 기관이다. 그러나 세상의 모든 개인이 상호 연결되어 생활이 이루어진다면 국경자체가 의미가 없을뿐더러 국가가 모든 개인을 통제하는 것도 한계가 있다. 사실 우리를 하나로 만드는 민족이라는 개념도 근대 이후에 나온 것이고 권력의 창출이나 유지를 위해 고안된 환상일 뿐이다.

 그렇게 되어 국가체계도 무너지게 된다면 이러한 네트워크 사회를 관리하는 새로운 권력이 등장할 수도 있을 것이다. 구글은 창업초기에 자신들의 비전으로 구글국(國)을 제시한 적이 있었다. 이 구글국이 세상의 모든 지식을 수용하고 관리한다는 것이다. 그래서 전 세계 도서관의 책을 스캔하기 시작했고 지금은 유튜브를 통하여 모든 동영상을 축적하고 있다. 쉽게 말해 전 세계의 지식을 지배하겠다는 의미이고 가장 강력한 권력을 갖겠다는 것이다. 섬뜩하지만 초등학생도 검색을 유튜브로 한다니 전혀 틀린 말은 아닌 듯하다.

 또한 역병으로 가속화된 첨단 정보화로 인하여 현재 우리가 이룩하고 있는 문명이 새로운 시대로 움직일 가능성도 있다. 역사미래학자 유발 하라리는 "호모데우스"에서 앞으로 바이오 기술과 첨단 정보기술의 발달로 인류는 인간의 몸에서 해방되고 이런 정보기술이 지배하는 세상이 도래한다고 예시하고 있다. 이쯤 되면 정말 공상과학 영화가 따로 없다.

 분명 우리는 문명의 전환기에 있다고 할 수 있다. 근래 들어 몇 차례 겪고 있는 역병 소동과 정신없이 발전하고 있는 정보 기술은 이를 더욱 가속화하게 될 것이고 우리는 정말 누구의 수사대로 생각지도 못한 곳으로 빨려들어 가고 있는 것이다. 여기에 어떻게 대처하고 적응해야 하는가는 결국 우리 인류의 몫이다.

2020-02-17

조선 망국과 3.1운동

매년 거행되는 3.1절 행사가 우리에게 의미가 있는 것은 이 운동이 독립을 가져와서가 아니라 이 행사를 통하여 조선 망국을 다시금 돌이켜 볼 수 있기 때문이다. 왜 500년의 역사를 가진 조선이 청나라 그리고 일본에 연이어 유린되는 것도 모자라 결국 총 한 방 안 쏘고 일본에 나라를 통째로 바쳤냐는 것이다. 이것이 불과 100년 전 일이다. 기억하기조차도 싫지만 면밀히 분석하여 후대에 이러한 일이 다시금 일어나지 않도록 하는 것이 우리가 우리 역사에 대해 마땅히 해야 할 일일 것이다.

국가가 유지되기 위해서는 군사력, 경제력, 그리고 국가를 운영하는 통치이념이 있어야 한다. 어느 한 가지만 무너져도 외부로부터 지켜내기 힘들다. 특히 국가의 내부 통치 구조로서 통치 이념의 설정은 절대적이다. 수천 년 전 초기 국가가 나타났을 때부터 이 원칙은 지켜져 왔고, 조선도 건국이념으로 성리학을 정했다.

성리학적 세계관

성리학은 근본적으로 충효(忠孝)를 근간으로 하는 도덕정치이다. 왕을 중심으로 철저한 신분제를 만들고 각자의 역할이 명확히 주어졌다. 선한 마음을 갖고 자기 신분에 충실하기만 하면 덕(德)을 쌓는 것이고 이로써 좋은 세상을 만든다는 것이다. 그러나 이 이념은 공자의 중국 춘추시대처럼 소규모 국가에는 가능하지만 국가가 규모가 커지게 되면 덕만 갖고는 어렵기 마련이다. 결국 중국에서도 통일국가 진나라에 법가사상이 나오지 않았는가?

조선의 성리학적 세계관에서는 명(明)을 세상의 중심(中華)으로 정하고 조선은 중국의 주변 즉 소중화(小中華)로, 나머지를 오랑캐로 지칭한다. 이러한 소중화 사상은 임진왜란 명의 원군이 있자 더욱 공고해졌다. 명과 조선 외에는 오랑캐라는 것이다. 청나라가 쳐들어왔던 것도 청의 팽창을 모르고 오랑캐라고 깔보았기 때문이었다. 결국 인조가 남한산성에서 청 황제 홍타이지에게 머리를 바닥에 아홉 번 찍는 수모를 겪고 나서야 형식적으로 청을 천자의 나라로 인정했지만 그래도 안으로는 명과의 의리를 지키고자 했던 것이다. 조선 말까지 수백 년 전에 망한 명나라 황제들에게 제사를 지냈다.

통치이념이 학문적 기반에 두게 되면 그 학문은 절대적인 권력을 갖게 된다. 성리학과 조금이라도 다른 의견은 체제에 반(反)하는 것으로 역적이 되는 것이다. 통치이념인 성리학이 중국에서 왔다면 중국을 사대하는 것은 오히려 당연하다. 이렇게 경직된 성리학적 세계관이 오직 명을 바라보게 만들었고, 이미 망해버린 명과의 의리를 그리고 명의 기치를 끝까지 지킨다는 내적 자긍심을 당시 사대부들은 갖고 있었다. 결국 명이 세상의 중심이라고 믿는 한 그 외 세계가 어떤 흐름에 있는지 전혀 관심을 둘 필요가 없었고 통상을 요구해 와도 문호를 개방할 이유가 없었다. 그들에겐 항상 명이 옳기 때문이다.

한편 조선을 지탱해 줄 수 있는 경제행위는 철저히 부정당했다. 성리학(유학)은 농업에 기반을 둔 것으로 상업을 철저히 배척하였다. 농업에서 생산된 것이 가치를 갖고 있기 때문에 상업으로 얻는 이익을 극히 천시하였던 것이다. 또한 경제행위의 핵심인 화폐도 통용되지 않아 세금이나 거래도 쌀과 면포와 같은 실물로 활용할 정도였다. 강력한 신분제로 인해 세금을 내는 계층인 양인의 수가 적었던 반면 결국 세금이 면제된 양반 세도가만 부를 키웠다. 나라는 가난해져 갔던 것이다. 경복궁이 불타도 복구를 할 재정이 없었다. 19세기 말 조선은 세계에서 가장 가난한 국가로 기록되고 있는데, 당시 오스트리아의 헤세 바르텍은 조선 기행기 "조선 1894년 여름"에서 오물을 뒤집어쓴 미개의 나라로 기술하고 있을 정도이다.

경제력이 뒷받침되지 않는다면 군사력은 있을 수 없다. 조선은 운용할 군사도 없었을뿐더러 무기 역량도 매우 뒤떨어졌다. 나라에 돈이 없으니 군대를 운영할 방법이 없었던 것이다. 기록에 따르면 군대는 왕실을 지키는 군사조차도 없었다고 한다. 군사력에 필요한 병사, 무기, 그리고 전술에 있어 그야말로 300년 전 임진왜란과 별로 차이가 없었다. 조선말에 와서 터진 임오군란은 일본무관이 와서 조직한 신식군대와 구식군대와의 충돌이었고, 이후 아관파천 이후에 러시아 무관에게 군대지도를 받게 한 것이 그나마 제대로 된 군사교육이었다.

이외에도 민비와 대원군의 대립과 부패, 외국물정에 대한 무지, 양반 계급의 지식 독점 등 모든 것을 일일이 열거하기가 어렵다. 결국 조선이 망한 것은 국가를 지키기 위해 필요한 세 가지 즉 시대에 뒤떨어진 성리학적 통치이념과 이로 인해 결과된 군사력 낙후, 그리고 극빈의 경제력이라 할 수 있을 것이다. 이 세 조건을 잃어버린 조선이 할 수 있는 것은 아무것도 없었다. 마지막 희망은 그저 자비로운 외세뿐이었다.

일본이 집요하게 조선을 노리고 있었음에도 개화파는 끊임없이 일본을 끌어들이려 했고, 민비와 고종 역시 청에 도움을 요청하거나 러시아를 비롯한 외국 공사관으로 피신하기만을 꾀했다. 결국 청일전쟁과 러일전쟁을 승리로 이끈 일본이 조선을 차지하게 된다.

민권운동 3.1운동

합방을 공표한 날 조선은 의외로 조용했다. 오히려 대신들은 합방 기념 행사에 참석하여 작위와 은전을 받았다. 지방에서 몇몇 서생이 목에 줄을 매지만 조선반도는 그리 슬퍼할 정도는 아니었나 보다.

이후 일본은 본격적인 식민주의 정책을 실시한다. 조선인을 일본 신민(臣民)으로서 인정하되 참정권과 징병권을 제외하는 신분 차별 정책과 식민지 통치가 용이하도록 소위 문명화 작업 즉 국민교육을 시작한다. 이와 함께 조선반도를 식량 기지화하기 위해 토지 측량사업을 대대적으로 추진하게 된다. 합방 전까지 전국에는 약 2000개의 사설 교육기관이 있었으나 일본은 이들 시설을 대폭 줄이고 자기들의 입맛에 맞는 공립학교를 늘려 나가기 시작한다. 그동안 해외 지식인들이 들어와 세운 사립학교에서 조선인들은 계몽과 함께 민권에 대해 눈을 뜨기 시작했을 것이다.

3.1운동은 당시 일어날 환경이 갖추어졌다. 1918년은 1차 대전이 끝나 민족 자결주의가 선포되었고 일본에서도 다양한 민권운동이 파급되고 있었다. 소위 다이쇼 데모크라시라고 부르는 기간이다. 그리고 당일 고종의 일본 독살설에 많은 사람들이 반항감을 갖고 있던 터였다. 이런 환경에서 일본 한국 유학생들이 2.8운동을 일본에서 벌인 것이 도화선이 되었다. 3.1운동 당일 날 33인의 주동자는 바로 경찰에 자수하고, 기독교도, 학생 그리고 농민들을 중심으로 전국에서 만세 운동이 벌어졌다. 약 2달간 대략 7,500명이 살해되었으며 15,000명이 부상당했다고 한다.

이 운동의 결과로 일본은 외국을 의식해서 문관정치로 바꾸고 잠시 한국어 수업을 허용하는 등 회유 정책으로 전환하게 된다. 그러나 이것도 잠시이고 일본은 곧 중일전쟁 그리고 아시아태평양 전쟁으로 확장하면서 일본과 함께 조선을 더욱 무자비한 총력전의 격랑 속으로 몰고 간다. 물론 뜻 있던 조선인은 독립군의 형태로 만주로 가지만 곧 중국 팔로군과 국민군에 흡수 통합되고, 그 무렵 결성된 상해 임시 정부도 큰 역할을 못하게 된다. 내부 갈등과 운용할 자금이 없었기 때문이다. 그리고 3.1운동 25년 후 조선은 승전국이 아닌 해방국으로서 미국에 의해 독립한다. 우리에겐 정말 선물 같은 독립이다.

결국 3.1운동은 대외적으로 한국의 존재를 알렸다는 데 의미가 있던 것이고 내부적으로는 민족 자강운동에 그치게 된다. 그렇다면 도대체 왜 3.1운동이 이렇다 할 대가 없이 희생만 컸던 것일까?

무엇보다도 중국 쑨원이나 인도 간디처럼 조선 전체를 응집시킬 수 있는 대표자가 없었고 시위 그 이상의 전략도 없었던 탓이다. 단지 만세운동으로 인해 서구의 주목을 받고 서구의 도움으로 독립이 가능할 수도 있다고 판단했던 것이다. 물론 당시 29명이 몰살된 수원 제암리 사건 등으로 인해 조선 총독부가 외국의 시선을 의식해서 다소 문화적인 제스처를 쓴 것이 소득이라면 소득이었다.

필요한 일본 공부

우리는 일본문제가 나오면 터부시하는 경향이 있다. 일본에 호의적인 의견이 나오면 친일이라고 매도하기 일쑤이고, 독도 문제나 위안부 문제가 나오면 친일 프레임부터 언급하곤 한다. 그러나 시대가 바뀐 만큼 감상적인 일본 저주보다는 객관적인 사실을 들어 한일 문제를 직시할 필요가 있다.

이렇기 위해서는 조선 망국과 일본 치하 30년간의 역사에 대해서 다양한 시각과 관점에서의 연구가 필요하다. 특히 조선 망국과 3.1운동에 대해서도 시야를 조선과 일본이라는 좁은 시각보다는 당시 제국주의 시대라는 세계의 거대한 흐름 속에서 봐야 할 것이다. 그때 조선은 과연 어떤 존재였고 무슨 역할을 했는가를 냉정하게 볼 때만이 우리가 감정을 떠나서 객관적일 수가 있다. 이와 함께 다양한 관점에서 이때의 상황을 생각할 필요도 있다. 한 예가 일본이나 외국 학자들이 보는 당시 역사의 기술이다. 역사학자 존 루이스 개디스가 언급했듯이 역사가는 먼저 관점을 정하고 사실을 모으고 기술하는 것이다. 만약 한 가지 관점만이 강요된다면 우리가 어떻게 사실을 직시할 수가 있겠는가? 이것이 역사적 한 사안에 대해서도 다양한 여러 관점이 필요한 이유이다.

일본이 조선 중기까지는 우리가 보다 앞선 문명을 갖고 있었지만 이후부터는 우리보다 앞당겨 서양문물을 받아들인 덕분에 앞선 것이다. 단지 차이라면 우리는 중국만을 처다봤고 그들은 세계를 처다봤다는 것이다. 우리는 안주하고 있었고 그들은 내부적으로 끊임없이 전쟁을 해 왔다. 우리는 역사 속에 멈추어 있었고 그들은 앞서 적극적으로 움직였다. 오랜 기간 평화기간을 누렸던 중국이 전쟁으로 익숙한 서양을 당해낼 수는 없는 것처럼 안주하고 있던 조선이 일본을 당해내기 어려웠던 것이다.

이제 일본을 알아야 한다. 알아야 그들과 공존을 할 수가 있고 앞설 수도 있는 것이다. 감정적인 대응은 결코 외교에서 득이 되지 못한다. 치밀한 연구가 있고 이를 바탕으로 논리를 세우고 합당한 대응 방안을 만들어야 한다. 처음 일본과의 수호조약인 강화도 조약 후 한일 합방까지 무려 35년이 걸렸다. 그동안 일본은 외국으로부터 한국 점유를 인정받기 위해 청일, 러일 전쟁을 치렀고 조선에서 갑신정변, 동학난 파병, 민비 살해 등 수많은 사건을 벌였다. 그들은 만주와 중국으로 뻗을 수 있기 위해서는 조선점유가 무엇보다 필요했기 때문이다. 조선을 그들의 식민지로 만들기 위해 그토록 집요하게 노력했던 것을 기억해야만 한다.

역사는 멈춰 있는 것이 아니라 노도와 같이 흘러가는 것이다. 우리가 친일이라는 감성적인 프레임에 갇혀 움직이지 못하면 조선말 성리학에 갇혀 세계를 보지 못하는 우(愚)를 다시 한번 겪게 될 것이다. 지금은 일본을 미워할 것이 아니라 과거는 가슴에 묻어 두고 우리와 그들에 대해 더 많은 공부를 해야 할 때이다.

과거를 잊은 국민은 미래가 없다고 하지 않던가?

2020-02-24 / 2020-02-26

총선 입후보자 구별법

거리마다 어깨띠 두른 사람들이 명함 건네고 건물 벽면에 낯선 얼굴 포스터가 붙는 것을 보니 벌써 선거철이 다가오나 보다. 4년마다 겪는 행사지만 응당 즐겁고 기쁜 일이라기보다는 귀찮고 답답하다는 생각이 드는 것은 필경 필자 혼자만이 아닐 것이다.

전혀 엉뚱한 일을 하다가 어느 날 갑자기 국회의원이 되겠다고 나서는 것을 보면 그 모양새가 일보다는 쉽게 권력과 돈을 얻을 수 있는 자리 욕심이 아닌가 생각되기 때문이다. 어려운 전문 자격증이 필요한 것도 아니고 어쩌다 되기만 하면 적지 않은 기간 엄청난 특권을 보장받기 때문일 것이다. 그래서 정치를 시작하면 절대 포기를 못 하나 보다. 그러나 유권자로서 어차피 누가 누구인지 모를 뿐만 아니라 선거가 끝나면 못 볼 사람들인데 하고 생각하면 더욱 씁쓸하다.

그러나 어차피 선택을 해야 한다면 어떤 사람을 뽑을 것인가를 생각하기 전에 먼저 국회의원이 무엇이고 어떤 능력이 있어야 하는 것인가의 질문을 해야 할 필요가 있다.

우리가 잘 알고 있다시피 국회는 3권 분립에 입각한 입법의 기능을 담당하는 곳이다. 즉 법을 만들고 보완하고 또한 폐기하는 일을 한다. 예컨대 악플로 인해 다른 사람이 피해를 본다면 법을 만들어 못 하게 해야 할 것이고 시간이 지남에 따라 법의 의미가 없어지거나 그 법에 의해 새로운 일을 못 하게 된다면 과감히 그 법을 보완할 필요가 있다. 사회가 빠르게 변화하는 만큼 법도 변화해야 하지만 실제는 그렇지 못해 사회 각 부분에 갈등이 생기게 된다. 최근 들어 택시 공유 사업이나 인터넷 은행 설립 그리고 원격진료 등 이런 이슈는 사회 곳곳에 산재해 있다.

이외에 국가 예산을 결정하는 일, 행정부를 감독하는 일 그리고 정부 각료를 검증하는 일 등을 포함해서 국민을 대표하여 국가의 틀을 만들고 국가의 대사를 결정하는 역할을 한다. 이러한 이유로 국회의 독립성이 매우 중요하다. 정권이 같은 세력으로 국회를 점유하게 되면 법을 임의로 고쳐 독재로 흐르기 쉬운데, 그 대표적인 것이 2차대전을 일으킨 히틀러이다. 그는 법을 고쳐 총통이 되었고 큰 전쟁을 감행하였다. 그만큼 국회의원에 대한 잘못된 선택은 국가의 안녕을 크게 그르칠 수 있다.

국회의원의 요건은 무엇인가?

먼저 자신의 확고한 국가관이 있어야 할 것이다. 그리고 이러한 국가관에 기초하여 어떤 국가가 되야 할 것인지에 대한 자신의 국가 비전이 있어야 한다. 그리고 국가관이 형성되어 있어야만 법을 만들 때 이 기준에 의거 설계 및 판단을 할 수 있을 것이다. 이것이 없다면 자기 생각도 없을뿐더러 결국 소속당의 거수기밖에 되지 못한다.

물론 국가관이나 비전은 하루아침에 만들어지는 것이 아니다. 자신의 성장과정에서 그리고 그 동안의 활동과정에서 축적되고 형성되는 것이지 어느 날새벽에 만들어지는 것도 아니고 누가 써 준다고 되는 것도 아니다. 일시적으로 충동에 휩쓸려서 혹은 갑자기 국가에 이바지하고 싶다고 없던 국가관이 만들어지는 것은 더더구나 아니다.

이와 함께 중요한 것은 분야 전문성이라 할 수 있다. 의원은 소속된 분야에 대한 지식과 경험이 있어야 관련 법을 만들 수 있다. 현장과 관련 지식이 없다면 법 논리와 법 관련 이해 당사자 관계에만 얽매일 것이고 이는 법이 사회 전체에 주는 영향을 고려하지 못할 가능성이 많다. 현실적으로도 법의 입안취지보다는 이익 당사자들의 이해관계에 얽혀 엉뚱한 법을 만드는 경우가 적지 않다. 예컨대 최근 첨단 기술들이 확산되고 있는 가운데 이와 관련한 기술관련 법이나 사업 관련 법들이 정확한 판단보다는 기존 세력들의 이해관계에 얽혀 법률 입안에 전혀 진전이 없거나 오히려 역행하는 경우가 있는데 바로 앞서 든 예가 바로 그것이다.

그러나 전문성과 국가관만 있어서도 안 될 것이다. 국회의원은 지역의 대표자이기 때문이다. 한 정당의 지방 사무소장이 아니라 지역민들이 선출한 대표자이다. 따라서 지역에 대한 자신의 비전도 갖고 있어야 하고 이 비전을 실현하기 위해 무엇을 어떻게 해야 할지 또한 지역 행정부인 시정부와 어떻게 협업을 할지에 대한 나름대로의 계획이 있어야 할 것이다.

이러한 점에서 시와의 협력이나 협상 능력도 갖추어야 한다. 본인의 지역구나 시를 위해 정부에 지원 요청하거나 주장을 할 때도 국회의원 혼자 하는 것은 아니다. 정부에 호소하기 위해서는 명분과 논리가 있어야 하고 또한 자신의 비전을 실행하기 위해서는 시정부가 필요하다. 인천시와 공동 비전을 갖고 정부를 상대해서 협업을 할 수만 있다면 지역에서의 유권자들의 공감대를 얻어내는 것은 그리 어려운 일이 아닐 것이다. 이러한 큰 틀과 협업 능력이 없다 보니 성격이 다른 각 지역 구성체들의 이해관계에 부응할 수밖에 없고 결국 그 사이에서 처신하기가 쉽지 않게 되는 것이다.

물론 당에서의 무게나 대중적 인기 역시 무시 못 할 입후보자의 요건이다. 그러나 정작 중요한 것은 후보자의 국가관이나 지역에 대한 비전을 갖추고 있는지 그리고 이를 위해 무엇을 하고자 하는지 또한 갖고 있는 전문성 등이 중요하다 할 것이다. 이것이 부족하면 당연히 여론이나 정치공학에 따라 처신하기 마련이다.

그렇다면 후보를 어떻게 선택할 것인가?

미국에서 선거에 나가기 위해서는 학생시절부터 선거 캠프에 인턴부터 시작해서 나름대로 정치에 연륜과 경험을 축적한다. 그러나 국내의 경우는 이러한 개인의 정치 경험보다 당의 공천이 절대적이다. 그리고 공천을 받게 되면 의원으로서의 생각 정리보다는 먼저 띠부터 두르고 명함을 챙기게 되는 것이다. 마음도 급하고 이것이 눈에 잘 띄기도 하지만 무엇보다도 쉽기 때문이다. 대부분의 후보가 이러니 내건 모든 공약이 한결같이 특징이 없고 서로 어슷비슷하다. 유권자 입장에서 이렇게 비슷한 후보들을 선별하는 것은 정말 어려운 일이다. 결국 분별이 안 되니 당을 보고 그냥 찍거나 혹시 매스컴에서 이름이라도 들어본 사람에게 어쩔 수 없이 손이 가게 된다.

그러나 이제 유권자도 검색엔진이라는 강력한 도구가 있다. 어려울 것 없이 단 몇 분이라도 할애해서 익숙한 검색엔진을 쓰면 후보에 대한 과거의 발언 기록, 미디어 보도, 활동 기록, 그리고 자신의 소신 등에 대해 여과 없이 나온다. 이 정보만 잠깐 훑어 보아도 후보가 지역에서 어떤 일을 했고 어떠한 업적이 있으며 어떠한 의견을 제시했는지를 알 수가 있고 우리는 쉽게 우리 기준에 맞추어 판단해 볼 수 있다. 조금 더 여유가 된다면 지역 방송의 후보자 토론회를 볼 필요도 있을 것이다. 최근에는 유튜브에도 올라오니 조금만 신경 쓰면 이런 정보는 쉽게 얻을 수 있다. 전철역에서 악수 한 번 했다고 모르는 사람을 지역 대표자로 찍어 줄 수는 없는 노릇이다.

선거는 계약결혼과 같은 것이다. 임기가 있는 만큼 지지를 받지 못하면 서로 갈라서듯 말이다. 그러나 그가 임기동안 국회에서의 역할은 적지 않다. 법을 만들고 고치지만 막강한 권력과 함께 국민 세금으로 많은 지원을 받는다. 그들의 결정이 내 생활과 내가 사는 지역 그리고 내 국가에 영향을 미칠 수 있다면 지금 선택은 신중할 수밖에 없다. 하물며 콩나물 한 단을 사면서도 우리는 옆집과 비교하는데 말이다. 그래서 특히 이번 선거는 어려운 시기에 국가를 이끌고 가야 하는 만큼 한 번 정도는 후보들에 대해 검색해 보고 가는 것이 필요하다.

민주주의에서 선거는 개인의 권리지만 또한 책임도 따른다. 내가 한 결정이

내 생활뿐만 아니라 지역 더 나아가서는 어쩌면 국가에 큰 영향을 미침을 우리는 알아야 할 것이다. 티머시 스나이더 교수가 그의 저서 "폭정"에서 지적하고 있듯이 이것이 마지막 선거가 될 수도 있다고 생각하면서 선거에 임하라고 한 경고를 되새길 필요가 있다.

2020-03-05 / 2020-03-09

네 탓과 내 탓

우리 말에 "탓"과 "덕분"이라는 말이 있다. 둘이 비슷한 말이지만 "탓"은 "때문에"와 비슷하게 상대방 때문에 피해를 봤다는 뜻의 원망을 나타낼 때 쓰이는 반면 "덕분에"라는 말은 고마움을 표시할 때 흔히 쓰인다. 요즘 들어 우리는 "덕분에"보다는 "탓"을 입에 달고 사는 세상이 되었다.

누구 혹은 무엇을 "탓"할 경우는 무지해서 그렇게 하거나 고의로 하는 경우일 것이다. 피해가 왜 생겼는지 모를 경우 흔히 그럴듯한 희생양을 찾아 매도하기 쉽다. 중세 마녀사냥이 그랬다. 흑사병의 원인을 잘 모르니 이것은 분명 마녀가 한 짓이라고 규정하고 유럽 전역에서 마녀사냥을 자행하였다. 그 후 17세기까지 약 오만 명이 무참히 살해된다. 그러나 실상을 보면 마녀라고 지칭된 사람의 재물을 탐내 모함한 경우가 대부분이었다.

이외에 잘 알고 있어도 고의로 제삼자에게 탓을 돌리는 경우가 있다. 1923년 일본 관동지방에서 대지진이 있었다. 민심이 당연히 흉흉했고 불안한 주민들은 폭도로 변할 참이었다. 신문에 조선인이 방화와 우물에 독을 탄다고 하는 근거 없는 기사가 실리는 바람에 이들은 조선인을 무차별 학살하게 된다. 더구나 식민지에서 온 조선인들이 자신들의 일자리를 차지하고 있어 불만이 있던 참에 거짓 뉴스가 불을 지른 것이다. 당시 죄 없는 조선인 약 육천 명이 희생되었다.

두 경우 다 재난에 대한 피해를 엉뚱한 누군가에게 책임을 돌려 엄청난 피해를 냈던 사건들이다. 사람들은 피해에 대한 책임 대상을 찾고 그 대상에 대해 공동으로 응징함으로써 동질감과 승리감을 얻곤 한다. 더구나 재난으로 인해 공포와 불안이 만연해 있다면 사람들은 이성을 잃기 쉬울 뿐만 아니라 이들에 의한 파괴력은 상상을 초월하게 된다. 소위 폭도가 되는 것이다. 결국 재난과는 상관없이 선택된 상대방에게 정신적으로나 육체적으로도 엄청난 고통과 피해를 입힌다. 이러한 비이성적 사건들은 크든 작든 인류 역사에 수없이 점철되어 왔다.

최근 코로나바이러스 사태에 따른 신천지 문제도 같은 연장선에서 생각해 볼 수 있을 것 같다. 당시 신천지는 다른 종교 집단과 마찬가지로 일상적인 종교행사를 하고 있었다. 다만 그 자리에 감염자가 있었을 뿐이다. 당시에 우리 사회는 코로나바이러스에 대한 경각심도 심하지 않았을 뿐만 아니라 대통령은 봉준호 감독하고 덕담을 하고 있었을 때였고 방역에도 자신하고 있던 터였다. 신천지 행사가 대규모 집회인 만큼 확산속도가 기하급수적으로 커져 버렸지만 이런 상황은 어느 집단에서도 마찬가지였다. 단지 최근 신천지의 세력이 주위가 긴장할 만큼 급속히 커졌고 신천지 내에서의 모든 것이 미덥지 않다는 곱지 않은 시각이 있긴 했지만 말이다.

신천지가 이 세상을 멸(滅)하려고 코로나바이러스를 의도적으로 퍼트린 것은 아닐 것이다. 만약 그럴 의도가 있었다면 신천지 밖에서 해야지 안에서 자폭할 필요는 더더구나 없는 노릇이다. 책임을 굳이 따지자면 코로나바이러스의 위험 사실을 미리 알리고 조심시켰어야 하는 방역당국이나 정부가 응당 져야 한다. 정부는 국민의 안전을 위해 존재하기 때문이다. 몇몇 미디어에서 검찰조사 운운하는데 신천지를 검찰에서 수사할 일 역시 아니다. 도대체 무슨 죄목으로 수사를 할 수 있겠는가?

최근 미디어 동향을 보면 신천지 회원을 중심으로 한 감염보도와 더불어 신천지 혐오감을 조장시키고 있는 듯하다. 정부에 책임을 묻기 쉽지 않으니 결국 코로나바이러스 확산에 대한 책임을 신천지 "탓"으로 돌리는 것이 아닌가 싶은 것이다. 그러나 신천지를 모두가 달려들어 단죄한다 해도 이것은 다수가 일시적으로 기분 전환은 될 수 있을지언정 코로나바이러스 확산에 대한 해결책은 아닐 것이다.

불안과 공포가 만연된 사회에서 사회를 치유할 수 있는 방법 중의 하나는 남을 탓할 것이 아니라 바로 내 탓으로 돌리는 것이다. 천주교에서는 행사 중간에 "내 탓이오" 하는 것을 모두 함께 암송을 한다. 즉 모든 것이 나의 "죄"고 나의 "탓"이라고 하는 것이다. 이렇게 되면 남에 대한 원망도 필요 없고 오히려 내 자신이 겸허하게 되어 남을 배려하는 마음이 절로 나올 것이다. 이런 세상에는 전쟁이나 남을 해하는 일이 있을 수 없다.

이제는 모든 일을 네 탓이 아닌 내 탓으로 돌릴 때이다. 특히 역병으로 모든 사람들이 힘들어 할 때는 더욱 그렇다.

2020-04-07

인터넷과 대학의 붕괴

코로나바이러스가 덮친 대학의 모습은 아마 대학이 생긴 이래 처음 겪는 풍경일 것이다. 학생이 없는 강의실도 그렇지만 오랜만에 만난 교수들 첫인사가 "인터넷 강의 올렸어요?"이다. 그동안 나하고는 전혀 무관한 듯이 보였던 인강(인터넷 강의)이 어느 날 갑자기 내 문제가 된 것이다. 앞에 놓인 첨단기기도 생소하기도 하지만 학생 없이 하는 강의가 여간 적응하기 쉽지 않다.

사실 인류가 만든 교육시스템도 몇 번의 큰 변화를 겪어 왔다. 기원전 공자가 소규모 사설학원을 시작한 이래 근대에 들어와서 대규모 교육시설인 대학이 만들어지게 된다. 이제 이 대학이 인터넷과 역병으로 인하여 다시 큰 변화를 겪고 있는 것이다. 지금은 인터넷 기술로 전 세계를 대상으로 한 강의가 가능할 뿐만 아니라 언어도 그리고 시간, 장소도 문제가 되지 않는 세상이 되었다. 원하는 교육을 얼마든지 싼값에 받을 수 있는 교육 전성시대가 열린 것이다.

이미 학생들은 유튜브와 같은 동영상 강의에 익숙하다. 일반 고교에서 인강이 수업을 대신하는 경우가 적지 않을뿐더러 집에 가는 전철에서도 인강을 통해 공부를 하는 것을 보면 교육 환경의 변화는 실로 엄청나다. 대학도 예외는 아니다. 솜씨 좋은 교수들이 인강을 만들어 수업의 일부를 대체하기도 했지만 정규 수업을 흔들 정도는 아니었다. 그런데 지금 코로나바이러스 덕에 인강이 모든 교수에게 선택이 아닌 필수가 되어 버린 것이다.

알려진 바와 같이 인강은 무엇보다 교육 효과는 차치하더라도 경제 효율성이 큰 것이 장점이다. 일단 만들어만 놓으면 CD처럼 백만 번 계속 틀어도 돈이 한 푼도 안 들 뿐 아니라 시간과 장소에 관계없이 시청할 수가 있다. 얼마든지 돌려도 돈이 안 든다니 교육사업을 하는 단체 입장에서는 이처럼 매력적인 것이 없다.

대학에서도 이 점을 놓칠 리 없다. 본격적으로 나선 것이 소위 사이버 대학이다. 인강만 규정대로 듣게 되면 일반 대학과 같이 대학 졸업장을 받기 때문에, 낮에 직업을 갖고도 수강을 할 수 있을뿐더러 본인이 하기에 따라서 2년의 단기간에도 학위를 끝낼 수 있다. 이런 점 때문에 사이버 대학이 유명세를 타서 국내에서 대표적인 것만 해도 약 20곳이 넘는다. 물론 외국에서는 셀 수 없을 정도로 많다.

물론 장점이 있다면 단점도 있기 마련이다. 마땅한 구속력이 없는 인강의 특성이다 보니 학생들이 10분 이상 집중하기 힘들다. 장시간 강의 진행이 어려울 뿐만 아니라 강의 내용이 조금만 어려워도 학생들의 이해도가 급격히 떨어지게 된다. 일반 강의실에서라면 학생들의 반응을 보며 여러 방법을 쓸 수도 있지만 화면 내에서는 극히 제한적일 수밖에 없다.

교수 입장에서도 동영상이 올라가면 자신의 기록으로 거의 영원히 남을 뿐만 아니라 외부에도 공개되기 때문에 여간 조심스러운 것이 아니다. 결국 이렇게 강의 내용에 조심하다 보니 무미건조한 강의가 될 수밖에 없고, 결국 수업 효율성은 그야말로 최악이 될 가능성이 높다.

그러나 싫든 좋든 이미 모든 대학이 인강의 교육시스템을 마련한 이상 앞으로 학생들과 교수들은 인터넷이라는 교육환경에 적응할 수밖에 없을 것이고 교육 시스템은 지속적으로 단점이라고 지적된 인강 문제들을 보완해 나갈 것이다. 곧 이어서 새로운 환경에 적절한 규범과 원칙 그리고 제도들이 만들어지게 될 것이다. 설령 코로나바이러스 사태가 가라앉아 대학이 예전의 모습으로 돌아간다 해도 이미 대학은 시스템에 엄청난 투자를 해서 인강 시스템을 구축한 이상 이를 그냥 방치하려 하지 않을 것이다.

이런 방향으로 진행이 되어 모든 대학이 사이버화 되면 굳이 모든 대학이 똑

같은 커리큘럼을 인강으로 제작할 필요가 없을 것이고 효율적인 방법으로 한 곳에서 모든 강의를 인강으로 제작하여 제공할 수도 있을 것이다. 그렇게 되면 모든 대학은 그야말로 평준화될 것이고 캠퍼스의 비싼 물리적 공간을 굳이 소유할 필요도 없어진다. 캠퍼스에 학생이 없기 때문이다. 이런 상황이 닥치면 대학가에서는 교수의 엄청난 실업사태가 불을 보듯 하다.

결국 궁극적으로는 대학 교육의 가장 효율적인 방법은 아마도 인터넷을 통해 정부가 교육을 독점하는 것이다. 다시 말해서 이젠 마음만 먹으면 어떤 권력에 의해 나라 전체에 대한 선동이나 세뇌도 가능한 시대가 된 것이다.

인강 시스템이 대학을 대체하는 날에는 대학의 권위와 가치를 상징하는 명예나 전통 등도 새로운 변화 속에서 잊히게 될 것이다. 신기술 대포에 참패한 중세 기사들이 예전 기사도를 추억 속에 간직하듯 말이다. 은행이 길거리에서 사라지듯 어쩔 수 없이 인터넷이라는 기술 앞에 대학도 같은 운명을 걸고 있다. 그 큰 변화가 이미 시작되었다.

2020-03-18

제주 4.3 폭동과 역사인식

최근 들어 제주 4.3 폭동 사건이 또다시 이슈를 타고 있다. 특히 문재인 정권에 들어서서 4.3 폭동을 항쟁으로 표기하는 등 기존과는 상반된 입장으로 선회하고 있는 탓이다. 4.3사건이 중요한 것은 그것이 폭동이냐 혹은 항쟁이냐의 표기가 아니라 그것이 왜 일어났고 어떠한 과정으로 진행이 되어 왔으며 우리에게 주는 교훈이 과연 무엇이냐일 것이다.

역사의 서술 방식은 서술자의 관점에 따라 크게 달라진다. "사기"를 쓴 사마천은 그 나름대로의 평가에 의해 인물들을 중요도에 따라 "본기"와 "세가" 그리고 "열전"으로 분류한다. 그의 판단에 의해 공자는 열전이 아닌 제후의 대열인 세가에 포함하였다. 우리 경우에도 마찬가지이다. 우리의 최초 역사서인 김부식의 삼국사기는 고려 건국에 대한 정당성을 주장하기 위해 편찬된 역사서이다. 그러나 이보다 한참 전인 2500년 전 희랍의 투키디데스는 처음으로 객관적인 역사서술을 했다는 점에서 "역사서술의 아버지"라고 불린다. 이처럼 역사서술에 있어 객관적 시각은 중요한 것이다.

제주 4.3폭동은 국가 생성과정에서 생겨난 불행한 사건이었다. 1947년 제주 남로당(남조선로동당)들이 5.10총선을 저해할 목적으로 3.1절을 기해 사람을 모았고 이때 어린아이가 경찰이 탄 말에 죽게 되는 사고가 난다. 이에 분개한 주민들이 경찰서에 항의하자 총격이 있었고 다시 몇 주민이 희생이 된다. 이에 제주 남로당들이 주민들을 획책하여 대규모 폭동을 일으키고 미군정과 이승만 정권은 이들을 진압하기 위해 군경과 서북청년단을 투입한다. 그후 엄청난 대가를 치르고 겨우 진압을 하자 곧 6.25 동란이 일어났다.

이때 역사서술은 어떤 시각에 있는가에 따라 사뭇 달라진다. 먼저 어린아이가 억울하게 경찰이 탄 말에 깔려 죽었고 이에 불만을 제기한 몇 주민이 경찰의 흉탄에 쓰러진다. 이에 분노한 시민들이 봉기하고 이를 진압하고자 투입된 군경이 이들 선량한 주민을 무차별 학살을 했다고 하면 당연히 진압을 명한 이승만 정권과 미군정을 그야말로 나쁘게 평할 수밖에 없을 것이다.

허나 남로당이 이북의 지령을 받고 5.10 선거를 저해할 목적으로 주민을 선동하였다면 이 사건은 분명 정부의 정책에 반대하는 폭동이 될 수밖에 없다. 다만 진압하는 과정에서 무자비한 폭력으로 무리가 있었던 것은 어쩌면 건국을 위해 불가항력적이었다고는 하지만 불행한 일이었다. 더욱이 남로당이 제주를 점령하고 곧이어 6.25가 터졌다면 현 대한민국은 이북과 같이 김정은의 독재치하가 될 수밖에 없었을 것이다.

이렇게 상반된 역사기술에 있어서 어떤 시각을 가져야 할 것인가? 2018년 제주도 교육청에서 어린 학생들을 위해 제작한 4.3폭동 관련 동영상을 보면 전자에 초점이 맞추어져 이승만 정권과 미군정의 진압에 대한 포악성만을 기술하고 있다. 폭동의 주동자인 남로당이나 이들이 어떠한 목적을 갖고 경찰과 민간에 대한 테러를 어떻게 일으켰는지에 대한 기술이 없고 영상에는 온통 토벌대에 쫓기는 주민의 처참한 모습뿐이다. 여기에서 주는 메시지는 오직 이승만 정권과 미군정에 대한 저주만이 있다. 아직도 제주도 교육청이 왜 그리고 무엇을 위해서 세금으로 이러한 동영상을 제작을 했는지 알 수가 없다.

소설과 역사서는 다르다. 소설가는 독자의 흥미를 끌기 위해 이야기를 부풀리거나 없던 이야기도 꾸며 낼 수 있다. 사극물도 마찬가지이다. 그러나 역사가가 4.3사건과 같은 사건을 기술할 때는 사건이 일어난 큰 흐름을 설명해야 하고 그 흐름 속에서 사건의 발단이 무엇이고 어떠한 희생이 있었는지를 설명해야 한다. 단편적인 일을 크게 부풀려 전체를 호도하는 일은 역사학자나 지식인들이 멀리해야 할 일이다. 역사는 반드시 사실에 근거해야 하고 전후 맥락의 흐름 속에서 이해되고 기술되어야만 한다.

이러한 관점에서 제주 4.3폭동 사건 역시 소련과 중국 그리고 미국 간의 시대적 역학관계 속에서 한국의 위치를 이해해야 하고 제주도의 상황을 이해해야만 보다 객관적인 시각을 가질 수 있다.

　아직도 우리는 역사를 이념적 틀에 꿰어 해석하는 사례가 많다. 그러나 잘못된 역사관을 갖고 역사를 기술하게 되면 포악한 조선의 민비를 명성황후로 왜곡하여 미화(美化)할 수 있고 또한 존경받아야 할 인물을 지탄의 대상으로 만들 수도 있다. 특히 초중고 시절처럼 판단력이 없는 시절에 이입된 잘못된 역사관은 결코 바뀌지 않는 법이다. 그만큼 역사가는 역사에·대해 정확한 인식과 이를 바탕으로 객관적인 기술을 하여야 한다.

　흥미 위주의 역사 소설이나 텔레비전 사극물이 역사 사실로 둔갑하는 나라에서는 역사에의 기술은 어떠한 교훈을 주지 못하고 온갖 왜곡과 환타지로 가득 차 있을 뿐이다.

2020-03-31

위기와 기회

코로나가 세상을 삼키고 있다. 지난 한두 달 새 우리의 모든 것이 변했다. 마스크는 생필품이 된 지 오래고 소상공인은 물론 거대기업조차도 파산지경으로 아우성이다. 아무도 이 위기가 얼마나 갈지 얼마나 큰 여파를 몰고 올지 장담을 못 하고 있을 뿐 아니라 연일 매스컴에는 공포스러운 코로나 뉴스를 가득 쏟아 내고 있다. 정말 우리 일상생활부터 산업 구조 전체가 통째로 붕괴되고 있는 것이다.

위기는 새로운 역사를 생성하기 마련이다. 위기에 적응함에 따라 우리 생각이 변하게 되고 이로 인해 생활양식 자체 역시 변하게 된다. 또한 새로운 관습이 나타나게 되어 소위 새로운 문명이 생성되는 것이다. 역사는 다시금 이러한 문명들이 모여 형성된다. 결국 어떤 측면에서 보면 위기에 의해 생성된 것이 문명이고 이를 축적해 간 것이 역사라고 할 수 있을 것이다.

이처럼 코로나 위기 역시 새로운 역사의 단초가 될 수 있다. 인류의 커다란 위기는 대부분 전쟁, 질병 그리고 기후에 의한 것이었다. 그러나 혹독한 위기를 겪은 이후에는 새로운 형태의 문명을 창출해 내곤 했다. 예컨대 페스트 창궐 이후에 이태리를 중심으로 부흥한 르네상스 시대가 그랬고 세계 1차 그리고 2차 대전 이후에 세계는 놀라운 경제 부흥과 달에 사람을 보내는 등 큰 변화를 겪게 된다.

코로나의 위기는 기존의 우리 생각부터 흔들어 놓기에 충분했다. 강국(强國)을 예로 들어보자. 강국은 근대에 들어 힘의 논리로 정의된 국가 개념이다. 그런데 미국과 같은 패권 국가는 물론이고 서구의 모든 열강들도 보이지도 않는 전염병에 무력함을 보여주고 있다. 오히려 방역체계가 잘 갖추어져 있고 질병에 대해 안전한 국가가 더욱 선호되고 있는 것이다. 이처럼 이제는 어떤 국가가 강국인지 다시 생각하게 된다.

이제 설령 코로나 사태가 진정된다 해도 세상은 예전처럼 다시 돌아갈 수는 없을 것이다. 이미 코로나의 영향으로 우리 생각이 바뀌고 새로운 생활양식이 보편화되고 있는 이상 앞으로도 새로운 환경을 더욱 요구하게 될 것이고 이 여파로 우리 주위의 환경 즉 생활과 문화 그리고 모든 산업이 지속적으로 변화할 것이 틀림없기 때문이다. 이것이 바로 새로운 기회가 있는 이유이다.

그렇다면 어떻게 하면 이 기회를 잡을 수 있는가?

여기에는 변화를 끌고 가는 조직 리더의 역량과 아울러 변화를 수용할 수 있는 내부 여건이 충족되어야 한다. 리더가 중요한 것은 위기에 어떻게 대응하고 기회를 만들 것인가를 결정하는 것이 바로 리더의 역량이고 선택된 기회가 자리 잡을 수 있도록 조직화하는 일 또한 리더의 몫이기 때문이다.

이제는 코로나의 새로운 세상에 적합한 리더의 혜안과 역량이 무엇보다 필요할 때이다. 아마도 코로나 이후의 조직의 리더는 조직 관리 능력도 중요하지만 오지의 탐험대 대장처럼 전혀 새로운 세상을 헤쳐 나갈 수 있는 인물이어야 할 것이다.

또한 변화를 받아들일 수 있는 우리의 생각과 적응력 역시 중요하다. 리더가 방향을 결정한다 해도 내부에서 이를 받아들일 수 있는 여건이 안 되면 결국 위기를 극복하기는 어려운 일이다. 실제 역사적으로 보더라도 변화에 대한 여건이 마련되지 않아 결국 쇠락하는 경우가 부지기수이다. 화약을 발명한 중국이 바로 그런 경우이다. 오히려 화약을 이용해 대포를 만든 서양에 망했던 것이다.

이러한 여건들이 충족되었다면 먼저 코로나 이후 사회에 대해 본격적인 연구가 진행되어야 할 것이다. 새로운 사회에 대한 연구가 되어야 구체적인 대안 즉 계획을 세울 수 있기 때문이다. 국가차원에서 보면 사람들의 새로운 행태를 분석하고 여기에 적합한 산업과 의미 없는 산업을 조정해야 하는 등 구체적인 정책을 고안해야 하고 이러한 정책들이 효과적으로 접목할 수 있도록 법과 제도를 보완하는 등의 사회적 토대 또한 마련할 필요가 있다.

이처럼 국가적 차원의 준비도 필요하지만 조그만 조직이나 개인도 마찬가지이다. 기업이 새로운 환경에 적응하지 못하면 당연히 퇴출되는 것이고 개인도 사회 불능자가 되기 마련이다. 배달천국 시대에 호화판 음식점이나 비대면 시대에 능수 능란한 사교술이 무슨 의미가 있겠는가?

과거를 돌이켜 보면 새로운 변화에 신속하게 적용하여 경쟁력을 높이는 국가가 생존과 패권을 차지하는 것을 보아 왔다. 그렇다면 코로나 이후의 강자는 세상을 누가 먼저 읽고 준비하느냐에 달려 있다고 봐도 과언이 아닐 것이다. 앞으로는 이러한 국가와 조직을 중심으로 다시 재편될 것이고 결국 이들 조직만이 코로나 이후의 세상에서 생존하게 되고 또 세계를 지배하게 된다.

미래에 대한 준비는 위기가 심각할수록 더욱 필요한 것이다. 역병을 퇴치하는 것으로도 힘에 버겁고 어려운 일이지만 남들보다 앞서 새로운 기회를 준비해야 코로나 이후의 새로운 역사를 이끌어 나갈 수 있다. 지금이 준비할 바로 그때이다.

2020-05-06

총선 당선자들에 대한 당부

21대 총선이 끝나자 언제 선거가 있었냐는 듯 세상은 다시 코로나 차지가 되었다. 이번 선거의 특징은 코로나 사태에 가려 이렇다 할 정책적인 이슈나 논의도 없었고 후보자에 대해 돌아볼 여유도 별로 없었다는 것이다. 유일하게 유권자가 듣고 볼 수 있었던 것은 방송과 신문에 국한하다 보니 전혀 지역과 연고가 없었다 하더라도 누구 사람 혹은 무슨 정당에 소속되었다는 것만으로 선택을 강요받을 수밖에 없었다. 그래서 어려운 인물 평가보다는 단순히 옷색 깔로 청군, 홍군으로 구분하여 유권자가 간편하게(?) 당을 선택하게 만들었던 것이다.

얼떨떨하기는 당선자도 마찬가지이다. 당의 힘으로 당선되었으니 지역의 대변자로서보다는 당의 친위대의 역할이 더욱 절실할 것이고, 앞으로 지역보다는 당에 대한 충성 경쟁하게 될 것이 불을 보듯 하다.

국민이 걱정하는 것은 민주주의의 중요한 원칙인 삼권 분립의 구성요소 중 정부가 이미 사법과 행정을 관장하고 있는 시점에서 유일하게 정부의 권력을 견제할 수 있는 것이 입법이었는데 180석이라는 거대여당 출현으로 인해 이마저도 잃었다는 것이다. 쉽게 말해 삼권을 틀어쥔 정당한 독재가 실현된 것이다. 제2차 세계대전을 일으킨 독일의 독재자 히틀러도 정당한 선거 절차에 의해 총통으로 추대되었다는 사실을 상기하면 앞으로의 일어날 일에 대해 가슴이 섬뜩해질 수밖에 없다.

더욱이 코로나 사태는 이를 더욱 부추긴다. 코로나 이후의 세계에 대해 전문가들이 예측한 바를 정리하면 질병통제를 위해 거대 국가 권력이 탄생한다는 것이고 거리두기 등으로 공급망 파괴로 인한 경기의 장기 불황이 된다는 것으로 요약된다. 결국 이런 저런 이유로 국가 권력이 우리가 상상을 초월할 정도도 커질 수밖에 없는 구조이다. 이런 절대 권력에 그나마 견제 장치가 바로 국민을 대변하는 국회인데 이마저도 쉽지 않은 형국이 된 것이다.

그러나 나라를 책임지고 시민을 지킨다는 것을 약속하고 당선된 이상 국회의원은 다시 한번 자기의 역할을 먼저 되새길 필요가 있다.

국회의원은 원칙적으로 지역민을 대표하여 입법 및 정부의 견제라는 책임을 갖고 있다. 이와 함께 중요한 일은 지역을 위해 중앙 정부와의 가교 역할을 하는 것이다. 이러한 역할을 통하여 지방자치단체가 중앙정부를 상대하여 풀지 못하는 일을 지역 국회의원들은 쉽게 해결할 수가 있다. 그래서 지역의 발전을 위해 중앙정부나 지역자치단체 그리고 당을 초월하여 소통 및 조정이 가능하기 때문에 국회의원의 역할이 매우 중요하다고 할 수 있는 것이다.

이러한 점에서 이번 당선자들이 축배를 들기 전에 짚어 보고 가야 할 중요한 몇 가지 할 일들이 있다.

무엇보다도 먼저 지역발전의 방향 즉 지역 비전에 대해 본인의 확고한 신념을 가질 필요가 있다. 예컨대 지방자치단체에서 만든 발전 기본계획이나 연구보고서를 통하여 명확히 지역의 미래 모습이 어떤 모습인지를 이해하고 있어야 지역에 대한 의견을 펼칠 때 일관성이 있고 또한 설득력이 있을 것이다. 만약 본인이 생각한 것과 다르다면 상호 비교하여 자신의 생각을 수정할 필요도 있다.

이런 다음 지역 비전을 토대로 자신이 만든 공약을 다시 한번 손질해야 한다. 개중에는 심사 숙고하여 만든 여러 공약도 의미 없는 것으로 나올 수 있을 것이고 상대방 후보에게서 제안되었지만 꽤 쓸 만한 공약도 있을 것이다. 만약에 그 공약이 타당하다고 생각이 들면 과감히 받아들이는 포용력이 필요하다. 결국 이 모든 일이 지역민을 위한 일이기 때문이다.

공약에 대한 손질과 함께 이를 수행할 있는 지역 추진체 구성이 필요하다.

자신이 내건 공약을 직접 수행하기 위해서는 지방자치단체의 도움이 필요할 것이고 또한 중앙정부의 힘도 필요하므로 이들을 함께 움직일 수 있는 구체적인 수행 전략도 생각해 볼 필요가 있다. 필요하다면 소속 당도 초월하여 나를 도와줄 수 있는 종적 그리고 횡적인 다원화된 협력체계도 서둘러 구축할 필요가 있는 것이다.

또한 지역 오피니언 리더들과 지역 대학 그리고 지역 연구자들과 긴밀한 유대 관계 또한 필요하다. 전자가 공약의 추진체라면 후자는 공약 운영의 싱크탱크라 할 수 있다. 이러한 공약의 추진 인프라가 앞으로 4년간 주어진 임기 동안 지역을 위한 일을 가능케 하는 것이다.

이와 함께 전문 정치가로서의 안목 또한 길러야 할 것이다. 먼저 우리나라가 세계 열강의 중심에 있는 만큼 세계 역사의 흐름을 이해하여야 하고 특히 우리 주변국인 한중일뿐만 아니라 러시아와 미국의 역학관계를 또한 이해하여야 한다. 인도의 정치가 네루는 감옥에서 아무런 참고서적도 없이 자신의 딸에게 방대한 양의 인도 중심의 세계사를 저술하였다.

정치가가 갖추어야 할 것은 역사 안목만이 아니다. 지역경제에 대한 이해도 필요하고 새로운 기술 발전에 대한 이해도 역시 필요하다. 이러한 이해가 없이는 자신의 논리를 가질 수 없으며 주장 또한 할 수도 없다. 새로운 시대 변화를 이해 못하는데 어떻게 새로운 법을 만들 수 있으며 정부 정책에 의견을 가질 수 있겠는가. 결국 이러한 자신의 이해와 생각이 없다면 당의 결정에 거수기 역할이나 지역 여론에 의존할 수밖에 없을 것이다.

단지 소속 당으로부터 인정받는 것에 급급해한다면 자연히 지역과는 멀어지고 지역민들이 얼굴을 돌리게 되어 정치 생명력이 짧을 수밖에 없다. 자신의 얼굴(identity)이 없기 때문이다.

이번 총선 당선자들은 예전 선거철에서 나타난 국회의원의 구태에서 벗어나 선거를 치를 때 가졌던 겸허한 자세를 견지해야 하고 지역에 대한 이해와 정치가로서의 안목을 갖추도록 부단히 노력해야 할 것이다. 그것이 바로 국가를 위하는 길이고 지역을 위하는 길이다.

2020-04-27

인천 민주화 운동, 이제 변해야 한다

최근 인천 민주화 역사에 획을 긋는 변화가 있었다. 인천 초기 민주화 운동의 웃어른 격인 김병상 몬시뇰이 88세의 일기로 돌아가신 것이다. 이 일이 큰 의미를 갖는 것은 인천 민주화 운동에 대한 세대 교체를 알리는 일이고 지역 민주화 운동의 새로운 변화를 예고하는 일이기 때문이다.

국내 민주화 운동은 해방 이후 경제 개발초기에 불가피했던 독재체제에 반발하여 나타난 민권 운동이자 정치탄압에 대한 항거였다. 정치측면에서는 탄압에 대한 저항을, 경제측면에서는 인권에 대한 주장을 중심으로 운동을 이어갔다. 정치적인 저항을 제외하면 영국 산업혁명 이후에 나타난 사회주의 운동이나 일본의 메이지 유신 이후에 나타났던 민권운동들과 같은 맥락이다.

사실 산업개발 중심에 있었던 인천은 인권이 취약할 수밖에 없었다. 국제 항구와 수도권의 풍부한 인적자원을 배경으로 당시 국가 수출주도 정책에 따라 기업들이 크게 발전하였다. 결국 산업화 초기에 흔히 볼 수 있는 낮은 임금과 열악한 일터 환경이 문제가 되었고 당연히 노동자에 대한 인권 운동이 다른 지역보다 특히 많았던 것이다. 70년대 사회적으로 큰 물의를 일으켰던 영등포 YH 사건이나 인천의 동일방직 사건은 아직도 큰 상처로 우리 기억에 남아 있다.

이렇듯 인천 민주화 운동은 다양하게 전개되지만 그 정점은 인천대학교의 시립화라 할 수 있을 것이다. 당시 인천대학교는 백인엽 장군의 편파적인 대학 운영으로 대학 구성원들과 상당한 갈등을 겪고 있었는데, 인천의 민주화 세력과 대학 구성원들이 함께 일어나 대학 시립화에 성공하였던 것이다.

물론 이러한 운동은 그 당시에 절실했고 또한 큰 역할을 했던 것이 사실이다. 이후 사회 민주화가 상당할 정도로 진전되어 시민의식이 올라왔고 인권을 대변할 수 있는 기관들이 이미 상당수 나타났다. 익숙한 민노총이나 경실련을 비롯하여 인권 및 시민 단체가 열 손가락이 모자랄 정도이다. 민주 정권의 등장으로 이렇다 할 이슈도 별로 없는 만큼 민주화 운동은 시민 운동으로서 환경, 경제, 문화 등 다양한 형태로 세분화 그리고 전문화되어 왔던 것이다.

그러나 이제 다시 시민 운동의 변화가 필요할 때이다. 시대가 산업화 사회에서 첨단 기술사회로 변했기 때문이다. 명백히 첨단 기술의 발전은 우리의 삶과 사고방식 그리고 우리가 추구하는 가치까지도 송두리째 바꿔 놓고 있다. 요즘 흔한 핸드폰 없이는 은행 구좌 만들기도 쉽지 않을 정도로 첨단기기를 활용하지 못하면 살아가기 어렵다. 이처럼 첨단기술 활용 능력이 힘이 된 지 오래고 이러한 능력에 따라 약자와 강자가 형성되는 새로운 세상이 된 것이다.

특히 기술발전에 따른 노동시장의 변화는 주목할 만하다. 공장자동화가 급속하게 진행되어 있어 이제 기업은 사람이 필요 없게 되었다. 사실 노동자가 없는 기업에 무슨 노동쟁의나 인권 주장이 필요하겠는가. 이러한 정보화 물결은 경제 전반에 몰아 치고 있다. 주지하고 있는 바와 같이 은행 점포 수가 크게 줄고 있고 오프라인 기업들 역시 급속히 사라지고 있는 것이 현실이다. 이제는 노동운동이 아니라 고용 자체를 걱정해야 하는 때이다. 최근 발생한 코로나 사태는 이러한 현상을 더욱 가속화하고 있다. 시대변화를 읽지 못하고 예전의 산업화 사회에나 통했던 노동 운동을 아직도 운운하고 있는 것은 시대에 뒤처져도 한참 뒤처진 일이다.

그렇다면 운동은 어떻게 변해야 하는가. 첨단 기술이 보편화됨에 따라 사회가 변했다면 여기에 따른 피해자와 약자를 찾아내고 이들의 이익을 대변해야 할 것이다. 이를 위해서는 기술에 대한 이해가 필요할 것이고 또한 이로 인한 사회 변화에 대한 이해도 역시 필요하다. 과거처럼 인권이나 노동자 피해가 뚜렷한 시기는 이미 지났기 때문에 첨단 기술사회에 대한 연구와 통찰이 무엇보다 필요한 시기인 것이다.

첨단시대의 시민운동에는 걸맞은 새로운 인물들이 필요하다. 제2차 세계대전을 승전으로 마감한 영국 윈스턴 처칠이 전쟁이 끝나자 바로 사임했듯 새 시대에는 새로운 사람들이 필요한 법이다. 첨단 기술의 자동화 공장을 이해 못 하는데 어떻게 새로운 세상의 노동과 인권에 대해 말할 수 있겠는가. 시대변화에 대한 이해가 부족하면 자칫 해야 할 일을 못 하고 결국 소수 집단의 이익에만 매달리거나 정치집단화 되기 쉽다.

이처럼 민주화 운동의 형태가 변화한다 해도 반드시 민주화 정신만은 지켜내야 한다. 민주화 정신이 우리의 큰 가치인 인권을 지키는 일이기 때문이다. 어떠한 권력이라도 독선으로 흐른다면 민주화 운동은 다시 일어나야 하고 저항해야 할 것이다. 비록 초창기 민주화 세력이 사라지더라도 그리고 시대가 변한다 하더라도 그들의 민주화 정신을 이어가는 것이 그들을 기리는 것이고 또한 국가와 인천의 민주화를 지킬 수 있는 마지막 보루이다.

2020-05-13

스승과 스승의 날

5월은 유난히 공휴일이 많은 달이다. 이 날들 중에 쉬는 날은 아니지만 매년 행사를 치르는 스승의 날이 있다. 하루를 쉬기는 그렇고 그렇다고 없애자니 좀 찜찜해서 명칭만 그대로 둔 듯하다. 그래도 이 날을 남겨 둔 것은 스승을 다시 한번 생각할 필요가 있기 때문일 것이다.

스승은 인간의 도리(道理)를 가르치는 사람이다. 힘껏 부르는 스승의 날 노래 가사 "참되거라 바르거라 가르쳐 주신 스승은 마음의 어버이시다"에서 볼 수 있듯이 말이다. 이처럼 스승은 지식뿐만 아니라 생각하는 법 그리고 사람으로 지켜야 하는 도리 등 우리가 사회에서 생활에 필요한 모든 것을 가르치는 사람을 일컫는다. 그래서 스승은 이미 상대방 호칭으로 되어버린 "선생"과는 다르게 아직 존경의 의미를 지니고 있다.

스승은 인류가 집단생활을 영위할 때부터 필요했고 등장했다. 이들은 생각을 만들고 제자를 만들어 가르쳤다. 이들 중에 삶의 정도(正道)를 가르친 이가 예수나 석가와 같은 종교가들이고 생각하는 법을 가르친 이가 바로 공자나 플라톤과 같은 사상가들이다. 그래서 이들을 인류의 위대한 스승이라고 부르는 것일 것이다. 한결같이 이들은 스승으로서 제자들과 함께하면서 더 나은 세계관을 갖도록 삶을 가르쳤던 것이다.

사회가 점차 복잡해지고 과학기술이 발달함에 스승의 개념도 분화하게 된다. 스승의 역할이 "지식전달"과 "연구" 그리고 "인간 교육"이라고 하면 앞의 두 기능은 연구소나 각종 교육기관과 같이 전문화되어 대체되어 왔다. 다만 마지막 기능인 "인간 교육"이라는 것이 매우 추상적이고 사람마다 서로 다른 가치를 수반하기에 누구도 건드릴 수 없는 사각지대에 놓여 있던 것이다. 인간 교육이라는 것이 전문가나 첨단 기계가 대신할 수 없는 노릇이기 때문이다.

우리 교육 현실을 들여다보면 더욱 암울하다. 일전에 강의 중 대학생의 태도가 어수선하여 중고등 선생님을 탓한 적이 있었다. 그러나 그분들은 오히려 초등학교 선생님을 탓하는 것이었다. 초등학교에서 그렇게 교육을 받아온 것을 어떻게 하냐는 것이다. 할 수 없이 초등학교 선생님에게 물어보니 집에서부터 "인간 교육"이 안 되는데 어떻게 학교에서 교육을 할 수 있냐고 도리어 반문한다. 결국 사회가 학교 선생님을 스승이 아니라 지식 기능인으로 보는 탓이다.

이런 상황은 대학에서도 마찬가지이다. 대학은 그야말로 학문적 훈련이 목적이다 보니 세세한 인격교육과는 거리가 멀다. 결국 집과 학교 어디에서든 학생들은 인간 교육이 결여된 단지 "기능성 인간"으로 사육될 수밖에 없게 된다. 이러다가 사회에 붙들려 나가면 소위 "인간 교육"은 그야말로 먼 얘기가 된다. 이들 중 누군가 교단에 선다 해도 그에게 인격적 스승을 기대할 수는 없는 노릇이다. 이제까지 그도 그런 스승을 본 적이 없기 때문이다.

최근 한 정치지향적 교수가 상상을 초월할 정도의 잘못을 하고도 떳떳한 것을 보면 스승이라고 해서 모두가 스승이라고 할 수는 없을 것이다. 아마 그 교수도 교수다운 교수를 제대로 접해 보지 않았기 때문에 본인이 스승 자리에 있어도 스승의 역할을 깨치지 못한 듯하다. 그래서 법적으로 무엇을 잘못했는데 하고 오히려 반문하게 되는 것이다. 이는 스승의 의미를 인격적으로 보지 않고 법의 잣대로만 본 탓이다.

이렇듯 사회의 정의를 말할 때 스승의 역할은 특히 중요하다. 잘못을 인식하기 위해서는 사회와 규범 그리고 그것에 기인한 양심에 의해 판단되어야 하는 것이다. 이러한 인식의 구조를 만드는 것이 바로 그의 스승이고 스승이 이끄는 사회이기 때문이다.

첨단 기술의 미래에는 스승의 역할이 더욱 적어질 수밖에 없다. 지금처럼 교육은 "인강"으로 대신할 것이고 유튜브가 모든 질문을 대신할 것이다. 필요한 인격교육도 첨단 인공지능으로 대체하고자 할 텐데 과연 "인간 교육"이 필요할 것인지 의문이다. 어쩌면 "인간 교육"이라는 것이 오히려 거추장스러운 것인지도 모른다. 그렇다면 앞으로 스승의 자리는 점차 엷어질 수밖에 없을 것이다. 그러나 스승을 잃어버린 사회는 생각을 잃어버린 사회이고 그야말로 본능만이 지배하는 사회로 전락할 수밖에 없다.

참된 세상을 실현하기 위해서는 스승을 다시 세워야 한다. 스승의 자리에 있는 사람은 지식과 더불어 인격을 가르치는 스승이 되도록 노력해야 하고 스승을 따르는 사람은 지혜뿐만 아니라 스승의 인간 됨을 배우도록 해야 한다. 이러한 노력을 통해서만이 스승은 더욱 스승다워지고 제자는 제자다워져 세상은 옛 스승들이 원했던 것처럼 더 나은 삶을 영위할 수 있게 되는 것이다.

사회를 이끌고 가는 사람, 그런 스승이 되는 길은 어려운 일이다. 그래서 사라져 가고 있는 스승의 얼을 살리고 다시금 일깨우기 위하여 우리는 특별히 날(日)을 세워 기념하는 것이다.

2020-05-20

국가 지원금, 명과 암

코로나 사태 이후 세간의 큰 이슈는 단연코 재난 지원금이다. 적지 않은 금액인 데다 그냥 쓰라고 준 돈이니 좋기는 한데 뭔가 찜찜하다. 정부는 필요 예산 12조 2000억 원 중, 기 예산 예컨대 국방예산 등에서 돌려 충당하고 부족분 3000억 원을 국채로 발행한다고 한다. 결국 정부가 필요한 것을 안 하고 일부는 세금으로 물릴 것이기에 쓸 때 쓰더라도 불거진 이슈들을 되짚어 볼 필요가 있다.

재난 지원금은 그 취지가 코로나와 같은 재난을 당해 생계가 막막한 계층에 재정적 지원을 하여 소비를 진작시키고 상공인에게는 시장퇴출을 막아 국가 경제를 유지하는 데 있다. 만약 기업이나 상공인들이 시장에서 퇴출이 되면 재난이 지나간 이후 국가 경제를 전과 같이 회복하는 데 더 많은 비용과 시간이 들기 때문이다. 즉 병원에서 흔히 맞는 링거주사와 같은 요법이다.

문제는 이러한 지원금을 포함한 정부혜택이 공짜가 아니라는 것이다. 지원금으로 나간 것은 다시 세금 혹은 국채를 발행하여 회수하게 되는데 세금은 현세대에, 그리고 국채 발행이나 해외 차관을 이용하는 것은 미래 세대의 부담이 된다. 쉽게 말해 빚이다.

또한 시장에 뿌려진 지원금은 이후 통화팽창으로 인한 인플레이션 요인이 되어 물가가 오르게 되고 이것이 경기 불안 요인이 된다. 정부입장에서 풍부해진 통화 유동성을 회수를 해야 하는데 자칫 경기 침체로 이어질 수 있기 때문에 막상 회수정책을 쓰기도 쉽지 않다. 그러나 당장 회수를 하지 않는다면 물가는 올라가고 후대의 부담(국가 채무)은 점차 커지게 된다.

국내 재정적자는 기획재정부가 발간한 '월간 재정 동향 2019년 11월호'에 따르면, 9월까지 재정수지는 57조 원 적자를 기록했다. 재정수지는 2011년 1월 이래 가장 큰 적자를 냈는데, 누적된 국가 채무는 급격히 증가해 2020년에는 800조 원, 2023년에는 1061조 원에 이를 것으로 전망하고 있다. 2023년에 국민 한 사람당 대략 2000만 원의 빚을 안게 되는 셈이다.

　지원금과 같은 정부 혜택의 특성 중에 다른 하나는 중독성이 강하다는 것이다. 일반 복지가 그렇듯 한번 시작한 것은 줄이기 어렵다. 정부가 조금이라도 혜택을 줄이려고 하면 국민들이 참지 못할 것이고 정부가 이들에 영합하려면 더 많은 지원금과 혜택을 만들어 내야만 한다.

　이같이 지원금과 각종 혜택을 점차 늘이게 되면 재정적자는 늘어나서 종국에는 정부 재정이 파탄에 이르게 된다. 특히 생산 계층도 이러한 혜택을 바라고 생산을 멈추게 되면 결국 생산력 감소로 이어져 급기야 디폴트(국가 부도)와 같은 끔찍한 사태가 벌어진다.

　그러나 더욱 우려스러운 것은 권력을 유지하기 위한 포퓰리즘의 수단으로 쉽게 이용된다는 점이다. 돈을 싫어하는 사람은 없기에 권력의 실정(失政)이 쉽게 묻힐 수 있을 뿐만 아니라 당장 회수 부담도 없기 때문에 표를 얻기 위해서는 이처럼 매력적인 정책이 없는 것이다. 최근 복지정책을 남발하다 결국 난민국이 된 남미 베네수엘라나 유럽 그리스에서 디폴트의 실례를 볼 수 있다. 복지정책이 극단으로 가면 결국 사회주의나 공산주의화 되기 마련이다. 그곳은 주지하다시피 사유재산도 없고 배급체제로 모든 것을 공유하는 그런 세상이다.

　지원금이 갖는 또 다른 문제는 의존성을 갖게 한다는 것이다. 지원금을 남발하다 보면 예기치 못한 결과를 왕왕 갖는다. 미국에서는 인디언과 극빈자에게 지급하는 생활지원금이 있다. 이러한 지원금의 특징은 어느 정도 소득을 갖게 되면 지원층에서 제외되므로 일하기보다는 지원금을 선택해 무위도식하는 사례가 빈번하다. 자칫 국민들의 정부혜택 의존성을 높여 나태하게 만들 가능성이 높은 것이다.

물론 잘만 운용하면 큰 득이 된다. 지원금 취지대로 재난을 극복할 수 있을 뿐만 아니라 오히려 평상시 같으면 어려운 산업 구조조정을 쉽게 할 수 있다. 경쟁력 없는 좀비기업을 쉽게 솎아 내고 미래 기업을 중점 지원함으로써 산업 경쟁력을 키울 수 있는 기회가 될 수 있는 것이다. 예컨대 유럽 아일랜드가 극심한 금융위기를 겪을 때 정보통신 산업에 집중 투자함으로써 지금은 핀테크(fintech)의 메카가 된 것이 좋은 본보기이다. 그러나 이러한 정책을 펴기 위해서는 산업구조에 대한 구체적인 안을 미리 갖고 있어야 한다.

그렇다면 이러한 지원금 정책을 어떻게 해야 하는가. 지출이 있다면 반드시 여기에 대한 회수 계획이 있어야만 한다. 경제 침체를 우려해서 회수를 늦추거나 기피한다면 시장에 유동성이 커져 집값을 비롯한 물가의 폭등이 귀결된다. 만약 국제경기 불황으로 구매력까지 떨어지면 경제는 그야말로 스태그플레이션의 공황상태에 빠질 수도 있다. 따라서 이러한 지원금은 먼저 목적이 뚜렷해야 하고 명확한 기준과 적용기한을 두어 부작용이 발생하지 않도록 해야 한다.

정부 지원금이나 혜택은 마약(痲藥)과 같다. 마약과 같이 적당한 선에서는 약이 될 수 있지만 과하면 독이 되고 약하면 별 효력이 없게 된다. 코로나 사태와 같은 재난에 수요를 진작시키는 차원에서 재난 지원금은 반드시 필요할 것이다. 그러나 이를 독이 아닌 약으로서 활용하는 것은 결국 우리 몫이다.

2020-05-27

우상과 권력

"아마 처음에는 순수한 마음으로 시작했을 겁니다. 그러나 어쩌다가 그만 탐욕에 물들어 괴물이 되어 버렸습니다." 어느 칼럼에서 읽은, 소위 사회정의와 위안부 할머니의 권익을 위해 평생을 바쳤다는 사회 운동가 윤미향에 대한 평이다. 당시 그녀에 대한 고령할머니의 피맺힌 성토가 이렇듯 우리를 허탈하게 만들었던 것이다. 도대체 여린 여자가 어쩌다가 그런 괴물이 되었을까?

권력은 돈이 된다. 우리 사회에서는 사업도 개인도 돈이 절대적이다. 정대협 초기 시절부터 간사로서 활동을 지켜봤던 윤미향은 이것도 돈이 될 수 있다는 것을 봤을 것이다. 권력이 돈이 될 수 있다는 것을 깨닫는 순간 권력에 눈을 뜨기 시작했고, 그 권력화를 위해 우상화와 권력층 기대기를 택한 것이다.

문제는 우상화하기에는 살아 계신 몇 안 되는 위안부 할머니들이 너무 연로했다는 점이다. 더구나 할머니들 생각도 있는 만큼 자기들 뜻대로 하기에도 쉽지 않았을 것이다. 그래서 종교집단이 그렇듯 대체 상징물인 우상이 필요했고 그래서 전국에 약 140개의 왜소한 소녀상을 만들어 세웠다. (충무공 동상도 전국에 10기 안짝이다.) 그리고 위안부의 처참한 이미지를 만들어 겹겹이 덧칠하고 그 우상 앞에 수요집회란 형식으로 주술적 의식을 치러 왔다. 그리고 자신들의 사업을 넘볼 수 없도록 친일 프레임을 통해 사업의 성역화하는 작업이 이루어졌던 것이다. 우상이 있는 이상 여기에 정작 당사자인 위안부 할머니는 끼어들 여지가 없었고 오히려 거추장스러운 존재가 되었다. 우상과 허상이 진짜를 대체한 것이다.

다른 하나는 정대협이 정권과 맥을 같이한다는 것이다. 소위 이들은 반일과 종북을 이념으로 무장되어 있고 여기 출신들도 문재인 정권의 요직에 구석구

석에 포진되어 있다. 동일한 이념과 그리고 이해관계가 맞으니 서로의 관계가 더욱 공고해질 수밖에 없다. 같은 정치 세력이 힘들면 예컨대 조국사태처럼 반일 구호가 필요할 때는 벌떼같이 일어나는 것이다. 소위 히틀러의 돌격대와 같은 역할이다. 그러나 칼럼의 언급대로 이번 정권과 윤의 정대협이 정작 일본과의 위안부 협상에는 갈등만 부추기고 아무런 역할을 하지 않았다면, 결국 이들은 반일로 자기 권력 장사를 했다고밖에 볼 수 없다.

권력은 더 큰 권력을 욕망하기 마련이다. 정대협의 정책은 지속적으로 확대되어 왔다. 처음에는 위안부에 대한 배려에서 시작했으나 점차 세력이 커지고 정치화가 되면서 반일, 그리고 종북, 여성 운동 등으로 보다 사업 영역을 확대해 나갔다. 초기에 의도했던 위안부 배려 사업보다는 여기서 얻은 실력으로 좀 더 큰 권력을 위해 그리고 자기들의 이념 사업 확장을 위해 궤도 수정이 필요했던 것이다. 이러한 목적을 위해 위안부 모금을 활용하였다. 최근 20억 모금 중에 위안부 관련 예산은 불과 5천만 원에 불과하고 각종 행사, 사회 운동가 자제에 대한 장학금, 조총련계에 대한 지원 등 위안부하고는 전혀 생소한 일뿐이다.

물론 정대협의 업적도 적지 않다. 거의 사각지대였던 일본군 위안부 문제를 국제적인 이슈로 부각시킬 수 있게 되었고 최근 들어서야 체계적인 연구도 이루어지고 있다. 이제까지 상상이나, 소설 그리고 편향된 작가가 만든 허상에서 벗어나 객관적인 사회적 이슈로서 이 문제를 볼 수 있게 된 것은 그들의 노력(?) 덕분이었다.

이제 시민운동은 본연의 자세로 돌아가야 한다. 정대협은 이제 모든 사업을 내려놓고 몇 분 남아 있지 않은 그들에게 돌아가 보살펴 드리는 것이 아마 마지막 보답이 될 것이다. 정작 그들에게 필요한 것은 요란한 행사보다는 간병과 따뜻한 배려이다. 여기에 무슨 권력과 큰돈이 필요하겠는가.

이용수 할머니의 절규가 더욱 중요한 이유는 윤의 파렴치가 밝혀져서가 아니라 우리 사회의 나름 정의와 공정이라는 가면을 둘러쓰고 있는 기생집단들에 그 가면 속을 들여다볼 수 있는 계기를 마련해 주었다는 것이다. 그녀의 목소리가 없었다면 그들은 아직 성역 안에서 권력을 키우고 있었을 것이다.

이제는 그녀가 바라는 것처럼 위안부에 대한 한일 관계는 서로의 증오가 아니라 서로를 이해하고 관계를 개선하는 방향으로 가야 한다. 또 다른 증오를 키워 이를 악용한 장사치를 배 불려 줄 때가 아니다. 그 전에 우리는 역사를 냉철히 다시 붙들고 왜 우리가 그때 망하게 되었는지 먼저 통렬히 반성부터 해야 한다. 그래야 위안부 할머니의 존재가 우리에게 피맺힌 교훈이 될 수 있고 우리 후대에 값진 교훈이 될 수 있는 것이다.

아무쪼록 91세 일본군 위안부 이용수 할머니의 마지막 절규가 헛되지 않았으면 싶다.

2020-06-08

중국이냐, 미국이냐

최근 트럼프는 미국 우방국 모임인 G7 회의에 한국을 초청하였다. 인정을 받아 좋기는 하지만 문제는 아직 미국과 중국에서 갈팡질팡하고 있는 문재인 정권 입장에서 보면 이 제안이 썩 반갑지만은 않다는 것이다. 자칫 편으로 강요를 받는 자리가 될 수 있기 때문이다. 그러나 양쪽의 이해가 첨예한 만큼 어떻게든 판단을 내려야 할 것이다.

사실 외교에서의 선택은 이념이 아닌 힘의 논리로 결정된다. 즉 역사에 대한 이해를 바탕으로 주변국들의 역학관계에서 결정하는 것이 상식이다.

중국은 미국의 비호 아래 경제 대국으로 성장해왔다. 키신저의 평퐁외교 이후에 미국은 냉전 체제하에 있던 소련과의 견제를 위해 중국에 대한 경제 지원과 함께 산업기지 공장을 이전하게 된다. 다시 말해 미국의 산업 구조개편에 따라 제조 공장을 중국으로 이전하게 되고 중국은 저렴한 노동력을 이용하여 세계의 공장으로 경제 대국으로 성장한 것이다.

중국은 이러한 성장을 기반으로 크게 두 가지 목적을 달성하고자 하였다. 경제 중심의 일대일로(一帶一路) 정책을 통한 부국(富國)이고 다른 하나는 주변국 점유를 통한 영토 확장이다. 아마 전자로는 소련의 시베리아 횡단열차같이 북경에서 독일까지의 신 실크로드의 구축이고 후자는 티베트와 센카쿠 열도에 대한 점유가 이에 해당한다. 물론 이 이면에는 중화사상이 내재되어 있고 결국 패권국으로의 욕심이 있었던 것이다. 이를 달성하기 위해 필연적인 군사력 확장이 수반되었다.

중국의 패권 도전은 20세기 일본의 그것과 판박이다. 일본은 19세기 중반에 미국에 의해 문을 열고 미국의 비호 아래 성장했다. 러일전쟁 당시 러시아와

싸우면서도 미국 루스벨트 대통령과의 중재를 요청할 정도였다. 전쟁 수행이나 경제 팽창을 위해 필수적인 석유 등 원자재의 대미 의존도가 높았던 탓이다. 그러나 무섭게 경제력이 올라왔을 때, 개항 후 100년이 지난 1942년 미국 진주만을 공격하게 된다. 중국 역시 개항 150년에 접어 들어 미국에 도전장을 내밀고 있는 것이다.

미국은 이 같은 중국의 움직임에 대해 지원에서 견제로의 방향전환을 하게 된다. 냉전시대의 소련대신 중국이 대체된 것이다. 그래서 목전에 있는 미국 대선도 이유가 되겠지만 중국을 강하게 견제하기 시작했다. 중국 대표 첨단 기업인 화웨이와 DJI에 대한 제품 활용금지나 이번과 같이 자기 동맹국 챙기기가 바로 그것이다. 더욱 코로나 사태 이후에 미국의 리쇼어링(reshoring) 정책과 맞물려 이러한 견제는 더욱 심해질 것이다.

희랍의 역사학자 투키디데스는 도전국이 패권국이 되기 위해서는 거의 예외 없이 패권국과 전쟁을 벌였다고 한다. 이것을 소위 투키디데스 함정이라고 부른다. 그에 따르면 결국 중국이 미국과 패권을 다투기 위해 전쟁을 일으킨다는 것이다. 이러한 상황에서 경제는 중국에, 안보는 미국에 의존하고 있는 우리 입장에서 보면 양자택일이 여간 곤혹스러운 것이 아니다. 특히 호주가 그 한 예인데 미국을 선택한 이후 중국의 경제 보복으로 큰 어려움을 겪고 있다.

그러나 중국이 크게 성장했다고 하지만 아직 미국의 국력에 비교할 바가 아니다. 국가를 평가하는 데는 통치이념, 경제력 그리고 국방력을 들고 있는데 중국은 경제력에서도 그렇고 국방력에 있어서도 크게 뒤처져 있다. 더구나 통치 이념에서도 중국식 사회주의 체제는 아직 불안한 체제이다. 이런 관점에서 보건대 중국이 미국과 대등하기에는 상당한 시일이 필요하다고 할 수 있다.

더구나 중국은 영토에 강한 집착을 갖고 있다. 동맹이 아니라 속국 혹은 자신들의 영토로서 우리를 보고 있는 것이다. 예컨대 조선 시대 청의 관리인 원세개가 고종의 집무실까지 가마를 타고 들어와 외국의 외교관리들을 놀라게 하였다. 최근 국가 원수인 문재인 대통령을 비롯하여 우리 외교 사절단이 중국에 가서 어떤 대접을 받았는지를 보면 그들의 생각을 쉽게 알 수가 있는 것이다. 이토록 우리를 자기 속국으로밖에 여기지 않고 있는 것이고, 그들이 패권을 지향하는 한 동등한 관계를 회복할 가능성은 많지 않다.

반면 미국은 현재 패권국이자 우리 동맹국이다. 한국을 독립시켰고 6.25 동란에서 같이 피를 흘린 몇 안 되는 국가이다. 그리고 경제적으로 문화적으로 가장 많이 영향을 받았던 국가이다. 그리고 현재 우리 국경을 함께 지키고 있을 뿐 아니라 바다에서 우리 상선이 안전하게 항해할 수 있도록 지켜 주고 있는 나라이다. 그렇다면 도대체 누구와 손을 잡아야 하는가. 초등학생들도 대답할 수 있는 질문일 것이다.

외교사를 보면 동맹국의 선택은 흔히 국운(國運)을 가른다. 1차 대전 때 독일이 그랬고 2차 대전 때 일본이 그랬다. 조선의 고종은 당시 도전국인 중국 그리고 러시아를 동맹국으로 만들다 결국 망했던 것이다. 이제 두 번 다시 이러한 실수를 하지 말아야 할 것이다. 영국 그리고 미국에 동조해서 국력을 키웠던 일본처럼, 현재의 패권국인 미국과 같은 길을 가야 우리도 도약 아니 생존이라도 할 수 있지 않겠는가.

2020-06-15

리쇼어링과 인천산업발전

코로나 사태 이후 각 나라가 빗장을 걸어 잠근 상태가 계속되자 리쇼어링 (reshoring) 이슈가 크게 부각되고 있다. 이는 경영학 일반에서 가르치고 있는 글로벌경영과는 달리 역방향인 과거 보호주의로 회귀(回歸)하는 것을 의미한다. 따라서 우리의 관심은 어차피 이렇게 된 이상 어떻게 이를 우리의 기회로 만들 수 있냐는 것일 것이다.

이제까지 기업들은 공장을 비용이 저렴한 외국으로 옮겨 타국에서 완성품이나 부품을 생산하고 조립하는 생산 방식을 활용하여 왔다. 첨단 정보통신기술이 이러한 국제적 분업작업을 가능하게 한 것으로, 소위 글로벌 경영이라는 형태로 일반화되어 온 것이다. 그러나 이 생산방식은 기업 각각은 이득을 볼 수 있을지 몰라도 국가적으로는 국내 일자리가 사라지는 단점이 있다.

문제는 코로나로 인하여 이러한 국제간의 공급망이 멈추어 버린 것이다. 즉 외국에서 제품이나 생산 자재를 들여올 수 없으니 최근 미국에서처럼 공장이 멈추거나 생필품에 극심한 품귀현상이 나타나게 된다. 이에 대해 미국은 리쇼어링 정책으로 외국 특히 중국에 나가 있는 자국 기업의 본국 회귀를 위해 수십조의 자금을 풀고 있다. 이것이 자칫 중국의 산업붕괴로 이어질 수 있어 중국 정부도 긴장하고 있는 것이다. 물론 미국의 이러한 정책에는 미국 대선이 임박했고 또한 중국의 견제라는 외교적 이유도 포함되어 있는 것도 사실이다.

한국 역시 리쇼어링 정책을 수년 전부터 해 왔다. 그동안 대기업 중소기업 할 것 없이 저렴한 인건비를 찾아 중국이나 베트남으로 몰려 나가자 국내에서도 일자리가 줄고 산업 공동화가 나타나게 된 것이다. 최근 기업들의 국제 분업 체계가 코로나의 영향을 받자 정부도 그 심각성을 인지하게 되었다. 최근 정부는 약 2000억 정도의 정책 지원금을 책정하고 있으나 규모도 적을 뿐만 아니라 기업이 원하는 규제완화도 변한 것이 없어 기업들은 회의적이다. 사실 조사에 따르면 회귀를 희망하는 기업이 그리 많지 않다고 한다.

인천의 문제는 더욱 심각하다. 인천은 두 형태의 기업 회귀를 고려할 필요가 있는데, 그것은 지방으로 내려간 기업들과 해외로 이전한 기업들의 회귀이다. 인천은 2차 산업의 단순노동집약적 산업으로, 시정부는 특히 오염이 심한 기업부터 혐오시설로서 선정하여 지방이나 외국으로 이주시켜 왔다. 점차 일자리가 줄고 시의 경제력이 떨어지자 회귀 정책을 써 온 것이다. 문제는 시내 공장 부지 비용이 급격히 올랐고 이러한 시설을 다시 불러오는 것도 많은 민원을 야기하게 되어 주저하고 있다. 더구나 지방이나 해외에서 회귀하려는 기업들도 대부분 영세 기업으로 높은 운영 비용을 감당하기 어려운 상황이다.

그러나 어쩌면 리쇼어링은 인천시에 새로운 기회가 될 수 있다. 주지하고 있다시피 중국기업들의 추격으로 인천시의 산업은 경쟁력을 잃어 가고 있고 코로나로 인하여 가속되고 있는 것이 현실이다. 몇몇 바이오 기업들이 있지만 이들은 장치산업으로 지역 고용효과나 지역 경제 파급효과도 크지 않아 시에는 별 도움이 되지 않는다. 결국 인천시는 시의 생존을 위해서라도 부가가치가 높은 첨단산업으로의 지역 산업구조 개편이 시급한 실정이다. 이러한 점 때문에 정부의 이번 리쇼어링 정책을 지역 산업 구조 개편에 활용할 수 있는 기회로 잡을 필요가 있다. 그렇다면 어떻게 기회로 잡을 수가 있는가. 우선 원론적인 것부터 들어보자.

첫째는, 기업들이 원하는 규제를 대폭 완화해야 한다. 송도 경제특구에 기업이 들어오지 못하는 가장 큰 이유는 규제가 많기 때문이다. 물론 정부차원의 규제는 어떻게 할 수 없을지 몰라도 마음만 먹으면 송도 경제특구나 지역에서 할 수 있는 규제 완화는 얼마든지 있다.

둘째는, 정부와 시의 막대한 자금으로 회귀 기업 지원을 할 때 먼저 기업을 선별해야 할 뿐만 아니라 이들 생산시설의 첨단화를 동시에 할 필요가 있다. 사실 경쟁력 없는 기업과 시설에 세금을 퍼부어 무슨 의미가 있을까 싶다.

셋째는, 지역의 공장부지와 인건비가 너무 올라 이것을 해결하지 않으면 들어오는 기업은 자생력은 고사하고 돌아올 수조차 없다. 마련된 정책자금을 이런 요소에 집중할 필요가 있다.

코로나도 그리고 리쇼어링 정책도 어차피 지나가는 태풍과 같은 것이다. 첨단기술의 글로벌 경영이 돌이킬 수 없는 물결이라면 지금 우리는 코로나에 움츠리기보다는 미래를 위해 준비할 때이다. 이를 위해서는 무엇보다 먼저 지역의 미래 첨단산업구조에 대한 틀을 세워야 하며 여기에 맞추어 회귀 기업들과 아울러 지역 기업들을 선택 지원 발전시켜야 할 필요가 있다.

지금은 위기를 기회로 바꿀 수 있는 지혜가 필요한 시기이다. 그러나 세상을 휩쓸고 있는 코로나 위기에 자칫 기업회귀는 고사하고 그나마 간신히 지탱하고 있는 지역 산업마저도 붕괴될까 걱정이 앞서는 것은 나 혼자만의 생각은 아닐 것이다.

2020-07-09

6.25, 아직 끝나지 않은 이념전쟁

한국 현대사에서 가장 참혹한 사건으로 주저 없이 6.25전쟁을 들 수 있다. 이 전쟁이 특이한 점은 강대국들의 대리전(代理戰) 형태의 내전이었고 전쟁 목적이 경제이슈가 아니라 이념적 동기에 의해 시작되었다는 것이다. 이를 되새기는 이유는 6.25를 몰고 왔던 그 이념투쟁이 아직도 끝나지 않았기 때문이다.

이념이란 쉽게 말해 이상적인 것으로 여겨지는 생각이나 견해이다. 즉 조선의 통치이념인 성리학이 그것이고 좌익 우익 혹은 보수 진보라고 하는 것이 여기에 해당한다. 이를 체제화시킨 것이 바로 자본주의 혹은 사회주의이다. 이러한 이념의 설정은 국가 구조나 통치방식에 있어 절대적이다. 물론 한 국가 내에서도 다양한 이념은 상존할 수 있으나, 이념갈등이 심해지면 투쟁이 되고 극단으로 가면 전쟁이 되는 것이다.

이념 충돌의 뿌리는 멀리 조선 말까지 거슬러 올라간다. 당시는 중국을 받들자는 보수의 위정척사파와 중국에서 벗어나 일본을 본받자는 김옥균, 서재필 등의 진보 격인 개화파 간의 이념 투쟁이었다. 이들 갈등은 일본 식민지가 된 후에도 계속되어 각 이념에 따라 중국 및 미국 등 각지에서 반일 투쟁을 이어간다.

그러나 20세기 초 부각된 사회주의 이념으로 이념 갈등 구조는 근본적으로 변화한다. 항일 운동의 일부세력은 소련 공산당에 흡수되어 공산당으로서 활동하게 되는데, 당시 이들은 공산당의 프롤레타리아 혁명이 조선 독립에 도움이 되리라 생각했던 것이다. 이때부터 한국 이념 사에는 좌익이 큰 세력으로 등장하게 된다.

해방된 한반도는 좌우 이념에 의한 정치 투쟁의 격전지였다. 남침 준비를 하고 있던 북한과는 달리 남한에서는 북한 공작원들이 남쪽의 좌익세력과 함께 게릴라 활동을 벌임으로써 사회는 극심한 혼란 속에 있었다. 조선 남로당에 의한 4.3 사건과 여순반란사건이 바로 그것이다. 이들은 남쪽 정부의 수립을 막고 북한의 남침을 용이하도록 사회 혼란을 부추겼다. 사실 이러한 게릴라 전술은 중국 공산당 모택동이 장개석의 국민군을 대항했을 때나 러시아 혁명 시에 레닌이 썼던 투쟁방식을 북한이 그대로 모방한 것이다.

6.25전쟁은 이념적으로는 좌와 우의 이념 갈등의 폭발이었고 현실적으로는 동아시아에서의 세력 쟁취를 위한 소련의 전략이었다. 사실 그들 입장에서 한반도를 자기 예속 하에 두어야 동아시아에서 활동 거점을 확보할 수 있었기 때문이다. 결국 전쟁의 시작은 소련의 지시에 따라 북한이 움직임으로써 촉발된다.

약 3년간에 걸친 처절한 전쟁으로 한반도는 철저히 유린(蹂躪)되었다. 전쟁은 미국과 중국의 참전으로 국제전의 총력전 양상을 띠게 되고 엄청난 피해만 남긴 채 예전 38선이 현재의 휴전선으로 바뀌어 끝난다. 즉 별 득(得)도 없이 그리고 우리와는 상관없이 다시 분단이 결정된 것이다.

국가발전이라는 차원에서 보면 이 전쟁은 인적 물적 피해 말고도 더욱 중요한 의미를 갖는다. 그때까지도 남아있던 조선과 일제 시대의 생각과 관념 그리고 규범까지 밑바닥부터 송두리째 붕괴가 됨으로써 근대 산업국가로 가는 새로운 기틀을 짧은 시간 내에 마련하게 된 것이다.

그러나 정작 문제는 휴전을 통하여 전쟁을 일으켰던 이념 갈등이 고스란히 남게 되었다는 사실이다. 중국이나 베트남처럼 물리적 그리고 이념적 통일을 이루지 못했기 때문에 항일투쟁에서 시작된 좌우의 이념 갈등은 전쟁 후에도 전과 변함없이 그대로 잔존하게 된 것이다. 다만 전후의 대한민국은 아직 정치적으로 성숙하지 못한 탓에 이념보다는 더욱 시급했던 4.19 혁명 그리고 5.16 군사정변 등 극심한 정치적 혼란을 겪게 된다.

5.16 이후 좌우 이념갈등은 다시 표면화된다. 부국(富國)을 표방했던 박정희 정권은 패권국인 미국을 업고 강력한 경제발전계획을 추진하였다. 그러나 급격한 정책 추진과정에서 사회부조리와 불평등이 나타날 수밖에 없었고, 이에 반발하여 일어난 학생운동은 자연스럽게 사회주의 성격을 띨 수밖에 없었다. 이들이 미국 자본주의에 반대하여 반미를 내걸게 되면서 자연히 결이 같은 남한의 사회주의 좌익과 이들 세력의 원류인 북한을 동조하게 된 것이다. 전후 반세기가 흐른 지금까지도 생활 속에 좌파나 친북 종북 등의 용어가 난무하는 것을 보면 우리는 아직도 이념의 충돌 속에 살고 있는 것을 실감한다.

6.25전쟁은 한국 현대사에 있어 근대국가로 가는 시발점이었을 뿐만 아니라 이념 갈등의 폭발이었다. 그러나 그 이념 갈등이 끝나지 않고 현재까지도 정치권에서나 그리고 우리 사이에 잠재하고 있는 것은 불행한 일이다. 그리고 그 갈등이 존재하는 한 6.25 같은 참혹한 전쟁이 언제든 또다시 일어날 수 있는 것이기에, 우리는 민족이 갖는 이념의 간극을 두려워해야만 하는 것이다. 이념이 국가를 앞서기 때문이다.

2020-06-23

법과 권력

21대 국회가 임기 초 제일 먼저 한 일은 법사위를 포함 핵심인 여섯 위원회의 장을 다수당인 민주당 단독으로 선출한 것이다. "이것만은" 하던 통합당 원내대표 주호영 의원은 참다못해 "모든 위원장 직을 다 가져라" 하고 사퇴했다. 어쨌든 이로써 민주당은 행정의 법무부, 사법 최고 판결기관인 대법원 그리고 국회의 법사위까지 모든 법권력을 손안에 쥐었다고 볼 수 있다. 무슨 일인데 민주당은 그토록 법권력에 결사 투쟁하는 것일까.

우리가 법을 두려워하는 것은 법이 우리 삶에서 선과 악의 절대기준이 된다는 것과 그것이 자칫 국가의 운명을 결정지을 수 있다는 것이다. 그러나 더욱 두려운 것은 어느 누군가 이것을 정한다는 데 있다.

법은 상식에 기초한다. 즉 법은 당시의 생각과 풍속 그리고 규범에 기인하는 것이다. 그래서 일단 법으로 정해지면 그것은 이미 공인된 사회적 옳음이고 정의라고 할 수 있다. 그래서 어떠한 법이라도 어기면 범법자이고 소위 악인이 되어 처벌을 받게 된다. 이것이 소위 법치사회이다. 그래서 악법도 법이라는 말이 있는 것이다.

국가의 통치수단은 무력과 법이다. 법은 총칼만 없지 합법적으로 위탁된 국가의 폭력인 셈이다. 그 법이 목적을 갖는다면 즉 소수의 목적을 위해 만들어진다면 그 법은 다수의 사람들 위에 군림하게 된다. 거기에 눈과 귀의 언론을 틀어 쥔다면 그야말로 중세 전제군주 시대로 가는 길이다. 우리가 두려워하는 것은 이렇듯 법이 목적을 가질 때이다. 법을 이용하여 시대를 바꾼 예를 보자.

일본 메이지 유신 시절 서양 근대국가를 따라잡기 위해 국민 개조 전략으로 택한 것은 헌법 창시와 국민 교육이었다. 헌법 창시는 지방 분권의 번(藩) 체제를 없애고 중앙집권의 천황제의 도입을 위한 것이었고, 국민교육은 중앙집권을 위해 국민으로서 봉사할 수 있도록 국민개조가 필요했기 때문이었다. 물론 천황체제를 위한 갖가지 역사 창조와 찬가(讚歌) 등의 선동 도구들이 같이 동원되었다. 이 전략은 주효하여 20세기 초 대규모 국제전이었던 러일 전쟁에서 태평양전쟁까지 국민 징집 등의 국가 총력 체제가 가능했던 것이다.

이러한 국민 개조 작업은 1차 대전 후의 독일에서도 마찬가지였다. 히틀러는 선거를 통하여 정권을 장악하고 곧 총통으로 취임한다. 강력한 민족주의를 내걸고 국민단결을 호소하여 결국 제2차 대전의 파국으로 치닫게 된다. 6백만의 희생자를 낸 유대인 억압 역시 합법적인 법률로서 선포되었고 전쟁 준비도 법률로 정당화되었던 것이다. "아주 평범한 사람들"의 저자 브라우닝은 유대인 처형에 가담한 상당수는 평범한 일반인이었고 아무런 죄책감도 없었다고 실토한다. 이렇게 사람들의 생각을 바꾸기 위해 법 설정과 함께 역사왜곡과 선동을 동원하였던 것이다.

이렇듯 법으로 정하면 구속력이 생기고 여기에 사람들의 행동에 구속이 생기기 마련이다. 그것이 행동 기준이 되는 것이고 옳은 것이기 때문이다. 그러나 사람의 생각이 바뀌지 않으면 저항이 생기고 그 물리적 체제는 오래가지 못한다. 그래서 결국 교육과 선동을 통해서 사람의 생각을 바꾸고 규범화 하는데, 이렇게 하여 그들의 세계관이 변하게 되면 자연스럽게 법에 대한 저항감이 없어지고 이것이 소위 사회 정의가 되는 것이다. 한 걸음 더 나아가서 성역화 작업이 이루어지게 되면 이 이슈에 대해서는 말도 할 수 없고 생각조차 할 수 없는 그 무엇이 형성되어, 드디어 권력의 안정화를 기할 수가 있게 된다.

정의를 자기편으로 바꾸고 정당화하여 절대화하는 것. 그리고 자기와 반(反)하는 것을 사문난적(斯文亂賊)으로 몰아 절단 내는 것은 조선이 500년간 유지될 수 있었던 골격이었다. 지금은 합법적인 법을 통해 자기의 이념을 절대화하는 것이 가능하게 된 것이다. 단지 이념만 주자학에서 사회주의로 교체되었을 따름이다. 이것이 북한의 현재 모습이고 아마 현 정권이 원하는 모습일 것이다.

최근 우리 주위에 일어나는 일련의 사태들 즉 전교조의 좌 편향 교육, 역사 왜곡, 과거사 부정, 사회주의 정책 등 정권의 정당화 작업이 이루어지고 있다. 특히 언론은 갖가지 선동으로 이러한 행동에 정당성을 부여하고 있다. 권력은 이들을 법제화하고 그리고 옳다고 판결함으로써 새로운 그리고 의도된 정의로움을 만들어 낸다. 여기에 다른 생각이 들어올 여지가 있을 수 없다. 국민 개조의 완성은 이렇게 해서 이루어지는 것이다.

법은 사람을 위해 존재한다. 그러나 법이 사람 위에 군림하면 독재로 흐르기 쉽다. 사람들이 법을 두려워해서 따라야 하는 것은 맞지만 목적을 갖고 있는 법은 국가의 운명을 담보할 수 있는 큰 희생이 따르는 법이다.

우리는 두려워해야 한다. 법이 무법이 된 그런 세상 말이다.

2020-06-30

감정과 인공지능

신(神)이 자신을 닮은 인간을 만들었듯 인간의 꿈은 자신을 닮은 그 무엇을 만드는 것이 오랜 숙원이다. 자연을 이해하게 되고 과학기술이 크게 발달하자 이 꿈을 현실화하려는 움직임이 점차 일어나게 된다. 상상 속에 있던 인조인간 프랑켄슈타인이나 인기 로봇 터미네이터를 진짜로 만들려는 것이다. 그러나 이에 앞서 먼저 해야 할 질문은 사람처럼 생각하고 느끼는 기계가 과연 가능한가 하는 것일 것이다.

제2차 세계대전이 한창일 때 천재 수학자 튜링이 "기계는 사람과 같이 생각할 수 있다"라고 말한 이후 수많은 과학자들이 이 환타지를 실현하기 위해 매달렸다. 이것은 가능만 하면 엄청난 돈이 되기 때문이다. 수많은 노동력을 대체할 수 있을 뿐만 아니라 사람보다 훨씬 더 나은 결과를 낼 수 있다고 생각했다. 그러나 이들이 맨 먼저 부딪힌 일이 "생각한다"라는 문제이다. 도대체 기계에 생각을 어떻게 시킬까.

이 고민의 해결방식에 따라 과학자들은 두 진영으로 갈린다. 한쪽은 소위 논리학의 추론 방식을 택했고 다른 쪽은 사람의 뇌세포를 모방하는 쪽을 택했다. 전자는 논리학의 추론 즉 귀납 및 연역을 통해 결과를 얻으려 했으나 문제는 우리 사고가 이렇게 논리적이지 않은 데 있었다.

후자는 뇌세포 하나가 어떻게 작동하는지 모방을 하여 이것을 컴퓨터에 프로그램화 시키려고 했다. 그러나 이 방식의 문제는 사람의 뇌에는 수억의 뇌세포가 있을 뿐 아니라 이들 뇌세포를 움직이는 것이 생물적 전기로서 일반 전기와는 다르다는 것이다. 더욱이 아직도 뇌의 작동 원리는 완전히 밝혀진 바도 없다. 그러나 이 방식이 나름 주효하여 알파고를 앞세운 구글이 바둑이벤트로 엄청난 마케팅 이익을 얻었다.

문제는 이 두 방식의 적용분야가 매우 제한적이라는 것이다. 할 수 없이 과학자들이 이 둘을 붙여도 보고 다른 여러 가지 꼼수(?)를 부려도 보고 했으나 아직 갈 길은 쉽지는 않아 보인다. 그도 그럴 것이 아직 뇌 구조나 그것의 작동원리 모두 장님 코끼리 만지듯 우리가 상상하고 추측할 뿐이다. 쉽게 말해 아직 잘 "모른다"이다. 이러한 한계에도 과학자들은 "인공지능" 이름을 붙이고 기계도 생각할 수 있다고 나름 자위(自慰)하게 이른다.

설령 이렇게 기계가 논리적으로 생각한다 쳐도 사람같이 느끼려면 사람이 갖는 마음, 연민, 사랑 등의 감정을 이해하고 실행할 수 있어야 한다. 이것에 대해 "신경과학과 마음의 세계"에서 노벨상 수상자 제럴드 에델만은 위의 이유로 불가능하다고 선을 그었다. 먼 훗날에 기술적으로 우리 뇌와 같은 계산능력의 컴퓨터를 발명하든가 하면 그때는 가능할지 모른다고 회의적이다.

동서양을 막론하고 철학자들은 인간의 감정과 이성 이 둘의 관계에 대해 숱한 논쟁을 해 왔다. 어쨌든 감정 역시 인간의 중요한 특성인 것만은 확실하다. 이성적 판단 즉 생각이야 언급한 대로 어떻게 기계로 해 볼 수는 있어도 감정은 다르다. 사람마다 다른 특성이 있고 서로 다른 환경에서 성장해 왔기 때문이다. 사람의 감정은 그가 갖는 특질과 주위와의 관계에서 생성되는 것이기에 인위적으로 만들 수는 없는 노릇이다.

예컨대 감정의 한 표현인 양심을 보자. 양심이란 그 당시의 생각과 관념 그리고 도덕 등에 의해 형성되는 것이지 한 번의 컴퓨터 프로그램으로 만들어 낼 수 있는 그런 것이 아니다. 우리는 태어나서부터 다양한 기억을 갖고 타인과 공유한다. 이러한 기억을 바탕으로 교육과 생활 그리고 경험을 통해 인간관계가 형성되는데, 사람은 인간관계를 통해 성장하기 때문이다. 양심도 이런 관계 속에서 만들어지는 것이다. 이것을 인위적인 기계가 어떻게 만들어 낼 수가 있다는 말인가.

그러나 생각하고 느끼는 기계가 가능하다고 양보를 한다 해도 인간관계가 만들어 내는 사회문제는 아직 남아 있다. 대표적인 것이 정의(正義) 혹은 윤리(倫理) 문제이다. 자율자동자가 진행할 때 앞에 유모차가 지나간다면 어떻게 하는 것이 옳은 결정인가. 그대로 가면 유모차를 칠 것이고 옆으로 피하면 운전자가 죽는 경우라면 말이다. 사람에게도 쉽지 않지만 이 결정을 프로그램화해서 기계에 넣어야 하고 누군가 그 일에 책임을 져야 한다면 그것은 쉬운 일은 아니다.

낭만주의자 니체가 뜻하듯, 감정을 잃어버린 인류는 한낱 기계에 불과한 것이고 또한 감정이 없는 기계는 인간처럼 될 수도 없다. 인간은 생각의 이성이나 느끼는 감정 하나만 갖고 존재하는 것이 아니라 이 둘이 합쳐 인간 됨을 이루는 것이다. 감정이 없는 인공지능은 아무리 발전을 한다 해도 결국 시계와 같이 정교한 기계에 지나지 않는다.

그러나 온갖 미디어에는 미래에 인공지능이 사람과의 공존을 넘어 세상을 지배한다는 판타지로 가득하다. 실제로도 인공지능 기술이 산업 전반은 물론이고 우리 생활 속 곳곳에 무섭게 파급되고 있다. 이렇듯 인공지능이 정신적으로 물리적으로 우리 삶을 꼭꼭 에워싸게 되면 그것이 바로 신인 것이다. 사람은 의존이 지나치면 순종과 맹신에 이르기 때문이다.

끊임없이 주위 무언가를 신으로 만들고 판타지를 지어 그것에 노예가 되는 것, 그것이 한없이 약한 인간의 속성이 아닌가 싶다.

2020-07-22

교육과 권력

　권력을 쟁취하거나 유지하기 위해 무력 외에 흔히 쓰는 방식이 교육과 선동이다. 권력은 이 수단들을 통해 권력의 정당성을 가지려 하고 권력의 의지대로 국민과 국가를 움직이려고 한다. 그렇다면 교육이 권력 유지에 그토록 중요한 이유는 무엇인가.

　권위를 잃어버린 권력은 허망하다. 권위는 정치적 정당성에서 나오는데 이러한 정당성은 응당 정당한 절차 그리고 사람들의 생각으로부터 비롯되는 것이다. 아무리 정당한 절차를 거쳐 권력을 잡았다 하더라도 사람들의 동의를 얻지 못하면 그 권력은 권위를 잃기 마련이다. 이때 사람의 동의 즉 생각을 통제하는 것이 바로 교육과 선동이다. 생각의 구조 즉 세계관을 장기간에 걸쳐 바꾸는 것이 교육이라면 짧게 극단적으로 바꾸는 것을 선동이라 한다.

　교육이 사회 전반에 큰 영향력을 발휘하게 된 것은 제도화와 더불어 함께 수반된 대규모화 덕분이다. 먼저 중국 송나라 주자의 예를 보자.

　주자의 위대함은 주자학을 정립한 사상가에 그치지 않고 실천가라는 데 있다. 그는 주자학을 과거시험의 정규과목으로 이를 채택하도록 로비를 했다. 그리고 각 과거시험 준비를 위한 교육기관을 전국에 세우고 커리큘럼을 만든다. 결국 과거시험을 보기 위해 주자학을 배워야 했고 이를 통해 출세한 이들이 같은 세계관을 갖게 됨에 따라 국가의 통치 이념이 되는 것은 당연한 일이다. 자신의 생각을 교육제도 정립을 통해 국가의 기본 통치 이념으로 정립했던 것이다.

　교육의 대규모화 효과는 더욱 크다. 초중고의 국가 공교육이 그런 것이다. 이런 생각이 가능했던 것은 공리주의자 벤담으로, 그는 적은 비용으로 많은 사람을 교육시킬 수 있도록 강의장과 강의 시간표를 설계했고 감옥, 군대, 그리고 병원 등에 같은 개념을 적용하였다. 일본이 명치유신 시대에 도입한 국민학교도 결국 대규모 국민개조를 위한 것이었다. 최근에는 방송이나 인터넷과 같은 첨단 매체의 확산으로 교육과 선동을 보다 효율적으로 진행할 수 있게 되었다.

선동 역시 시대를 바꾼다. 선동은 일찍이 희랍의 민주정에서 시작하는데, 이때가 선동의 무기인 수사학이 한창 발달한 시기이다. 선동의 최근 예로 독일 민족주의를 부르짖은 피이테에서 볼 수가 있고 이는 선동의 대명사인 나치 괴벨스에 와서 정점에 이른다. 이러한 선동 덕분에 제2차 세계대전에서 유대인 600만 명을 비롯 약 6천만이 희생된 것이다. 평범한 국민을 대규모 전쟁터로 그리고 유대인 처형자로 몰고 간 것은 이러한 국가의 조직적인 선동이었다.

우리도 예외는 아니다. 정권마다 역사 교과서가 문제가 되고 있고 역사를 자기 이념에 맞게 재포장하는 작업이 의례히 있어 왔다. 이러한 권력 정당화 작업은 문재인 정권 들어서도 되풀이되고 있는 것이다. 국가건국일도 바꾼다 하고 북한군 수뇌를 유공자에 올리는가 하면 한국전 장군을 국립묘지 안장이 어렵다고 한다. 이승만, 박정희 대통령을 부정하고 6.3 사건, 여순반란 사건을 민주화 운동으로 재포장하고 있다. 그 사실을 겪은 사람도 이젠 희미해지는 지금 자칫 그것이 진실처럼 그리고 그들의 얘기가 우리의 역사처럼 인식되고 있는 것이 우리는 두려운 것이다.

그러나 잘못된 교육과 선동을 판단하려면 무엇보다 사람들이 비판력을 갖추어야 한다. 즉 사안을 보는 균형감각이 필요한 것이다. 그러나 권력이 사람들의 판단력이나 비판 의식을 제도적으로 제거를 하면 의도대로 사람들의 생각과 세계관을 바꿀 수 있게 된다. 즉 권력이 교육과 선동으로 사람들의 생각을 지배할 수 있게 되는 것이다.

문제는 이를 판단할 수 있는 비판적 사고가 주위에 없다는 것이다. 현 교육체제는 대학을 가기 위한 암기 위주가 대부분이고 정답을 갖고 있는 주입식이다 보니 자기 생각이나 비판의식을 가질 수가 없다. 이 상황은 취업준비기관으로 전락한 대학에서도 별로 차이가 없다. 가르치는 사람과 배우는 사람들이 이러한 환경에 있으니 논리적인 비판의식이 쉽지 않은 것이다.

교육은 역사를 만든다. 잘못된 교육은 참혹한 전쟁도 일으킬 수 있고 국가의 운명도 가를 수도 있다. 교육이 정치나 이념에 휘둘리지 않도록 이것을 지킬 수 있는 사람은 바로 교육자이다. 그래서 국가의 미래를 위해서 그리고 민족의 운명을 위해서, 권력에 바로 선 교육자가 그렇게 중요한 것이다. 권력은 교육을 바꿀 수 있지만 권력을 바꿀 수 있는 것도 교육이기 때문이다.

우리는 반드시 기억하고 저항해야만 할 것이다. 생각을 만들어 내고 생각을 지배하는 권력, 이것이 영원한 권력이 될 수 있다는 사실을 말이다.

2020-09-02

어느 유명 정치인의 자살

세간의 단연 톱 뉴스는 대권 유력 주자였던 박원순 전 서울시장의 자살이다. 정말 뜻밖이었고 시간이 지난 지금도 어리둥절하다. 그동안 나왔던 이런 저런 뉴스를 종합하면 두 가지 의문이 남는다. 첫째는 왜 그런 극단적인 선택을 했냐는 것이고 둘째는 고소인 수사가 당일의 짧은 시간에 종결이 되었을 뿐만 아니라 돌아가신 백선엽 장군과는 비교도 안 되게 띄우기를 하냐는 것이다.

선진국과는 달리 대부분 국가에서의 언론은 권력이 국민들이 믿도록 하고 싶은 사항만을 전달하는 것이 일반적이다. 물론 미국 워터게이트 사건처럼 밀착취재 등을 통해 정부의 비리를 밝히는 경우도 있으나 이것은 언론의 자율이 보장된 선진국에 국한된 일이다. 결국 우리 대부분은 이러한 언론에 발표된 것을 전부인 양 이해하고 희노애락을 하는 것이다. 그래서 찌라시나 음모론이 오히려 더욱 그럴듯해 보이는 경우가 왕왕 있다. 결국 우리도 발표된 것만 갖고 추정해 볼 도리밖에 없는 것이다.

아마 고소장이 들어온 날 권력 최상부와 연락이 이루어졌을 것이고 박 전 시장은 원하는 답을 얻지 못하자 심한 자괴감을 느꼈으리라. 평생 공들여 만들어낸 원로 시민 운동가의 이미지가 하루아침에 성추행자로 낙인찍히는 것을 도저히 참을 수가 없었을 것이다. 대권도전이 서울시장 후 유일한 퇴로였는데 이것이 막히면 정치권에서는 가능성이 없을 것을 계산했을 것이고 고심 끝에 목숨과 자신의 이미지를 바꿨던 것이다. 그에게는 그 이미지가 목숨보다 중했던 모양이다. 아니면 수사 도중 더 큰 치욕이 드러날 것을 겁낼 수도 있었을 것이다. 어쨌든 다행인지 자살에 의한 공소무효로 추악한 진실만은 덮을 수 있게 된 것이다.

후자의 경우도 아리송하다. 경찰은 고소장 접수 당일 날 고소인에 대한 수사를 마치고 다음날 박 전 시장을 소환할 예정이었다고 한다. 의문은 왜 그렇게 빨리 고소인 수사를 종결했냐는 것이고 50만에 가까운 반대가 있음에도 불구하고 왜 서울시장(葬)으로 엄청난 돈을 들여야 했냐는 것이다. 권력의 상층부는 어차피 박 전 시장이 진영 내부 정적(政敵)이었던 만큼, 그의 약점이 불거진 이상 안희정 미투 사건과 같이 신속히 제거하고 싶어 했을 것이다. 다만 민주 항쟁이라는 같은 진영의 노선은 훼손하고 싶지 않았던 것이다. 그래서 그의 치부를 가리고 공을 띄움으로써 이런 목적을 달성할 수가 있었다. 어차피 죽은 정적은 띄워도 문제가 되지 않기 때문이다.

일본 사무라이들도 자살을 한다. 그들은 잘못을 인정하고 그 잘못을 속죄하려고 하는 자살이지 박 전 시장처럼 죄가 드러날 것이 두려워하는 자살과는 다르다. 자신의 거짓 이미지를 지키기 위해 죽음을 선택한 것뿐이다. 그러나 본인은 자살로 수사로부터 도망칠 수 있겠지만 피해 여성은 오히려 막막하다. 성추행에 대한 피해자로서 고소를 했으나 보상은 고사하고 앞으로 박 전 시장 지지자로부터 어떤 수모를 겪어야 할지 모른다.

예전 노무현 대통령 시절의 변양균 스캔들이나 요새 홍상수 감독의 스캔들이 주홍글씨 타입의 불륜이었다면 박 전 시장의 경우는 권력에 의한 성 수탈이다. 어쩌면 박 전 시장의 모습이 마치 조선 위안부를 농락하는 일본군과 판박이다. 비서는 상당한 기간 밀착해서 권력자를 보조해야 하는 직무이기 때문에 쉽게 여성이 굴복할 수밖에 없다. 그래서 박 전 시장은 여러 명의 여성 비서와의 관계가 가능했던 것이다. 이러한 관계는 안희정 미투나 오거돈 미투 때와 마찬가지이고 예전 고은 시인의 미투 경우도 마찬가지였다.

박 전 시장은 예전 서울대의 우 조교 성추행 사건을 파헤쳐 결국 상대방에 벌을 지우고 처음으로 성추행범이라는 용어를 만들어 낸 원로 시민 운동가이다. 평생 여성 권익을 위해 살아온 인물이 자신이 만들어 낸 성추행범이라는 덫에 걸려 자살했다는 것은 운명의 아이러니가 아닐 수 없다. 예전 프랑스혁명 때 단두대를 발명한 사람이 결국 그도 단두대에 죽임을 당한 것을 보면 역사는 반복되는 듯하다. 그러나 한국 시민 운동의 한 획을 그었던 중요한 인물이 성추행범으로 자살했다는 것은 안타깝고 국가적으로도 큰 손실이 아닐 수 없다.

시대가 변했다. 어떤 권력이라도 시대의 흐름을 읽지 못하면 그 권위를 잃게 마련이고 권력은 한계에 이른다. 그는 여성 인권운동뿐 아니라 협동조합, 사회적 기업 등 수많은 시민 운동 조직의 모태가 되었던 공이 있으나 결국 대권이라는 권력을 위해 철저하게 조직을 불려 왔던 사회 운동가였다. 그렇게 권력 관리와 자기 이미지 관리에 철저했던 사람이 가장 중요한 자기 관리를 못했던 것이다. 시대변화를 잊을 만큼 권력을 너무 오래 향유한 것이 아닐까 싶다. 오래된 권력은 으레 썩기 마련이다.

그러한 정치 스타의 몰락에 대한 출구는 결국 자살이었다. 자살이 만능인 세상이다.

2020-07-15

인종차별과 계급 차별

코로나 이후 가장 극심했던 시민의 동요는 미국 백인 경찰의 과잉제압에 무고한 흑인이 사망한 사건이었다. 이 사건으로 인종차별에 반발한 흑인 소요는 미국 전역으로 번져 도시 약탈 등 심각한 사태에 이른다. 사실 이번에 표출된 것은 인종차별이었지만 다민족 국가인 미국 내에서 갖가지 차별이 존재하는 것은 공공연한 비밀이다. 그렇다면 의문은 왜 미국과 같은 민주국가에서 차별이 있는 것인가 하는 것이고 왜 인류는 끊임없이 차별을 만들어 내는 것인가 일 것이다.

차별이 없는 세상은 이상(理想)이겠지만 그것이 우리 삶에 뿌리 박혀 있는 것은 현실(現實)이다. 차별이 국민 통합이나 발전을 위해 장애가 되는 것은 상식이지만 우리 사회에서 차별을 없애고 평등한 사회를 이룩하는 것은 어려운 일이다. 차별을 만들어 내는 것이 우리 사회의 본성이기 때문이다.

차별은 계급을 만들고 계급은 기득권을 만들어 낸다. 사실 인종차별은 피부색에서 오는 것이 아니라 계급의 설정에서 비롯되는 것이다. 즉 계급을 분명히 함으로써 하위 계급으로부터 기득권을 얻으려는 것이기 때문이다. 이러한 차별이 크게는 인종 간에 일어나지만 작게는 민족 사이에서 그리고 신분 계급 차이에서 나타나게 된다.

중세까지만 해도 주로 전쟁포로나 적군의 아녀자들을 포획해 노동력 대체 수단으로 이용하였다. 그래서 그들을 하층 노예 계급으로 철저히 사회로부터 격리시켰던 것이다. 그 후 근대 산업혁명으로 대규모 노동력이 필요하게 되자, 값싸게 부릴 수 있는 인종으로 찾아낸 것이 바로 야만과 같았던 유색인종이었다. 그래서 미국조차 아프리카에서 노예로 팔려간 흑인들에 대한 인종차별은 당연하였던 것이다.

조선말 1890년 윤치호 선생은 미국여행 중 일기에서 백인의 민족적, 인종적 편견을 지적하면서 인종차별을 극히 절감했다고 쓰고 있다. 당시 동양인에 대한 백인의 횡포가 얼마나 심했으면 1905년 러일전쟁에서 일본이 러시아에 승리하자 아시아 국가들은 물론 일본과 전쟁했던 중국조차 일본에 큰 자부심을 갖게 된다. 처음으로 야만의 동양인들이 문명의 서양인을 물리친 것이다. 백인이 동양인들에게 이럴진대 흑인에게는 노예 그 이상 아무것도 아니었다.

노예 해방을 표방한 링컨 대통령 이후 루터 킹 목사나 여러 흑인 민권단체에 의해 흑인의 위치는 형식이나마 격상되고 있으나 내면으로는 극우단체인 KKK 단의 존재와 같이 미국 사회 내부에서 아직도 백인 우월주의가 존재하고 있는 것은 사실이다. 그래서 이러한 인종차별적 감정들이 폭동진압과 같은 사태에 있어 무의식중에 과잉진압 등으로 표출되고 있지 않나 싶다.

같은 인종도 민족끼리 차별화하게 마련이다. 예컨대 게르만 민족이 타 민족보다 우월하다는 믿음이나 이스라엘 민족이 선택을 받은 민족이라는 믿음이 바로 그것이다. 이러한 현상이 극심해지게 되면 유대인 학살이나 유고의 코소보사태처럼 타 민족의 청소로 나타난다. 이렇듯 과도한 민족주의는 전쟁의 빌미를 주기도 하지만 자국민을 하나로 묶어 내는 가장 강력한 수단이 되기도 한다.

물론 같은 민족 내에서도 차별이 없는 것이 아니다. 차별은 신분 계급으로 존재하게 된다. 소위 신분제를 만들어 지배층과 피지배층을 제도로써 만들어 사회를 형성하게 된다. 학벌사회, 능력사회 혹은 금권사회 등 수많은 명분을 만들어 신분을 형성하게 되고 이를 계급으로 엮어 권력을 형성하는 것이다. 이것이 극에 달하면 근대 초기 산업혁명에서처럼 약간의 빵을 얻기 위해 열악한 공장에서 숙식하며 일만 하는 어린 노동자들과 같이, 노예와 다름없는 하층 노동자 계급을 형성하게 된다. 이러한 계급사회를 간파한 이가 바로 카를 마르크스이고 행동으로 나선 집단이 바로 공산당이다.

결국 정작 중요한 것은 신분 변화가 유연한 사회 제도이다. 즉 차별의 유무가 중요한 것이 아니라 이 차별을 인정하고 계급에 상관없이 개인의 신분이 노력과 능력에 따라 쉽게 이동하는 사회 시스템이 더욱 중요한 것이다. 신분상의 이점이 없다면 누가 일을 할 것이고 노력을 할 것인가. 피부색이나 민족의 차별이 아니라 능력에서 차별을 두어야 할 것이고 그 차이를 극복할 수 있는 다양한 제도가 마련되면 되는 것이다. 그 차이를 인정하지 않으면 사회는 조금도 진전하지 않기 때문이다. 이것을 미국 경제학자 조지프 슘페터는 혁신이라고 불렀다.

가르고 차별하는 것은 인간의 본성이다. 모든 식민지를 로마의 시민으로 대했던 로마가 오랜 세월 세계를 지배했다는 점에서 우리가 깨닫게 되는 것은, 겉모습에 의한 차별은 국가를 망치지만 개개인의 노력과 능력에 대한 차별은 오히려 사회를 진보시킨다는 사실이다. 그것이 바로 우리가 지향해야 하는 차별 속의 평등 사회이다.

2020-07-29

고객과 대학

"대학의 고객은 누구인가?" 이 질문에 대부분의 학생 답변은 한결같다. 학생이라는 것이다. 그래서 다시 질문을 한다. "그렇다면 대학의 주인은 누구인가?" 그것도 학생이라는 것이다. 과연 그러할까. 사실 이 질문은 매우 중요하다. 일반기업이나 어느 사회조직에서와 마찬가지로 대학의 목표 설정과 전략이 이 질문에서부터 출발하기 때문이다.

대학이 현재의 체계를 갖춘 것은 십자군 전쟁으로 돈이 몰린 이탈리아 베네치아에서 분쟁을 해결할 법률전문가 양성이 필요해서부터이다. 이후 여기에 자연과학이나 철학 등이 합쳐져 현재의 대학 커리큘럼으로 발전하였다. 다시 말하면 사회의 요구가 결국 현재의 대학으로 발전했다는 것이다. 요새 인공지능이 뜨니 각 대학마다 인공지능 학과가 만들어지는 것과 같다.

이렇듯 대학의 역할은 연구로 사회를 이끌거나 교육을 통해서 그 사회가 가능하도록 하는 일이다. 즉 사회의 발전 방향과 해결책을 제시하고 이에 필요한 인재를 배출하는 것이다. 사실 이러한 대학의 역할은 학문의 모든 분야에서 이루어지고 그렇게 발전되어 왔다. 따라서 대학의 고객은 당연히 우리 사회이고 또한 사회를 이루는 기업들이나 사회 조직일 수밖에 없다. 만약 대학의 고객이 학생이라면 학생들의 편익만을 생각할 수밖에 없을 것이고, 힘든 교육과정 대신 쉽고 편한 대학 생활이 사회뿐만 아니라 학생 개인에게조차도 결코 좋은 것만은 아닐 것이다.

최근 이들 대학이 직면하고 있는 문제는 대략 두 가지이다. 첫째는 공급자 위주의 교육산업이 수요자인 고객 중심으로 빠르게 진행하고 있다는 것이고 둘째는 피교육자에 대한 교육 환경 역시 급변하고 있다는 것이다.

예전에 졸업만 하면 바로 취직이 되는 때가 있었다. 웬만한 대학을 나와도 졸업도 하기 전에 직장을 다녔다. 대학도 굳이 교육을 생각할 필요도 없이 학생 정원만 늘리면 되었다. 규모를 키워 놓아야 재정 수입도 올릴 수 있고 큰 대학이 될 수 있기 때문이다. 대학마다 입학 정원 수를 늘리기에 골몰하였고, 공급자 위주의 기업들이 그렇듯 사회변화와는 상관없이 안주하고 있었던 것이다. 그래서 상아탑이라는 말도 얻게 되었다.

그러나 교육산업이 고객 중심의 형태로 급변하였다. 이제는 졸업을 해도 마땅히 기업에 가기도 쉽지 않다. 기업 자동화와 첨단 기술의 발달로 기업이 많은 사람을 필요로 하지 않기 때문이다. 이미 취업시장은 공급과잉이 되어 버린 것이다. 기업들도 예전 기술이 아니라 첨단 정보기술을 겸비한 전문 인력을 필요로 하게 되었고 전과 다른 새로운 능력의 인재를 원하고 있는 것이다. 최근 기업첨단화로 인한 무인(無人) 기업의 확산과 코로나로 인하여 이러한 현상은 앞으로 더욱 가속할 것이다. 다시 말하면 지금의 교육 커리큘럼으로는 고객인 기업과 사회에 큰 도움이 되지 못한다는 것이다.

또한 간과할 수 없는 것이 교육환경의 변화이다. 코로나 이후에 절감하고 있듯이 이제 인터넷을 기반으로 비대면 강의가 일반화되고 있다. 문제는 이것이 일시적 현상이 아니라 얼마나 지속될지 모르고 교육자나 피교육자 양쪽이 이러한 환경에 점차 익숙해지기 시작했다는 것이다. 다시 말하면 인터넷 강의에 대한 거부감이 없어져 오히려 더욱 편리하게 느껴지게 된 것이다. 결국 대학은 어쩔 수 없이 이러한 비대면 강의 환경에 적응할 수밖에 없을 것이다.

인터넷 세상에서 대학의 경쟁 상대는 국내 대학이 아니다. 외국의 유수 대학은 물론 민간 전문교육기관과도 경쟁을 해야 한다. 공간과 시간의 장벽이 없기 때문이다. 따라서 현재의 교육 시스템 갖고는 이러한 변화를 극복하기 어려울 뿐만 아니라 자칫 생존도 위험하다. 이제 변화된 고객과 새로운 환경에 맞추어 대학의 교육방식이나 생존 전략을 다시 정하지 않을 수 없게 된 것이다. 다만 그것을 누가 어떻게 그리고 얼마나 빨리 시도할 것인가 하는 것이 이제 남겨진 대학의 과제이다.

경영학은 말한다. 고객을 잊으면 그 조직은 고객을 잃고 고객을 잃으면 기업은 망한다. 고객을 잊으면 기업은 고객에 군림하려 하고, 자기중심적으로 생각하기 때문이다. 역사를 봐도 한때 성공한 수많은 기업과 국가가 자기도취에 빠져 고객을 잊을 때 쇠퇴하고 사라져 왔다. 현재와 같이 급변하는 세계에서 시대변화를 잊은, 고객을 잊는 기업이나 대학은 결코 살아 남기 어렵기 마련이다.

이제 대학도 기업처럼 새로운 세상에의 준비만이 살길이다. 생존은 주어지는 것이 아니라 얻어지는 것이기 때문이다.

2020-08-11

구도심과 신도시

　며칠 전 오래된 친구가 사진전을 열었다. 인천의 옛 모습을 기록한 것으로 진기한 역사기록물이다. 과거를 접하니 감회가 새로운 반면 이질적인 송도 신도시의 아파트 숲이 떠오른다. 과연 과거를 잊은 신도시가 우리에게 무슨 의미가 있을까 싶다.

　도시는 문화를 담아 내는 그릇이다. 어떤 문화를 갖고 있냐에 따라 그 도시는 색다른 형태와 모습을 갖게 되는데 이 문화를 즐기려고 세계 여러 도시를 여행하게 된다. 그래서 유럽 여러 도시들은 자기들만의 고유 문화를 지키기 위해 엄격한 규제를 만드는 등 많은 노력을 기울이고 있다. 즉 과거를 버리지 않고 과거 속에 새로운 것을 창조하려는 것이다.

　이러한 노력은 새로운 도시를 세울 때도 마찬가지이다. 도시의 건설 방식에는 큰 목표를 세우고 필요한 기능을 설정하여 배치한 다음, 여백에 다양한 시설을 설계하게 된다. 물론 이 목표 설정에는 도시가 담아야 하는 문화 즉 도시 안에 사람들이 어떻게 살아야 하는 것에 대한 고려가 무엇보다 필요하고 이것은 그 도시가 갖고 있는 문화에서 비롯되는 것이다. 이러한 고민이 없다면 도시는 그야말로 특징이 없는 시멘트 더미에 지나지 않게 된다. 소위 베드타운 아니 고급 수용소가 되는 것이다.

　그러나 최근 우리 주위에 이루어지고 있는 구도심 개발과 신도시의 건설에 대해 두 가지 점에서 우려스럽다. 그것은 구도심과 신도시의 아파트 위주의 개발 방식과 두 지역 간의 단절이다.

　국내의 도심개발이나 신도시 건설은 대부분 동일한 개발방식을 답습해왔다. 즉 빠른 시간에 적은 비용으로 주택을 공급하는 것이다. 인천의 구도심도 어김없이 이러한 건설 공식이 그대로 적용된다. 다시 말해 재개발, 재구축 이름 아래 구옥(舊屋)들을 헐어 버리고 그대로 현기증 나는 고층 아파트를 올리는 것이다. 예전 동인천부터 제물포, 주안, 상동, 중동, 구월동 그리고 현재의 송도 신도시에도 마찬가지이다. 지금도 구도심이나 신도시에 가보면 빈 곳이면 어김없이 고층 아파트를 올리는 수많은 크레인을 볼 수 있다.

이렇듯 주택공급을 위주로 하는 도시 건설에는 문화가 끼어들 여지가 없다. 효율성을 우선한다면 주위나 문화와는 상관없이 고층 아파트를 올리는 것이 보다 쉽고 수익성이 높을 것이다. 인천 구도심이나 송도 신도시 역시 이렇게 개발이 되다 보니 이렇다 할 특징도 없을뿐더러 성냥갑의 무미한 아파트 단지로 메워지고 있는 것이다.

사실 이러한 현상은 인천만이 아니다. 우리나라 도시가 모두 같다고 해도 과언이 아니다. 몇 호 안 되는 시골 마을 한가운데에도 어김없이 고층 아파트가 서 있는 것이다. 이러한 아파트 단지가 일견 편리할 수 있을 것 같으나 주위와 전혀 어울리지 않을뿐더러 숨 막히는 삶이 되기 마련이다.

다른 하나는 구도심과 신도시와의 단절을 꼽을 수 있다. 더욱이 불편한 교통과 소득의 차이로 인하여 이 둘의 격차가 계속 커지고 있다. 소득층은 편리한 신도시로 몰릴 것이고 교통의 불편은 서로를 고립되게 한다. 이러한 현상이 인천에서도 점차 나타나고 있다. 도시가 소득 등의 신분계급으로 나뉘게 되면 그 도시는 결국 지역별로 대립될 수밖에 없다.

더욱이 송도의 문화가 구도심의 모습을 어떤 형태로도 담아내고 있지 못하고 있기 때문에 문화적 연결은 고사하고 구도심과 전혀 이질적인 공간이 되고 있는 것이다. 그렇다고 송도 신도시가 나름 문화가 있지도 않다. 다른 신도시와 같이 단지 빼곡한 아파트 군락과 그 속을 비집고 있는 상가일 뿐이다. 이것이 자칫 인천이라는 도시가 역사도 잃고 문화도 잃어버린 정체성 없는 도시가 될까 우려스러운 것이다.

그러나 최근 중구 전동과 싸리재 골목에 옛날 가옥을 중심으로 카페 골목이 형성되고 있고 인천 도크가 시민을 위한 친수공원으로 개발된다고 한다. 과거에 현재를 입히는 현상이 나름 구도심에서 약하게나마 일어나고 있다. 다행한 일이다. 도시는 과거는 과거대로 존재하게 함으로써 사람들이 과거에 대한 편안함을 숨쉴 수 있는 공간, 그런 공간이 필요한 것이다. 그리고 그것을 문화가 살아 있는 도시라고 할 수 있을 것이다.

　　도시를 세우기 위해서는 무엇보다 문화 이해와 창출이 선행되어야 한다. 이것에 대한 고려 없이 높은 빌딩을 올리려는 것은 보기도 좋고 살기도 편할지 몰라도 사람이 사는 모습은 아닐 것이다. 즉 생(生)은 있되 삶은 없는 것이다.

　　신도시는 구도심의 연속이지 별개의 사회가 아니다. 예전 것을 간직하면서 미래를 건설하여야 한다. 미래는 과거의 거울이기 때문이다.

2020-11-27

해방과 구속

8월 15일 광복절은 독립기념일이다. 일본 치세에서 해방된 날 즉 일본이 미국에 항복하던 날을 독립기념일로 기념하고 있다. 마땅히 이날의 의미를 되새겨야 하지만 더욱 우리가 기억해야 할 것은 8월 29일 나라가 망한 국치(國恥)일이 아닌가 싶다. 독립보다 국치가 먼저 있기 때문이다.

해방은 증오의 대상을 남긴다. 해방은 어떤 굴욕이나 치욕에서 해방을 뜻하기 때문이다. 그래서 해방일은 그것을 떠올릴 수밖에 없고 그것에 분노와 증오를 갖게 될 수밖에 없다. 반면 국치의 경우는 반성을 의미한다. 나라를 빼앗겼다면 뺏긴 것에 대해 통렬한 반성을 떠 올릴 것이고 값진 교훈을 얻게 된다. 중국 춘추시대 오나라의 와신상담이 바로 그것이다. 이를 반면교사로 다시 이러한 치욕을 갖지 않도록 눈을 부릅뜰 것이기 때문이다.

우리는 고려 때 몽골 원(元)나라의 치하에서 30년을 속국으로 수많은 우리 백성을 노예로 바쳤다. 원은 자기들 옷을 입게 하고 자기들 언어를 쓰게 하고 자기 나라처럼 행세했다. 백성은 수탈당하는데 조정은 강화에서 팔만대장경 파면서 세월을 보냈다. 이후 조선 인조는 후금(後金)의 황제 홍타이지 다리 밑에 머리를 아홉 번 찧는 수모를 겪은 후 가혹한 청의 지배를 받게 된다. 이때도 많은 백성을 바쳤는데 그때 고향으로 돌아온 여인인 "화냥년"이 이때 나온 말이다. 이 치욕의 공통점은 세상의 흐름을 읽지 못하고 나라를 빼앗겼다는 것이다. 그래도 고려 공민왕은 나름 독립운동을 해서 나라를 되찾았지만 조선은 이때 맺은 청과의 군신관계를 벗어나지 못했다.

조선 말 당시는 망하기 직전이었다. 고종과 민비의 부패와 무능 그리고 당파의 권력투쟁에 매몰된 나라는 이미 거덜 났고, 더욱이 제국시대라는 세상의 흐름을 보지 못하고 주자학의 고루한 세계에 갇혀 있다 결국 일본에 나라를 바친 꼴이 되었다. 외국의 교훈은 고사하고 국내 역사에서도 교훈을 얻지 못한 탓이다. 망한 후에도 변변한 저항이 없었다. 만주의 독립군과 전국적인 3.1운동이 있었다고 하지만 역사 흐름을 바꿀 만한 인물도 힘도 없었던 것이다.

그래서 해방에 대한 우리의 생각은 각별하다. 사실 우리 독립은 미국이 일본에 원자탄으로 항복을 받아낸 결과이기 때문이다. 즉 쟁취한 것이 아니라 어느 날 갑자기 얻어 가진 선물이라는 것이다. 당시 우리는 일본 속국으로서 모든 국내 자원이 일본 태평양 전쟁의 총력전에 동원되었다. 어떤 이는 끌려가고 어떤 이는 자원해서 갔다. 큰돈을 주었기 때문이다. 그러다 해방을 맞았고 이후 거의 70년이 지난 그때의 일이 억울하다고 일본에 배상을 요구하고 분노하고 저주하고 있는 것이다.

사람들은 기억하고 싶은 것만 기억하기 마련이다. 우리가 나라를 일본에 빼앗기지 않았다면 당연히 해방도 없었고 중국처럼 승전국에 서서 일본에 전리품을 요구할 수도 있었을 것이다. 다시 말하면 빼앗긴 것을 기억하고 분노할 것이 아니라 빼앗긴 것에 대해 깊은 반성이 필요하다는 것이다. 그러나 분노가 앞서는 이유는 분노는 쉽고 반성은 괴롭기 때문일 것이다.

과거에의 과도한 집착은 병을 유발한다. 이제 일본 치하를 경험한 사람도 드물어지고 기억도 희미해지고 있다. 그러나 우리는 수시로 다시 끄집어내어 증오하고 분노한다. 사실 어디까지가 진실이고 사실인지도 분명하지 않은 일이 부지기수이다. 세월호 때 수많은 선동가들이 난무한 것처럼 여기 일본 치하의 일에서도 선동가가 가득하다. 며칠 전 불거진 정의연 사태가 바로 그것이다. 그러나 이완용이나 이승만에 대한 인물 평가나 위안부나 정신대 그리고 의용군 등에 대한 사실이 최근에 학자들에 의해 재조명되고 있는 것은 역사를 객관적으로 본다는 점에서 그나마 다행한 일이다.

기념일의 기념이란 의미를 되새기는 일이다. 우리는 해방의 기념에 앞서 치욕일을 기억하고 되새기고 반성하여 또다시 이런 치욕이 일어나지 않도록 뼈 아픈 교훈을 후대에 물려주어야 한다. 일본이 우리에게 한 일에 대한 증오는 교훈이 아니다. 아무리 위안부나 징용군의 억울함을 들추어낸들 이것은 교훈이 되지 못한다. 이것은 일본에 대한 병적 증오와 또 다른 정신적 구속을 낳게 된다.

진정한 국가의 해방은 그들로부터 주권을 인정받고 있음은 물론 정신적으로도 자유로워지는 것이다. 그것은 분노와 증오가 아니라 떳떳하고 당당하게 그들과 마주하는 것일 것이다. 이를 위해서는 왜 우리가 그때 망했는지 철저히 공부하여 이를 후대의 교훈으로 남겨야 한다. 아직도 그들에게 민감하게 반응한다면, 몸은 그들로부터 자유로울지 몰라도 정신적으로는 아직도 그들 속에 갇혀 있는 것이다.

즉 해방이 해방이 아닌 것이다.

2020-08-17

전통과 전통사회

최근 브랜드가 상품과 회사 이름에 붙는가 싶더니 이제는 학교, 아파트 심지어 도시에도 쓰이기 시작하고 있다. 예전에 흔했던 전통이라는 용어는 사라지고 이제는 브랜드라는 용어가 더 많이 쓰이는 듯하다. 그렇다면 의문은 전통과 브랜드는 어떻게 다르고 왜 이것이 필요하냐는 것일 것이다.

전통이란 생각과 행동이 반복되어 관습화되고 이를 발전시키려는 노력의 결과로 형성되는 것을 일컫는다. 서구의 사상사를 말할 때 쓰는 "지적 전통"처럼 말이다. 이러한 전통이 외부로 표출되어 이것을 함축적으로 지칭할 때 브랜드라고 한다. 즉 삼성이나 현대와 같이 기업 브랜드라고 하면 회사의 일하는 방식이나 상품의 질이 일정하여 브랜드만으로도 그 회사 상품의 질을 쉽게 예측할 수 있게 된다. 따라서 전통이란 동태적인 반면 브랜드는 정태적이라 할 수 있다. 많은 경우 전통이란 구식 그리고 브랜드는 신식으로 쉽게 생각하는데 이것은 잘못된 것이다.

전통이 없다면 대상에 기대되는 바도 없을 것이고 특징도 없게 된다. 그것이 도시나 대학이라면 당연히 구성원들의 통일성은 물론 일체감도 없을 것이다. 전통은 사람들의 행태와 규범을 만들고 사회 구성원들의 일체감과 정체성을 만들어 주기 때문이다. 그래서 귀감이 되는 선각자의 박물관이나 동상을 만들어 기억하고 기리는 것이다.

전통은 만드는 것이다. "만들어진 전통"에서 역사학자 에릭 홉스봄은 영국의 유명한 왕실 전통도 19세기에 와서야 만들어졌다고 쓰고 있다. 사실 일본도 서구의 전통을 받아들여 자기 것으로 체화(體化)하고자 하였다. 명치유신 때 모든 의복이나 행사, 노래 그리고 음식까지 선진국인 영국이나 프랑스에서 들여와 자기 것으로 만들었다. 그리고 짧은 시간에 발전할 수 있는 방법으로서 이같이 서구의 전통을 따르는 것이 물질적인 것은 물론 정신적으로도 그들처럼 같아질 수 있다고 믿었던 것이다. 어쨌든 이것이 주효해서 태평양 전쟁을 일으킨 제국으로까지 발전하였다.

전통을 만들려는 노력은 서구에서도 마찬가지이다. 유명한 이탈리아 문호 단테 알리기에리가 지나가다 죽었다는 이유로 그의 무덤을 만들고 자기네 역사적 전통으로 만들려는 라벤나라는 작은 마을이 있다. 반세기가 지난 지금까지도 그의 시신의 반환을 두고 고향 피렌체와 갈등하고 있다고 한다. 아마 도시 마케팅도 있지만 그의 사상을 도시의 전통으로 만들려는 노력이 있었던 것이다. 인천시도 김구 동상을 만들어 그의 생각과 업적을 기리려 하는 것도 마찬가지 이유이다.

조선에도 전통이 있었다. 중국 송대로부터 유학의 전통을 들여왔지만 이것이 도가 지나쳐 조선 사회의 치명적인 퇴보를 가져왔지만 말이다. 유학적 전통은 일본 통치시대와 6.25전쟁을 거치면서 완전히 무너졌고 이제는 단지 몇몇 서생들이 간직하고 있을 뿐이다. 그래서 500년간 이어진 중국의 유학 전통은 우리 것이 되지 못하고 화석으로 남아 있을 뿐이다.

개항 당시의 인천은 세계 문화를 접목할 수 있는 용광로였다. 자유공원과 개항장 거리가 바로 그런 곳이었다. 전후에도 이러한 전통이 이어져 당시 희귀했던 재즈바도 있었고 소극장도 곳곳에 있었다. 나름 세계 문화를 먼저 접하고 수용할 수 있다는 전통의 거리였던 곳이 지금은 그 문화가 서울로 떠나고 빈 공간을 주점으로 채우고 있다.

전통의 부재는 한국과 인천시만이 아니다. 소위 인천의 대표적 집단인 지역대학들이나 미래도시라고 자칭하는 송도신도시 역시 마찬가지이다. 사실 이들이 갖고 있는 전통이 무엇인가 하는 질문에 마땅히 대답이 떠오르지 않는다. 설령 이들이 무엇인가 내세우고 있다고 하더라도 이를 위해 무엇을 하고 있는

지 막연할 뿐이다. 실로 전통이 없는 것이 전통이 된 사회이다.

전통이 있다면 이를 보존하고 발전시켜야 할 것이고 없다면 새롭게 만들어야 한다. 발전을 위해서는 모든 구성원들의 생각과 행동 기준 즉 전통이 필연적이기 때문이다. 이러한 전통을 세우기 위해서는 어떤 전통을 만들고 발전시킬지에 대한 생각이 선행되어야 할 것이다.

그리고 그 전통을 정착시키기 위해서는 많은 노력과 과감한 혁신 역시 필요하다. 도시도 그렇고 대학을 포함한 모든 사회 조직도 그렇다. 예전 고려대학이 과거의 막걸리 전통을 국제화로 바꾸기 위해 실로 막대한 예산을 들였다. 그러한 전통 구축의 이면에는 대학 구성원들의 뼈를 깎는 노력이 있었음은 물론이다. 일개 대학도 이럴진대 규모가 큰 도시의 경우는 더욱 어렵기 마련이다.

이렇듯 세계적 도시나 대학으로 거듭나기 위해서는 건물만 높일 것이 아니라 먼저 전통을 세우고 지켜야만 한다. 전통은 지키고 남겨야 할 유일한 정신적 유산이기 때문이다.

2020-09-09

인천상륙작전과 한미 동맹

매년 9월 15일은 인천상륙작전의 기념일이다. 이날은 우리에게는 특히 각별하다. 이날의 작전이 낙동강까지 밀려 내려갔던 한국 전쟁의 전세를 일거에 돌려 놓는 계기가 되었을 뿐만 아니라 어쩌면 한반도 통일도 가능했기 때문이다. 지금 한국전쟁을 겪은 세대도 희미해지는 지금 그때 작전의 의미를 되살려 보고 이날을 어떻게 기념해야 하는지 살펴보는 것은 큰 의미가 있다.

상륙작전의 목적은 적의 보급로 차단과 적지 깊숙한 곳에 공격을 위한 교두보 확보를 위한 것이다. 이러한 상륙작전의 성공은 정확한 정보와 물량의 규모 그리고 하늘의 운(運)에 달려 있다. 제1차 세계대전 시 영국 연합군은 터키 갈리폴리에 상륙작전을 펼치지만 잘못된 정보로 전함 3척을 잃고 엉뚱한 곳에 상륙을 하게 된다. 결국 30만 명의 사상자를 내고 철수할 수밖에 없었는데 상륙작전을 지휘한 윈스턴 처칠은 20년 후 제2차 세계대전이 될 때까지 큰 부담을 안게 된다.

운도 상륙작전 성공에 큰 요인이 된다. 1274년 1281년 두 차례에 걸쳐 원나라가 고려 수군을 동원하여 일본을 침공할 때 태풍으로 일본 앞바다에서 함대가 상륙도 못하고 수장된다. 약 600년 후 러일전쟁 때도 마찬가지였다. 1905년 러시아의 발트함대는 장기간 항해에 지쳐 괴멸한다. 일본은 원에 대한 승리가 신(神)이 도왔다고 해서 신풍이라고 하지만 정보도 없고 운도 없어 결국 상륙작전에 실패하게 된 것이다.

그러나 가장 어려운 것은 막대한 물량이 필요하다는 것 그리고 최악의 조건을 감당해야 한다는 것이다. 상대방은 진지 구축 등 충분한 준비를 갖춘 상태이기 때문에 적은 군사력으로 대응할 수 있지만 상륙하는 쪽은 많은 물량 공세로 비교우위를 가져야 하기 때문에 큰 피해를 감수할 수밖에 없다. 따라서 상륙작전은 결정적이지 않으면 쉽게 결정할 수 있는 사안이 아니다.

사실 성공한 상륙작전으로 기억되고 있는 2차 대전의 프랑스 노르망디 상륙작전이나 여러 태평양 섬에 대한 상륙작전에서도 미국 연합군의 많은 손실과 위험을 감수한 결과로 성취한 것이고 인천 상륙작전 역시 큰 위험을 각오했던 것이다.

당시 김일성은 보급의 한계로 빠른 시일 내에 부산까지 밀어 버리려 했다. 다행히 부산 다부동전투에서 백선엽 장군이 버틴 덕분에 상륙작전에 능숙한 맥아더는 상륙작전을 생각했고 조수간만의 차가 크다는 상륙작전의 악조건에서도 성공을 하였다.

이 작전으로 공산군은 보급로가 차단되어 전세가 역전된다. 결국 한국전의 승리는 백선엽 장군의 낙동강 수성과 맥아더의 상륙작전에 의한 것이라고 할 수 있을 것이다. 그때 만약 낙동강 전선이 무너졌다면 상륙작전은 시도조차 못했을 것이고, 상륙작전이 없었다면 전세의 만회는 쉽지 않았을 것이다. 전쟁의 끝 무렵 국가 생존을 위해 미국의 필요성을 절감한 이승만 대통령은 한미 동맹을 맺게 된다.

동맹이란 한쪽이 침략을 당하면 함께 싸우는 것을 말한다. 역사를 살펴보면 외부로부터 도움을 받게 되면 도움이 끝나도 결국 지원국의 간섭을 받게 된다. 예전의 신라가 당나라의 도움을 받아 삼국통일을 이루고 당의 통제를 받았고 임진왜란 때는 명의 도움을 받아 군신관계를 맺게 되었던 것이다. 이러한 관계는 고금 도서를 막론하고 거의 대동 소이하다. 그러나 근대 이후에 국가가 성립하고 나서 국가 간의 동맹관계는 한쪽이 피해를 보면 같이 응징을 하는 협력국으로 변한다. 이러한 동맹 관계로 인하여 1차 대전과 2차 대전처럼 국가 간의 전쟁이 세계 전쟁으로 확전이 된 것이다. 따라서 동맹의 관계는 국가 안보를 위해서 무엇보다 중요한 국가 간의 약속이다. 최근 우리 정부가 한미 동맹관계를 새롭게 정의하는 데 있어 미국 정부는 크게 우려하고 있는 것이다.

우리는 미국의 참전으로 인해 공산 침략으로부터 국가를 지켜 낼 수 있었고 미국의 안보체제 내에서 현재와 같은 번영을 구가하고 있다. 만약 미국의 도움이 없었다면 해방은 물론 민주화나 현재와 같은 경제 대국은 꿈도 꾸지 못했을 것이다.

기념은 기념식으로 끝나는 것이 아니다. 이제 인천 상륙작전의 날을 빌어 우리는 왜 다시 외세 즉 미국의 힘을 빌려 나라를 지켜야만 했는지 그리고 동맹의 의미가 무엇인지를 다시 한번 되짚어 봐야 한다. 이렇게 할 때만이 기념식은 진정한 의미를 갖게 되는 것이다.

더욱이 조촐한 기념식으로 대신할 것이 아니라 UN군이 참전하고 또한 한국전쟁의 큰 전환점이 된 만큼 인천시의 행사가 아니라 세계적인 축제의 날로 기념해야 할 필요가 있다. 그래서 참전했던 군함과 비행기를 전시하고 국제 세미나와 같은 국제적인 행사를 통하여 우리 후대 세대와 참전국 모두가 같은 동맹국으로서 그때의 전쟁에 대한 경각심을 가져야 할 것이다.

우리는 다시금 자각해야 한다. 인천상륙작전을 성공적으로 수행해서 옳은 것이 아니라 한반도에서 작전 자체가 없도록 그리고 전쟁 자체가 일어나지 않도록 자각하고 힘을 기르고 행동하는 것이 옳은 것이다. 전쟁은 결코 선(善)이 될 수 없기 때문이다.

2020-09-14

스마트 개항장거리에 거는 기대

　지난 9월 15일 인천시에는 큰 경사가 있었다. 그것은 정부의 "스마트 관광도시 시범사업"으로서 속초시 그리고 수원시와 경합을 벌인 끝에 인천시의 개항장 거리가 선정된 것이다. 총 88억 원의 대규모 사업으로 코로나로 인해 가뜩이나 위축된 인천 관광산업에 큰 계기를 만들었다. 그렇다면 이러한 사업의 의미와 중요성 그리고 성공적 수행을 위해 무엇이 필요한지를 살펴보는 것이 순서일 것이다.

　관광산업은 세 단계로 이루어져 있다. 관광객 유치단계와 도착해서부터 이루어지는 편의 서비스 단계 그리고 떠난 이후 사후 관리 단계이다. 스마트 관광이란 정보기술을 각각의 단계에 접목하는 단계를 벗어나 이 세 단계를 통합해서 각각의 관광객을 상대로 일련의 통합서비스를 제공하는 것을 말한다. 예컨대 소위 빅데이터 기술을 이용하여 새로운 관광 상품을 개발하거나 고객의 선호에 맞도록 다양한 동선을 설계하여 고객을 유인하는 것이 초기의 단계이다.

　물론 관광객이 공항에 도착해서 떠날 때까지 각종 편리함과 만족감을 줄 수 있도록 정보기술을 활용할 수 있다. 간편 예약과 전자 결제 그리고 정확하고 접근하기 쉬운 정보 서비스 등이 중간 단계라면 고객이 그 감동을 잊지 않고 다시 찾아올 수 있도록 하는 것이 마지막 단계라고 할 수 있다. 이것이 하나의 사이클로 물 흐르듯이(seamless) 완결이 되어야 스마트 관광의 서비스가 통합되는 것이고 또한 능동적인 관광산업이 되는 것이다.

　이번 사업의 큰 의의는 이러한 첨단 기술을 인천시의 역사적 관광자원과 접목하였다는 데 있다. 개항장거리는 20세기 초반에 인천이 국내 처음 개방된 이래 세계의 모든 문화와 문물이 융합된 거리였다. 현재 자유공원의 자리에는 만국공원이 있었고 여기에 청나라, 일본 그리고 러시아의 주민들과 외교 관청들이 함께 마주하던 곳이었다. 여기에 개항장 거리는 가장 번화한 시장통으로 외국의 선원, 외교관, 그리고 상인들이 함께 모여 만든 세계 문화의 용광로였던 곳이었다.

일본 치하와 한국전쟁을 겪은 후에도 인천은 수출입의 주요 통로였기 때문에 외국 문화를 접할 수 있는 유일한 통로였고 그 핵심이 바로 개항장 거리였다. 그러나 사람들의 왕래가 항공사로 바뀌고 화물의 주요 선적항이 부산으로 이동함으로써 인천 항구는 크게 위축된다. 단지 인천이 수출입 기지로서 공장으로 메워졌기 때문에 개항장 거리는 문화의 축적 및 생산이기보다는 지역민을 대상으로 한 식당가로 변하게 된다.

특히 경제권이 서울로 집중되면서 인천에서 명맥을 이어온 각종 문화 시설 즉 소극장과 재즈바 그리고 고급 음식점 등이 서울로 빠져나가게 되자 인천 개항장은 크게 위축된다. 특히 인천의 도시개발이 동인천에서 주안, 중동 그리고 구월동으로 이동 확산되고 최근에는 송도 신도시가 생김으로써 이러한 시설들의 이탈은 더욱 심각한 상태에 이른다.

따라서 이번 "스마트 관광도시 시범사업"의 선정으로 월미도, 북성동 차이나타운, 신포동 개항장 거리 그리고 싸리재 카페거리와 배다리의 헌책방거리에 이르는 관광 벨트를 다시 정보기술로 재생시키는 것으로써 인천의 과거를 현재의 편리함과 안락함을 통해 즐기고 경험할 수 있게 되는 것이다.

관광벨트가 활성화되고 인천의 향후 먹거리가 되기 위해서 몇 가지 우리는 명심할 필요가 있다. 이제 관광의 추세는 있는 것을 보여주는 것이 아니라 소비자가 원하는 것을 주는 시대이다. 이를 실현하기 위해서 무엇보다 이 벨트에 더 많은 내용물을 담아야 한다. 개항장 거리를 보기 위해서 오는 것이 아니라 다른 핵심 어트랙션을 보기 위해 와서 개항장 거리에 머물도록 해야 한다. 만약 개항장 거리 자체가 주가 되면 오히려 개항장 거리의 발전을 기대하기 어렵다. 그래서 시와 관광산업 핵심기관인 인천관광공사는 더 많은 볼거리와 즐길 거리, 그리고 체험할 거리를 만들어 내는데 더욱 총력을 기울여야 한다. 이러한 콘텐츠가 탄탄하면 말려도 민간에서 달려들게 되어 있다. 정보기술은 관광 보조물이지 결코 관광 주체가 아니다.

다른 하나는 이런 관광산업이 산업 유발효과가 매우 크다는 것이다. 스마트 관광산업을 발전시키기 위해서 스마트 관광을 위한 전문가 양성도 필요할 것이고 요식업, 은행, 물류, 숙박 등 파급효과가 상상을 초월한다. 그래서 관광산업을 중심으로 산업 생태계를 이루어 기존의 산업들과 수직, 수평의 발전적 연결고리를 갖게 되면 침체되어 있는 인천 산업 전반이 함께 활기를 찾을 수 있게 된다. 그래서 사업 수행 시 지역산업과의 연계를 같이 고려할 필요가 있다.

이번 스마트 개항장 거리의 선정은 인천 관광 사업의 큰 틀과 방향성을 제시한 것이다. 이번 사업선정을 통하여 인천의 관광벨트를 영종의 복합 리조트와 송도 신도시를 함께 연계하여 인천의 새로운 관광비전을 창출하여야만 한다. 이번 기회를 놓치면 어쩌면 인천은 경쟁력 없는 굴뚝 산업에 함몰될 가능성 역시 있다.

이제 미래의 인천 관광산업을 세우기 위해 다 함께 힘을 모을 때다.

2020-09-23

마스크 사회

　코로나 사태 이후 우리 생활의 가장 직접적인 변화 중의 하나는 이미 필수품이 된 마스크 쓰기이다. 어쩌다 마스크 없는 사람을 만나게 되면 먼저 경계하고 피하게 될 정도이다. 그러나 마스크가 안면 대부분을 가리다 보니 짙은 선글라스와 함께 쓰면 거의 가면(假面)과 같이 정말 알아보기 힘들다. 코로나 백신도 가까운 시일 내에 어렵다고 하는데 마스크가 일상화된 미래를 생각해보는 것도 나름 의미가 있다. 그렇다면 마스크를 쓰고 있는 사람들의 행태와 이들에 의한 사회 변화를 살펴보는 것이 순서일 것이다.

　현재 마스크는 방역을 위해 쓰고 있지만 마스크 즉 가면을 쓰는 원래의 목적은 크게 두 가지이다. 가면이 나타내는 상징과 자신을 동일시하려고 하는 경우와 아니면 상징을 앞세우고 자신은 숨기 위한 경우이다. 전자는 가면을 쓰고 하는 중국 경극이나 우리나라의 탈춤이 그런 경우가 될 것이고 후자의 경우는 신분이 노출되는 것을 꺼리는 범죄 행위에 해당한다. 문제는 이 후자의 경우이다.

　사실 가면의 특징은 사람들의 행동을 변화시킨다는 데 있다. 예컨대 가면을 쓰게 되면 절제되지 못한 행동을 하기 쉽다는 것이다. 자신의 신분이 감추어지면 이성적인 행동보다는 본능이나 감정에 따라 함부로 행동을 하기 쉽기 때문이다. 그래서 으슥한 골목에는 어김없이 방범 카메라를 설치하는 것이다.

　또 다른 가면의 특징은 공격적이고 폭력적이 된다는 것이다. 상대방이 알 수가 없기 때문에 대담한 행동을 할 수 있고 남의 공격에 쉽게 편승하기 쉽다. 몇 달 전 대한항공 시위대가 근대 영국 혁명가 가이 포크스 얼굴을 뜬 가면을 쓰고 시위를 했고 홍콩의 시위대 역시 우산을 쓰고 정부와 맞섰다. 우리나라 봉산 탈춤에서 마당쇠가 양반에게 강한 욕설을 할 수 있었던 것도 가면 덕분이다.

이렇듯 자신을 숨기는 일이 극한에 이르면 자기 기만에 빠질 수 있다. "우리는 왜 자신을 속이도록 진화했을까?"를 쓴 진화 생물학자 로버트 트리버스는 우리는 남을 잘 속이도록 하기 위해 자신을 먼저 속인다고 한다. 이처럼 자기를 감추는 사람들은 결국 이중적 그리고 다중적 삶을 살 수밖에 없는 것이다. 이들은 무엇이 옳고 그름에 대한 판단보다는 주로 자기 이익에 근거해서 판단하고 행동한다.

한편 코로나 사태는 다양한 사회적 변화를 야기한다. 예컨대 일부가 마스크를 쓰는 경우는 쉽게 그들의 행동을 예측할 수 있지만 인류 모두가 마스크를 써야만 한다면 상황은 사뭇 다르다. 서로 상대방을 알아볼 수 없는 세상이 되어 인간적 신뢰가 사라질 것이고 이들에 의한 집단적인 이기적 행동은 쉽게 확산되기 마련이다.

더욱 두려운 것은 코로나로 응축된 사회는 필경 탈출구를 찾게 된다는 것이다. 언제 감염될지 모른다는 코로나의 심리적 공포 그리고 갇힌 생활 그리고 단절된 인간 관계로 인한 코로나 증후군은 사람으로 하여금 새로운 탈출구를 찾게 할 공산이 크다. 이러한 탈출구는 작게는 작은 폭력이 될 수 있고 커지면 미국 등지에서 볼 수 있듯 폭동 시위 그리고 더욱 커지면 국가 전쟁까지도 발전할 가능성이 있다.

이러한 사람들의 행태와 코로나로 인한 사회적 현상이 결합된다면 그 사회는 그야말로 혼돈 그 자체이다. 옳고 그른 것을 판단할 기준도 없고 권위와 책임도 무너지게 될 것이고 또한 남에게 대한 무차별적 공격이 사회에 대한 자기 배출의 방법이 될 수 있다. 결국 신뢰를 잃고 인간 관계가 파괴되는 그러한 사회가 되는 것이다.

이런 혼돈의 사회를 1600년경 영국의 근대 철학자 토마스 홉스는 경고했고 그는 혼돈을 통제할 강력한 통치기구 즉 정부를 주장했다. 결국 마스크 사회는 지금보다 더욱 강력한 정부를 요구하게 될 것이고 이는 철저한 독재로 가는 명분이 된다.

마스크 시대에는 무엇보다도 신뢰의 극복과 가치관의 확립이 필요하다. 코로나가 박멸되지 않은 이상 가면과 같은 마스크를 벗을 수는 없을지라도 이전에 누렸던 인간적인 삶을 버릴 수는 없는 노릇이다. 인간관계가 서로의 신뢰에서 만들어진다면 상호 공감과 이해가 선행되어야 하는데 이를 위해서는 상대방 실체에 대한 확신이 우선되어야 한다. 따라서 신뢰를 얻기 위해서 자기를 알릴 수 있는 새로운 방법을 찾아야 할 것이다.

마스크 사회를 살아가는 기본적 규범 역시 새로 세워야 한다. 이제까지 꺼려왔던 마스크가 이제는 필수품이 되었듯이 새로운 가치관이 필요한 때이다. 단순히 모든 것을 코로나 탓으로 돌리려 한다면 역사는 우리가 원하지 않는 방향으로 흘러갈 뿐이다.

춘추전국시대의 혼탁한 시대를 극복하기 위해 내면의 수련과 사람들의 신뢰를 강조한 공자의 말씀이 마스크 시대에 다시금 절실하다.

2020-10-13

사라지는 인천의 옛 기억들

"인천에 대해 기억나는 것이 있어요?" 며칠 전 지역 지인들과의 모임에서 불쑥 나온 말이다. 사실 무엇을 기억하고 있냐에 따라 그 사람의 과거와 함께 됨됨이를 짐작할 수가 있다.

이를테면 "똥고개, 개건너, 똥마장, 화장터, 수도국산"을 알고 있다면 나이 지긋한 인천 토박이일 것이고 "시맨스 클럽, 로젠켈러, 화백, 국일관"을 떠올릴 수 있다면 놀았던 사람이고, "엘로우, 학익동"에 친숙하다면 좀 세게 놀았다고 봐도 무방하다. 지금은 대부분 사라진 지명이나 상호들이고 지역 토박이 노인층이 아니면 모를 생소한 이름들이다. 문제는 이러한 기억도 그리고 기억을 하는 사람도 이제 얼마 남지 않았다는 것이다.

기억들을 여러 사람들이 공유하고 생활화가 되고 있다면 문화가 되고 이것이 쌓이면 역사가 된다. 또한 많은 사람들이 기억하고 따르고 발전시키고자 한다면 전통이 되는 것이다. 따라서 지역 전통과 역사라는 것의 출발은 바로 이러한 사람들이 갖는 작은 기억에서부터 시작한다. 우리 고유의 전통과 문화에 대한 중요성을 이해한다면 기억은 매우 소중하다 할 수밖에 없다.

기억의 특성은 휘발성이 있다는 것이고 사람의 생물적 한계를 넘지 못하다는 것이다. 결국 이러한 기억들을 기록하고 형상화하여 보관하지 않으면 흔적도 없이 사라지게 된다.

사실 사소한 것일지라도 기록의 중요성은 아무리 강조해도 지나치지 않다. 신(神)이 지배하던 16세기 중세 시절 우주관에 대해 처음 토를 단 것은 시골 방앗간 주인이었다. "치즈와 구더기"라는 책에서 소개된 그의 세계관에 따르면 세상은 치즈와 같아서 어느 날 구더기가 생기게 되고 그 중 활발한 것이 신이 되었다는 것이다. 서슬이 시퍼런 그때 말은 고사하고 상상조차 못할 일이었다. 어쨌든 그는 화형을 당하지만 그것을 기록한 덕분에 그때의 일반 사람들의 생각과 행태를 관찰할 수 있게 된다.

이렇듯 사소한 기억들이 사료로서 값진 자산이 되기 위해서는 몇 단계의 일반적 과정을 거쳐야 한다. 그중 첫 단계가 다양한 기억 즉 사료들을 수집해서 기록하고 체계화 시켜야 하는 일이다. 사실 이러한 노력이 인천 내 민관 각 분야에서 진행되어 왔다.

예컨대 지역의 사진작가들의 인천 기록 남기기 노력을 통해 인천의 모습을 영상으로 남기려는 것이나 창영동 헌책방 골목의 문화운동처럼 예전의 기억을 이어 가려는 것이 바로 그것이다. 이외에도 다양한 박물관 즉 이민사 박물관, 수도국산 달동네 박물관, 짜장면 박물관 등이 지역 곳곳에 산재해 있어 나름 인천의 개개의 역사적 사료를 보유하고 있는 셈이다.

산재된 사료들을 체계적으로 모으고 기록하고 관리하는 곳이 바로 "인천역사자료관"이다. 즉 지역에서 일어났던 그리고 일어나고 있는 각종 사건과 일상적 기억을 담아 체계화하고 기록으로 남기는 일이다. 이러한 역할이 없다면 발현된 기억이나 사실들이 그대로 증발해 버리거나 무의미하게 방치되어 가치를 잃어버리게 된다.

체계화된 자료는 학문적 분석을 통해 역사 속으로 편입시키는 과정을 거친다. 지역 내의 사건 및 사실을 분류하고 분석하여 학술적 이론으로 만드는 작업을 하는 곳이 "인천학연구소"이다. 이렇게 하여 인천의 사소한 일상적 기억이 소멸되지 않고 인천의 역사로 다시 살아나게 되는 것이다. 여기에서부터 우리는 인천의 정체성과 전통 그리고 미래를 생각할 수 있게 된다. 즉 이들 기관들에 의해 사건 및 사실의 발굴, 기록 및 분석 등 일련의 과정을 통해야 인천의 과거와 미래가 존재하는 것이다.

물론 더욱 중요한 일은 만들어진 구조물을 갖고 어떻게 활용을 해야 하는 일일 것이다. 인천의 전통과 역사를 만들어 후대를 교육시키고 시민의 자긍심을 높이는 것뿐만 아니라, 최근 문화 콘텐츠로 각광받고 있는 스토리텔링의 소재로 제공하는 것도 중요한 일례이다. 이는 드라마나 영화와 소설에 대한 재료가 될 수 있을 것이고 각종 관광자원으로도 활용할 수 있다.

그러나 최근 들어 중추적 기관인 관이 일관된 모습을 보여주고 있지 않는 듯하다. 그동안 송학동 예전 시장관사에 있던 "인천역사자료관"이 폐쇄 운운하다 결국 신흥동 골목길에 있는 부윤관사로 이전한다고 한다. 그리고 예전 자리에는 개방형 문화공간으로 활용할 예정이라고 하니 그나마 실낱같던 인천의 역사 기록에 대한 노력들이 쇠락할까 걱정이 앞선다.

인천이 국제적인 도시로서 거듭나기 위해서는 과거의 기억이 보존되어야 하고 기억되어야만 한다. 이러한 노력이 없이는 도시는 외형적으로 커질 수는 있지만 도시의 정체성도 특징도 없는 주위에 판박이 신도시와 별로 다를 게 없게 된다. 이렇듯 우리의 기억과 기록이 후대에 남길 무형의 자산이자 바로 우리만의 유일한 문화인 것이다.

2020-11-03

대학 중심 지역 발전론

코로나 방역을 위한 비대면 정책이 장기화됨에 따라 나타난 변화는 국가경제의 침체와 대학의 해체라고 할 수 있다. 전자는 글로벌 공급망이 닫혀 공장들이 멈추어 섰기 때문이고 후자는 정착된 비대면 교육 때문이다. 특히 인천과 같이 중소 제조산업에 특화된 도시의 경우 그 타격은 더욱 심하다. 그렇다면 이 어려운 시기에 인천시와 대학이 도시 인천을 살릴 수 있는 대안을 찾는 것이 무엇보다 중요한 일일 것이다. 주지하다시피 답이 쉽지 않을 때는 기본부터 시작하는 것이 원칙이다.

도시는 경제와 문화를 담는 그릇이다. 어떤 이유로 경제가 활성화되어 사람들이 모이게 되면 문화를 형성하게 되는데 이때 이를 담아 내는 구조물이 바로 도시인 것이다. 중세 이탈리아 피렌체가 십자군 전쟁으로 막대한 부를 얻은 뒤 르네상스 문화의 기초를 닦았고 실크로드의 번영으로 경제력을 갖춘 바그다드가 이슬람 문화를 꽃피웠던 것이다. 현재 세계 경제의 중심인 미국 뉴욕 또한 세계 문화의 중심인 것도 같은 이치이다. 즉 도시 발전은 경제 활성화와 함께 문화가 같이 어우러진다는 것이다.

도시의 부(富)는 대체로 환경적 요인에 의해 결정된다. 예컨대 위치가 국가 간 무역 중심에 있거나 주위에 많은 자원이 있거나 하는 경우이다. 그러나 첨단기술시대가 열리면서 기술 산업이 도시 경제활성화에 대한 중요 요인으로 부각되고 있다. 몇 달 전 미국 구글이 회사 부지를 제공받기 위해 각 도시로부터 제안을 받은 적이 있었다. 뉴욕 등 각 대도시들이 큰 혜택을 약속하였는데 이것은 유치만 하면 고용확충 등 경제활성화에 큰 모멘텀이 되기 때문이다. 아일랜드가 파산 지경에 이르렀다가 핀테크(Fintech) 산업을 통해 다시 경쟁력을 회복한 사실을 봐도 기술 산업의 중요성을 짐작할 수 있다.

경제가 일어나면 이 여파는 당연히 문화 산업 활성화로 이어진다. 중세 시대 이탈리아 피렌체 부호의 지원이나 미국 기업들의 지원 없이는 과거 피렌체나 뉴욕이 현재와 같은 그러한 문화 유산을 만들어 낼 수는 없었을 것이다. 그래서 지역의 문화산업은 지역 경제와 분리해서 생각할 수 없는 것이고, 결국 경제와 문화 이 두 요소가 도시의 경쟁력을 결정하게 되는 것이다.

도시 발전을 위해 경제와 문화 즉 기술과 문화가 필요하다면 누가 기술을 창출하고 문화 공급을 주도할 수 있는가. 그것은 다름 아닌 지역대학일 수밖에 없다.

대학의 기본 역할은 연구와 교육이다. 즉 기술을 창출하기 위한 교수진을 갖추고 기술 수요자인 기업들이 효율적으로 움직일 수 있도록 기술 인력을 공급하는 것이다. 대학의 기술연구와 기술인력의 원활한 공급은 첨단 기업 유치의 필수 요건이 된다. 미국 실리콘 밸리처럼 스탠퍼드 대학 주위로 첨단 기업들이 몰리는 것이다. 송도경제특구 역시 기획 초기에 가장 심혈을 기울였던 첨단 기업유치를 위한 방안이 세계적 명문대 유치였던 것도 같은 이유이다.

지역의 문화 형성과 소비에서도 대학의 연구와 교육기능은 필수적이다. 도시문화는 대학의 인문계와 예술계의 문화 관련 전문가들에 의해 방향성이 제시되고 문화 인력을 양성함으로써 활성화되는 것이다.

코로나 사회에도 도시와 대학의 이러한 기본적 속성은 크게 달라지지는 않겠지만 정보기술에 더욱 의존적이 될 것은 명확하다. 비대면 사회로 인해 경제는 첨단 기술 기업형태로 재편될 것이고 문화산업 역시 정보기술 융합형태로 진화하게 될 것이다. 이러한 추세에 맞추어 지역 내에서는 대학만이 연구와 첨단인력양성을 통해 기업유치를 할 수 있고 새로운 문화창출을 통하여 도시 활성화와 경쟁력을 올릴 수 있다. 결국 코로나 이후에도 지역의 대학은 소멸되는 것이 아니라 그 역할이 더욱 중요할 수밖에 없는 것이다.

물론 대학이 능력을 갖고 있다고 해도 지방정부의 도움이 없다면 무용지물이 된다. 이 모든 것을 조직하고 운영하기 위해서는 예산과 조직이 필요할 수밖에 없고 이것이 시 정부가 필요한 이유이다. 따라서 대학이 도시의 발전을 위해 그 역할을 할 수 있도록 지역 운명 공동체로서 시정부와 대학은 새로운 관계 정립이 필요하다.

대학의 변화 역시 중요하다. 포스트 코로나 시대에는 대학의 정의(定義)와 역할 그리고 대학 구조 및 운영 등 모든 것이 새로운 틀에 맞추어 다시 정립하여야 한다. 대학의 수요자인 사회가 무섭게 변화하고 있는데 기존의 틀과 사고를 고수하는 것은 위험한 일이다. 어쨌든 이 모든 문제 해결의 시작은 먼저 각 영역에 대한 산관학의 지역 전문가들이 모여 공론의 장을 만드는 일일 것이다.

새로운 시대에는 새로운 패러다임이 필요하다. 과거의 생각과 관습을 버리고 새로운 생각을 하여야 한다. 코로나 혼돈의 시대에 분명한 것은 인천시나 대학 홀로는 번영은 고사하고 생존하기조차 어렵다는 것이다. 더 늦기 전에 두 기관이 머리와 몸처럼 한 유기체가 되어 우리 후대를 위해 도시 인천을 끌고 가도록 결단을 내려야만 한다.

결단이 필요한 때에 행동하지 않는 것은 죄(罪)이다.

2020-10-21

삼성그룹 이건희 회장의 영면과 과제

최근 국내 경제계의 가장 큰 이슈는 지난 10월 25일 삼성그룹 이건희 회장이 78세의 일기로 유명을 달리한 일이다. 20년 전 현대그룹 정주영 회장의 영면에 이어 이건희 회장이 수년간 병실에 있다 결국 세상을 떠나게 된 것이다. 이 두 분은 현재와 같은 한국 경제성장의 큰 축을 담당하던 거목들이다. 우선 공과를 따지기보다는 그의 영면이 우리 경제에 주는 시사점을 찾아보는 것이 큰 의미가 있다.

재벌의 주인 즉 오너(owner)는 전문경영인과는 투자행태가 다르다. 전문경영인은 잘못 판단해서 회사에 손실을 입게 되면 문책을 당하게 되지만 오너는 본인의 결정에 대해 손실을 입어도 자신의 재산이기 때문에 자신이 감수할 수 있다. 따라서 위험이 크더라도 큰 이익을 얻을 수 있다고 판단이 되면 과감한 투자가 가능한 것이다. 중화학공업이나 반도체나 핸드폰 개발과 같이 회사의 운명을 달리할 정도로 큰 투자 결정은 경영전문인보다는 재벌 오너에 의해 이루어질 수밖에 없는 것이다.

한국의 경제성장은 재벌에 의해 견인되어 왔다. 박정희 정부는 수 차에 걸친 러시아의 스탈린식 경제개발 5개년 계획을 입안하면서 국영기업보다는 재벌을 키워 이를 담당하도록 한다. 상대적으로 비슷한 경제규모의 대만은 국영형태의 중화학공업을 세웠지만 대부분 실패하고 오히려 민간영역으로 내버려 두었던 중소기업이 성장한 것을 보면 우리의 방식이 결과적으로 옳은 결정이 된 것이다. 결국 한국 경제개발의 성공은 내부적으로 정부의 경제개발 계획과 재벌그룹 오너의 리더십이 주효했고 외부적으로는 미국 제조부분의 아시아 동맹국으로의 이양과 월남전 특수로 인한 충분한 외화 유입이 결정적이었다.

이제 재벌 삼성은 초 일류의 글로벌 기업으로 성장하였다. 2019년 매출 약 230조 원 그리고 국내외 임직원 약 40만 명의 기업으로 성장한 것이다. 여기에는 삼성 고 이건희 회장 같은 재벌 오너들의 불굴의 투지와 혁신으로 이 같은 성공이 가능했다. 공급주도생산 방식이 통했던 것이다. 밤낮없이 일하여 원가를 내리고 제품을 더 잘 만들어 제품경쟁력을 높인 덕분에 세계 일류의 기업이 될 수 있었다.

그러나 주지하다시피 그러한 시대는 이미 지났다. 이제는 수요자 중심의 사회의 다품종 소량생산의 시대이고 하드웨어보다는 소프트웨어에 더 큰 가치를 두는 첨단 정보화 시대이다. 이것이 의미하는 것은 삼성의 리더가 달라야 한다는 것이고, 다른 생각 다른 각도에서 생각하는 창의적 리더가 이제는 필요하다는 것이다.

이런 점에서 이건희 회장의 영면과 관련하여 벌어졌던 상황은 두 가지 시사점을 제시하고 있다. 첫째는 승계된 이재용 현 삼성그룹 회장이 과연 현 시대의 초일류의 재벌 그룹 삼성을 이끌 수 있는 인물인가 하는 것이고 둘째는 상속세 등 기업 승계에 따른 법적인 문제들이 과연 현시대에 적절한 것이냐는 것이다.

전자 문제는 그동안 나름 검증되었다고 하지만 아직은 논의할 수 있는 상황은 아니다. 그러나 후자는 삼성그룹만의 문제가 아닌 국내기업 전체의 문제일 뿐만 아니라 반드시 해결되어야 할 사안이다. 사실 그의 죽음은 병원에서 오랫동안 지연되었다. 기업 승계가 이루어지고 원만한 상속이 이루어지기 위해서는 시간이 필요했기 때문이다. 10조 원이라는 과도한 상속세가 결국 남기는 했으나 자칫 잘못하면 삼성의 경영권 방어 자체가 어려울 수 있었다. 따라서 삼성은 고육지책으로 법적인 조치가 완비될 때까지 그의 생명을 유지할 수밖에 없었다. 쉽게 말해 죽지 못해 살아 있었던 것이다.

기업의 생명은 대부분 그리 오래 지속되지 않는다. 세계적 규모의 기업들의 평균 수명이 13년에 불과하고 이들 기업의 80%가 창업 30년 만에 사라진다고 한다. 항상 사람들이 바뀌고 주변 상황이 바뀌기 때문이다. 오너의 끊임없는 기업 혁신노력과 위기관리능력 그리고 세상의 흐름을 볼 줄 아는 혜안이 같이 있어야 기업은 영속할 수 있다. 한때 초 일류기업이었던 일본의 소니나 미국의 IBM 혹은 코닥 같은 굴지의 회사들이 첨단 정보화 시대에 거의 맥을 못 추고 있는 것도 시대의 흐름을 읽지 못했던 것이다. 그래서 고 이건희 회장과 같은 인물을 갖게 된 것은 우리에게는 큰 행운이었고, 또한 그는 한 시대의 큰 영웅 이었다.

이제 새 시대를 맞이하는 삼성그룹은 앞으로 어떤 운명을 갖고 움직일 것인 가. 우리가 이렇게 관심을 갖는 것은 그의 죽음이 삼성그룹만의 문제가 아니라 우리를 포함한 국가의 생존문제와 직결되기 때문이다.

2020-10-28

선거와 권력

　조 바이든 민주당 대표가 우여곡절 끝에 46대 미국 대통령으로 당선되었다. 전 세계가 미국 선거에 초미의 관심을 갖는 것은 패권국이 각국에 미치는 영향이 워낙 크기 때문이다. 그러나 트럼프 현 대통령이 선거과정을 문제 삼으면서 나라가 두 쪽으로 갈리게 되는 결과를 낳게 되었다. 그렇다면 의문은 사람들의 권력의지가 그렇게 강한 이유는 무엇이고 이 같은 선거 제도가 과연 최선의 방식이냐 하는 것이다.

　독일 정치철학자 막스 베버는 "권력이란 자원을 임의로 통제할 수 있는 힘"이라고 정의했다. 자기 뜻에 맞추어 자원 배분을 강제할 수 있고 경찰과 같은 위임된 폭력을 휘두를 수 있다는 것이다. 만약 삼권분립과 같이 견제제도가 없다면 "짐이 곧 국가다"라고 한 프랑스 루이 14세나 이북의 김정은처럼 절대군주 혹은 독재자 체제가 된다. 이러한 권력을 쟁취하는 길은 왕정시대의 총칼에 의한 무력보다는 대부분 선거에 의한 방법에 의해서이다.

　무력이야 힘이 센 자가 당연히 세력을 잡겠지만 선거는 권력자를 뽑아야 하는 문제가 대두된다. 문제는 이게 쉽지가 않다는 것이다. 고대 그리스에서는 폴리스 원로들이 모여 조개 껍질에 이름을 적어 넣은 투표방식을 택했다. 이때도 설득 및 선동의 수단으로 뛰어난 대중 화술(話術)이 중요했던 모양이다. 당시 화술지도 전문가 집단을 스토아학파라 부르는데 그중에 한 명이 요새 주가를 올리고 있는 소크라테스였다. 이런 세상에서는 능력보다는 화술을 통한 선동에 능한 사람이 지도자가 되기 쉬운 법이다. 결국 선거의 폐해를 인지한 그의 제자 플라톤이 지도자가 될 사람을 미리 뽑아 훈련시키되 권력에 따른 혜택은 없애자고 하기에 이른다.

선거제도가 다시 부활한 것은 중세의 왕정체제가 끝나고 인본주의가 나타난 근대 이후에 이르러서이다. 인구가 늘어나고 라디오와 같은 과학문명이 발전하다 보니 대중에 대한 선동은 더욱 쉬워졌고 결국 독일 히틀러 같은 이가 언론을 틀어 쥐고 선거로 총통에 취임한다. 신앙에 가까운 그의 전체주의적 광기 앞에는 합리적인 이성이 설 곳이 없는 법이다. 문제는 그가 합법적으로 총통이 되었고 또한 위임된 폭력을 휘둘렀던 것을 독일 국민이 용인했다는 데 있다. 결국 육천만 명이 희생당하는 제2차 세계대전이 끝나서야 그 광기는 사라지게 되지만, 선거가 갖는 이러한 부작용은 민주주의라는 대의명분이 바뀌지 않는 한 예전이나 지금이나 극복해야 할 사안이다.

선거의 부작용 문제는 국내에서도 그리 다르지 않다. 해방 이후 몇 번에 걸쳐 선거과정에 다소 잡음이 있었지만 대체로 적합한 절차로 지도자를 선출해 왔다. 그동안 소위 전문 선거꾼도 나타났고 편법과 불법의 선거 문화가 만들어졌다. 예컨대 막걸리 유세, 돈봉투, 차떼기 등의 회유, 협박, 협잡, 선동 등이 바로 그것이다. 최근에는 인터넷을 이용한 댓글조작, 가짜뉴스, 좌표 찍기 등 이해하기 힘든 용어들이 난무하지만 결국 선거에 따른 부작용은 예나 지금이나 별로 차이가 없다. 다시 말해 현실에서는 선거 공학이 선거 목적을 압도하는 것이다.

혼탁한 선거의 결과로 빚어지는 후유증은 유권자의 분열과 실망이다. 유권자의 분열을 막기 위해 지지층과 비 지지층의 화합을 도출해야 하는데 양쪽의 지지를 받아 내기란 쉽지 않다. 특히 자원이 한정되어 있고 양쪽이 세가 비등할 때는 더욱 그러하다. 이번 선거로 승리한 조 바이든 미국 대통령이 처음 하고자 하는 것이 바로 국민 화합이라 했지만 그리 미덥지 않은 것이 그런 이유이다. 이때 통치자가 종종 쓰는 방식은 그대로 지지층만을 끌고 가거나 관심을 국외로 돌리는 일이다. 이를테면 외부에 적개감을 표시하거나 심하면 전쟁도 발을 시도하는 것이다.

다른 하나는 선거 시에 내세웠던 여러 대의명분들을 실제로 구현하기가 어렵다는 것이다. 예컨대 아무리 청렴 정부를 약속했다 하더라도 현실에서는 그렇게 쉬운 것이 아니라는 것을 최근 이번 정부는 여실히 보여주고 있다. 선거할 때와 통치할 때 즉 권력을 구할 때와 행할 때의 입장이 서로 다른 것이다.

결국 선거 부작용을 극복하는 것은 플라톤이 고민했던 것처럼 지금도 쉽지 않은 일이다. 지금 우리가 할 수 있는 유일한 일은 냉철한 이성을 갖추어 권력자를 감시해야 하는 것이고, 감정을 앞세우기보다는 판단할 수 있는 지력(智力)을 키워야 하는 것뿐이다.

우리는 어차피 불안전한 제도 속에서 살아가고 있다. 민주주의가 그렇듯 선거 역시 완벽한 제도는 아니다. 허구의 민주주의 제도 속에서 약속된 하나의 제도일 뿐이다. 다만 우리가 해야 할 것은 이 제도가 옳으냐의 논쟁보다는 이미 약속된 절차를 지키고 끊임없이 보완하는 것이 중요하다 할 수 있을 것이다.

우리는 늘 착각 속에서 살아간다. 선거 때마다 후보를 아이돌인 양 마냥 따르고 좋아하면서 통치 역시 잘할 것이라고 믿으려 한다. 그러나 알아야 한다. 선거와 통치는 다르다는 것을 말이다.

2020-11-11

공포와 통치

코로나 사태를 한마디로 함축한다면 그것은 "공포"이다. 이렇다 할 약도 없고 언제 어떻게 걸릴 수 있는지 모르니 멀리하는 것 외에는 달리 대안이 없어서 더욱 그러하다. 최근 보도에 의하면 곧 백신이 나온다고는 하지만 내 차례가 오기까지는 참으로 요원하다. 그렇다면 이러한 공포가 우리에게 어떠한 것이고 실제 이것이 어떻게 유용되고 있는지 살펴보는 것은 의미가 있다.

공포는 무지(無知)로부터 온다. 대상을 이해할 수 없고 무지막지해서 어찌할 수 없어 공포심을 갖게 되는 것이다. 연일 쏟아지는 암울한 코로나 뉴스를 듣다 보면 누구든 죽을 수도 있다는 공포감에 사로잡히게 된다. 이러한 공포를 효과적으로 활용하는 곳이 바로 전쟁과 정치일 것이다.

4세기 훈족의 왕 아틸라는 유럽인에게 공포 그 자체였다. 그가 성(城)을 공격할 때 마을사람을 앞세웠고 성에 다가서는 그들을 살해해 성곽 주위를 그 시체로 메웠다. 그리고 성을 점령하면 성내의 모든 사람을 도륙했기 때문에 아틸라가 지나가면 공포에 사로잡혀 서로 성문을 열었다. 오죽 했으면 로마사람들이 땅끝 바다로 피신했고 이때 세운 도시가 지금의 베네치아이다. 그 후 천년이 지나 몽골 쿠빌라이의 유럽정벌 때도 같은 살육으로 또 한 번 유럽은 공포에 떨게 된다. 이렇듯 전쟁에서는 극도의 공포심을 일으켜 상대방을 쉽게 제압하곤 한다.

통치에서도 마찬가지이다. 왕정 시절 반역자를 처형할 때 많은 사람들 앞에서 사지를 찢는 극히 잔인한 형벌을 집행하곤 했다. 사람들이 공포심에서 감히 반역을 생각하지 못할 것을 노린 것이다. 그러나 멀리 갈 것도 없이 북한 실세였던 고모부 장성택을 무자비하게 살해한 김정은의 경우를 보면 더욱 명확하다.

공포의 특성은 "사람의 이성(理性)을 마비시켜 하나의 집단으로 만든다"라는 것이다. 공포에 접하면 사람들은 이성적 판단보다 무리에 속해 심리적 안정을 찾으려 하고 쉽게 집단행동에 휩쓸린다. 어느 정치인이 국민을 빗대 말한 것처럼 들쥐 무리가 되는 것이다.

이렇게 공포로 내몰린 집단은 비정상적인 행동 즉 잔혹해지거나 아니면 무기력한 모습을 보인다. 이 집단은 공포를 해소할 대안책을 찾게 되고 그것에 응축된 분노를 쏟아붓게 된다. 쉽게 말해 폭도로 돌변하기 쉽다는 것이다. 코로나가 터진 후 유럽의 아시아인에 대한 테러나 미국의 흑인 폭동 등이 그것이다. 지금은 엄청난 돈을 풀고 백신의 희망뉴스를 통해 겨우 달래고는 있지만 잔혹한 폭동이 언제 또 터질지 모르는 일촉즉발 상황이다.

그러나 우리의 경우는 사뭇 다르다. 정부가 코로나 확산에 대한 방역책임을 인정하는 것이 아니라 오히려 신천지 집회나 태극기 집회 등 엉뚱한 집단에 전가해 시민 분노의 방향을 바꿨던 것같이, 오히려 공포를 통치 수단으로 삼은 것이 그들과 다르다면 다른 것이다.

이와 반대로 다른 생각을 할 수 없을 정도로 무기력해져서 어떤 통제에도 순응하게 되기도 한다. 이 경우가 어쩌면 국내와 비슷한 현상이라 할 수 있을 것이다. 이번 정부는 소위 K-방역이라는 이름 아래 과도하리만큼 우리의 모든 일상 생활을 구속하고 있다. 마스크 쓰기를 아예 법으로 강제하고 있을 뿐만 아니라 각 개인의 동선을 빠짐없이 감시하는 일은 이미 당연한 일이 되었다. 더욱이 대중 집회를 정치적인 계산 아래 선택적으로 허락한다 해도 어느 누구도 이의를 제기할 수 없는 상황이다. 공포가 모든 것을 압도하고 있어 그 어떤 통제 수단도 폭력도 정당화되기 때문이다.

그러나 공포는 오래가는 것이 아니다. 공포에 익숙해지게 되면 반발의 여지가 발생하게 된다. 지속적인 통치를 위해서는 공포를 더욱 부풀리거나 새로운 공포를 만들어 낼 필요가 있다. 이때 사용되는 수단이 흔히 신뢰성이 강요되는 통계나 뉴스와 같은 인공물이다. 어떤 목적을 갖고 인위적으로 통계를 만들어 내거나 편향된 뉴스만을 노출시키면 다른 것을 접할 길이 없는 국민들은 쉽사리 공포에 빠지게 된다. 사실 우리가 매일 접하는 통계나 뉴스는 누가 어떤 목적으로 작업하냐에 따라 가공적인 요소가 많을 수밖에 없고 꽤나 주관적이기 때문이다. 요즘 연일 뉴스에 나오는 고무줄 확진자 숫자나 무시무시한 외국의 코로나 뉴스가 그런 경우이다.

우리가 두려워해야 하는 것은 지금의 공포가 아니라 통제에 길들여져서 공포가 극복된 이후에도 가혹한 통제가 불편하지 않게 느껴질 수 있다는 점이다. 북한처럼 통제가 일상이 되는 사회가 결코 바람직한 사회는 아닐 것이다. 결국 공포를 극복하기 위해서는 우리 자신 개개인이 끊임없이 판단력과 지력(智力)을 쌓아야 할 것이고 날카로운 비판의식을 갈고 있어야 할 것이다.

공포사회는 암흑사회이다. 공포로 이성을 잃은 무리는 통치가 쉬운 법이다. 우리가 혹시 공포사회에 있지나 않은지 항상 깨어 있어야만 한다. 이것은 민족에 대한 우리의 책임이기 때문이다.

2020-11-18

잃어버린 야성(野性)

모든 사물에는 생명 주기라는 것이 있다. 사람도 그렇고 국가도 그렇고 하물며 기술이나 산(山)도 그렇다. 모든 것이 흥할 때가 있고 결국 소멸된다는 것이다. 최근 한국의 위치를 이러한 시간표에 비추어 보는 것은 거울 보듯이 우리 자신을 쳐다보는 계기가 될 것이다.

일본이 1858년 미국의 압력으로 문을 연 지 100년 만에 패권국 미국을 침략했다. 한국은 1910년 나라가 망한 지 100년 만에 세계 몇 째의 부국(富國)으로 올라섰다. 남들은 우리를 한강의 기적이라고 부러워한다. 그러나 뜯어보면 일본과 한국의 놀라운 발전은 한 가지 공통점을 찾을 수 있다. 그것은 다름 아닌 세계를 향한 야성이었다.

메이지 유신 당시 일본은 이토 히로부미와 같은 개혁의 인재들을 갖게 된 것은 천운이었다. 그들은 패권국 영국과 구미 열강을 배우기 위해 세계로 뛰어나갔다. 이들이 철저히 열강의 모든 것, 정신부터 심지어 먹거리 입을 거리 모든 것은 쫓아 했다. 그렇게 하는 것이 빠른 시일 안에 그들과 같이 될 수 있다고 생각했다. 그러면서 청일전쟁, 러일전쟁 그리고 중일 전쟁을 치르면서 아시아 경영을 외쳤고 결국 미국 침공에 이르게 된다. 열강이 되려고 하는 그야말로 동물적인 야성이 있었던 것이다.

한국전쟁 이후 박정희 대통령은 수 차에 걸친 수출주도의 스탈린식 경제개발계획을 펼쳐 왔다. 거의 전쟁수준의 경제개발이었다. 마침 미국의 산업구조 조정에 따른 제조업의 아시아 이전 그리고 중동 건설과 파독(派獨) 광부로부터의 달러 확보는 경제개발을 위한 젖줄이었고 여기에 월남전과 같은 특수가 기적의 운을 더한 것이다.

더욱이 재벌 총수들의 세계를 향한 리더십 그리고 새마을 운동에 따른 농촌으로부터 충분한 인력공급 그리고 높은 교육열 등 아시아의 용으로 태어날 모든 조건을 다 갖추고 있었다. 그러나 정작 이러한 조건들을 성공으로 끌어낸 것은 우리의 세계화에 대한 야성이었다.

소위 없는 것도 판다고 하는 종합상사 인력은 전 세계를 하이에나처럼 누비고 다녔다. 선진국들의 손이 닿지 않는 국가들을 상대로 촉수를 만들어 왔던 것이다. 얼마나 억척이었는지 대우는 유럽 폴란드에서 미국 GM을 누르고 자동차 기업을 따낼 정도였다. 지역에 관계 없이 세계 어떤 곳에서도 뛰고 있는 한국 인력들을 만날 수 있었다. 다시 말해 세계로 나가려는 야성이 이때는 있었던 것이다.

"하면 된다" 하는 투지, 그리고 세계 경영이라는 야망이 지금의 한국을 만들었다. 진정한 정복자 칭기즈칸이 품었고 이룩했던 세계정복을 세계경영이라는 다른 방식으로 그때 우리는 품었던 것이다.

물론 급격한 발전 뒤에는 어두운 점도 있기 마련이다. 영등포 YH 사건, 전태일 사건 등 자본주의의 산업화과정에서 나오는 부작용이 곳곳에 산재하였던 것이다. 그러나 당시 추진했던 재벌 위주의 정책으로 대규모 중화학 산업의 투자가 가능했던 것이며 이것이 지금 우리가 먹고사는 자동차, 반도체 그리고 조선산업의 근간이 된 것이다.

최근 우리 현실은 그런 야성을 찾아볼 수가 없다. 야성은커녕 패기도 간 곳이 없다. 야성을 먹고 살아야 할, 젊은이들의 희망이 보이지 않는다. 물론 이유야 천 가지도 될 것이다. 이를테면 정치권의 부패, 불안한 정보화, 믿었던 가치관의 붕괴, 갈 곳 없는 일자리, 길들여진 풍요로움 등 야성이 길러질 수 없는 구조가 된 것이다.

오히려 중국, 베트남에서 보듯 그들에게서 우리의 50년대 60년대의 모습을 보는 것 같아 불안하다. 수년 전 중국 굴지의 전자회사인 화웨이 기업에 방문한 적이 있었다. 커다란 붉은 글씨로 정문 앞에 써 붙였듯이 공식적으로 내건 그들의 목표가 "타도 삼성"이었다. 칼을 목에 댄 듯 온몸이 오싹한다. 목표가 뚜렷하면 쉽게 이룰 수 있는 법이다.

야성을 잃은 사자가 어떻게 광야에서 살 수 있겠는가. 그가 갈 곳은 결국 도움 없이는 살 수 없는 동물원 우리 안일 것이다. 절대적 실리로 움직이는 국제 관계는 이러한 광야나 다름없다. 발전이 아닌 생존을 위해서라도 야성을 되찾아야 한다. 그리고 세계에 뛰어나갈 야성을 갖춘 리더를 길러야 한다. 그리고 이를 위한 분위기가 사회적으로 만들어져야 할 것이다. 정치가, 산업가, 그리고 교육자가 함께 만들지 못하면 그 야성을 어떻게 되찾아 올 수 있겠는가.

올라갈 때보다 떨어질 때 고통스러운 법이다. 냉정한 국제 질서 속에서 성장을 위한 야성을 잃는다면 누가 우리와 손을 잡을 수 있는가. 결국 외교에서 국방에서 그리고 경제에서 실패하면 결국 우리는 아무도 돌아보지 않는 베네수엘라와 같이 부도 국가로 전락할 가능성이 결코 적지 않다.

그러나 주위를 둘러보건대 국가가 추락하고 있어도 어찌할 수 없어 안타까운 마음뿐이다. 어쩌면 다시 예전 조선으로 돌아갈 수도 있다는 두려움마저 앞선다. 다만 그렇게 되지 않기를 바랄 뿐이다.

2020-12-17

지식인 지성인 그리고 교양인

유튜브가 만든 기적 중의 하나는 모든 사람을 지식인으로 만들었다는 것이다. 내가 굳이 머리 속에 넣을 필요가 없이 몇 번 손가락질로 어떤 정보든 쉽게 접할 수가 있게 된 것이다. 도대체 이러한 현상이 우리에게 어떤 영향을 주는지 궁금할 수밖에 없다.

지식인은 한 분야 혹은 여러 분야에 깊은 지식을 갖고 있는 사람이다. 쉽게 말해 걸어 다니는 백과사전이다. 실제 누구나 공부하면 지식인은 될 수 있으나 최근 유튜브처럼 네트워크가 발달한 세상에는 지식인이라는 말이 무색하다. 힘들게 공부를 안 해도 핸드폰만 있으면 되기 때문이다. 그러나 지식인은 지식만을 가지고 있지 체화(體化)가 된 것은 아니다. 지식을 갖고 있지만 자기 것이 아니라는 것이다.

한편 교양인이란 기본적인 지식을 갖추고 사회의 규범과 격식에 맞게 말과 행동을 하는 사람이다. 즉 지식과 관습 그리고 규범 등이 몸에 배서 생각과 행동으로 이어져야 한다. 조국 교수나 윤미향 의원처럼 말과 행동이 다르다면 지식인이라고는 해도 결코 교양인이라고는 할 수 없을 것이다.

그렇다면 지성인은 누구인가. 지성인은 시대의 정신을 이끌고 가는 사람이다. 시대를 관찰하고 문제점을 파악하며 시대가 가야 하는 방향을 제시하고 또한 가치관을 정립하는 그런 인물이다. 예컨대 철학자를 비롯한 석학들과 같이 나름의 영역에서 큰 업적을 남기는 사람들이 여기에 해당한다.

주위에 지식인은 쉽게 만난다. 유튜브에 가면 셀 수 없을 정도로 지식인들을 만날 수 있다. 이들이 많은 지식들을 체화하여 얼마나 생각과 행동을 하는지는 알 수 없으나 단지 그들의 말들만 인터넷 허공을 떠돌아다닐 뿐 정작 교양이 있다고 단정할 수는 없다.

지식의 자기 체화는 쉽지 않다. 교양인이라면 지식이 체화되어 행동과 생각이 그것에 맞추어져야 하는데 생각하고 토론하고 고민하는 등 내면 세계의 개선이라는 고통스러운 작업을 동반하기 때문이다. 그래서 단순히 지식 습득 과정보다 결코 쉽지 않은 것이다. 대부분 유튜버가 그렇듯이 단지 지식을 상업화하여 유튜브나 혹은 대중 강연에 팔아먹는 지식비즈니스를 하는 경우가 많다. 그래서인지 유명세를 타고 있는 강연자나 종교가들의 삶과 그들의 말이 다른 것을 흔히 볼 수 있다. 결국 지식인이라기보다 지식 전문가인 것이다.

더구나 유튜브에 매몰된 지식 소비자들은 이마저도 쉽지 않다. 유튜브 특성상 편향되고 단편적인 지식만을 주기 때문이다. 제대로 된 지식을 갖지 못하다 보니 체화할 지식도 없으며 결국 교양조차도 갖추지 못하게 된다. 다시 말해 주위로부터 수많은 지식을 접하지만 결국 지식도 없고 교양도 없는 사람이 된 것이다.

하물며 교양인도 없는데 지성인은 가당치도 않은 말이다. 사실 우리 역사를 통틀어 지성인으로 꼽을 인물이 있지도 않았다. 오랜 옛날은 고사하고 최근 조선을 보더라도 주자 성리학을 정통한 선비들이 "대학"의 입문서인 "소학"에 몰두해 있었지 정작 "대학"에 대해 이렇다 할 이론서조차도 쓴 적이 없었다. 그마저도 읽은 사람이 과거 시험에 응시할 극히 소수에 지나지 않았던 것이다.

16세기 스코틀랜드의 종교 혁명을 보면 존 녹스가 유럽에서 돌아와 종교 개혁을 주도하는데 그 때 같이한 것이 다름아닌 교육혁명이었다. 검약을 중시했던 그때의 종교는 혁명의 일환으로 모든 국민이 다양한 분야의 학문을 접하도록 하였다. 덕분에 스코틀랜드인들의 학문적 수준은 크게 올라올 수밖에 없었는데, 이때 유명한 석학들 예컨대 아담 스미스 혹은 데이빗 흄과 같은 인물들이 나올 수 있는 토양이 되었다. 교양인들이 있어야 지식이 관습이 되고 문화가 되어 그 속에서 정신을 말할 수 있는 지성인이 나올 수 있는 것이다.

이러한 지식이 체화될 수 있는 토양이 안 되기 때문에 지식 장사에 바쁜 얼치기 학자나 지식인들이 득세하게 된다. 어쭙잖은 종교인이나 지식인들이 설치는 것은 그만큼 우리의 교양이 적기 때문이다. 그럴싸한 거죽만 보고 몰려들게 되는 것이다.

교양인이 되기 위해서는 책을 통해 많은 지식을 습득하는 것도 물론 중요하다. 그러나 이를 바탕으로 생각하고 고민하여 우리 것으로 만들어야만 한다. 그렇게 하는 것이 여러 사람들과 공감대를 이룰 수가 있고 새로운 생각이 나올 수 있으며 판단력도 길러지는 것이다. 일련된 작업으로 규범과 문화가 되는 것이며 쌓이면 우리의 전통이 되는 것이다.

선진국은 춤 추고 물건 팔아 되는 것이 아니다. 이러한 일들은 오래가는 것이 아니다. 국민 각 개인이 세계의 흐름을 이해하고 행동할 수 있도록 교양인으로서 강해져야 하고 이들 중에 영특한 인물이 지성인으로서 함께 있어야 하는 것이다. 우리가 비록 세계 몇째 안 가는 부국으로 일어났지만 실상 그 속에는 어쩌면 정신세계가 없는 빈 공간인 것 같아 허탈감이 드는 것은 나 혼자 만이 느끼는 것은 아닐 것이다.

2020-12-23

유튜브와 구텐베르크

요즘은 유튜브가 대세이다. 국내 네이버가 "지식인" 서비스로 성공을 하나 싶더니 이제는 초등학생들조차도 검색엔진으로 유튜브를 쓴다고 한다. 코로나 사태 이후에 유튜브 강의는 날개를 달아 상당 기간 유튜브의 전성시대가 될 것으로 보인다. 그렇다면 유튜브와 같은 동영상 매체가 기존의 글과 같은 매체를 대체하게 될 것인지 의문이 남는다.

금속활자로 인한 인쇄술은 15세기 구텐베르크에 의해 확산되었다. 초기에 선정성 높은 음란물을 찍어 팔다가 마침 루터가 번역한 독일어 판 성서인쇄가 대박을 터트린 것이다. 이것이 민간에 풀리자 당시 성직자에게 국한되었던 성서를 읽게 되었고 급기야 종교혁명을 일으킬 수 있는 환경이 된 것이다. 이후 시민들의 문맹률이 낮아지면서 출판업은 상당한 성공과 함께 근대 문화 혁명의 계기가 된다.

최근 정보기술의 발달로 확산된 동영상 유튜브는 새로운 지식 파급시대를 열었다. 예컨대 연예인 백종원은 음식비법을 유튜브에 공개해 맛집의 차별을 없앴다. 누구든 따라만 하면 최고급 음식점의 맛을 흉내 낼 수 있게 된 것이다. 물론 유튜브가 이같이 좋은 측면만 있는 것은 아니다.

특이한 것은 글 읽기는 독자가 능동적인 반면 유튜브와 같은 동영상은 시청자가 수동적이라는 점이다. 독자는 글을 읽으면서 저자의 생각에 공감하기도 하고 나름 자신의 생각을 보완하거나 확장하게 된다. 이것을 우리는 지적 활동이라고 부른다. 즉 독자가 적극적인 지적활동을 하여야 이해를 하고 자기 생각을 개선하는 것이다. 그래서 독자의 이해에 맞추어 읽는 속도를 조절할 수 있다는 측면에서 능동적인 것이다.

한편 유튜브 같은 동영상은 이미 주어진 속도로 일방적인 방송을 들을 수밖에 없다. 시청자는 수동적이 되어 방송되는 콘텐츠에 맞추어 집중하게 되는데, 만약 이해가 안 되면 반복하여 시청할 수밖에 없을 것이고 필요하다면 댓글 등의 형식을 통하여 질문을 할 수밖에 없는 구조이다. 더욱이 동영상 콘텐츠는 실질적인 소통이 쉽지 않기 때문에 동영상 강의는 일방적인 속성을 갖는다. 따라서 동영상 콘텐츠는 자동차 정비나 혹은 요리 강습같이, 단편적이고 글보다는 행동으로 보여줘야 할 그런 콘텐츠에 적합하다.

다시 말해 유튜브로 사색이 필요한 개념을 다루거나 이것을 교육한다는 것은 현대 기술로는 한계가 있다는 것이다. 사람들의 집중도가 10분 내외임을 감안한다면 긴 방송물로 성과를 내기란 쉽지 않다. 예컨대 교과서가 없이 경영학을 동영상으로만 가르치는 것이 쉽지 않다는 것이다. 아마 TED와 같이 주로 20분 내외의 인터넷 강연이 활성화된 것은 이 같은 한계가 있기 때문일 것이다.

이와 같이 책의 수요가 줄고 동영상의 유튜브가 더욱 활성화되면 깊은 생각을 담는 책은 점차 자리를 감출 것이고 이 자리에 가벼운 지식 창고인 유튜브가 대체할 것을 쉽게 상상할 수 있다. 결국 우리의 지력은 더욱 떨어질 것이고 앞으로 지적활동의 출발점인 "무엇을 알아야 하는가"라는 질문까지 인공지능 기계가 담당하게 되면 우리는 생각이 없는 그야말로 본능에 입각해서 행동하게 되는, 지적 능력 부재의 야만시대로 돌아가리라는 것이다.

유튜브의 파괴력은 여기서 끝나는 것이 아니다. 유튜브에는 엄청난 양의 지식이 내 머리가 아닌 소위 네트워크 클라우드 내에 저장되어 있다는 점이다. 아무 때나 필요하면 거의 비용 없이 찾아볼 수가 있다. 굳이 수고스럽게 내 머리 속에 그 지식을 담을 필요가 없다. 결국 그 지식은 내 것이 아닌 것이고 내 몸에 체화(體化)되어 있지도 않은 것이다. 그러나 창조는 이러한 지식이 머리 속에서 서로 충돌, 융합 등의 과정을 통해서 일어나는 것이고 또한 이때 새로운 생각이 나오는 것인데 작용을 할 기초 지식 자체가 결여되면 결국 아무런 지적 활동을 할 수 없게 되는 것이다.

이미 우리는 네비게이션에 지도를 뺏겼고 노래방 기계에 노래책을 뺏겼다. 이제는 유튜브가 우리 생각마저 위협하고 있다. 중세 유명 철학자는 "우리의 존재는 생각하기 때문"이라고 했다. 그 생각이 "편리함"이라는 명분으로 기계에 빼앗기는 것이다.

그렇다면 어떻게 해야 하는가. 우리는 글을 다시 읽는 연습을 어릴 때부터 다시 시작해야 한다. 기계에 생각을 뺏기지 않도록 읽고 쓰고 생각하는 연습을 더욱 해야만 하는 것이다. 그러나 이러한 훈련은 많은 노력이 필요하기 때문에 학생들은 더욱 글을 기피하게 될 것이고 쉬운 영상매체로 달려갈 것이다. 어쩌면 이는 악순환을 불러와 그야말로 근대 철학자 토마스 홉스가 "리바이어던"에서 말한 대로 이기심만이 가득한 암흑 세상이 될지도 모른다.

유튜브와 같은 정보기술은 지적활동을 보조하는 수단이다. 그 수단이 우리의 지적활동을 대체할 수는 없는 것이다. 지금 당장 유튜브를 버릴 수는 없겠지만 이제는 제도적인 힘을 빌려서라도 모두가 책을 읽고 사고하는 연습을 해야 한다. 만약 이러한 지적활동이 거세가 되면 세상은 편리한 듯 보이나 우리의 판단력이나 지식 그리고 교양이 없는, 단지 기계의 노예로 사는 그런 세상이 될 것이기 때문이다.

2020-12-09

2020년을 보내며 …

올해 큰 이슈를 몇 들라고 하면 누구나 코로나 사태, 미국 대선 그리고 부동산 가격 폭등을 지적할 것이다. 이 외에도 윤미향 의원의 파렴치, 박원순 전 서울시장의 자살, 추미애 장관의 칼춤 등 여러 이슈가 있었으나 이 세 이슈와는 격이 다르다. 우리에게 직접적인 영향이 있기 때문이다. 세 이슈 중 하나는 전세계와 관련된 문제였고 다른 하나는 미국 그리고 나머지는 우리의 문제이다. 그렇다면 이러한 이슈들이 우리에게 무엇을 의미하고 어떠한 교훈을 남겼는지 생각해보는 것은 2020년을 보내면서 뜻있는 일일 것이다.

먼저 이들 이슈들의 공통점은 세상이 서로 연계되어 있다는 것이다. 코로나가 중국 우환에서 시작하여 거의 삽시간에 세계로 퍼진 것이나 우리가 미국 대선을 국내 선거보다 더 많이 가슴 졸이며 시청한 것도 그렇고 각 나라가 돈을 마구 찍어 내서 돈이 부동산과 주식으로 몰린 것도 그렇다. 세계가 연결되어 있지 않다면 아마 코로나는 우환에서 끝났을 것이고 남의 나라 선거도 그렇게 관심을 끌 일도 아니다. 부동산과 주식에 돈이 몰린 것도 돈이 갈 데가 없고 외부에서도 유입이 되니 결국 생산성 투자보다는 자산의 가격만 올리게 된 것이다.

그리고 이들 이슈들에서 우리는 다음과 같은 몇 가지 교훈을 얻을 수 있다.

첫째는 정보기술을 포함한 우리 첨단 문명사회가 소위 바이러스 앞에는 무력하다는 것이다. 전염을 막기 위해 서로 국경을 닫았고 결국 각국에 촘촘히 연결되어 있는 공급망이 붕괴되었다. 생필품 공급이 어려워지면 불안을 느낀 사람들이 난폭해져서 폭동으로 이어지기 쉽다. 미국이나 유럽의 폭동이 그것이다. 비록 생필품 부족이나 인종차별에 이슈를 내세웠지만 근본은 공포이다.

또한 의료기술에 대한 한계이다. 바이러스에 대한 치료약도 그렇고 백신도 제대로 없는 실정이다. 코로나에 대한 것도 백신이 개발된다고 하는데 아직도 안정성에 문제가 있는 상태이고 그마저도 언제 내 차례가 올지 요원한 것이다. 결국 집단 면역을 유럽은 주장하고 있지만 이는 결국 백신을 기다리면서 힘들게 살기보다 차라리 강한 자만 살아 남자는 것이다. 이런 상태이니 정치권은 강력한 방역조치 외에는 별 뾰족한 방법이 없을뿐더러 오히려 이를 통치에 활용하는 경우가 있다.

둘째는 잘못된 정치는 오래가지 못한다는 것을 이번 미국 대선에서 보여주었다. 사실 트럼프 행정부의 정책을 요약하면 국제 질서보다는 극심한 보호주의 그리고 동맹국에 대한 잘못된 대처, 그리고 지나친 쇼의 정치일 것이다. 이것을 국민들이 원하지 않았고 대신 이제까지 미국의 방식인 정통주의를 택했다.

셋째는 잘못된 정책의 피해자는 결국 국민이라는 것이다. 코로나 사태로 힘들어진 경제를 일으킨다는 이유로 몇 차례에 걸쳐 추경을 세워 시중에 엄청난 현금 살포가 이루어졌다. 갈 곳 없는 유동성이 부동산과 주식으로 몰려 생산성은 안 오르는데 가격만 올린 꼴이 된 것이다. 전문가들은 거품을 말하지만 제로 금리시대에 달리 마땅한 방법도 없다. 그러나 이 현상은 코로나로 힘든 서민들을 더욱 허탈감을 가져오게 했던 것이다. 주위 자산가격이 오른 것도 힘들지만 풀린 돈이 결국 나중에 내 세금으로 돌아올 것이기 때문이다.

그러나 정작 큰 문제는 이들 이슈가 아직 끝나지 않았다는 것이다. 코로나 사태를 막기 위해 백신을 만든다고 하지만 아직 모든 게 불확실하고 그나마 우리 차례는 한참이 되어야 할 것이다. 또한 바이든 새 미국 대통령이 집권을 시작한다 해도 미국과 북한, 중국, 일본과의 외교 구도가 아직은 분명치 않고 더욱이 우리의 허약한 외교라인이 어떻게 외교 우위를 정할지 우려가 되는 것이다. 최근 정부는 망가뜨린 한일 관계를 이제 와 어떻게 해보려 하지만 깨진

거울을 그렇게 쉽게 붙일 수는 없는 노릇이다.

국내 문제도 돈이 당분간 풀리는 한 부동산이나 주가는 오를 수밖에 없다. 이제 부산시장 그리고 서울시장 선거가 얼마 남지 않았고 이것이 끝나면 바로 대선 준비를 해야 하는데 돈줄을 쥘 수가 없는 것이다. 돈줄을 죄는 순간 경제는 곤두박질할 것이고 이 불만은 바로 표로 가기 때문이다.

그래서 올해의 이슈는 그대로 숙제처럼 내년으로 갈 수밖에 없다. 그러나 확실히 예측할 수 있는 것도 있다. 이미 비대면 사회가 시작되었다는 것이다. 처음에는 적응하기 힘이 들었지만 코로나로 이미 비대면 사회에 익숙해졌고 생각도 습관도 그리고 관습도 이제는 변하기 시작했다는 것이다. 예컨대 대학생에게 비대면과 대면을 선택하라고 하면 열이면 열 비대면을 선택한다. 편리하기 때문이다. 이러한 변화는 대학만이 아니다. 기업도 마찬가지고 우리 일상생활도 마찬가지이다. 그래서 올해가 비대면 사회로의 적응기라고 한다면 내년 2021년에는 이것이 굳어질 한 해가 될 것이다.

교훈은 깨닫고 끝나는 것이 아니라 고치고 개선해야 하기 위해서 필요하다. 모든 이들이 원하듯이 내년에는 보다 나은 사회가 되었으면 싶다. 올해는 공포, 우려 그리고 갈등의 한 해였다면 내년 2021년에는 부디 희망, 환희 그리고 화합의 한 해가 되었으면 싶다.

2020-12-30

2021년

1.1 경찰청 국가수사본부

1.21 공수처 업무시작

3.1 미얀마 쿠데타 18명 사망

3.3 미나리 개봉 : 윤여정 93회 아카데미 여우 조연상 수상

3.29 청와대 김상조 정책실장 사퇴

4.7 2021년 재보궐 선거 : 오세훈(서울특별시장), 박형준(부산광역시장)

4.26 인천 김병상 몬시뇰 선종

6.9 인천로봇랜드 추진 본격화

7.15 아프카니스탄 미군 철수

7.23-8.8 2020년 하계 올림픽 무관중 개최

8.18 홍범도 장군 유해 대전 국립현충원 안장

9.16 미국 민간 우주 관광 Space X 발사

10.10 이재명 더불어 민주당 대선 후보 확정

10.21 누리호 발사

12.30 코로나 누적 확진자 28,118만 명 사망자 540.6만 명

신축년 새해를 맞이하며

그야말로 다사다난했던 2020년이 지나고 드디어 새해를 맞이했다. 코로나와 미국 대선 그리고 국내 정치가들의 고약한 사건들이 모든 것을 덮어 버린 지난 한 해였다. 비록 새해가 시작되었으나 주위 표정들이 밝지만은 않다. 그 모든 것이 끝나지 않고 아직도 진행이 되고 있기 때문이다.

한 해를 맞이하면 먼저 서 있는 우리 위치를 살펴보고 올해 해야 할 일을 생각하는 것이 응당 순서일 것이다. 먼저 우리부터 바라보자.

국제 상황은 그야말로 안갯속이다. 곧 미국 바이든 대통령 취임식이 있고 일본은 스가 정부의 등장으로 동아시아 외교는 다시 새로운 국면을 맞게 되었다. 김정은의 도움이 필요했던 트럼프 정부와는 달리 바이든 행정부는 북한에 대해 그리 호의적이지 않다. 특히 일본은 이미 우리와 감정이 격해 있어 손을 내밀기도 쉽지 않다. 그렇다고 북한과 중국에 끌려다닐 수만은 없는 노릇이다. 이러한 어려운 상황에서 우리의 미숙한 외교라인이 어떻게 외교 우위를 얻을지 심히 우려가 되는데, 특히 트럼프 정부에나 통했던 보여주기식 외교로는 목소리조차 내기 쉽지 않아 보인다.

국내적으로도 상황이 만만치 않다. 당장 예비 대선이라 할 수 있는 서울 및 부산의 시장 보궐선거가 기다리고 있고 선거가 끝나면 바로 대선정국으로 치닫게 된다. 다시 말하면 한 해 내내 어지러운 정국이 계속된다는 것이다. 그리고 문재인 대통령의 레임덕 현상으로 정권 말에 흔히 보듯 비리 문제가 터져 나올 가능성도 많다. 그래서 권력을 놓은 후 비리 처벌에 대한 두려움으로 필사적으로 공수처라는 보험을 마련한 것이 지난 정권과 사뭇 다르다.

우리 생활과 직접적인 영향은 크게 경제적 측면과 사회적 측면으로 나누어 볼 수 있다. 전문가들은 한결같이 몇 대기업을 제외하고는 경제는 계속 위축될 것이고 사회는 끊임없이 비대면 사회로 진화하게 될 것을 지적하고 있다. 이번 포퓰리즘 정부는 선거 승리를 위해 자금을 계속 풀 것이고 이는 주로 생활 안정자금 형태로 지출되어 산업 경쟁력 강화로 이어지기는 어렵다. 결국 가진 자로부터 빼앗아 없는 자에게 주는, 즉 다 같이 하향 평준화될 것이 우려가 된다.

또한 비대면 사회의 진화는 가속하여 지금과는 전혀 다른 세상이 될 것으로 보인다. 코로나 백신이 나온다고 하나 아직 우리에게는 요원한 것이고 이미 필수품이 되어 버린 마스크나 공공장소에서의 "거리 두기"는 사실 거부감도 없다. 문제는 그로 인해 우리의 생각, 관습 그리고 문화가 달라지고 여기에 부응한 경제구조 및 산업구조가 같이 변화한다는 것이다. 중세 유럽을 보면 흑사병 이후에 르네상스와 그리고 근대가 시작되었듯 어쩌면 코로나로 인해 사람들의 생각은 크게 변화해 우리 문명에 충격을 줄 수 있는 가능성이 높다. 다시 말하면 지난 해에는 갑작스러운 코로나 사태에 모두가 당황했지만 이제는 본격적인 비대면 사회화가 된다는 것이다.

그렇다면 무엇을 준비해야 하는가.

먼저 동맹국인 미국과 일본과의 관계 개선 통해 동아시아에서의 우리 위치를 찾을 필요가 있다. 이것이 가능하기 위해서는 북한과 중국과의 외교노선을 새롭게 설정해야 한다. 기존처럼 북한과의 관계 개선에만 집착하다 보면 결국 북한에 이용당할 뿐만 아니라 동맹국 미국과의 관계도 멀어지는 우(愚)를 범하기 쉽다. 재물로 금나라를 달래던 중국 송나라가 결국 금나라에 먹히고 마는 교훈을 잊지 말아야 한다.

그러나 더없이 시급한 것은 경제 회복일 것이다. 장기화된 코로나로 인해 중간 상인을 포함하여 서비스 업계는 물론 중소기업 전반이 이미 도산 직전이다. 기업뿐만 아니라 경제 구조의 큰 틀이 새로운 환경에 맞추어 변해야 한다. 이때 가장 큰 걸림돌이 바로 규제이다. 그 규제로 인해 경제 구조가 변하지 못하고 정체되어 있는 것이다. 따라서 거추장스러운 규제를 과감히 철폐해서 기업인들이 창의력을 갖고 자유로운 경제행위를 하도록 해야 하고 대신 사회 변화에 적응 못 하는 기업이나 상인들은 재교육 혹은 구제 방안을 통하여 재기할 수 있도록 적절한 시스템을 구축해야 할 것이다.

다른 하나는 모두가 새로운 사회를 준비해야 한다는 것이다. 비대면 사회는 분명 지금과는 다르다. 우리 생각과 행동이 바뀌기 때문이다. 식구라는 개념도 바뀔 것이고 부부 그리고 친구관계 심지어 국가의 설정부터 다시 시작해야 할지 모른다. 즉 새로운 세상에 맞도록 새로운 생각과 규범 그리고 법이 필요한 것이다. 따라서 교육, 산업, 문화, 법 등 우리와 밀접한 영역에서의 변화에 대한 고민과 대응노력이 필요하다.

마지막으로 세상이 어수선할수록 국민 갈라치기와 같이 분열을 조장하기보다는 국민 화합을 위한 리더십이 필요하다. 이제까지의 보여주기식 항일운동이나 파렴치한 부패 정치인들보다는 실력이 있는 인물을 고용하여 이제는 국민을 한데 모아 번영하는 국가의 모습을 보여주었으면 싶다.

충분한 준비는 실수를 줄인다. 그리고 그 준비는 정확한 상황인식에서 출발하는 것이고 또한 그 준비는 많이 할수록 좋은 것이다. 올해가 문재인 정부의 마지막 해라는 점에서 신축년 2021년은 부디 희망과 화합 그리고 번영의 한 해가 되었으면 한다.

2021-01-08

선진국 국민이 된다는 것

2021년을 맞이하면서 생각해본다. 1910년 나라가 망하고 100년, 1950년 다시 큰 전쟁을 치르고 70년이 지났다. 전쟁의 잿더미 속에서 이제 선진국 대열에 들어갈 만큼 경제력도 커져 자동차, 조선, 반도체 산업에서 큰 역할을 하게 되었다. 기적이다. 나라가 망하고 100년 만에 선진국으로 올라섰다는 것은 기적일 수밖에 없다. 그렇다면 경제력이 있다고 해서 과연 선진국의 국민이 될 수 있는 것인가.

선진국은 경제 발전을 이루고 함께 국민의 발달 수준이나 삶의 질이 높은 국가들을 말한다. 다시 말하면 사는 것뿐 아니라 생각도 풍요로워야 한다는 것이다. 독일 철학자 막스베버는 청교도들처럼 검약하고 부지런하며 정확한 규율 속에서 사는 것이 근대인의 특징이라고 지적한다. 선진국 국민의 모태가 된 근대인들은 부의 축적뿐만 아니라 지식탐구에도 높은 가치를 두고 있었다. 예컨대 만유인력을 생각해낸 영국의 뉴턴이나 처음 백과전서를 만든 프랑스의 볼테르 등이 바로 그들이었다. 사실 이러한 지식은 부의 원천이 되었던 것이다.

우리도 한때 선진국이었다. 조선 초기만 해도 당시 패권국 명(明)의 문화를 받아들이고 조광조의 개혁에 힘입어 경제뿐만 아니라 학문도 발전하였다. 그러나 이러한 융성은 임진왜란 전후로 급속히 쇠락한다. 조선 정탐록 "조선잡기"를 쓴 혼마 규스케는 "일본이 전에는 조선의 책을 탐하였지만 지금은 아무것도 없고 백성은 도탄에 빠져 있어 어떻게 쉽게 망할 수가 있는가"라고 통탄했다. 주자 성리학에 매몰된 사대부들이 소위 덕(德)만을 추켜세워 경제활동을 멀리한 때문에 학문의 발전은 고사하고 경제적인 어떤 발전도 이룩하지 못했던 것이다.

일본 치하와 해방을 거치면서 유일한 학문 유입은 일본 유학생의 귀향과 이들에 의한 일본 책 번역이었다. 더욱이 한국전쟁 이후 촉발된 산업화는 기술 위주의 획일적인 방향으로만 치우치게 된다. 즉 외국 문화가 우리 속에 들어와 우리 것으로 만들 시간적 여유가 없었고 만들 이유도 없었다. 몇 년 전만 해도 서점의 서가를 채우고 있던 것은 서구 학문에 대한 일본말 번역서를 그대로 우리말로 다시 번역한 것이었다. 지금도 대부분 번역서이고 한국인 저자라고 해도 책의 주제가 신변잡기를 벗어나지 못한다. 다시 말하면 일본으로부터 물리적으로는 독립했으나 정신적으로는 일본세력권 내에서 알게 모르게 살아왔던 것이다.

이같이 사색을 위한 책들이 귀한 것은 그만큼 우리 생각을 가다듬을 역사가 미천하고 토양이 없던 탓이다. 초중고에서는 암기 위주의 교육이고 대학에서도 누구나 취업준비에 그리고 바쁜 직장 생활에 쫓기다 보면 결국은 생각할 여지가 없을 수밖에 없다. 이렇듯 "생각"에 대한 환경이 안 되어 대학에서조차도 새로운 지식을 만들어 내기가 어려운 것이다.

독서와 사색이 부족하고 토론문화도 정착되어 있지 않다 보니 일상 대화 중에 해학이나 논리적 설명보다는 감정만 앞세워 목소리만 커지게 된다. 매일 접하는 국내 정치인들의 연설은 아무런 감동도 주지 못하고 있고 일반 토론에서도 논리적 설명보다는 자기 주장만 요란하다. 결국 말은 생명력이 없이 무미(無味)한 형태로 전달되는 것이다.

그렇다면 우리는 어떻게 선진국 국민이 될 수 있는가. 지금처럼 남부럽지 않은 경제력을 얻었다면 이제는 지력(智力)을 높여야 하고 행동에 절제도 있어야 한다. 이를테면 독서를 생활화해서 관련 단체와 모임도 활성화할 필요가 있다. 이러한 지적 훈련을 통해 우리는 보다 원숙해질 수 있고 이해를 높일 수 있는 것이다. 또한 국민 개개인 모두의 정신적 수준이 높아야 한다. 영특한 지성인이 낮은 수준의 국민 가운데서 나올 수는 없기 때문이다. 다시 말하면 저절로 되는 것이 아니라는 것이다.

절제 있는 행동 역시 중요하다. 몇 년 전만 해도 코리안 타임이라는 것이 있었다. 약속보다 한참을 늦게 가도 당연하게 여긴다는 것이다. 시간 약속을 철저히 지키는 선진국에서는 상상할 수 없는 일이다. 일반 관광버스에서의 추태는 말할 것도 없고 밤늦게까지 몇 차에 걸친 술 문화 그리고 최근까지도 미디어를 도배하고 있는 파렴치한 정치인들의 행태 등이 바로 후진국 국민이 보여주는 전형적인 모습이다. 이러한 행태는 경제적으로는 여유로울지 모르나 선진국에 걸맞는 문화는 아니다.

절제 있는 생활을 하기 위해서 엄격한 규율을 지켜야 하고 아울러 남에게 피해 주지 않으려는 배려도 해야 한다. 이러한 행동이 법에 의해 혹은 남에게 보여주기 위해 하는 것이 아니라 규범이 되어야 하고 또한 당연시되어야 하는 것이다.

이렇듯 선진국의 국민이 되는 것은 매우 힘든 일이다. 무엇보다 부지런하고 검약해야 하며 책을 가까이해야 하는 것은 물론이다. 그리고 다른 사람들의 생각을 이해함으로써 그들의 시각을 통해 우리를 쳐다볼 수 있어야, 그때서야 우리는 비로소 선진국 국민이 되었다고 자부할 수 있을 것이다.

2021-02-03

불편한 주식 광풍

　최근 미칠 듯이 올랐던 주가가 신년이 열리자마자 3000포인트마저 넘어섰다. 지난 3월만 해도 코로나로 인한 경제 붕괴가 전망되자 1400포인트까지 곤두박질했던 주가가 최근 몇 달 만에 배 이상이 올라 버렸던 것이다. 급기야 전문가들이 경고를 하고 나섰지만 당분간 그칠 것 같지는 않고, 오히려 사회는 부동산 시장에 이어 주식시장도 가진 자와 못 가진 자로 양분되어 버린 것이다. 도대체 왜 이런 일이 벌어졌을까.

　주식이란 기업의 가치를 나타내는 유가증권이다. 기업이 돈을 벌 것 같으면 주식을 사게 되어 그 회사 주식 값이 오를 것이고 안 좋으면 팔게 되어 값이 하락하게 된다. 문제는 일반시장처럼 주식시장에서도 사람들의 주식 매매행위가 이성적으로만 움직이지 않는다는 데 있다. 이를 나타내는 대표적인 사례가 튤립 버블사건이다.

　17세기 네덜란드에서 무역으로 풍족한 자본가들이 투자대상을 찾고 있었는데, 마침 아랍에서 들여온 희귀한 튤립에 엄청난 값이 붙게 된 것이다. 튤립은 없는데 서로 사려고 하니 값이 치솟아 한 뿌리에 지금 시세로 하면 약 삼천만 원이 되었다고 한다. 튤립 사건은 명확한 이유가 없이 턱없이 올라간 가격에 대한 사건 예컨대 수년 전 불었던 닷컴 광풍이나 최근 비트코인 광풍을 설명할 때 흔히 언급된다.

　우리 주식 광풍의 원인을 찾는 것은 그리 어렵지 않다. 먼저 지적되는 것은 풍부한 통화 유동성과 제로금리이다. 작년부터 거의 무제한 살포된 돈은 실물경기 침체로 인해 갈 곳을 찾지 못하고 결국 부동산에 몰렸고 그쪽이 감당이 안 될 정도로 너무 오르다 보니 상대적으로 값싼 주식시장으로 다시 몰리게 된 것이다. 기업가치는 떨어지는데 주가만 올라 버렸다.

폭락할 줄 알았던 주가가 오르다 보니 이제 너도나도 예금을 찾거나 빚을 내어 시장에 들어오게 된다. 오죽했으면 FOMO(Fear of Missing Out) 즉 "참여 못한 공포"를 나타내는 신조어도 나왔다. 투자대기금이 쏟아져 들어와 고객 예탁금이 지금도 67조를 넘어 줄지 않고 있는 것이다.

다른 하나는 증권사 유튜버들의 부각이다. 이들의 안내로 누구나 쉽게 집에서 투자를 할 수 있도록 투자 환경이 조성된 것이다. 보통 수십만의 전국적인 팔로우를 거느리고 장을 설명하고 추천하는데 이들이 결국 장의 흐름을 결정하게 된다. 이들이 아무런 정보와 분석능력이 없는 일반 투자자 즉 개미세력들의 투자 향방을 결정하고 있다고 봐도 무리가 없다. 예컨대 "현대차가 미국 애플과 협약하여 자율자동차를 만든다"라는 재료로 현대차 주식을 유튜브에서 추천하면 다음날 팔로우들에 의해 엄청난 매수가 이루어지는 그런 식이다. 물론 유튜버의 활동은 본인과 소속 증권회사의 수익으로 이어지게 됨은 물론이다.

이러한 현상은 실물투자를 해야 하는 기업에서도 마찬가지이다. 매스컴에서 한 중기 사장이 공장시설 투자 대신 주식에 투자하여 큰돈을 벌어 다른 중기 사장들에게 부러움을 받았다고 소개한 적이 있었다. 다시 말하면 기업이 돈을 벌어 자신의 기업에 대한 투자보다는 주식투자를 한다는 것이다.

주식 광풍은 몇 가지 우려를 낳고 있다. 아마 가장 큰 것은 사회가 힘들여 일하기보다 이러한 사행성 혹은 한탕주의에 빠지기 쉽다는 점이다. 이를테면 도박이 일상화된 사회가 그것이다. 사실 요즘 회사에서도 화제가 일보다는 주식 거래가 더 많다고 한다. 유행하는 말로 일을 열심히 한 부장보다 증권을 한 사원이 더 낫다는 말이 있을 정도이다. 국가의 미래를 생각하면 기업 경쟁력이 절실할 때인데 답답한 일이 아닐 수 없다.

계층 간의 갈등이나 한탕주의도 문제가 된다. 주식을 해서 돈을 버는 자와 못한 사람이 나타날 수밖에 없고 이들 간의 위화감이 또한 사회적 갈등이 될 수 있다. 부동산이 오를 때는 집을 가진 자와 못한 자와의 간극이 있었는데 이제는 주식으로 그렇게 된 것이다. 주식 광풍이 사회 화합보다는 갈등만 키운 모양이 되었다.

광풍의 시기에는 한탕주의도 만연하게 된다. 세밀한 분석을 토대로 투자하기보다는 다른 사람들의 주식 투기에 같이 부화뇌동하기 쉽고 자칫 투자실패에 따른 좌절은 큰 사회문제로 비화될 수 있다. 즉 이성보다는 감정에 휩싸인 사회가 되기 쉽다는 것이다.

마지막으로 주식시장의 광풍은 현 정권의 잘못을 덮어 버릴 수 있다. 최근 문재인 정권의 갖가지 실책과 부패 문제가 이러한 광풍에 휩쓸려 쉽게 묻혀 버릴 수 있고 이는 코로나와 함께 곧 다가올 선거에 영향을 줄 수밖에 없다.

이러한 우려를 불식시키기 위해서 정부는 하루빨리 건전한 금융 유동성 구조를 만들어야 한다. 정부는 지금처럼 거의 무제한 돈을 풀기보다 코로나의 공포도 어느 정도 사라진 만큼 이제는 유동성을 조절해서 달궈진 주식시장을 정상화해야 한다. 그래야 풀린 돈이 실물산업으로 흐를 수 있고 2008년과 같은 금융사태가 재현되기 전에 막을 수 있는 것이다.

물론 투자자도 냉정할 필요가 있다. 부동산도 그리고 주가도 이미 오를 만큼 올랐다는 것이 정설이다. 모든 전문가가 경종을 울리고 있듯 이러한 시기에 빚을 안고 투자하는 것은 위험한 것이고 잘못하면 개인 파산 등 큰 어려움을 봉착할 수도 있다는 사실을 잊지 말아야 한다.

주식시장의 활황은 좋고 바람직한 것이다. 다만 이것은 실물시장과 연동이 되었을 때의 경우이다. 기업가치와 주가의 괴리가 클 때 투자는 투기나 버블이 되는 것이고 올라간 주가는 반드시 떨어지게 되어 있다. 미국 투자의 귀재 짐 로저스는 충고를 한다. "투자는 본인이 아는 것에만 해야 합니다. 왜냐하면 오를 때의 기쁨보다 내 귀한 자산을 잃을 때 고통이 더욱 크기 때문입니다."

2021-01-14

인천 바이오산업, 이렇게 해야만 한다

　최근 송도에 큰 플래카드가 걸렸다. "인천 바이오 공정 인력양성 사업"을 유치했다는 것이다. 삼성바이오와 셀트리온 옆에 바이오산업 복합단지를 구상하고 있는 시로서 몇 번에 걸친 시도 끝에 정부로부터 받아 낸 쾌거이다. 이로써 송도 바이오 단지는 대학, 공장, 인력양성의 큰 틀을 마련한 셈이다. 그렇다면 과연 이것으로 송도는 성공적인 바이오 단지가 될 수 있는가.

　바이오산업은 크게 의약품을 다루는 레드 바이오, 의료장비나 헬스케어 기기가 대상인 화이트 바이오, 그리고 농산물을 이용한 그린바이오로 나뉜다. 레드바이오나 화이트 바이오는 전문 복합단지로서 2006년 오송단지와 경북 신서단지가 정부의 지원으로 시작되었고 그린 바이오산업은 충북에서 씨앗 품종개량 등을 중심으로 활성화되었다. 인천은 셀트리온과 삼성바이오가 들어선 이후 레드 바이오산업에 관심을 갖게 되었고 최근 바이오 공정 인력사업을 유치함으로써 송도가 바이오 클러스터로서 가능성을 열게 된 것이다.

　레드 바이오산업의 경우 신약개발이 핵심이다. 신약 개발은 대기업에서 장기간 큰 투자를 통해 신약을 개발하는 경우가 대부분이고 성공하면 높은 가격 책정은 물론 일정 기간 법에 의해 보호받는다. 이 기간이 끝나면 누구든지 약을 제조해 저가에 시판할 수 있다. 이런 약을 복제약이라고 하는데 주위의 셀트리온이나 삼성바이오가 바로 이런 복제약제조 기업이다.

　복제약 기업은 일종의 제약 제조공장이다. 이들 기업은 공장 특성상 고급 개발인력보다는 공장을 움직일 수 있는 기능 인력이 필요하다. 다시 말하면 같은 바이오산업이지만 장치산업으로 고용효과나 부가가치가 높지 않다는 것이다. 사실 지역경제에 도움이 될 산업 유발 효과도 크지 않다.

그러나 신약개발은 복제약과는 차원이 다르다. 축적된 기술력과 정보가 준비되어야 하고 거대한 자금으로 실패 위험도가 높은 프로젝트를 수행해야만 한다. 예컨대 요즘 부각되고 있는 코로나 치료약이나 백신연구도 마찬가지이다. 병균이나 바이러스에 적용할 수 있는 물질을 먼저 확보하고 적용시켜서 가장 효율적으로 반응하는 물질을 찾아내는 것이다. 수많은 반응 물질을 구하는 것은 물론이고 그것을 일일이 적용하는 것이 어렵기도 하지만 상당한 시일이 필요하다. 그래서 백신 개발에 보통 10년을 말하는 것인데, 이럼에도 불구하고 만약 성공만 하면 이 모든 것을 상쇄할 만큼 큰 이익을 얻는 것이 상식이다.

　　바이오산업을 성공적으로 일으키기 위해 복제약공장과 공장인력만 있으면 되는 것이 아니다. 신약개발을 목적으로 한다면 여기에 걸맞은 경영환경 인프라와 첨단 정보기술 기반이 준비되어야 하고 현재와 같이 관보다는 민간 주도로 추진되어야 할 필요가 있다.

　　먼저 신약 개발을 하기 위해서는 개발 주체와 함께 보완적인 경영환경 인프라가 구축되어야 한다. 예컨대 첨단 개발인력과 값비싼 첨단 장비군은 물론 개발과 상용화 그리고 생산과 마지막 단계인 폐기에 이르기까지 제약 생명 주기 전(全) 과정에 필요한 법률과 재무 전문가 군단, 그리고 마케팅 조직 등이 있어야 한다. 다시 말하면 기술만 갖고 되는 것이 아니라는 것이다. 이외에도 외국의 첨단 기업과 외국인들이 정착하기 쉽도록 간편한 행정 서비스가 필요하고 공장인력보다는 신약 개발인력 양성 사업 역시 필요하다. 사실 연구 활성화와 관련 인력을 효율적으로 충당하려면 대학의 역할이 중요한데 문제는 송도 주변에 이를 감당할 마땅한 대학이 없는 실정이다. 그래서 이제부터라도 지역 대학 그리고 바이오 기업들과 함께 인천시는 신약개발 인력양성에 대해 구체적인 방안을 세워야 한다.

　　바이오산업은 첨단 정보기술의 도움이 절대적이다. 대용량 데이터를 집적해야 하고 활용해야 함은 물론 고용량 시뮬레이션을 하려면 이들 도움이 없이는 불가능하기 때문이다. 21세기 큰 성과라고 알려진 인간의 유전자 지도의 획득도 이러한 첨단 정보기술이 없으면 불가능한 일이었다. 그러나 지역 산업이 주로 제조업에 편중되어 있다 보니 정보산업 기반이 극히 취약한 것도 또한 걸림돌이 된다.

마지막으로 바이오산업의 활성화는 민간주도로 추진되어야 한다. 바이오산업이 전문성과 큰 자본이 필요하고 위험도 큰 만큼 관 주도보다는 민간에 의해 바이오 단지가 조성되고 운영되도록 해야 하는 것이다. 제약회사가 당연히 어떤 의약품을 개발하고 제조할 것인지 잘 알기 때문이다. 또한 코로나 백신사태에서 보듯 의사결정이 빠른 기업이 큰 경쟁력을 갖는 것이다. 이러한 이유로 인천시는 필요한 연구, 인력 그리고 장비 확보에 대한 자금을 지원하고 아울러 필요한 법적 지원에 국한하여야 할 필요가 있다.

바이오산업은 미래 산업이고 황금알을 낳는 산업임은 명백하다. 그러나 또한 큰 위험이 따르는 것도 간과할 수 없는 일이다. 쉽게 말해 상상하기 어려운 큰 투자 금액이 순식간에 사라질 수 있는 것이 바이오산업이고 정확히 판단하여 시간을 갖고 체계적으로 추진하면 큰 성과를 낼 수 있는 것도 바이오산업이다.

서두르지 말자. 제대로 하자는 것이다.

2021-02-18

윤 검찰총장과 추 법무장관의 고민

지난해 내내 매스컴을 달군 것은 법치국가에서 핵심인 두 사법기관 수장의 이전투구이다. 이제 윤석열 검찰총장이 현 정권에 검찰수사를 들이대기 때문에 추미애 법무부 장관이 윤 총장을 잘라내려 한다는 것은 누구나 아는 사실이다. 그렇다면 윤 총장은 왜 그렇게 정권비리 수사에 계속 무리수를 두고 있고 추 장관 역시 말도 되지 않는 이유를 들어 그를 몰아치고 있는 것일까.

윤 총장의 경우 몇 가지 시나리오를 상정해 볼 수 있다. 그는 박근혜 전 대통령 시절 좌천된 인물이다. 그리고 문재인 정권이 분을 삭히고 있던 그를 불러내어 박근혜 전 대통령집단에 대한 처단 임무를 맡겼고 유감없이 그 실력을 발휘하게 된다. 모호한 직권남용이나 뇌물 없는 뇌물죄를 들이대어 전 정권을 초토화시켰다. 사실 그 공을 인정받아 검찰총장까지 단숨에 승진하게 된다. 그렇다면 왜 그는 은인 같은 현 정부에 칼을 들이대는 것일까.

그에게는 두 가지 선택지가 있었을 것이다. 하나는 현 정권 비리를 덮고 눈 감는 것이다. 이 전략은 현 정권에서는 안정되고 풍요로울지 모르나 곧 정권이 바뀌면 정권 비리수사 무마에 대한 책임을 검찰 수장으로서 혼자 뒤집어쓸 가능성이 있다. 다시 말하면 자칫 현 정권과 함께 경력이 끝나게 된다는 것이다. 하지만 현 정권비리에 칼을 든다 해도 현 총장 자리는 임기제로 안전하다. 임명권자인 대통령이 면직처리는 할 수 있어도 그럴 경우 대통령 본인에게 큰 타격이기 때문에 이도 쉽지 않은 것이다.

칼을 든 패의 장점 중 하나는 정권의 비리를 갖고 정권과 딜을 할 수 있다는 것이고 다른 하나는 정권이 바뀌어도 정권 비리수사에 대한 책임에 대해 비켜갈 수 있다는 것이다. 이 외에도 부수적으로 정치적 인기에 영합할 수도 있다.

자리를 뺏기는 최악의 경우에도 홍준표 의원처럼 대쪽 같은 이미지로서 정치적 기회를 잡을 수 있다. 또한 검찰의 자존심을 지켰다는 대의명분은 부산물이다. 즉 자기를 구해 준 현 정권에 칼을 빼든 것이 결코 손해나는 일이 아니라는 것이다.

그렇다면 추 장관은 어떠한가. 현 정권의 아이콘인 노무현 전 대통령에 대한 탄핵주도자로서 원죄가 있기 때문에 정치 생명력을 얻기 위해서는 현 정권을 위한 큼직한 실적이 필요했을 것이다. 조국 전 법무부 장관이 하차했을 때 정권은 두 가지 일에 적합한 해결사를 찾았다. 하나는 공수처를 발족시키는 일이고 다른 하나는 조국을 망가뜨린 위험한 윤 총장을 쳐야 하는 일이다. 이 작업에는 피를 품어야 하는 일이어서 적절한 사람을 찾기 쉽지 않았을 것이다. 그래서 정권과 추 장관의 이해 관계가 맞았고 추 장관은 장관임명과 동시에 미션을 무리하게 수행하게 된 것이다.

그러나 윤 총장은 칼을 든 이상 물러날 퇴로가 없다. 수족을 잃은 만큼 비리수사를 지시하는 것 외에 마땅히 할 일도 없다. 추 장관이 소위 칼춤이라고 평할 만큼 윤 총장을 압박하면 할수록 그의 정치적 인기는 오히려 올라가는 행운을 누리고 있는 것이다. 그렇다고 해서 미션을 받은 이상 추 장관도 쉽게 물러설 수는 없는 노릇이다. 윤 총장을 쳐내는 일에 자신의 모든 정치 생명을 걸었던 만큼 무엇인가를 해야만 했다. 그러나 사태가 윤 총장에게 유리하게 돌아가자 청와대는 급기야 추 장관을 내치고 대신 공수처 발족에 공이 있는 박범계 의원을 선택했다. 추 장관은 아직 사직서를 제출 않고 있다고 한다. 아니 내고 싶지 않은 것이다. 미션이 아직 완수되지 않았기 때문이다.

추 장관은 현 정권에 할 말이 있다. 비록 윤 총장을 쳐내기는 실패했지만 현 정권을 보호하기 위해서 자신의 정치생명을 희생했다고 주장할 것이고 이에 대한 반대 급부로 서울시장 후보나 총리 자리 아니면 대권 후보를 요구할 수도 있다. 물론 그것에 대한 결정은 대통령의 몫이다.

만약 이런 시나리오도 아니라면 윤 총장이 정말 대쪽 같은 성품으로 모든 불의를 참지 못하는 성격일 수 있고 아니면 지독한 검찰주의자로서 검찰의 기득권을 지키려 그럴 수도 있다. 여기서 더 나가면 배후에 정권과 이 둘을 움직이는 큰 설계자를 상상할 수도 있다. 그래서 추 장관과 윤 총장의 역할이 주어지고 어떤 목적을 위해 추 장관과 윤 총장의 이전투구를 전면에 내세웠을 수도 있다. 그렇다면 이 쇼가 우리의 시선을 잡고 있는 사이 현 정권은 설계대로 의도된 일을 하고 있을 수도 있는 것이다. 이를테면 더 큰 정권비리 무마 등이 그러한 일이다.

그렇다면 어떤 것이 진실인가. 모른다. 세력의 핵심에 있지 않으면 누구도 알 수 없는 일이다. 우리는 매스컴에서 나오는 뉴스만을 통해 추론할 뿐이다. 사실 문제는 우리가 접하는 매스컴들이 언론 선진국과는 달리 정권이 알리고 싶어 하는 것만 보도하기 때문에 우리가 하는 추론에는 한계가 있을 수밖에 없다. 그러나 확실한 것은 현 정권과 추 장관 그리고 윤 총장이 국내 최고 엘리트인 만큼 서로 치밀한 계산 하에 움직이고 있다는 사실이다.

우리 같은 서민으로서는 누가 그 큰 자리에 무엇을 하든 알 수가 없다. 설령 안다고 해도 별 뾰족한 방법도 없다. 사실 이런 세력다툼으로 직접적으로 영향을 받는 사람들은 권력을 갖고 있는 그 사람들이지 대부분 일반 국민에게는 상관없는 일이다.

그러나 국제정세가 어렵고 코로나로 힘든 세상에 이렇듯 최고 학벌의 유능한 관료들이 자신의 입지를 위해 아귀다툼을 하는 것은 안타까운 일이다. 어쩌면 나라를 망하게 만들었던 조선 말 사대부들의 세력 암투를 보고 있는 것 같아 현 정부와 같은 시대를 살아가는 일개 서민으로서 가슴이 무너져 내린다.

2021-01-21

김구 선생과 인물 평가

인물에 대한 평가는 무척 조심스럽다. 살아있는 인물에 대한 평가를 내리기도 힘들지만 과거 인물이라고 해서 평가가 역시 결코 쉬운 일은 아니다. 사실 평가하는 사람에 따라 각기 다른 세계관과 시각을 갖고 있을 수도 있고 목적에 따라 큰 차이가 있기 때문이다. 더욱이 편향된 시각으로 쓰인 교과서는 위험하기조차 하다. 어릴 때 만들어진 인물관이나 세계관은 자칫 평생 고쳐지기 힘들다.

과거 인물을 평가하기 위해서는 먼저 당시 시대 상황과 그의 결정 혹은 행동이 공동체에 어떠한 영향을 미쳤는가를 이해해야 한다. 처해 있던 상황에서 일반 사람들이 못한 일을 용감하게 혹은 과감히 실행함으로써 공동체에 큰 이득을 남길 때 그의 결단과 행동을 기릴 수가 있고 교훈으로 남는 것이다.

만약 이념이나 생각을 같이한다고 해서 없는 사실을 만들어 내거나 실책을 누락하는 일은 평가를 흐릴뿐더러 자칫 배울 교훈도 잃어버리게 된다. 그래서 고대 역사학자 헤로도토스는 "역사는 반드시 있는 사실에 입각하여 기술해야 한다"라고 적고 있다. 즉 평가는 각 독자들의 몫이라는 것이다. 그럼에도 역사학자는 이분법적 논리로 선인과 악인의 낙인을 찍는 경우가 흔하다.

국가적 인물인 김구 선생은 해방 전과 후의 행적이 크게 상반된다. 전자는 항일 무장투쟁으로 후자는 민족통일로 대변할 수가 있다. 미국 유학파였던 이승만과는 달리 국제법이나 국제 정세에 어두운 그로서는 택할 수 있는 일이 중국 장개석의 국민군에 편입되어 일본에 무력 투쟁하는 일이었다. 물론 수백만의 일본군에 대항하여 수백의 광복군으로 할 수 있는 일이 많지 않았고 열악한 임시정부 운영에 중국 도움이 절대적이었기 때문이다. 일본 요인의 암살에 윤봉길 이봉창 열사 등을 움직여 성과를 거두지만 이러한 폭력적 해결방식은 해방 후에도 이어져 장덕수 암살 등의 혐의로 점령군이었던 미군정으로부터 조사를 받게 된다.

문제는 해방 후의 그의 행적이다. 당시 미군정은 해방된 조선을 건국하기 위해서는 당분간의 신탁통치가 불가피하다고 판단했다. 그러나 그를 비롯한 국내 인사들은 신탁통치보다는 건국을 원했고 이승만은 총선을 준비한다. 그러나 소련의 사주를 받은 북한의 김일성은 군대를 키우고 김구를 초청하여 찬탁으로 회유하게 이른다. 만약 총선으로 남한 정부가 들어서면 도발은 바로 국제법에 의해 침략으로 간주되어 제재를 받기 때문이다. 그래서 북한은 이후 총선 저지를 위해 제주 4.3사건이나 여순반란사건을 주도하게 된다.

그는 현실 감각이 부족한 몽상적 민족 통일론자였다. 선거를 하지 못하게 되면 쉽게 북한에 의한 통일 정부를 이룰 수 있고 결국 통일 정부의 수반을 본인이 할 수 있다고 판단했을 것이다. 세계 정세에 어두운 그는 쉽게 동조하게 되었고 결국 찬탁으로 주장을 뒤집는다. 만약 그의 뜻대로 그때 건국이 되지 못했다면 북한에 의한 민족통일은 이룰 수는 있었겠지만 현재의 한국과 같은 번영은 없었을 것이다. 그렇다면 우리는 무엇을 그에게서 본을 받아야 할 것인가.

사실 김구 선생을 영웅으로 세운 사람은 다름 아닌 박정희 대통령이었다. 당시 국민이 본받아야 할 영웅이 필요했고 이순신 장군과 함께 국민적 영웅으로 선정되었던 것이다. 아마 이승만은 4.19 혁명 시 지탄도 있었고 5.16 군사정변 역시 그 연장선에 있기 때문에 선정이 쉽지 않았을 것이다. 그리고 사실 역사를 통틀어 마땅한 인물도 없었다. 그러나 우리가 아는 그는 인도의 혁명 지도자 간디와 같은 국가 비전의 제시나 국민들을 일깨우는 그런 인물에 비할 수는 없겠지만 큰 틀에서 보면 나름대로 통일 국가를 추구했던 훌륭한 독립운동가임은 명백하다.

그렇다면 다시 묻지 않을 수 없다. 우리가 그렇게 영웅시하는 김구 선생에 대해 그분의 무엇을 칭송해야 하는가. 중국 국민군에 편입되어 중국을 위해 일본과 싸운 일이나 현실과 동떨어진 몽상적 민족 통일론이 과연 우리가 추앙해야 할 그런 일인가 싶다.

인물 평가는 다면적으로 이루어져야 하고 또한 공정해야만 한다. 단면을 보고 전체를 판단하는 우(愚)를 범해서는 안 된다. 악인이라고 모든 것이 악한 일만 한 것은 아니고 선인이라고 선한 일만 하는 것은 아니다. 그래서 인물 평가는 있는 사실 그대로 서술하여 후대에게 가르쳐야 할 필요가 있다. 그래야 교훈이 되는 것이다.

민주화 운동과 리더십

최근 들어 뉴스에 유난히 많이 나오는 용어가 "민주화"일 것이다. 비단 정치권뿐만 아니라 노동단체들도 하는 일이 비록 다르더라도 한결같이 "민주"를 내걸고 있다. 혼란스러운 것은 무엇이 민주화이고 도대체 이 운동이 항상 옳은가이다.

민주화(民主化) 운동이라는 것은 비민주사회 즉 독재사회나 권위주의 사회에서 민주사회로 가기 위한 모든 활동을 지칭한다. 이때 민주라는 것은 글자그대로 구성원들이 공동체의 주인임을 나타내는 것이고 이를 구현하는 방식이 바로 투표제이다. 한편 노동운동은 노동자의 권리 즉 노동환경의 개선이나복지 등을 개선하고자 하는 활동이다. 그러나 그 범위가 커져 노동자가 직접기업 경영에 참여하는 등 주인으로서 역할을 하게 되면 이를 공산체제라고 하는데 대표적인 것이 구소련의 코뮌기업이다.

정치는 민주적 절차가 필요한 공적 영역에 속하는 것이고 이익을 내야 하는기업은 사적 영역에 속한다. 물론 이 둘의 영역은 엄격하게 구별되어야 하고양립할 수는 없는 것이다. 예컨대 기업 CEO를 구성원의 투표로 뽑을 수는 없는 것과 같이 정치를 기업처럼 명령체계로 할 수는 없다. 그것이 바로 독재나전제정치의 전형이기 때문이다.

기업이나 일반 조직에서는 특정 목표를 갖고 이것을 달성하기 위해 조직을강요해야만 한다. 다시 말하면 전제(專制)적이어야 한다는 것이다. 사실 기업을 경영하는 데 CEO가 말단 직원과 합의를 할 수는 없는 노릇이다. CEO는 구성원을 강제해서 기업의 목표를 달성하는 것이고 그것으로 자신에 대한 기업의 주인 즉 주주로부터 평가를 받는다.

다만 민주화 운동이 정당에 의해 정치적으로 일어나야 한다. 그러나 민주주의의 역사가 짧은 국가에서는 대부분 정치권이 허약하기 때문에 이를 대신하여 사회단체 혹은 노동자를 포함한 민간인들이 역할을 하는 것이 일반적이다. 또한 이러한 민주화 운동과 함께 열악한 노동환경에 저항하는 노동운동도 거의 같은 시기에 나타난다.

우리도 민주화 초기 4.19 혁명 때와 같이 정부 독재에 대항하는 움직임이 있을 때 산업현장에서도 열악한 노동조건을 개선하고자 하는 노동운동도 함께 시작하였다. 예컨대 영등포 YH사건이나 전태일 사건 등이 그것이다. 이러한 와중에서 정치권과 노동계 두 영역에서 민주화의 용어를 구별 없이 쓰다 보니 개념적 혼란이 올 수밖에 없었던 것이다. 국내 노동운동 단체는 노동운동이 곧 민주화운동임을 주장하고 있으나 법조계나 학계에서는 아직 이를 엄격하게 구별하고 있다.

이러한 개념적 혼재가 현실과 부딪칠 때 사회는 더욱 혼란에 빠지게 된다. 일전에 일어났던 KAL 회항 사건을 보자. 당시 조현아 상무는 승무원의 서비스에 대해 질책을 한 것이 발단이었다. 항공사의 최고 상품은 승무원 서비스인데 이것이 마음에 안 든 것이고 이것에 대한 질책이 지나친 것이다. 그러나 그것은 조 상무와 직원의 문제이고 회사의 문제이다. 직원이 견디기 힘들었다면 노사정 위원회에 호소하거나 혹은 민사로 해결하면 될 일이다. 당시 그랬듯 모든 국민이 동참해서 개인 회사를 질타할 이유는 없었다. 즉 사적인 영역에 공적인 잣대로 재단할 수는 없다는 것이다.

사실 인천대학교 시립화 이슈 역시 같은 연장선에 있다. 당시 백인엽 이사장의 권위주의적 대학행정에 대한 반발세력은 지역의 사회단체들과 함께 시립화를 추진하였다. 다시 말하면 이사장의 사적 영역에 이사장 반발세력이 민주화라는 이름으로 학교를 공적 영역으로 끌고 간 것이다. 물론 이사장이 군 출신으로 군대처럼 대학을 운영하고 권위적으로 군림했던 것은 사실이다. 그러나 사실 그것은 위법은 아니다.

이렇듯 사적 영역에서 민주화를 말하면 리더십이 설 수가 없다. 경영리더십 자체가 의미하는 것은 구성원의 합의가 아니라 명령이기 때문이다. 만약 리더십에 문제가 있어 기업에 손실을 입혔다면 평가는 주주나 시장으로부터 받아야 하는 것이지 법이나 사회단체로부터 받아야 하는 것은 아니다. 그러나 이러한 개념의 혼재가 불러온 파급은 예가 그렇듯 엉뚱하게 기업의 CEO들에게 돌아간다.

미국 첨단기업인 애플의 CEO 스티브 잡스는 매우 광폭한 CEO로서 유명했다. 제품개발 스케줄에 맞추어 직원들에게 엄청난 폭언과 과한 업무를 강요했다. 그리고 개발을 성공시키고 이에 대한 보상을 직원과 주주에게 돌려주었다. 그 당시는 힘들었지만 그 결실을 결국 다 같이 공유한 셈이다. 소위 민주국가인 미국의 대표 기업조차 이렇게 가혹하게 직장을 운영하여 세계적인 경쟁력을 갖게 된 것이다.

민주화를 말할 때 공적인 영역과 사적인 영역을 분리하여 생각하지 않으면 사회는 큰 혼란을 초래하기 마련이다. 이러한 혼란은 아직 우리의 민주 역사가 짧고 잘못 이해한 측면이 있을 것이다. 이제라도 민주 역사와 개념을 이해를 통해서 사적인 영역에서 민주를 외치지 않았으면 싶다.

2021-05-28

국가와 정권

　코로나 이후 달라진 것 중의 하나는 정부의 강한 통제력이 힘을 얻고 있다는 것이다. 소위 K-방역이라고 띄우고 있지만 실상은 사람의 일상을 꼭꼭 매어 두는 일이다. 이러한 상황에 과연 정부는 국민의 자유를 임의대로 구속 통제하는 것이 과연 옳은 것인가 하는 것과 과연 국가란 무엇인가 하는 의문이 든다.

　국가는 영토, 국민 그리고 주권으로 구성된 하나의 공동체이다. 그러나 정부는 국민을 보호하고 국가를 유지하는 기관이고 정권은 정부의 운영을 위해 합법적인 폭력을 위임받은 권력이다. 다시 말하면 국가는 정부와 다르고 정권과는 더욱 다르다. 정권에 충성하는 것이 국가에 충성하는 것에 반드시 일치하지는 않는다는 것이다.

　사실 선한 권력이 없는 것과 같이 선한 정권도 없다. 19세기 초 프랑스의 정치철학자 알렉시 토크빌은 이 점을 지적하였다. "어떻게 해서 정권이 들어서면 국민은 노예가 된다. 다시 신임을 물을 때 노예의 위치는 잠시 벗어나지만 정권이 선정되는 순간 국민은 자기 할 일은 했다고 생각하고 다시 예전의 노예로 돌아간다." 그는 군림하는 정권과 힘없는 국민을 군주와 노예의 관계로 비판하고 있는 것이다.

　정권의 전횡을 막기 위해 만든 제도적 견제 장치가 법원의 사법부와 국회의 입법부이다. 법치주의이기 때문이다. 이 법에 따라 권력이 형성되고 통제가 가능하기 때문에 정치계는 영역 전문가보다는 온통 법률가로 채워져 있다. 그래서 이를 보완한 것이 비례 대표제이지만 결국 이 제도도 자기 세력의 확대에 활용되고 있을 뿐이다.

　더욱이 정권이 제도적 견제 장치를 어떤 방법을 써서 무력화시킨다면 그것은 영락없이 전제정치와 같은 독재체제로 빠지게 된다. 과거 히틀러 정권이 그랬고 현재 터키나 중남미 등에서 보는 국가가 그런 식이다.

사법부와 입법부가 제도적 견제장치라면 비제도적 수단은 다름 아닌 정권에 대한 국민의 비판이다. 정권은 자신의 권력유지를 위해 선전, 선동, 협박, 공포 등을 조장하게 되지만 국민이 이러한 선동에 굴하지 않고 정권을 비판하게 되면 정권은 경각심을 갖고 조심하게 된다. 다음 선거가 있기 때문이다.

우리의 민주주의 역사는 짧다. 한국전쟁 이후 현재까지 70년간 구미가 수백 년 겪었던 거의 모든 정치적 변화를 짧은 시간 내에 겪어 왔다. 더구나 그 짧은 역사에서도 조선 왕조정치의 유교적 관습이 채 가시지 않은 채 좌우 이념 투쟁과 민주화투쟁이 뒤섞여 나타났다. 다시 말하면 아직은 민주주의 틀이 우리 몸에 익숙하지 않다는 것이다. 혼란스러운 이념의 혼돈 속에서 가장 쉽게 택할 수 있는 것은 어쩌면 예전 왕조시대부터 익숙해진 순종일 것이다. 본능적으로 절대 권력자 왕과 정권을 혼동한다는 것이다. 그러나 국민이 순종으로 일관한다면 즉 정권에 대한 감시와 비판에 소홀하다면 정권은 국민보다는 자기 탐욕을 채우기 마련이다.

최근 현 정권의 큰 업적(?)은 사법부 제압과 더불어 174석 거대여당의 힘으로 공수처 출범을 밀어붙인 일이다. 이제 현 정권에 대항하는 세력에 재갈을 물릴 수 있게 된 셈이다. 이러한 정권의 노력으로 우익 유튜브들은 줄줄이 폐쇄가 될 것이고 바른말을 쓰는 언론이나 지식인들이 숨어 버릴 것은 명확하다.

정권에 대한 비판의식을 가지려면 먼저 정치 시스템에 대해 이해를 해야 하고 이들이 나에게 주는 영향이 무엇인지 간파해야 한다. 예컨대 현 정권이 추진했던 개헌안을 돌이켜 보자. 당시 "자유민주주의"를 "민주주의"로 바꿀 것을 제의했다. "민주주의"와 "자유민주주의"는 다르다. 자유란 이념이 지향하는 지향점이고 민주주의란 이념이 작동하는 방식을 말한다. 그 작동방식이 바로 국민투표이다. 이처럼 "자유민주주의"가 개인의 자유를 지향하는 이념인 것과 같이 민주주의에는 다양한 이념이 있을 수 있다. 소위 북한과 같은 "인민 민주주의"나 "사회민주주의"가 바로 그것이다. 다시 말하면 헌법에서 우리가 북한 체제로 갈 수 있음을 명시한다는 것이다. 가슴 섬뜩한 일이다.

정권이 지향하고 있는 이념에 대한 명확한 이해가 반드시 선행되어야 이를 잣대로 판단과 비판을 할 수가 있는 것이다. 만약 사법부와 입법부의 제도적 견제장치가 작동을 하지 않는다면 국민의 냉철한 비판만이 정권의 폭정을 막을 수 있는 길이다. 이렇지 못한 베네수엘라나 아르헨티나 혹은 그리스를 보자. 이들의 공통점은 국민들이 무비판적으로 정권의 포퓰리즘을 받아들였기 때문이다. 비판의식이 사라지면 우리도 그들과 같이 되지 말란 법도 없다.

정권은 국가와 다르다. 정권이 국민의 지지를 받고 있다 해도 국가가 잘되는 것은 아니다. 정권이 국가에 헌신하게 하려면 제도적 견제기관의 올바른 작동과 함께 국민은 끊임없이 정부실책에 대한 비판의 목소리를 내야 한다. 그래야 정권은 국민에 군림하지 못하고 원래의 역할을 하게 된다. 만약 국민이 이러한 역할을 못 하면 권력을 쥔 정권은 목 줄 풀린 사나운 개가 되어 당신을 물어뜯게 되는 것이다.

2021-02-25

다시 생각하는 3.1절

올해 삼일절은 특별하다. 위안부 보상 판정과 죽창가로 일본과의 관계가 크게 어긋장이 난 후 정부가 갑자기 입장을 바꿔 화해 제스처를 쓰려 하면서 맞는 삼일절이기 때문이다. 이런 상황에서 맞닥뜨린 3.1절에 대해 그 의미를 다시 되짚어 보는 것도 큰 의미가 있다.

모든 기념일이 그렇듯 3.1절 역시 구체적이고 명확한 사실을 통해 무엇이 잘되었고 한계가 무엇인지를 알아야 교훈이 되고 또한 기념할 수가 있는 것이다. 프랑스 혁명이나 미국 독립전쟁, 간디의 무혈 투쟁 그리고 구소련의 공산혁명이 성공적인 혁명으로 인정을 받고 있는 것은 그로 인해 사회적으로 큰 변화를 초래했을 뿐만 아니라 축적된 연구결과가 있기 때문이다. 그러나 3.1운동이 조선 독립에 대해 이렇다 할 성과는 물론이고 운동 자체에 대해서도 아직도 충분한 연구조차 없는 것은 의아하다.

3.1운동 당시 1919년 세계는 제1차 세계 대전이 끝나고 각 식민지의 독립이 한창일 때였다. 중국은 공화국으로의 정치개혁에 돌입하였고 유럽 발칸 반도 및 그리고 아랍 여러 신생국들이 제국으로부터 줄지어 독립을 쟁취했다. 여기에 고무된 일본 내 조선 유학생들의 2.8 독립선언을 시작으로 해외 각국의 동포들과 함께 조선에서의 만세운동을 기획하게 된다.

3.1운동은 한일 합방 후 9년 후에 처음으로 조선 독립을 위한 전국적으로 동시다발적으로 일어난 시위였다. 당시 조선 유학생들의 권유에 따라 천도교와 기독교를 중심으로 시위가 기획되지만 주로 학생 그리고 농민들이 시위의 주류를 이루었다. 시위는 약 3개월간 50만 명이 참가하여 약 550명의 사망자와 1600명의 부상자를 내는 등 막대한 피해를 내고 종식되었다.

이후 3.1운동으로 세 가지의 변화가 있게 된다. 그것은 상해 임시정부의 수립과 독립군 창설 그리고 국내에서 만세 운동의 종식이다. 국외에 산재된 각 임시정부를 상해 임시 정부로 통합한 것은 대표성을 갖는 국가기관으로 필요한 일이었다. 이들이 택한 투쟁 방식이 어려운 외교나 국제법 논쟁보다는 쉬운 방식이 무장 투쟁이고 더욱 값싼 방식이 요인 암살과 같은 테러였다. 그 한 줌의 독립군도 1920년 청산리 대첩과 같은 성과에도 불구하고 곧 소련에 조정된 좌익들의 배신으로 전멸한다. 한편 국내에서도 일본의 극심한 감시체제와 회유 정책으로 만세 운동은 급속히 소멸되고 만다.

그렇다면 왜 3.1운동은 그 파급효과가 미흡했을까. 먼저 꼽을 수 있는 것은 운동을 지휘할 조직과 기획의 미비이다. 3.1운동은 단지 무혈 시위가 목적이었다. 쉽게 말하면 시위로 끝나는 것이지 조직적인 저항이나 독립투쟁으로 발전하기를 원하지 않았다. 특히 운동의 주최세력이라 할 수 있는 종교 단체의 참여가 미흡했을뿐더러 독립선언서를 발표한 민족대표 33인조차도 식당에서 읽고 바로 자수한다. 점차 시위가 과격해지자 오히려 자제단을 조직해 시위자제를 촉구하기도 했다.

또한 주도자들이 제국들에 의한 세계 정세 흐름에 대한 지식이 부족했다. 독립투쟁이라는 뚜렷한 목표를 추구하기보다는 시위를 통한 소극적인 대응으로 우리의 열망을 세계에 알리고 이들의 관심을 이용하여 독립을 얻으려 했던 것이다. 그러나 한국외국어대 반병률 교수에 따르면 이는 큰 "오판"이었다. 세계는 제국들의 이해관계를 통해 재편되고 있었기 때문이다. 더구나 1차 대전의 승전국인 일본에 대해 뭐라 말할 수 있는 국가는 없었던 것이다. 결국 이 같은 세계 정세에 대한 무지로 인해 운동으로 인한 조선인의 피해는 너무나도 컸다.

당시 조선인에게 국가 개념이 미흡했던 것도 또한 원인이다. 조선 왕조에서 잠시 대한제국 그리고 바로 일본 치하로 넘어선 까닭에 조선인들은 국가 독립이라는 어려운 개념보다는 칼 차고 멸시하는 일본의 무관통치가 싫었던 것이다. 당시 1905년부터 시작된 일본 통감통치에서 일본은 강압적 수단을 사용하였다. 예컨대 군인들이 칼을 차고 다니는 것은 물론 조선인에 대한 무시와 강압의 제스처였다. 이에 대해 일본인에 대한 분노가 쌓였을 것이고 때마침 일본의 고종 독살설이 증오를 더 했던 것이다. 사실 주동자들도 이런 기조를 활용하여 거사를 고종의 장례식날에 잡았다.

다시 말해서 우리는 독립에 대한 준비가 되어 있지 않았다. 안목을 갖춘 리더의 부재, 운동에 대한 전략과 조직이 미흡했던 탓에 만세 운동이 큰 동력을 얻지 못했고 결국 많은 희생 끝에 일본의 회유에 쉽게 종식되고 말았던 것이다. 결국 3.1운동은 성공적인 혁명 운동이 아니었다. 수많은 사람들을 희생하고도 독립을 이루지 못했고 세계로부터도 철저히 외면당했기 때문이다.

문제는 아직도 3.1절마다 매년 감상에 젖어 일본에 분노하지만 정작 우리가 왜 망했고 독립을 끝내 우리 힘으로 왜 못했는지에 대한 자각과 반성을 하지 못하고 있는 것이다. 오히려 5.18 민주화운동이나 위안부 사건처럼 성역화 되어 있어 다른 생각을 말할 수도 없다. 그러나 이러한 반성과 대비가 없다면 또 다시 그런 치욕을 당하고 그때와 같은 피눈물을 흘릴 수밖에 없을 것이다.

3.1운동은 아직 끝난 것이 아니다. 아직도 진행되고 있는 것이다. 죽창가와 위안부 보상 이슈가 3.1운동의 연장선이라면 그때 3.1운동의 한계점을 극복할 수 있도록 순간적 분노보다는 세계 흐름에 대한 이해와 일본에 대한 전략 그리고 체계적인 조직을 생각해야 할 것이다. 진정으로 3.1운동이 독립으로 완성되기 위해서는 반일을 높일 것이 아니라 이처럼 3.1 운동의 미흡한 점을 깨닫고 이를 극복해야 한다는 것이다. 즉 반일(反日)이 아니라 극일(克日)을 하자는 것이다.

2021-03-02

코로나와 정년(停年)

　코로나 사회에서 중요하지만 간과하기 쉬운 일 중 하나가 정년자 즉 은퇴자의 삶이다. 베이비붐 시대에 태어난 이들이 한창 은퇴를 맞고 있고 인구의 상당한 부분을 차지하고 있을 뿐만 아니라 코로나에 가장 취약하기 때문이다.

　우리나라에서는 2015년부터 베이비붐(1955~1963년생) 세대의 은퇴가 시작됐다. 앞으로 2023년까지 약 720만 명의 은퇴자들이 쏟아져 나올 예정이라고 한다. 이것은 UN 기준에 따르면 2019년은, 65세 이상 인구 비율이 약 15.48%인 '고령 사회'에 해당한다. 베이비붐 세대 중 맏이인 1955년생이 올해 만 65세로 고령 인구에 첫 진입했다. 다시 말하면 앞으로 720만 명의 베이비붐 세대가 인구 중 20% 이상을 차지하는 은퇴자 시대 즉 '초고령화 사회'가 곧 열릴 것이라는 뜻이다.

　은퇴는 생물학적으로 비생산적인 나이가 되어 직장에서 강제적으로 퇴출되는 제도로서 이를 법으로 규정한 것이 정년이다. 사실 직장에서 퇴출되면 어쩔 수 없이 많은 여유시간을 갖게 되는데 사실 여유란 어떤 목적을 이루기 위해 쉬는 것을 말하는 것이지 그 목적이 없다면 쉬는 것 자체가 바로 일이 되어 버린다.

　물론 생산성이 떨어지는 생물학적 정년과 법적인 정년이 일치하는 것이 이상적일 것이다. 그러나 의학이 발달하고 사회도 첨단 지식정보화 사회로 전환함에 따라 생물학적 정년은 이미 큰 의미를 갖지 못하게 되었다. 이미 수명 100세가 이제 낯설지 않은 세상이 되었고 육체의 힘보다는 지식을 우선시하는 세상이 되었기 때문이다. 문제는 이러한 생물학적 정년과 법적 정년의 괴리가 점차 커지고 있다는 것이다. 그렇다면 쉽게 정년의 필요에 따라 바꾸면 된다고 할 수도 있지만 이 문제도 노동의 수요와 공급이라는 경제적 측면과 양 세력의 정치적인 이해가 교차되어 쉽지 않은 일이다.

　사람은 사회적 동물이자 일을 해야 하는 동물이다. 다시 말하면 일과 관계를 유지해야 소위 인간적 삶을 영위할 수 있다는 것이다. 단지 오래 산다는 것이 중요한 것이 아니라 어떻게 살아가야 하는 것이 더욱 중요한 시대이다. 미디어 에서 회자되는 백 세에 가까운 연예인과 저명한 철학자가 있는데 이들의 공통 점은 아직도 일을 놓지 않고 있다는 점이다. 고령에도 불구하고 아직도 텔레비 전 방송을 하고 있고 또한 저술활동도 하고 있어 세간의 부러움을 사고 있다. 이같이 사람에게는 일과 인간 관계 자체가 바로 생명력인 것이다.

　그러나 은퇴 후 그동안 삶의 기준이었던 일과 관계가 거세된 사람들에게 남 는 것은 외로움과 절망감일 것이다. 직장에서 은퇴를 하면 대부분 그날부터 일 로부터 격리가 되고 일과 연계된 모든 인간 관계 역시 소원해지기 마련이다. 새로운 세계에 대해 접할 여유와 준비도 없이 갑자기 맞닥뜨린 정년의 새로운 세계에서 그동안 지녔던 권위와 개성 등이 탈색된 채 일개의 한 노인으로서 만 인지되고 있기 때문이다. 더구나 때마침 불어 닥친 코로나로 이들은 더욱 벼랑으로 내몰릴 수밖에 없다. 강요된 비대면 사회에서 역병의 취약자가 감당 하기에는 모든 것이 쉽지 않은 일이다.

　그러나 은퇴자는 국가의 귀한 자산이다. 이들은 오랜 세월에 걸쳐 축적된 연 륜과 지식 그리고 이에 바탕을 둔 공동체 문화와 전통을 갖고 있는 집단이다. 지식 정보화 사회에서는 이들의 지식이 더욱 값진 것이고 새로운 문화를 창출 하기 위한 중요한 기반이 되는 것이다. 어떠한 문화도 기존의 과거를 무시하고 세워질 수는 없다. 결국 이들이 갖고 있는 지적 자산을 올곧이 살려 우리 문화 와 전통의 맥을 잇는 것이 중요하다.

　이들을 국가적 자원으로 활용하기 위해서는 우선 은퇴에 대한 시각부터 바 꿀 필요가 있다. 즉 일을 떠나는 것이 아니라 단지 일하는 방식을 바꾸었다는 인식이다. 은퇴자도 마찬가지이지만 은퇴자를 대하는 사회도 이들을 새로운 노동 집단으로 인식할 필요가 있다. 이렇게 새로운 인식에서 만이 은퇴자를 수용할 수 있는 기업과 정부가 적절한 정책을 입안할 수가 있는 것이다.

이러한 인식 변화와 함께 은퇴자를 활용하는 사회적 시스템 구축이 필요하다. 일반 기업에서 은퇴자를 다시 기용하여 그들의 기술을 다시 활용하고 있듯이 이들의 경험과 지식을 기반으로 하는 국가지식정보체계를 만들어 국가적 차원에서 활용할 필요가 있다. 이를 위해서는 정부에서 이제까지 은퇴자를 노인층으로 치부하여 복지대상으로만 다룰 것이 아니라 이들이 갖고 있는 축적된 기술과 지식을 발굴하여 활용할 수 있도록 하는 정책을 입안해야 한다.

귀한 다이아몬드를 단지 숯덩이로 치부한다면 그것은 숯에 불과하다. 그러나 다이아몬드에 가치를 부여할 때 그 숯은 귀금속으로 태어나는 것이다. 어쩌면 지식정보화 사회에서의 국가 미래는 이들이 내재된 지식과 경험을 아끼고 보존하여 활용하는 데 달려 있다고도 할 수 있다. 그래서 은퇴자를 단지 보호해야 하는 이질적 집단으로서 격리할 것이 아니라 그들의 가치를 이해하고 활용하여야 진정 선진 국가가 될 수 있는 것이다.

2021-03-25

조직과 혁신

어느 조직이든 잘 나갈 때나 쉽지 않을 때 항상 언급되는 단어가 혁신이다. 혁신이란 용어는 일반 사기업을 넘어 사회단체나 정부 기관에서도 이미 일반화된 지 오래다. 이처럼 혁신이 만병통치약처럼 너도나도 갖다 쓰고 있는데 과연 신통한 효과가 있냐는 곰곰이 생각해 볼 문제이다.

혁신이란 20세기 중반 미국 경제학자 조지프 슘페터에 의해 처음 언급된 용어로서 새로운 아이디어나 도구로 조직 생산성을 높이거나 획기적인 상품을 개발해서 기업가치가 월등히 높아졌을 때를 뜻한다. 이를테면 요새 한창 나오고 있는 전기자동차나 자율자동차가 혁신적인 상품이고 인터넷이나 인공지능은 혁신적인 기술이다. 인터넷과 같은 첨단 정보기술로 인하여 기업조직이 바뀌고 경영 효율성이 혁신적으로 상승했다는 것은 이미 주지의 사실이다.

혁신이 처음 발현된 곳은 바로 사기업이다. 사기업은 주주의 이익을 목적으로 기업 자원을 분배하고 강제하는 조직이다. 기업 CEO는 이익을 내기 위해 주주로부터 권한과 책임을 갖고 조직원들을 강제하게 되는데 필요하다면 혁신적인 아이디어나 새로운 기술을 도입하여 혁신을 꾀하게 된다. 이같이 혁신 수행과정에서 성과를 높게 설정할수록 조직원에 대한 강제는 더욱 클 수밖에 없고 반대급부로 조직의 저항 역시 클 수밖에 없는 것이다.

경영 일각에서는 경영 재설계(Business Process Reengineering)라는 경영혁신기법이 한동안 유행한 적이 있었다. 이는 기업을 인터넷 등의 발전된 정보기술을 활용한 혁신적 조직으로 재구축하려는 것이다. 첨단 정보기술을 도입하게 됨에 따라 조직구조를 바꿔야 하기 때문에 조직원이나 부처 간 이해가 충돌하게 되고 반발하게 되는데 이때 CEO는 강제적 수단을 쓸 수밖에 없게 된다. 이렇듯 강제할 수 없다면 당연히 혁신 성과도 기대할 수 없을 것이다. 사실 이러한 첨단 혁신 기법도 조직저항에 부딪혀 위기에 빠진 몇 기업을 제외하고는 성공한 예가 그리 많지 않았다.

공적 영역에 있는 정부나 공사와 같은 정부 방계 조직이나 대학과 같이 전문 기관의 경우는 조직의 주인이 모호하다는 점에서 사조직과는 사뭇 다르다. 주인이 국민이나 시민과 같이 막연할 뿐 아니라 이들 조직이 내세우는 것이 대부분 가치에 대한 것으로 예컨대 평등 공정과 같이 모호하기 짝이 없다. 이런 환경에서는 주인격인 국민과 시민들이 원하는 것이 사기업처럼 측정 가능한 이익이 아니기 때문에 결국 혁신에 대한 뚜렷한 목표를 세우기가 난감하다. 사실 모호한 목표를 달성하기도 어렵거니와 혁신에 대한 성과 역시 측정하기도 어렵다. 다시 말해서 혁신성과를 측정해서 비교해야 하는데 이게 쉽지 않다는 것이다.

더욱이 공조직이 가치를 기반으로 설립되고 운영되기 때문에 사기업처럼 망할 수 있는 구조가 아니다. 정부지원이 있기 때문이다. 망하지 않는다면 당연히 위기를 느끼지 못할 것이고 결국 혁신 동기는 일어나기가 어렵다. 혁신을 하려 해도 조직의 반발에 무너지기 쉬운 것이다.

공조직 CEO의 입장도 별반 다르지 않다. 공조직의 CEO 선출이 조직 구성원들의 선거나 혹은 소위 선출 위원회에서 이루어지지만 아직도 상당수는 낙하산인 임명직이다. 조직원들의 선거로 CEO를 선출한다면 CEO는 조직원들의 이익을 대변할 수밖에 없고 본인의 비전을 구하기란 쉽지 않다. 아무리 혁신을 강조하지만 자신의 유권자들을 뜻대로 강제하기가 쉽지 않은 것이다. CEO가 국가의 경찰조직처럼 폭력을 위임받았다면 비록 선거에 의해 선출되었다고 해도 조직원에 대한 강제는 가능이야 하겠지만 그렇다고 공조직에 폭력조직을 둘 수는 없는 노릇이다.

선거 외에 선출 위원회나 소위 낙하산으로 선출되는 경우 이들 CEO 역시 공(功)보다는 과(過)가 없도록 경영할 수밖에 없다. 강한 혁신은 조직원의 반발을 사게 될 것이고 이는 자칫 CEO의 자리를 위태하게 될 우려도 있기 때문이다. 결국 이런 조직의 CEO가 취할 수 있는 최선은 혁신과 같은 큰 변화보다는 소극적으로 경영하는 일일 것이다.

이렇듯 공조직에서 사기업처럼 혁신의 성과를 얻기란 쉽지는 않다. 허나 능력 있는 CEO를 선출할 수만 있다면 그에게 사기업에서와 같이 명확한 목표를 설정하고 아울러 이를 달성할 수 있도록 조직을 강제할 수 있는 권한 그리고 외부세력에 휘둘리지 않도록 권한을 주어야만 한다. 물론 목표에 대한 책임을 반드시 물어야만 한다. 그래야 공조직에서도 혁신을 말할 수 있는 것이다. 사실 우리 주위에 산재되어 있는 수많은 공조직의 CEO들이 대부분 나름 정권과 밀접한 자들로 채워져 있는 현실에서 이 같은 혁신을 기대하기란 쉽지 않아 보인다.

시대는 혁신을 필요로 한다. 코로나로 인해 사회가 급변하고 있는 만큼 어떠한 조직도 혁신이 없이는 생존이 어려운 시대이다. 최근 불거진 LH 한국토지주택공사나 한국수자원공사에서와 같은 비리가 혁신의 마인드와 제도적 장치가 준비되어 있지 않다면 언제라도 재현될 가능성이 있다. 혁신이 어려운 원인이 공조직 CEO의 권한이 부족하고 그에 따른 책임도 약하기 때문이라면 필요한 권한은 물론 지금처럼 도덕적 책임뿐만 아니라 일에 대한 책임도 명확히 물어야만 한다.

공조직 역시도 혁신은 할 수 있다. 이는 사조직같이 뚜렷한 목표와 아울러 혁신에 필요한 권한과 책임을 갖고 운영할 때만이 가능한 것이다.

2021-04-01

권력과 재테크

　어떤 권력이든 기울기 마련이고 기울기 시작하면 그동안 억눌렸던 비리(非理)가 한꺼번에 쏟아진다. 요즘이 바로 그때이다. 정권 말 1년 앞두고 매스컴에서의 비리 보도가 권력의 위아래 할 것 없이 비 온 후 봇물 터지듯 한다. 그동안 보도된 것만 봐도 비리의 종류와 수법도 하도 많고 다양해서 세간의 이해를 위해 분류하는 것도 나름 의미가 있을 정도이다.

　권력이란 임의로 국가자원을 분배할 수 있는 힘이라고 독일 철학자 막스 베버는 간파했다. 즉 권력은 돈을 벌 수 있는 강력한 무기라는 것이다. 이것이 도덕적 차원을 넘어 법리적으로 저촉이 될 때 죄가 되고 법의 처벌을 받게 된다. 고도의 지능범은 이러한 법의 허점을 이용하기 마련이다. 법 전문가 조국 법대 교수조차도 자기는 "도덕적으로는 잘못했지만 그것은 죄는 아니다"라고 법정에서 당당하게 말했던 것이다. 그러나 이러한 폐단을 막기 위해서라도 특권계급인 권력자의 비리는 법을 초월해서 도덕적 책임을 물어야만 하는 것이다.

　사실 비리라고 해서 다 같은 것이 아니다. 여기에도 상하의 등급이 있다. 그것 중 하수는 주어진 자신의 권력 경계에서 갑질을 하는 경우일 것이다. 이를테면 특권을 이용하여 본인 비용을 줄이는 테크, 소위 관사 테크, 관용차 테크, 공금 테크 등이다. 다시 말하면 본인 집세를 줄이기 위해 일부러 관사를 이용하는 일, 외국에 나갈 때 식구와 함께 가거나 출장비로 자녀가 외국 방문하는 일, 혹은 공금으로 개인 일을 처리하는 것이다. 최근 김명수 대법원장이 아들과 관사에서 같이 살고 있는 것이 많은 사례 중 하나이다. 이런 경우는 보통 권력가의 통이 작거나 아직 관록이 작아서 그럴 가능성이 많다.

　중간 급수는 부동산 개발이나 금융정책을 유심히 귀담아 보고 있다가 정책

시행 며칠 전 슬며시 취득하고 재빨리 팔아 큰 시세 차익을 보는 경우이다. 빠른 의사 결정과 정보 수집력이 요구되고 나름 고급 정보를 접할 위치에 있어야 한다. 당연히 하수보다는 좀 더 권력 중심 근처에 있어야 한다. 이런 류의 예가 흑선생이라 불리는 김의겸 의원일 것이다. 청와대 시절 흑석동 개발 계획을 접하고 모든 것을 털어 상가를 사서 약 7억여 원을 차익을 봤다고 한다. 당연히 판 당사자는 땅을 쳤을 것이다. 최근 부동산 법 발의를 앞두고 큰 폭으로 전세금을 올린 박주민 의원도 같은 경우이다.

한편 고수는 자기 자산에 유리하도록 정책을 입안 혹은 강제하는 경우이다. 부동산과 금융자산 즉 주식과 펀드의 가치는 정부 정책에 매우 민감하다. 그래서 새로운 정책이나 개발 정보에 따라 자산가치가 폭등하기 마련이다. 여기에는 태양광사업과 같이 국가적 사업이 있을 수 있고 몇 명의 권력자들이 개입한 사안이나 개인 권력자를 위한 것일 수도 있다. 이러한 특혜나 몰아주기 혹은 봐주기식 정책에는 당연히 큰 국민 세금 낭비뿐만 아니라 국가정책과 개발과정에도 왜곡이 생기게 마련이다.

그래서 진정한 고수는 예컨대 자기의 버려진 땅에 일부러 도로를 만들고 신도시 지정과 같은 개발을 유도하거나 펀드를 마련하여 그 펀드에 막대한 정책금융과 이권을 올리도록 자신의 권력을 활용한다. 이해찬 의원의 땅 앞으로 계획에 없던 고속도로 나들목이 만들어져서 수십억의 차익을 얻었다고 일간지에 보도되었다. 많은 권력자들이 연계되어 있다고 하는 라임 펀드 사기 문제는 아직 수사를 시작도 못 하고 있고 몇 년 전 손혜원 의원은 목포에 집 10채를 무더기 구입하고 관광 특구로 지정유도 했다고 해서 언론에 한참 오르내린 적이 있었다. 물론 이 예들은 빙산의 일각일 뿐일 것이다.

문제는 이 정부의 권력자들이 별로 죄의식을 느끼지 않는다는 점이다. 오히려 당당하고 본인은 정치적 공격을 받고 있다고 항변하고 있다. 누구든 아직도 부동산과 금융비리에 걸린 권력자 치고 잘못을 시인한 적을 본 적이 없을 것이다. 더욱 가관은 대법원 확정판결이 난 한명숙 전 총리를 다시 무죄라고 우기는 일이다. 검찰이나 국회의원들은 말할 것도 없고 언론에서도 그런 식의 보도를 일삼고 있으니 많은 사람들이 헷갈리기는 당연하다.

권력마다 독특한 색깔이 있다. 예컨대 위선으로 일어선 그리고 그것이 횡행한 권력은 비리 자체가 그들의 공통인식이 된다. 그래서 그들에게는 위선과 거짓 자체가 죄와 허물이 되지 못하고 오히려 비리 자체가 그들 간의 경쟁이 되는 것이다. 위선이 모든 권력에 만연되어 있다면 국민들은 그것을 알 도리가 없다. 권력이 언론을 비롯하여 입법, 사법 그리고 행정을 장악하고 있다면 더욱 그렇다. 결국 그 사회는 위선과 비리 실력이 오히려 경쟁력이 되고 규범이 되는 세상인 것이다.

이를 바로잡으려면 이제라도 우리 사회가 작동하도록 올바른 가치관을 만들어서 모두가 바른 도덕적 공통된 인식을 가질 수 있도록 해야 할 것이다. 그들의 부도덕성이 사회에 어떠한 해악을 끼치는지 알려져서 부끄럽게 느낄 수 있도록 그리고 무겁게 응징되어야만 그것이 사회의 교훈이 되는 것이고 병든 사회가 치유될 수 있는 것이다.

우리를 정녕 슬프게 하는 것은 우리 사회에서 위선과 거짓으로 점철된 비리가 오히려 덕목이 되고 성공의 조건이 되어 버렸다는 것이다. 그리고 우리가 진정 두려워해야 하는 것은 그 추악한 규범을 혹시라도 우리 후대가 배울까 하는 것이다. 위선자와 범죄자가 당당한 세상, 그것은 우리가 원하는 세상이 아니다.

2021-05-14

4.7 보궐 선거가 남긴 것

이번 4월 7일 전국에 19곳 재보궐 선거를 치르지만 특히 서울 부산의 보궐 선거는 특별하다. 성추행으로 물러난 두 광역 단체장의 1년간 공석을 채우기 위해 총 선거비용 932억 원 중 대부분인 약 824억 원을 쓴다고 한다. 전에 제대로 뽑았다면 이런 국가적 낭비가 없었을 것이다. 다른 하나는 이번 선거가 내년 대선에 대한 예비적 성격을 갖는다는 점이다. 그래서 정당으로서는 민감할 수밖에 없다. 그렇다면 이제 대선이 바로 코앞에 있기에 이번 선거를 통해 대선의 모습을 미루어 짐작할 수도 있을 것이다.

정치는 국민을 설득하고 소통하는 행위 일체를 뜻한다. 그중에서 선거는 유권자 마음을 사로잡는 후보자를 선택하는 행위이고 선거유세란 유권자와의 소통을 통해 이들 감동과 만족을 주는 그러한 공적 행사이다. 그렇다면 이번 4.7 보궐선거는 우리에게 무엇을 남겼는가. 그것을 알려면 선거의 기본 구성의 세 요소 즉 후보자, 소속 정당 그리고 유권자를 봐야 할 것이다.

후보자는 응당 출마하려는 공동체의 문제점이 무엇이고 여기에 대해 어떤 대안을 갖고 있으며 이를 어떻게 시행할 것이고 결과적으로 공동체에 어떤 도움이 되는지를 자기의 정치철학에 견주어 유권자를 설득해야 하는 것이다. 그리고 각 후보자들과 서로의 대안들을 견주어 상대의 허점과 문제점을 지적하고 자신의 대안을 보완하는 과정이 선거 유세이다. 그런 일련의 과정을 품위 있는 행동과 말로 유권자에게 보여줘야 하는 것이다.

물론 이런 역할을 하려면 후보자는 정치가로서의 기본적인 소양이 필요하다. 예컨대 공동체에 대한 깊은 지식을 갖추어야 하고 문제점을 지적할 수 있는 통찰력이 있어야 한다. 아울러 상대방의 논리적 허점을 꿰뚫고 상대방을 제압하는 칼날 같은 분석력과 재빠른 순발력을 보여줘서 유권자에게 즐거움을 줄 수 있어야 한다. 토론도 연설도 유권자에 대한 서비스이고 이것이 실력이다. 그리고 그것이 유권자와의 유일한 소통인 것이다.

문제는 후보자가 소양이 없을 경우 그가 할 수 있는 것은 상대방을 헐뜯는 소위 네거티브 전략만이 유일하다. 어렵고 복잡한 논리 공방보다는 단순하고 쉽게 유권자의 판단력을 마비시키고 분노를 끌어낼 수 있기 때문이다. 들인 노력에 비해 정치 가성비가 좋다는 것이다.

사실 이번 서울 부산 선거유세를 봐도 변변한 정책토론도 없고 각 정당의 차별되는 정책도 없었다. 더욱이 후보자의 정책과 그들의 말을 보도해야 할 언론에서조차도 비방기사만 가득했던 것이다. 박영선 후보의 일본 도쿄 아파트 그리고 오세훈 후보의 내곡동 땅에 대한 셀프 보상 뉴스가 선거 전날까지도 요란했을 뿐 아니라 각 후보 진영은 가까운 언론매체를 들이대어 증거와 증인을 불러 모았다. 이런 상황은 부산이라고 다르지 않았다. 민주당은 박형준 의원의 "엘시티 아파트"를 선거 시작부터 끝까지 물고 늘어졌다. 그게 다 사실이라 해도 서울과 부산의 당면 문제와 무슨 관련이 되는지 도대체 알 수가 없다.

이렇듯 후보자들이 아직 정치가로서의 역할을 못 하는 것은 그 원인을 우리의 낙후된 정당정치 현실에서 찾아야 할 것이다.

정당이란 사전적으로 보면 "…동일한 정견을 가진 사람들이… 그 정견을 실현시키려는 목적 아래… 자주적, 계속적인 조직…"을 뜻한다. 즉 정당의 이념과 정책이 신뢰성과 지속성이 있어야 한다는 것이다. 그래서 정당 후보자는 정당의 정책 대변자여야 한다. 문제는 각 정당이 내놓은 정책에 차별이 없다는 것이다. 정말 아이러니한 것은 부산 박형준 국민의 힘 후보가 내세운 우선적 공약이 민주당에서 시작한 가덕도 신공항 추진이고 서울 박영선 후보 역시 소속 민주당의 핵심이었던 부동산 정책을 다시 뒤집을 듯이 말하고 있다. 다시 말하면 각 정당에서 내세운 정책은 정견이 아니라 단지 권력을 위한 표 구걸에 가까운 것이다.

그러나 선거에서 가장 중요한 것은 유권자이다. 유권자가 원하는 것을 후보자들이 주려 하기 때문이다. 다시 말해 유권자 수준이 정치의 수준을 결정한다는 것이다. 그러하기 때문에 유권자들이 무관심으로 일관하거나 소위 "대깨문"의 종교집단적 행태보다는 냉철하게 그들의 정책을 분석하고 그것에 따라 판단하는 적극성을 가져야 선거문화는 건강하게 발전하는 것이다. 결국 유권자가 올바르게 변해야 바람직한 선거 문화를 창출할 수 있게 된다.

이번 4.7 보궐 선거도 역시 기존 선거 관행을 넘어서지 못했다. 코로나 덕분으로(?) 명함을 뿌리거나 길거리서 악수하는 고행도 줄었고 시끄럽지 않아 다소 편했던 것이 다행이라면 다행이었다. 선거는 미래를 위한 일종의 국가적 축제이다. 이런 축제기간에 어쩔 수 없이 지켜봐야 할 후보자들이 내뱉는 비방과 욕설 그리고 추문을 들어야만 했던 것은 유권자로서는 고통이다. 그러한 선거는 축제를 저주의 장으로 만드는 일일 것이다.

정치가 공동체의 미래를 결정하는 것이라면 선거는 그 사람을 선택하는 방식이다. 이러한 과정에서 유권자, 정당 그리고 후보자가 달라지지 않는다면 어떠한 선거 발전도 기대하기가 어렵다. 그것도 당장 닥친 내년 대선에서는 더욱 그러하다. 그래도 내년 대선에서는 상대편 비방보다는 국가 미래 정책을 보여주는 멋진 선거를 보았으면 싶다.

2021-04-09

4.19 혁명 그리고 5.16 군사정변

4월과 5월은 유난히 민주화 관련 행사가 많다. 그중에서 가장 큰 것이 4.19 혁명 그리고 5.16 군사정변일 것이다. 1960년 그리고 1961년 불과 1년 간격으로 일어난 사건이 하나는 혁명으로 다른 하나는 소위 반란으로 규정되어 행사를 치르고 있다. 그렇다면 이 인접한 두 사건이 과연 전혀 다른 것인가 하는 의문을 가져 볼 만하다.

사회 운동을 이해하기 위해서는 그 운동 배경에 대한 이해가 필요하다. 4.19 혁명의 배경에는 크게 세 가지로 요약된다. 그것은 이승만 대통령의 교육중심 정책, 도시화 및 언론의 확산, 그리고 정권의 노쇠이다. 이승만 대통령은 총 국가예산의 10%를 교육정책에 할애했다. 미국 원조금 상당 부분이 유학자금으로 다시 돌아와서 미국관리들이 혀를 찰 정도였다고 한다. 특히 미국 유학을 통한 군부의 엘리트화는 이후 5.16 군사정변과 경제개발을 이룩하는 밑거름이 된다.

아울러 한국전쟁이 끝난 후 도시로 몰려든 많은 인구가 정부의 노력으로 고등 교육을 받게 되었고 높은 교육수준은 다시 신문 등의 언론에 대한 수요로 이어진다. 그리고 이승만 정권의 12년의 장기 집권과 연로로 인하여 정책의 유연성을 잃어버렸던 시기였다.

4.19혁명의 전개는 이와 같이 민주주의가 의식화되는 과정에서 1960년 자유당의 3.15 부통령 부정선거에 맞선 시위로 시작된다. 선거 이전에도 선거 방해에 대한 시위는 있었으나 도화선은 마산에서 김주열 열사의 최루탄에 의한 사망이었다. 시위는 격해졌고 결국 당황한 정권의 발포를 동원한 무력진압으로 발전하여 결국 186명의 사망자를 내고 정권은 붕괴된다.

혁명과 같은 사회운동에는 세 요소 즉 이념, 조직 그리고 리더를 갖추어야 생명력이 있다. 문제는 4.19 혁명이 전국적으로 일어났다고는 하지만 이들을 엮을 이렇다 할 조직도 그리고 마땅한 리더가 없었던 것이다. 결국 정권의 붕괴와 함께 혁명 에너지는 생명력을 잃고 곧 소멸된다. 어부지리로 상대 당이었던 민주당의 장면 내각이 출범했으나 장면의 신파와 윤보선의 구파로 나뉘어 3번의 내각 교체를 거치는 등 리더십을 잃은 채 극심한 정치적 갈등을 겪게 된다. 지속된 민주당 내부의 갈등으로 경제개발 계획이 표류하고 4.19 혁명으로 표출된 각계의 요구에 부응할 여력이 되지 못했던 것이다.

새로운 시대에는 새로운 세력이 필요하다. 1961년 5월 16일 박정희를 중심으로 한 군부세력이 군사정변을 일으켜 정권을 잡게 된다. 사실 5.16 군사정변은 무능한 장면 내각에 식상한 학생 및 사회 각 계층으로부터 환영을 받았다. 당시 엘리트층을 형성하고 있었던 군부는 정권을 장악하고 독재체제로서 경제 발전에 집중하게 된다.

역사는 인과 관계로 연결되어 있는 사건들과 이들 사건들이 묶인 특정 국면들로 이루어져 있다. 즉 사건 각각은 상호 인과관계를 갖고 발생되는 것이지 독립적으로 발생하는 것은 아니라는 것이다. 따라서 사건 하나를 고립적으로 떼어놓고 생각하면 오류가 나올 수밖에 없고 결국은 잘못 이해하게 된다. 당시 역사의 국면을 건국 국면과 발전국면 그리고 민주화 국면의 세 국면으로 구분하여 볼 때 이승만 정권이 가졌던 정치철학, 시스템, 그리고 세계관으로는 건국은 가능했으나 발전 국면으로 가기에는 한계가 있었다. 그때 마침 4.19 혁명과 5.16 군사정변으로 인해 역사의 발전국면으로 전환할 수 있었던 것은 어쩌면 우리로서는 큰 행운이었다.

제2차 세계대전 이후 신생 독립국을 보면 이러한 역사의 변곡점을 갖지 못해 극빈국을 헤어 나오지 못하는 국가들이 대부분이다. 예컨대 근처에 미얀마, 필리핀, 방글라데시를 비롯하여 먼 곳에 시리아나 요르단 같은 나라가 경제발전으로 나가지 못하고 아직도 이념과 종교 혹은 민족 간의 갈등으로 심한 내홍과 가난을 겪고 있다. 사실 박정희 독재체제의 강인한 지도력과 집요한 경제 개발 추진 덕분에 소모적인 내부 갈등을 가능한 억제할 수가 있었다. 더욱이 미국 동맹국으로서 반공 기조를 같이한 덕분에 이념적, 경제적 그리고 정치적 낭비를 크게 줄일 수 있었던 것이다.

5.16 군사정변은 그 계기가 4.19 혁명으로부터 비롯되었고 또한 4.19 혁명의 귀결점이었다. 이 두 사건을 따로 보면 혁명과 정변으로 규정할 수는 있으나 이는 이 사건들의 의미를 반쪽만 취하는 것이다. 역사에서 만일이 없다지만 그때 두 사건 4.19 혁명과 5.16 정변이 나타나지 않았다면 지금과 같은 경제 강국은 고사하고 아직도 이념적, 정치적 갈등으로 가난에 시달리지 않는다고 할 수는 없을 것이다. 그래서 이 두 사건은 각기 기념할 것이 아니라 묶어서 국면의 전환 사건들로 규정하고 기념해야 옳다. 그렇게 하는 것이 이 두 사건에 대해 올바른 의미와 교훈을 얻을 수 있는 것이다.

이제 우리 시대는 건국과 발전 국면을 거쳐 김대중 정권 이후의 민주화 국면 시대로 접어들어 현재에 이른다. 이번 4.19 혁명 기념행사에 즈음하여 현재 우리가 지금 문재인 정권에서 누리고 있는 사회가 당시 많은 희생을 통해 얻어 내려 했던 바로 그 민주 사회였는지 그리고 이것이 과연 옳은 민주 사회인지를 다시 한번 되뇔 필요가 있을 것이다.

2021-04-19

오디오 마니아와 구도(求道)

　새로운 기술은 생활은 물론 우리 삶 자체를 바꾸곤 한다. 이러한 현상은 음악의 영역에서도 예외는 아니다. 그 예가 음악산업이 첨단 정보기술과 결합하면서 음악애호가를 음악에서 새로운 영역인 오디오 마니아로 바꿔 놓고 있는 일이다.

　오디오 마니아란 오디오 기기에 집착하는 애호가를 말한다. 속된 말로 오디오 기기에 미친 사람이다. 정도의 차이에 따라 관심, 몰입, 집착 그리고 마니아로 구분할 수는 있지만 집착과는 달리 마니아는 병리학적보다는 과도한 관심이 있는 의미의 좋은 뜻으로 쓰이고 있다. 이 과도한 관심이 음악 애호가가 갖는 음악보다 오히려 음향기기에 더 있다는 것이다.

　사실 음악의 역사는 초기에 주술적인 도구로 쓰였다는 점에서 언어의 역사보다 한참 이전인 인류의 시작과 함께 시작한다. 이후 희랍에서는 연극에서, 중세에서는 교회에서 그리고 근대에 오면서 귀족에서 일반 대중에게 점차 일반화되어 왔다. 여기에는 음을 녹음하고 재생하는 기술이 발달하면서 대중으로 급격하게 파급된다.

　연주가의 목표는 작곡가의 영감을 악보와 악기를 통해 재현하는 것이라면 이들 재생 기기들의 목표는 현장의 연주음을 그대로 재현하는 것이다. 전자는 예술의 영역이고 후자는 기술의 영역이다. 후자 즉 재생기기의 경우 현장의 연주음을 어떻게 정확하게 재현할 수 있냐가 관건인데 이것에 대해 소위 오디오 마니아가 만들어지는 것이다.

　음악소비자인 개인 마니아는 음악 재현의 녹음, 저장, 그리고 재생 과정 중 마지막 단계에 국한한다. 이 과정도 다시 음원이라고 하는 음악의 소스와 음을 증폭하는 앰프 그리고 소리를 만들어 내는 스피커의 세 기기의 조합을 거쳐야 음악을 들을 수가 있게 되는데 이 비용이 일반 라디오의 몇만 원에서 첨단 Hi-Fi의 수억 원에 이르게 된다. 더구나 기기들을 생산하는 기업들이 전 세계에 수없이 많고 이 기기를 조합하는 방법은 거의 무한에 가깝다. 더욱 골치 아픈 것은 이 기기들에 응용되는 음향기술이 끊임없이 진화한다는 것이다.

음향기술은 크게 아날로그, 디지털, 그리고 최근에는 네트워크로 구분된다. 소위 아날로그 시절에는 LP 혹은 테이프에 녹음하여 진공관이나 혹은 트랜지스터 앰프에 물려 음악을 들었다. 디지털 기술이 등장하자 이 기술이 갖는 편의성 때문에 음원산업은 기존의 아날로그 음원울 CD 형태의 디지털 음원으로 바꾸어 공급하게 되었다.

마니아들은 LP를 버리고 다시 CD를 모으게 된다. 디지털 음원은 CD 이외에 파일로도 저장이 가능하기에 음향기업은 각기 CD보다 더 나은 음질의 디지털 포맷을 고안하게 된다. 익숙한 MP3나 거의 원음에 가깝다는 DSD(Direct Stream Digital), 게임과 같이 공간감 살리는 돌비 atmos 등 지금까지 약 20여 방식이 고안된 것이다. 물론 이 여러 가지 포맷의 음원을 듣기 위해서는 모든 것을 구동할 수 있는 기기 즉 무척 비싼 플레이어를 비롯한 고가 장비가 필요하다.

PC가 일반화되고 강력해지자 마니아는 PC로부터 직접 음악을 듣기 원했고 이를 충족 시켜줄 장치가 소위 PC-Fi 혹은 Desk-Fi의 용어를 달고 나타나기 시작했다. 문제는 PC에서 음을 뺄 수는 있지만 PC에는 팬(fan) 등으로 소음이 있을 수 있고 음질이 떨어진다는 것이다. 따라서 음질을 올리기 위해서는 팬 없는 전문 음악 PC와 같은 강력한 기기가 필요하게 되었다. 이때 새롭게 등장한 것이 네트워크를 통한 음원의 인터넷 공급이다.

이 무지막지하게 크고 다양한 포맷의 디지털 음원을 유선이나 무선을 통해 어떤 기기에서나 그리고 어디서 언제나 들려줄 수만 있다면 굳이 CD를 사 모으거나 저장 용량이 큰 PC를 구입할 필요가 없을 것이다. 그래서 나온 것이 영화의 넷플릭스와 같이 회원제 음원서비스인 벅스 뮤직과 멜론, 외국기업으로는 애플, 스포티파이 등이다. 정보기술의 편리성을 더욱 확장하여 나타난 Roon은 아예 갖고 있는 음원에 대한 설명과 앨범 정리 그리고 고품질의 음을 재생도 해주는 복합서비스이다. 이렇듯 음원소스에 대한 기술 진화가 빠른 것처럼 뒷단 즉 앰프나 스피커 역시 새로운 소재와 기술로 끊임없이 재무장되고 있음은 말할 것도 없다.

물론 여기서 끝나는 것이 아니다. 또 다른 복병은 청음환경이다. 아무리 비싼 기기들이 소리를 내도 우리 가옥처럼 청음 환경이 안 되어 있다면 효과는 반감되기 마련이고 제대로 된(?) 환경을 갖추는 비용 역시 기기 못지않게 든다. 이 모든 것을 갖추었다고 해도 아직 그가 생각한 그 음에 도달하기란 쉽지 않다. 사실 그 음이라는 것이 소크라테스의 이데아처럼 저편에 있는 것이지 내가 비교할 수도 그리고 알 수도 없는 것이기 때문이다.

결국 마니아란 끝없이 무거운 돌을 산 위로 올려야 하는 희랍의 시시포스처럼 수많은 첨단 기기들의 조합을 통해 자신도 모르는 그 음을 찾아 구도(求道)하는 자이다. 찾고자 하는 음을 모르기에 단지 그가 할 수 있는 것은 좋다는 기기들을 엮어 보다 나은 소리(?)를 찾는 일일 것이다.

그러나 늘 그렇듯 감동은 의외로 그리 멀지 않은 곳에 있다. 누구나 한 번쯤은 길을 가다 우연히 흘러나온 선율에 순간 가슴이 먹먹해지는 것을 느낀 적이 있을 것이다. 이처럼 감동은 값비싼 기기가 아니라 바로 내 마음에서 오는 것이다.

2021-08-24

인천대 없는 인천대법

법은 명분을 갖고 만들어지지만 결과는 그 의도와 달리 흐르는 경우가 흔히 있다. 바로 소위 인천대법이 그런 경우이다. 이 법안은 2020년 9월 3일 더불어민주당의 박찬대 의원이 그리고 2021년 4월 15일에는 같은 당 권인숙 의원이 개정안을 발의했는데 이 법안은 대학 민주화를 명분으로 대학의 3대 의사결정 기구인 총장추천위원회, 평의원회 그리고 재무경영 위원회에 학생대표를 포함시키는 것을 골자로 하고 있다. 그렇다면 학생이 대학 의사결정에 참여하는 것이 옳은 것인지 그리고 의원들이 말하는 대로 이것이 정말 민주적인지 그리고 코로나로 대학이 초토화되는 시점에서 이 사안이 그렇게 급한 법안인지 의문이 아닐 수 없다.

사실 대학의 의사결정조직의 구성에는 민주화의 바람이 불면서 다양한 세력들로 확대되어 왔다. 초기에는 대학 운영을 책임 맡고 있는 이사에서 교수, 직원 그리고 조교 그리고 최근에는 학생들까지 참여하는 모양새이다. 여기서 먼저 짚고 넘어가야 할 것은 대학의 정체성일 것이다.

대학은 공동체의 공적 영역이 아닌 사적 영역의 조직체이다. 공동체는 국가나 협동조합같이 각자가 세금을 내어 공동체 기금을 마련하고 대표자를 뽑아 운영권한을 위임하는 조직이다. 여기서는 평등이 중요한 가치를 가지며 이를 기반으로 작동하는 원리가 바로 민주주의 혹은 민주제도이다. 그러나 대학은 국내외 타 대학과 극심한 경쟁을 해야 하고 경쟁력을 갖기 위해 자원을 통제해야 하는 사적 영역 즉 기업과 같은 조직이다. 다만 이윤보다는 보다 높은 가치 즉 연구와 학생 교육을 통해 사회에 기여한다는 것을 내걸고 있지만 결국 이 기업 논리에서 벗어날 수가 없다. 더구나 여기에 국립대나 사립대의 구별이 있을 수 없다.

일견 학생이 대학 구성원이라는 점에서 대학 경영에 참여하는 것이 옳은 듯 보인다. 하지만 학생은 대학의 교육 서비스를 선택하고 소비하는 계층으로 대학은 이들을 강제하여 사회가 요구하는 경쟁력을 갖추도록 해야 하는 것이다. 그럼에도 이들이 대학경영에 참여하게 되면 스승과 제자가 같이 의사결정을 하게 되는 것이고 사안에 따라 스승이 한 표를 위해서 제자에게 사정하는 웃지 못할 상황도 충분히 가능하다. 결과적으로 이 법안은 자칫 대학을 어지러운 정치판으로 만들 가능성이 높다는 것이다. 이것이 우리가 진정 원하는 형태는 결코 아니다.

다음에는 아직 학생 신분으로서 대학 경영에 대한 전문성 부족과 짧은 시간 즉 4년이면 졸업하고 사회로 나가야 하는 한시성을 갖고 있다. 다시 말하면 학생들에게 의사결정에 대한 책임을 지울 수가 없다는 것이다. 이외에도 학생은 현재도 총학생회라는 대학 내 거대 권력조직을 갖고 사안마다 대학 집행부와 상시 협의를 하고 있는 실정이다. 이런 상황에 더 나아가 대학경영까지 학생을 직접 참여시키는 것은 어불성설이다. 비슷한 처지에 있는 서울대에서는 학생을 대학 의사결정기구에 참관 정도로 한정하고 있다.

대학은 앞서 보듯 사회적 가치를 추구하는 사적 영역의 조직이라는 점에서 민주와는 거리가 있다. 다시 말하면 기업 조직이라는 것이다. 기업에서는 기업 구성원이 아니라 전문경영인들이 모여 기업을 경영한다. 이러한 기업에서 모든 구성원의 입장을 대변하는 민주제도를 주장할 수 없듯이 대학의 경영에도 민주의 이름으로 모든 구성원을 포함시킬 수는 없는 것이다. 학생은 대학을 통해서 학업과 경쟁력을 길러 사회에 나갈 수 있도록 해야지 대학이 엉뚱하게 정치력을 기르는 장소가 되서는 안 된다. 그래서 법을 입안할 때 민주를 쓰고자 한다면 먼저 민주의 개념을 정확하게 이해해야 하고 이 제도가 가능한 조직에서 주장을 해야 하는 것처럼 민주라는 것은 아무 조직에다 쓰는 만병통치가 아니다.

코로나 이후 국내외 거의 모든 대학은 엎친 데 덮친 격으로 거의 질식 지경이다. 비대면 환경이 두 해가 되자 이제는 대학의 무용론이나 붕괴설까지도 심심찮게 흘러나온다. 심지어 올해 수도권 외 대학들이 신입생 미달사태가 나자 대학총장이 책임지고 물러나는 사태까지 벌어졌다. 대학에 학생이 없으면 경쟁력 차원을 넘어 대학운영 자체가 안 되는 것이다. 나머지 수도권 대학들도 신입생뿐만 아니라 재학생마저도 극심한 학력저하에 머리를 싸매지만 별로 해결책이 보이지 않는다. 자칫 대학은 새로운 환경에 적응을 하지 못한다면 수년 내에 큰 위기가 닥칠 것은 눈에 보이는 듯하다. 더욱 힘든 것은 코로나가 당장 끝난다 하더라도 이러한 상황은 결코 바뀌지 않는다는 것이다.

대학이 마주한 이러한 끔찍한 현실에서 국회의원이 국립 법인 인천대학이 빠른 시일 내에 자생력과 경쟁력을 갖출 수 있도록 예산지원이나 법적인 보완은 못 할망정 학생들을 대학 경영에 포함시켰다고 이것이 대학민주화라는 황당한 주장을 하는 것을 보면 걱정을 넘어 좌절감이 든다. 모양새가 가라앉는 배에서 어린 승객에게 구명조끼는 못 줄망정 배의 키를 맡기는 꼴이다. 그래서 인천대법의 보완에는 대학 경영에 학생을 포함하는 문제가 아니라 대학 경쟁력을 높이고 인천과 송도에서 인천대의 역할을 극대화할 수 있도록 하는 내용이 담겨야만 한다.

이들 의원들이 힘든 시기에도 불구하고 몇 번에 걸쳐 같은 법안을 발의하는 것을 보면 아마 대학 내부 세력의 사주를 받았거나 아니면 법에 대해 아직 이해가 부족해서 그럴 수 있다. 아무래도 이들 의원에게 무엇보다 필요한 것은 법에 능통한 스승일 것이다.

2021-04-27

사카모토 료마와 이동인

"난세에 영웅이 태어난다." 어려운 시대에는 이를 이겨낼 새로운 인물이 나타난다는 뜻으로 흔히 회자되는 경구이다. 그러나 이 구절이 항상 맞지는 않는 듯하다. 조선 말 나라가 망할 때까지 마땅한 인물이 없었던 반면 일본은 명치유신 전후로 인물들이 수도 없이 나타났기 때문이다. 그렇다면 시대를 이끌 수 있는 인물들이 어떻게 나올 수 있는가.

시대 인물이 나오기 위해서는 몇 가지 조건이 필요하다. 그것은 개국이나 침략과 같은 사건이 일어나야 하고 그 사건으로 인해 새로운 생각과 세계관 등 사회적 변화가 나타나는데 여기에 맞도록 정치구조의 변화가 필요할 때 인물이 나타난다. 사실 직접적인 인물 비교는 어렵지만 당시 인물인 이동인(1840-1881)과 사카모토 료마(1835-1867)의 예를 보자. 료마는 하급 낭인으로 그리고 이동인은 하급 승려로 비슷한 시기에 개화를 위해 노력하다 암살을 당한다. 그런데 료마는 성공을 했고 이동인은 실패했다.

료마는 서양과 같은 근대화를 하려면 당시 정치구조 즉 막부(幕府)체제로는 한계가 있음을 인지하고 당대 일본의 핵심 대치 세력인 조슈 번과 사쓰마 번의 1866년 삿쵸 동맹과 지역 각 번(藩)의 영토를 황제에게 바치는 1867년 "대정봉환"을 끌어낸다. 그가 제창한 선중팔책이나 신정부강령팔책은 근대국가의 기초 틀을 함축하고 있는데 이러한 노력의 결과 황제의 중앙집권적 정치구조가 확립되어 일본 근대화가 시작된다. 일개 낭인이 일본 근대의 초석을 만들 수 있었던 것은 당시 일본 국민들에게 변화에 대한 공감대가 있었고 그 혁명적 생각을 받아들일 준비가 되어 있던 때문이다. 즉 기존의 막부 체제로는 서양의 세력을 대적할 수 없다는 인식에서 출발한 것이다.

일본은 공식적으로는 1854년 미국과 수교를 맺고 개항하지만 이미 1630년 경부터 당시 패권 국가인 화란(和蘭), 현재의 네덜란드와 교역을 시작했고 그들로부터 학문은 물론 총포를 사들이고 제조창을 만들었다. 난학(蘭學)은 네덜란드에서 수입한 당시 첨단 학문이었고 총포 제조창은 이후 미쓰비시 중공업이 된다. 책 수요는 점차 늘어나 17세기 일본 대도시를 중심으로 서점거리가 생길 정도였으며 당시 3000권이 팔리는 베스트셀러가 등장했다. 이뿐만 아니라 일본은 네덜란드로부터 받은 세계정세 정보로 세계의 흐름 역시 꿰고 있었다. 그래서 료마와 같은 개화파들은 이러한 사회 변화와 함께 걸맞은 근대 국가체계의 필요성을 인지하였던 것이다.

료마의 개혁을 가능하게 한 것은 교육을 통한 인재의 공급이었다. 개화를 공감한 개혁자를 중심으로 인물양성을 위해 사설 교육을 시작하였는데 이때 나온 인물들은 개화 교육자 요시다 쇼인이 배출한 이토 히로부미를 비롯하여 내무대신으로 일본 근대화에 주역이었던 이노우에 가로우 등 이루 나열하기도 힘들 정도이다. 결국 료마는 강력한 중앙집권체제 즉 근대 국가를 향해 시동을 걸었고 준비된 일본사회는 그 실현에 필요한 인재들을 공급하였다. 그래서 그는 성공할 수가 있었던 것이다.

같은 시기에 불교인 이동인 역시 개방에 대한 생각을 갖고 당시 개화파인 김옥균, 서재필 들과 교류를 통해 일본에 왕래한다. 대외적으로는 당시 일본의 지적 선구자였던 후쿠자와 유키치와 만나고 심지어 일본 주영 공사관의 사토 (Satow) 서기관과 친교도 맺는 한편 대내적으로는 일본 불교에서 전해준 태엽시계, 나침반 등 각종 서양 물건을 조선 관리층에 전달하여 개화에 대한 관심을 갖게 하였다. 개혁세력인 김홍집의 도움으로 고종과 인연을 맺어 그의 밀사로 일본과 협상도 하지만 개화를 원하지 않았던 위정척사파들에게 살해당한다. 이후 김옥균과 서재필 등이 이끈 한 줌의 개화파 역시 1884년 갑신정변으로 인해 모두 절멸당하고 만다.

왜 그리 허무하게 무너졌는가. 조선은 외세의 개항요구에도 성리학이 이미 교조화가 되어 있어 어떠한 외부 교류나 사상적 전달도 배척하였다. 당시 권력을 잡고 있던 위정척사파는 중화 세계관으로 외세 문물을 철저히 배격하였던 것이다. 생각을 공유할 도구인 책은 일부 양반의 소유물이지 대부분의 양민에게는 거리가 멀었고 유일한 식자층인 양반도 성리학에만 매몰되어 외세교류에 대한 유연성이 없었던 탓에 사회 변화란 생각할 수 없는 노릇이었다. 이렇듯 성리학과 중화사상으로 굳어진 세계관을 넘기에는 한계가 있었고 새로운 지식유입도 그리고 교육 인프라도 없는 상황에서 시대를 바꿀 인물이 나올 수는 없었던 것이다. 결국 이동인의 노력은 무의미하게 끝나게 된다.

개화를 위한 생각과 행동은 같지만 료마는 성공을 했고 이동인은 실패했다. 우리가 알아야 할 것은 인물은 시대가 어려우면 나타나는 것이 아니라 우리가 준비되어 있어야 그때 나타나게 된다는 사실이다. 결국 난세가 아니라 우리가 인물을 만들어내는 것이다. 사회 곳곳에 인물이 절실한 지금 그들의 성공과 실패는 우리를 다시 돌아보게 한다.

2021-07-15

문해력과 사고력

인류의 역사는 언어의 발명과 함께 시작한다. 그 언어로 기록된 것을 보고 그 시대를 이해할 수 있으며 오늘날의 교훈을 생각하는 것이다. 그러나 그 언어를 이해 못 한다면 성서에 나오는 바벨탑에서 보듯 우리가 향유하고 있는 문화와 문명은 결국 사라질 것이 명백하다.

최근 유명 방송 언론사에서 문해력 관련 5회 시리즈를 기획하며 흥미로운 조사를 했다. 중학생 2,400명을 대상으로 문해력 조사를 했는데 27%가 또래의 수준에 미치지 못하게 나왔으며 초등 수준 정도밖에 안 된 학생들도 11% 정도로 높게 나타났다. 문해력 초등 수준의 학생들에게 중학교 교과서는 당연히 무리이고 공부를 포기하게 된다고 한다. 쉽게 말하면 교과서조차 이해 못 하는 학생이 점차 늘어난다는 것이고 조사결과는 성인이라고 크게 다르지 않았다.

읽고 쓰는 능력 즉 문맹률과는 달리 문해력(literacy)이란 문장을 이해하고 쓸 수 있는 능력을 말한다. 스위스 언어학자 페르디낭 드 소쉬르가 "사람의 생각은 언어를 통하여 이루어진다"라고 간파했듯이 언어나 문장으로 생각하기 때문에 문해력이 중요한 것이다. 생각은 추론이나 공상 혹은 창작을 말하는데 이 능력을 사고력이라 하고 여기에 옳고 그름의 가치를 넣으면 판단력이 된다. 다시 말하면 문해력이 떨어지면 생각과 판단을 할 수 없다는 것이다. 그런데 왜 갈수록 문해력이 떨어지는 것일까.

이에 대한 이유로는 한자 배척과 대학 입시 위주의 경직된 교육 시스템 그리고 급변하는 사회적 환경 변화로 요약될 수 있지만 결국 독서력 부족으로 귀결된다. 실제 한글이 한자에 어원을 갖고 있는 특성상 한자 표기를 병행하지 않으면 사실 한글 이해가 쉽지 않다. 한자를 모르면 문해력이 떨어진다는 것이다. 또한 입시 위주의 단순 암기에 편중되고 있는 상황에서 다양한 책 읽기는 거의 탈선에 가까운 것이고 많은 것을 습득해야 할 때 유일했던 대학 입시 참고서 어휘로는 문해력에 한계가 있을 수밖에 없다.

이 밖에 바쁜 현대 생활의 특성상 책을 읽을 여유가 없다는 점 그리고 인터넷 SNS나 유튜브의 대중화도 중요한 이유이다. 사실 카카오톡과 같은 SNS에서 이루어지는 단문의 대화는 사고의 여지를 주지 않으며 길게 생각할 여유 또한 주지 않는다는 특성이 있다.

그러나 더욱 중요한 것은 현 세대를 살아가는 데 문해력이 다소 부족해도 그리 불편함이 없다는 점이다. 자본주의의 속성상 가치 판단의 기준이 재화로 결정되는 것이어서 책 읽기나 어려운 교양습득은 특수 계층에서나 필요한 것이지 일반 생활에는 오히려 거추장스러운 일이 되어 버렸다.

문장을 읽어도 이해를 못 하면 그리고 그것에 그리 불편함을 모른다면 세상은 아마 돈만을 위하는 짐승과 같은 사회가 될 것은 당연하다. 인도 카주라호에 가면 성행위를 하는 형상을 새겨 넣은 탑이 있다. 인구 증산을 위해 옛날 인도 왕국이 글자를 못 읽는 국민들을 위해 만들었다고 한다. 아마 문장보다는 조각이나 그림으로 소통할 수밖에 없어 그랬을 터인데 여기에 고상한 문화가 나타날 수는 없는 노릇이다.

사실 조선 말도 비슷한 처지였다. 비록 세종이 한글을 만들었어도 식자층에서는 천민어라고 경시하였고 나머지 층에서는 책을 구할 수도 없었다. 중국 한자를 쓰다 보니 중국 책은 읽을 수가 있었으나 정작 중국인과는 통역을 써야만 했다. 우리 글이 아니니 중국 책을 이해하는 데 한계가 있었을 것이고 결국은 망할 때까지 그들의 낡은 사상만 좇는 데 세월을 보냈던 것이다.

문해력 저하를 막는 일은 국가 차원의 일이다. 이민자가 많은 미국의 경우 다양한 문해력 평가와 함께 법적으로 문해력 증진을 위해 노력하고 있다. 대표적으로 2001년 2003년에 초중등 법안인 "아동 낙오 방지법"과 "성인교육가족

문해력 지원법"을 제정하여 어려서부터 이를 지원하고 있다.

우리도 먼저 입시위주 교육시스템을 보완하여 책 읽기와 쓰기를 위주로 전환해야 함은 물론 필요하다면 한자도 병행하여야 한다. 그리고 무엇보다도 사회적으로는 독서 관련 모임과 분위기를 활성화하여 책에 대해 가까이해야 할 필요도 있다. 그래서 우리와 다음 세대들이 다양한 분야의 책을 소화할 수 있도록 해야 하는 것이다.

새로운 매체에도 관심을 가져야 한다. 사실 유튜브와 각종 인터넷 매체를 통해 쉽게 정보에 접근은 할 수 있지만 이 같은 정보를 통해서는 새롭게 지식을 창출하지 못하는 한계가 있다. 즉 책에서와 같이 깊은 사고를 담기 어렵기 때문이다. 그래서 인터넷을 통해 사고할 수 있도록 그리고 새로운 지식을 창출할 수 있도록 기술적으로 보완하는 것도 필요하다. 그래야 우리의 문화가 만들어지고 전통을 만들 수가 있는 것이다. 언어를 잃으면 그 사회는 정체성을 잃게 마련이다.

그러나 우려스러운 것은 사회가 급변하고 분화됨에 따라 새로운 용어들이 범람하고 있다는 점이다. 예컨대 전문용어, 은어, 속어, 약어 등으로 인해 점차 계층 간 문해력은 물론 이로 인해 소통 역시 떨어지는 추세이다. 갈수록 접촉 없는 계층과는 서로 말도 없고 이해도 되지 않아 사회 계층 간 갈등이 더욱 커질 수밖에 없다. 특히 코로나의 비대면 사회는 이를 더욱 가속하고 있는 것이다.

아무리 글이 있어도 이해를 못 하면 그것은 우리 글이 아니다. 그래서 두려운 것은 이러한 문해력 저하가 자칫 생각과 판단을 잃어 우리의 얼을 잃을까 하는 것이다.

2021-07-22

인천 로봇랜드, 또 하나의 버려진 희망

지나온 인류사를 돌아보면 새로운 기술을 어떻게 받아들이냐에 따라 시대를 지배하게 되는 경우가 흔히 있다. 중세 화약이나 인쇄술 그리고 최근의 로봇이 바로 그런 기술이다. 그런 탓에 각국은 기술개발 정책을 앞다투어 추진하고 있으며 경상남도와 인천시 역시 야심차게 내놓았던 것이 각 7천억 원짜리 로봇랜드 조성사업이다. 그러나 문제는 경남 사업은 이미 실패로 끝났고 인천 사업은 지난 13년간 지지부진하다가 이제는 아예 멈추어 서 있다는 것이다.

로봇이란 첨단 기술의 종합 세트이다. 이들 첨단 기술을 사람과 비교하자면 사물을 인지하는 센서, 생각과 판단을 담당하는 AI 그리고 움직임을 관장하는 기계 장치로 구분할 수 있다. 각각의 기능을 어떻게 조합하느냐에 따라 사람을 대체할 수 있을 뿐만 아니라 능가하게 된다. 이것을 날게 하면 드론이 되는 것이고 달리게 하면 자율자동차가 그리고 무기로 쓰면 SF 영화에서 흔히 보는 살인 로봇이 된다. 최근에는 산업 현장인 자동차 조립라인에서 벗어나 커피나 스시를 만드는 로봇이 선을 보였고 식당에서 간단한 접객과 음식물 배달은 물론 물류 창고에서 자동으로 물건을 나르는 등 활용범위가 무섭게 확대되고 있다.

국내 산업 일선에서도 이러한 로봇의 중요성을 인식하고 현대자동차는 미국의 로봇 전문기업인 보스턴 다이내믹스를 사들여서 로봇 기술을 자동차에 접목하는 방안을 찾고 있으며 정부 차원에서도 한국로봇산업진흥원을 설립하는 등 로봇 연구 및 보급사업을 추진하고 있다.

인천시는 2007년 서구 청라지구에 약 77만m2 용지에 테마파크 형태로 로봇랜드 조성 사업을 시작하였다. 이런저런 이유로 표류하던 끝에 2020년 6월 29일 테마파크 용도를 크게 줄이고 대신 산업용지를 늘이는 형태로 조성실행 변경을 하였으나 다시 토사 구입을 이유로 지난 4월 30일 공사를 멈추었다. 세금 천억 원 그리고 민간 6천억 원 총 7천억 원이 투입되는데 현재는 9백억 원짜리 건물 한 동만이 넓은 황무지 위에 세워져 있다. 오죽했으면 국정조사에서 조정환 시대전환 의원이 경남의 전철을 밟지 않도록 당부하는 등 정부에서도 큰 우려를 갖고 있는 것이다.

도대체 무엇이 문제인가. 첫째로 꼽을 수 있는 것은 개발 방향이 모호하다는 것이다. 초기에는 용지의 반을 테마공원 그리고 나머지에 산업기지와 주거지를 채워 넣는 것인데 이것도 저것도 아닌 형태로 시작했던 것이다. 테마공원으로 하려면 먼저 볼거리가 있는 콘텐츠가 정해지고 이를 지원할 교통체계와 주차장 등이 충분해야 하는데 무엇 하나 뚜렷이 제시된 것이 없었다. 이렇다 보니 갈팡질팡했던 것이고 결국 경남 로봇랜드의 실패를 보고 테마파크를 반으로 줄여 산업기지 형태로의 계획 변경을 하였으나 아직도 모호하기는 마찬가지이다. 다시 말하면 어떻게 하든 이런 식으로는 경쟁력을 갖추기 어렵다는 것이다.

둘째는 개발 주체가 민간이 아닌 관이라 것도 걸림돌이다. 산업 클러스터는 관련 제조 산업처럼 모여 있어야 물류 비용을 줄일 수가 있고 정보 연계가 될 수 있다. 그러나 첨단 산업의 경우에는 관 주도보다는 대학과 첨단 기업을 중심으로 시장의 논리에 따라 발전했다는 것이다. 예컨대 미국 스탠퍼드 대학 주변의 실리콘 밸리도 대학의 연구 인력들이 창업한 첨단 기업들의 클러스터이다. 첨단 산업의 특성상 인력이 중요하기 때문에 대학을 중심으로 연구와 개발 그리고 생산의 생태계가 만들어졌던 것이다. 이것을 청라 지역처럼 황무지 벌판 위에 간판만 걸어서 될 일이 아니다.

당연한 말이지만 로봇랜드 조성사업은 로봇 시장의 수요에 맞게 기획되어야 한다. 그래서 앞으로 폭발적 성장이 예측된 전기자동차와 자율자동차, 드론, 산업 로봇 그리고 민간 로봇 시장 등에 유연하게 대처할 수 있도록 민간에 의해서 기획되고 조성되어야 하며 그때 관의 도움 즉 규제완화와 같은 법적 지원과 행정적 지원 및 재정적 지원이 필요한 것이다.

셋째는 우리에게 로봇 전문가들이 절대 부족하다는 점이다. 아직 우리의 로봇산업은 초기 단계이고 연구 인력도 일부 대학에 소수가 있을 정도이다. 그래서 로봇 산업이 발전하기 위해서는 로봇 기업과 아울러 대학 연구소와 함께 첨단 로봇 인력을 양성하는 프로그램이 같이 기획 운영되어야 한다. 그리고 이들 기관을 중심으로 부속 기술들 AI 개발을 위한 정보처리 기업과 정보 통신 기업 그리고 관련 센서 기업들이 주위에 같이 포진되어야 기본 로봇 클러스터가 형성되는 것이다.

그래서 인천 로봇랜드는 경쟁력 없는 테마파크보다는 로봇 연구와 산업 단지로 기획되어 추진되어야 한다. 그리고 이 사업이 앞으로도 수천억 원 이상이 투자되는 만큼 인천의 미래 먹거리가 될 수 있도록 관과 기업 그리고 지역 대학이 같이 힘을 합해야 할 것이다. 또한 지역 경제를 위해서라도 인천 로봇랜드가 독립적인 체계보다는 옆의 제조 군단인 주물공단, 남동공단, 부평공단과 시화공단을 견인할 수 있도록 다시 기획되어야 한다.

첨단 정보화 시대에는 첨단 기술이 시대를 결정한다. 기술을 갖는 기업과 국가만이 시대를 앞서는 것이다. 인천 시민들도 생소한 인천 로봇랜드 사업은 이렇듯 기술 개발과 로봇 인력 양성의 메카로서 거듭나야 인천의 미래와 희망이 있다. 이왕 돈 들여서 하는 것 제대로 했으면 싶다.

2021-06-16

미얀마에 봄은 오는가?

　세계사는 힘의 충돌로 점철된 역사이다. 이 명제는 최근 연이어 일어났던 홍콩과 미얀마 민주화 운동에도 어김없이 적용된다. 홍콩의 경우 초기에는 세계의 이목을 받는 것 같더니 곧 사그라들었고 미얀마도 100일이 지난 지금 800여 명의 사상자를 내고 에너지를 점차 잃어 가는 듯하다. 여기에서 중요한 것은 그들의 몸부림이 안쓰럽다는 감정적인 것이 아니라 이들 운동이 우리에게 주는 교훈이 무엇인가일 것이다.

　모든 혁명이 그렇듯 그 성공에 대한 간단한 공식이 있다. 그것은 혁명세력의 힘과 외부 동조세력의 힘이 집권세력의 힘을 넘어서야 한다는 것이다. 물론 이와 함께 이 힘들이 충돌하게 하는 사건이 있어야 한다.

　미얀마는 인구의 대부분을 차지하는 버마족을 비롯 약 100개의 민족으로 형성된 국가이다. 대부분 고산에 살고 있는 소수 민족들은 서로 왕래도 많지 않고 역사적으로도 갈등도 심해 민족 간 전쟁을 이어 왔다. 이는 영국의 식민지로 있을 때 통치 수법이 민족 간 혹은 사회 계층 간 갈등을 부추기는 것이었는데 이 수법은 일본이 조선을 통치할 때도 동일했다.

　이러한 갈등을 봉합하는 길은 여러 소수 민족을 하나로 단결시킬 수 있는 강한 카리스마를 갖는 인물이 있거나 아니면 군부와 같이 무력에 의할 경우이다. 전자는 아웅산 장군 즉 아웅산 수치 여사의 아버지가 미얀마 독립 당시 그 역할을 맡았고 그 이후 군부가 지난 50년간 권력을 쥐고 있다. 2020년 수치 여사가 소수 민족의 자율권을 내걸고 선거에 압승을 하자 절대 권력을 갖고 있는 군부로서는 받아들이기 어려운 일이었다. 결국 군부는 부정선거를 이유로 수치 여사를 자택연금을 시키자 소수 민족의 시위와 무자비한 무력진압이 이어졌다. 그러나 문제는 민족 간 그리고 민족 내의 계층 간 서로의 이해 관계가 다르고 복잡하여 이를 하나의 힘으로 만들어내기가 쉽지 않다는 것이다. 이들을 조직하고 이끌 걸출한 지도자가 없다면 결국 시위는 오래가지 못하고 소멸되기 쉬운 법이다.

다른 한 측면은 외부 세력의 관심과 지원 그리고 참여이다. 패권국이라고 자처하는 미국도 그리고 중국도 섣불리 개입하기 어렵다. 자칫 월남이나 아프간에서처럼 많은 희생은 물론 장기전에 매몰될 가능성이 높은 데 반하여 실제 얻을 실익이 모호하기 때문이다. 오히려 미국과 중국이 서로 대치 관계에 있다 보니 미얀마 군부의 입장에서는 이러한 관계가 호재일 수밖에 없다. 중국은 인도양에 나가기 위해 반드시 미얀마가 필요한 지역이지만 미국은 이를 막을 수밖에 없기 때문이다. 즉 외부 세력이 쉽게 간섭할 계제가 되지 못하기 때문에 세력으로 작용할 수가 없다는 것이다.

아직 현 집권 군부의 세력은 건재하다. 군부는 의회의 25%를 당연직으로 가져가는 법구조로 인해 권력보장을 받고 있으며 미얀마 모든 경제와 사회 각 요소에 군부의 촉수가 닿아 있다. 군부는 지난 수십 년간 집권으로 이미 국가의 지배 생태계를 굳힌 상태이다. 다시 말하면 군부의 균열이 나타나지 않는 한 아직 군부의 힘은 절대적이라는 것이다.

결국 부족한 시위의 응집력과 방관하는 외부 세력을 합친다 하더라도 현 군부의 세력을 넘기란 쉬워 보이지 않는다. 안타깝지만 아직 때가 아니란 것이다. 또한 설령 이번 민주화 운동이 성공을 해서 수치 여사가 실권을 갖는다 하더라도 소수민족의 자치권을 보장하지 않는 한 그리고 기득권 세력을 와해하지 않는 한 다시 민족 간 갈등과 전쟁은 결코 끊이지 않을 것이 명확하다. 이러한 사례는 인종청소를 자행한 발칸반도나 부족 간 살육이 이어졌던 나이지리아 내전 그리고 시리아 내전과 크게 다르지 않다. 이러한 사건들은 어김없이 많은 국제 난민을 만들어냈으며 국제사회의 큰 문제로 부각되고 있다.

명확한 사실은 우리도 같은 시기에 독립을 했지만 이들과는 달리 종교 갈등 그리고 민족 갈등을 크게 겪지 않았다는 것이 큰 행운이었다는 것이다. 물론 한국 전쟁 같은 이념적 내전은 있었지만 오히려 이것이 밑거름이 되어 경제 발전과 민주화가 일관되게 성공으로만 달려올 수 있었다. 그런 성공의 사례는 우리를 비롯 싱가폴과 대만 정도이다.

미얀마 민주화가 성공하려면 소수 민족을 하나로 만들 수 있는 강력한 리더와 조직이 있어야 하고 외세 동조세력이 가세할 때 가능한 것이다. 사실 조직과 리더가 없는 시위 그 자체는 결국 시위에 그치게 되어 있으며 그것이 아무리 과격하다 하더라도 큰 힘 앞에는 쉽게 소멸될 수밖에 없다. 아마도 하나의 가능성은 발칸반도에서 보듯 산업화를 이루어 종교와 민족이 아니라 경제 문제가 큰 가치를 갖도록 해서 국민적 통합을 이룩할 때일 것이다.

역사를 보면 수많은 시위와 운동 그리고 항쟁이 있어 왔다. 그 각각의 사건들은 힘의 논리에 의해 극히 일부가 성공했으며 그 적은 성공이 종종 역사의 흐름을 바꿔 놓게 된다. 미얀마도 예외일 수 없다. 다만 우리 이웃 미얀마가 빨리 안정화를 찾았으면 하는 마음뿐이다.

2021-05-21

사진, 미완의 기억

핸드폰에 카메라가 달리면서 사진은 이제 생활이 되었다. 요즘은 간단한 메모는 펜이 아니라 핸드폰 사진으로 대신하고 인스타그램같이 사진으로만 하는 SNS가 인기다. 사진이 이처럼 대중적이 되었지만 원래 목적은 기억을 남기고 그 기억을 남과 소통하기 위해서이다. 그렇다면 사진은 과연 그 역할을 하고 있는 것일까.

사진은 시간을 영원히 정지시킨다. 순간의 모든 것을 탈색하여 이미지만 남기고 박제한다. 즉 순간의 느낌, 감정, 냄새, 바람 등 우리가 그때 느꼈던 모든 것을 지워 버리고 오직 이미지만 남기는 것이다. 이때 오직 그 순간을 복원시킬 수 있는 것은 생생한 그때의 경험 기억이다.

카메라는 사실 작은 상자 내에 안경알 같은 렌즈와 감광지로 구성된 간단한 도구로서 좀 더 정교한 장치라면 빛의 양을 조절하는 조리개와 셔터 정도이다. 요즘은 렌즈도 광각을 포함하여 어안, 표준, 접사 그리고 망원 등 종류와 회사도 다양해서 다 갖추려면 기본이 웬만한 차 한 대 값이고 카메라 역시 같은 기능일지라도 가격은 몇만 원에서 수천만 원까지 올라간다. 그러나 핸드폰이 나온 뒤로 이들 카메라 기업들은 이제 몇몇 일본과 독일기업으로 정리되었다.

사실 사진을 본인이 만들었다면 기억력이 있는 한 그때의 경험 기억을 되살리는 것은 용이하다. 즉 경험이 기억 속에 저장되어 있어 사진의 도움으로 쉽게 순간의 과거를 되살릴 수 있기 때문이다. 반면 타인의 경우는 같은 경험과 기억이 없어 머릿속으로 상상(想像)하거나 비슷한 기억 즉 연상(聯想)을 떠올려 공감을 할 뿐이다. 이처럼 남의 사진으로는 그다지 큰 감흥을 못 갖는 것이 일반적이다.

그래서 본인이 겪었던 경험과 같은 감흥을 주기 위해 사진으로 할 수 있는 노력에는 셋 정도를 꼽을 수 있다. 그중 하나가 상황을 가장 잘 표출할 수 있는 그리고 누구나 공감할 수 있는 극적인 순간을 찾아 내는 것이다. 사진 작가나 기자들이 높은 산의 등정사진을 위해 무거운 카메라를 메고 오르거나 동절기 산 위의 해돋이 장면을 얻기 위해 며칠을 추운 정상에서 야영하는 일은 낯선 일이 아니다. 또한, 한 장의 극적인 사진이 세계적 반향을 일으키거나 역사의 흐름을 바꾸는 일도 종종 있다. 아프리카에서 독수리 앞에 쓰러진 굶주린 어린아이 사진이나 표류하던 시리아 난민 보트에서 굶어 죽은 어린이 사진 등이 그것이다.

그 다음은 카메라의 특성을 이용하여 원하는 이미지를 얻는 방법이다. 카메라란 빛의 인위적인 왜곡을 통해 이미지를 만드는 도구이다. 그러나 아무리 정교한 도구라고 해도 이미지 하나가 순간의 느낌과 감동을 전달하기에는 한계가 있을 수밖에 없다. 그래서 다양한 렌즈 필터, 특이한 렌즈, 플래시 그리고 컴퓨터 등 갖가지 도구를 활용하여 흑백, 광각, 확대, 접사 그리고 후보정 등 기계적인 테크닉으로 인위적으로 상을 만들어낸다. 이것이 그가 받은 느낌을 기계적인 조작을 통해 끌어내려는 것이다. 이러한 노력이 극한에 이르면 예술의 형태로 발전한다. 미국 예술가 앤디 워홀 같은 이는 간단한 이안 리플렉스 카메라로 마릴린 먼로와 같은 유명한 연예인을 찍고 영상을 조작해서 사진 예술의 장르를 열었다.

그러나 가장 효과가 있는 일은 아마 사진을 글로 보완하는 일일 것이다. 글은 인식작업이 뇌에서 이루어진다. 즉 언어를 통해 입력된 기호가 머리에서 언어 사고를 통해 비슷한 기억을 되살리고 이 기억을 통해 그 상황을 유추하게 된다. 반면 사진은 시각을 통해 들어온 이미지가 뇌의 과거 유사한 이미지와 즉각적으로 반응한다. 그래서 글과 사진이 결합할 때 시각적인 것과 사고적인 것의 복합 시너지를 얻을 수 있어 당사자가 겪었던 것과 같이 큰 공감을 끌어

낼 수가 있게 되는 것이다.

예컨대 며칠간의 어려운 산행 끝에 아름다운 광경을 사진으로 남겼다고 할 때, 그 사진의 주인공은 고행 끝에 얻은 그때의 황홀감이나 감격을 다시 느낄 수 있지만 타인에게는 단지 아름다운 사진일 뿐이다. 그래서 자신의 경험 즉 당시 스토리, 냄새, 바람, 감정과 느낌을 글로써 사진을 보완해야 타인이 더욱 큰 공감을 하게 되고 경험의 수준에 가까이 다가갈 수가 있게 되는 것이다.

회화나 조각 그리고 음악에는 글이 따르지 않는다. 이런 예술의 감상에는 시각이나 청각으로 느끼는 것이지 굳이 글의 설명이 필요 없는 것이다. 반면 사진에는 시각과 함께 머리로도 인식을 해야 하기 때문에 글이 같이 따라야 이해가 되고 감흥을 얻을 수 있다. 타인의 경험적 감흥은 시각만 아니라 머리 사고로도 같이 공감을 해야 하는 것이기 때문이다. 그래서 독일 철학자 발터 벤야민은 "설명 글이 없이 구성된 사진은 결코 불확실성에서 벗어날 수 없다"라고 간파했다.

사실 글과 사진 각각은 순간을 완벽하게 재현할 수 없다는 점에서 불완전한 도구이지만 이들 도구가 서로 보완할 때 그 순간에 보다 가까운 어쩌면 더욱 큰 감흥이 가능하다. 사진은 이렇듯 글을 만날 때야 비로소 순간이 기억이 아닌 살아있는 역사로 태어나게 되는 것이다.

2021-10-26

인천상륙작전과 맥아더 장군

올해는 한국전쟁과 인천상륙작전이 발발한 지 70년이 되는 해이다. 이 사건이 중요한 것은 불가능한 상륙작전이 성공했고 이로 인해 거의 전멸 상태로 몰리던 전선이 반도 끝 낙동강 교두보에서 극적인 역전을 했기 때문이다. 그러나 작금에 들어 작전의 당사자인 맥아더 동상 폄하와 철거 주장이 비등하는 등 그 의미가 퇴색되거나 지워지는 일들이 버젓이 나타나고 있는 것은 슬픈 일이다. 그래서 이 시점에서 그때의 의미를 되짚어 보고 우리가 무엇을 기억하여야 할지 따져 보는 것도 의미가 있다.

전쟁교과서에는 공격 시에는 속도를 우선하는 전격전 그리고 수비 시에는 상륙작전이 핵심이라고 기술하고 있다. 제1차, 2차 세계대전 때 침략군 독일이 썼던 방식이 전격전이고 여기에 맞서 연합군은 상륙작전으로 전세를 뒤집었다. 전격전이 필요했던 것은 전선이 길어질수록 보급이 어렵기 때문이고 적의 보급을 끊기 위해서는 적의 허리를 쳐야 하기 때문이다. 그래서 북한군이 단숨에 부산으로 밀고 내려갔던 것이고 UN군은 반도의 허리인 인천에 상륙함으로써 전세를 뒤집었던 것이다.

상륙작전은 이미 방어진지가 구축된 곳을 목표로 하기 때문에 상대적으로 큰 전력이 필요할 뿐만 아니라 실패할 확률도 극히 높다. 제1차 세계대전 터키 갈리폴리 전투에서 영국은 좁은 다르다넬스 해협을 지나면서 폭뢰로 3척의 전함을 잃었을 뿐만 아니라 절벽 밑에 잘못 상륙함으로써 8개월간 약 30만 명의 사상자를 내고 퇴각했다. 이 작전을 이끈 영국군 장본인이 윈스턴 처칠이고 상대 터키 장군은 터키의 아버지라고 불리는 케말파샤이다. 20년 후 노르망디 상륙작전에도 악천후에 간신히 성공은 하지만 여기에 동원된 선박만 5000척에 이르고 약 1만 4천 명의 연합군이 희생되었다.

인천상륙작전 역시 예외는 아니다. 사실 인천은 상륙작전을 펼치기에 모든 악조건을 다 갖추고 있다고 해도 과언이 아니다. 간만의 차가 심하고 수심이 얕아 배가 접안하기가 쉽지 않고 무른 갯벌은 더욱 작전을 어렵게 하는 요인이었다. 이런 악조건으로 인한 북한의 방심을 기회로 삼아 주위 반대에도 맥아더는 작전을 결정하였고 성공하였다. 당시 성공확률은 오천 분의 일로 약 7만 5천 명의 생명을 건 도박이었다. 일부에서는 상륙작전이 아니더라도 부산에서 밀고 올라올 수 있다고는 하지만 보급로가 살아있고 이미 승기를 타고 있는 북한군을 격퇴하기란 결코 쉽지 않은 일이다.

이러한 맥아더에 대한 비판은 세 가지로 요약된다. 그는 전쟁광으로 확전뿐 아니라 핵을 사용하려 했다는 것이고 다음은 한국전쟁을 자신의 정치목적에 이용했다는 것 그리고 마지막으로 무고한 시민과 여성 농락을 지시했다는 것이다.

미국정부는 서울 수복 후 전쟁 이전처럼 38선에서 전쟁을 끝내려 했던 것은 사실이다. 그러나 이승만 대통령은 이 전쟁이 절체절명 통일의 기회라고 판단했고 북진은 감행했다. 또한 맥아더 역시 정부입장과는 달리 승기를 잡은 김에 압록강까지 올랐고 더욱 욕심을 내어 중국 공격을 생각했던 것이다. 더욱이 아무도 살지 않는 만주에 원폭을 쓰면 중국이 쉽게 굴복할 것이고 그런 경우 공산세계를 쉽게 제압할 수 있다고 생각했을 것이다. 그리고 당시 우리 정부도 통일을 위해 맥아더에게 핵을 제안했다. 사실 당시만 해도 방사능 피해는 알려진 바가 없어 일본에서의 경험상 이러한 생각이 무리는 아니었을 것이다.

두 번째는 그의 정치적 야망으로 단기간에 끝낼 수 있는 전쟁을 3년을 늘여 확전을 했다는 것이다. 그 예가 별 성과 없이 끝난 원산상륙작전이나 서울 수복 후 재빨리 적의 보급로를 끊지 않았다는 것을 들고 있으나 모든 결과를 알고 있는 지금에야 그런 판단을 할 수 있을지 몰라도 당시 급박한 전쟁 상황에서는 그것이 최선의 선택이었다. 그것을 비전문가들이 속단하고 평가하는 것은 옳지 않다.

마지막으로 양민 학살설 등이 있으나 이에 대한 명확한 기록이 없다. 또한 상륙 당시 포격으로 양민 피해가 있었다고 하나 국가의 운명이 걸리고 수만의 생명이 달린 작전에 피해는 어쩔 수 없었을 것이다. 다시 말하면 있다고 해도 의도적인 것은 아니라는 것이다.

어떤 이는 자유공원의 맥아더 동상을 사대(事大)라고 한다. 그러나 사당에 모신 형상과 기념 동상은 다른 것이다. 조선말까지 명나라 황제 제사를 지낸 창덕궁 대보단이 사당이라면 동상은 그 사람의 업적과 생각을 기리고 기념하는 것이다. 인천 자유공원에 올라 보면 쉽게 알 수 있는 일이다.

우리가 이 전쟁에서 기억하고 명심해야 할 것은 맥아더에 대한 비판이나 동상 철거 논의가 아니라 이 땅에 어떤 전쟁도 일어나지 말아야 한다는 것이고 또한 우리를 지키기 위해서는 같이할 동맹국이 필요하다는 것이다.

인천상륙작전은 우리 대한민국의 생존을 결정했던 중요한 작전이었다. 그리고 이는 군인 맥아더 장군에 의해 계획되고 성공했다는 것은 누구나 아는 사실이다. 그가 허물이 있다고 하더라도 일단 그의 공은 인정할 것은 인정하고 한국전쟁이나 인천상륙작전을 기념하여야 한다. 그래서 우리 후대가 다시 전쟁이라는 비극을 만들지 않도록 정확한 역사적 사실을 알도록 해야 하는 것이다. 그렇지 않으면 그들이 이 엄청난 비극에서 도대체 무엇을 배우겠는가.

2021-06-23

정치인의 말과 글

　말은 생각의 표현이자 그 목적은 사람과의 소통이다. 당연히 이러한 말이 특정인들 특히 사람들을 이끌어야 하는 정치인에게는 가장 큰 무기가 될 수밖에 없다. 문제는 의도적이든 아니든 간에 정치인의 말 한마디가 세간에 큰 파장을 일으키기도 하고 자칫 자신의 정치 생명을 끝내는 경우도 왕왕 있다는 것이다. 2004년 열린우리당 정동영 의원이 노인 폄하발언을 한 후 정치 운을 달리 한 것이나 최근 민주당대표 송영길 의원이 광주빌딩 붕괴에 말실수로 곤욕을 치른 것이 바로 그런 경우이다. 그래서 정치인에게서 말의 의미를 다시 한번 생각해 봄 직하다.

　정치는 설득의 과정이다. 역사를 보면 정치가는 자신의 뜻을 연설을 통해 대중을 설득하여 왔다. 그리스 페리클레스는 주저하는 아테네 시민들에게 전쟁의 당위성을 연설로 설득하였고 영국의 처칠 수상은 히틀러의 침략에 항복보다는 끝까지 항전할 것을 라디오 연설로 영국을 설득하였다. 미국 링컨 대통령은 남북전쟁으로 갈라진 국민을 연설로 하나로 만들었고 인종문제가 불거질 때 마틴 루터 킹 목사의 연설이 흑백의 모든 갈등을 눈 녹이듯 했다. 이렇듯 흩어진 국민을 하나로 모으는 것은 정치 지도자의 한 줌의 말이다.

　연설이 일반 대중을 대상으로 한다면 토론은 상대방에 대한 설득의 장이다. 여기에 명확한 논리와 위트와 재치 등이 빛을 발한다. 토론문화가 발달한 영국과 같은 곳에서는 해학과 위트를 중요시하는 토론문화를 갖고 있기에 남을 공격하는 데도 품격과 예의를 지키는 전통이 있다. 일 예로 북아일랜드 분쟁으로 화난 여자 의원이 "모들린" 내상의 머리를 잡았더니 그가 웃으면서 "언제나 내 머리는 손자에게 꺼들린 다니까"라고 한 재치는 토론을 보다 여유롭게 만든다. 가슴 섬뜩한 말과 때론 주먹이 오가는 우리 국회와는 전혀 다른 모습이다.

최근에는 SNS 그리고 유튜브가 정치화가 되어 언론에서도 관심을 갖게 되자 이들 공간은 더욱 자극적인 말들로 도배가 되고 있다. 이런 상황을 극적으로 활용한 이가 트럼프 전 대통령이지만 같은 효과를 노리고 이제는 정치인과 이해 집단 누구나 할 것 없이 끼어들어 난장판이 되고 만 것이다. 그래서 정치인들의 말에 설득과 해학은 간데없고 거리낌 없이 상대방에 대한 비방이나 욕설, 가짜뉴스, 막말들이 횡행할 뿐만 아니라 이제는 아예 대놓고 상대 특정인을 정해 막말 공격을 담당하는 저격병까지 만들었다.

더욱이 정치가의 말이 목적을 갖고 극에 달하면 선동으로 치닫는다. 선동은 국민을 설득하기보다는 증오와 분노를 일으키고 분열시키게 마련이다. 독일 히틀러나 소련의 트로츠키가 그랬고 그리고 멀리 갈 것 없이 작년에 나라를 두 쪽으로 만들었던 조국의 죽창가 또한 대표적인 예이다.

사실 우리는 정치인들이 얼마나 고심하고 말들을 내뱉는지는 모른다. 확실한 것은 그들이 우리보다 몇 수 앞서 자신의 말에 대한 파장을 고려했다는 것이고 우리는 그들의 계산대로 반응하고 있다는 것이다. 그것을 소위 정치 공학이라고 부른다. 모든 것이 설계되고 그 각본대로 움직이고 있을 수 있다는 것이다.

그렇다면 정치인들이 이렇게 막말을 하는 이유는 무엇인가. 왜 그들에게서 설득과 여유를 볼 수가 없는 것일까. 가능한 설명은 아마 우리 국민들이 원하고 있지 않거나 한 번도 겪어 보지 않아서일 것이다. 이제까지 조선과 일본 치하 그리고 현재에 이르기까지 정쟁과 전쟁 그리고 치열한 전투와 같은 경쟁의 삶 속에서 우리에게 이러한 정치적 여유는 오히려 사치이다. 다시 말하면 이러한 것을 누릴 수 있는 정치적 포용력 그리고 국민적 지력이 같이 되어야 하는데 이렇게 하기에는 아직 해방 이후 70년의 우리 정치 역사가 짧다는 것이다. 국민 수준에 맞추어 정치가 발전되는 만큼 막말이 용인되는 세태라면 정치인은 여기에 맞출 수밖에 없을 것이다. 아니 우리가 겉으로는 찡그리지만 내심 그들의 막말에 쾌감 즉 대리 만족을 느끼고 있는지도 모를 일이다.

그러나 더욱 중요한 것은 우리 정치가의 한계이다. 우리 정치가의 덕목은 설득의 복잡한 과정보다는 상대방 약점 공격을 통한 권력 쟁취와 유지이다. 이것이 보다 쉽고 가성비가 좋기 때문이다. 여기에 국민적 화합과 해학과 위트가 끼어들 여지가 없다. 이러한 여유가 있으려면 자신도 그렇지만 상대방도 그것을 이해하고 담을 수 있는 그릇이 되어야 하는 것이고, 또한 국민적 화합을 위한 연설을 하려면 갈라진 마음을 보듬는 안목과 국가 비전이 있어야 하는 법이다. 그러나 이 모든 것이 결코 쉽지 않은 일이다.

그래서 훌륭한 연설, 그리고 의미 있는 한마디를 할 수 있기 위해서 우리 정치 초년생들이 해야 할 일은 정치 공학이나 권모술수가 아니라 문사철의 교양 쌓기부터 시작하여야 한다. 정치 역사가 오래된 서구에서는 학생시절부터 이런 훈련을 받고 있으나 국내의 대학입학 중심 교육과정에서는 이런 여지가 없기 때문이다. 이러한 노력이 없다면 A4 용지나 읽는 대통령이라고 조롱받던 작년 한미 정상회담에서처럼 그 수모를 다시 겪지 말란 법이 없을 것이다.

정치는 권력을 지향점으로 삼지만 그 권력은 국민을 위한 것이지 정치인 자신들을 위한 것이 아니다. 그리고 그 정치는 말과 연설을 통한 국민의 설득으로부터 시작하는 것이다. 그래서 정치인들은 기억해야만 한다. 결국 설득이 정치의 시작이자 전부라는 것을 말이다.

2021-07-06

2022년 대선을 보는 시선

대선이 칠 개월 앞으로 임박하다 보니 벌써부터 언론에는 연일 정치적 이슈들로 일색이다. 이번 선거의 특징은 기존과는 달리 코로나라는 변수와 전혀 새로운 인물들이 득세하고 있다는 데 있다. 다시 말하면 선거를 읽는 방식이 바뀌었다는 것이다. 그래서 이번 대선이 과열되기 전에 국민의 한 사람으로서 먼저 판의 흐름을 읽어 보는 것도 의미가 있다.

사실 대선 후보들은 현 정부의 문제점 지적과 아울러 자신의 타개책을 제시하여야 하는 것이 기본이다. 또한 자신의 통치철학과 함께 국가관, 외교관과 경제관 그리고 통일관에 관해 자신의 생각 즉 정치적 입장을 피력함으로써 국민들은 후보들을 비교하여 선택을 하게 되는 것이 정상적인 선거과정이다. 그러나 정치가 발달되지 못한 국가일수록 상대편 후보에 대한 과거 흠을 찾아 비방하는 등 인기 위주의 정치 공학이 주류가 된다. 사실 이 방식이 간편하고 가성비도 좋지만 무엇보다 국민과 후보자들이 여기에 익숙하기 때문일 것이다. 더욱이 후보들 간 큰 차이가 없다면 더욱 그러하다.

현재 대선후보가 여당과 야당을 합쳐 약 열 명의 후보가 거론되고 있지만 언론에 주로 회자되는 인물은 여당의 이재명과 야당의 윤석열 그리고 최재형의 세 후보 정도로 압축된다. 사실 이들은 다른 듯하지만 많은 공통된 점을 갖고 있다.

이미 주지하고 있다시피 문제는 이들 모두가 문제인 대통령과의 관계가 자유롭지 못하다는 것이고 또한 정치 경험이 전무할 뿐 아니라 정치적 입장조차 알려진 바가 전혀 없다는 것이다. 윤석열 후보는 현 정권창출에 가장 큰 공을 세웠을 뿐만 아니라 혜택 역시 크게 본 인물이다. 변방에 가 있던 그가 박근혜 정권 퇴진을 목표로 현 정권에 발탁되었고 과도한 수사로 전 정권을 초토화시킨 덕분에 고속 승진하여 검찰총장이 되었다. 최재형 후보 역시 마찬가지이다. 대통령으로부터 사정기관인 감사원장 자리를 받았다는 것 자체가 권력의 한 축으로 인정을 받았다는 것이고 이는 대통령 즉 현 권력과 불가분의 인연을 맺게 되었다는 것을 의미한다.

그러나 윤석열 후보는 정권 비리 수사로 그리고 최재형 후보는 탈원전 수사를 강행함으로써 문 정권의 역린(逆鱗)을 건드리는 바람에 세간의 인기를 끌게 되었고 의도적이든 아니든 동시에 대선 레이스에 합류하게 되었다. 그들의 성품상 직책에서 그냥 뭉개고 있을 수 없었거나 아니면 다른 가신들처럼 얼마 남지 않은 정권과 같이 묻히기는 싫을 수도 있다. 차라리 이번 기회에 정치권으로 옮겨 타면 검찰총장이나 감사원장의 명예도 지킬 수가 있고 큰 힘을 들이지 않고 쉽게 최소한 국회의원으로 남아 있을 수도 있을 것이라고 판단했을 수도 있다.

하지만 이들에 대한 약점을 알고 있는 현 정권에 대해 자유로울 수는 없다. 소위 윤석열 X 파일 운운 등이 바로 그것이다. 그래서 며칠 전 언론을 통해 윤석열 후보가 지난 정권의 실정을 묻지 말아야 한다고 말할 수밖에 없었을 것이다.

그렇다면 여권은 어떠한가. 이재명 후보는 과거 여자 문제나 집안 문제에서 아직 자유롭지 못하다. 단지 선거 전략상 이슈별로 현 정권에 날을 세우고 있으나 작년 "친형 강제 입원" 이슈나 공직선거법 위반에 대해서도 대통령의 오른팔인 김명수 대법원장으로부터 무죄를 선고받은 덕분에 그 역시 문재인 대통령이 큰 짐일 수밖에 없다.

그러나 더욱 우리를 곤혹스럽게 하는 것은 대선이 코앞에 왔는데도 세 후보들의 정치적 입장 자체가 아직 없다는 사실이다. 단지 이재명 후보만이 기본 소득의 세금 퍼주기 지원정책이 전부인 양 말하고 있을 뿐이다. 며칠 전 어쩌다 그가 자신의 역사관에 대해 언급하자 그 편향성에 대해 언론의 질타를 받고 나서는 이제는 아예 입을 굳게 다물고 있다. 더욱 한심한 것은 야당 후보들은 그마저도 없이 언론에서 만들어낸 막연한 이미지만 떠돌고 있을 뿐이다. 결국 문 정권에 넌덜머리가 난 국민들이 정치는 차치하더라도 이들 야당 후보들이 현 정권에 항명을 했듯 그들의 실정(失政)을 단죄할 수 있으리라 기대하지만 그 일도 결코 그렇게 쉬운 것이 아니다. 또한 정치는 현 정권이 그러했듯 정치적 복수만이 있는 것은 더욱 아니다.

이같이 후보들에게 별 특징이 없는 상황이라면 결국 입법, 사법, 행정 그리고 언론을 쥐고 있는 통수권자의 입김이 클 수밖에 없다. 대통령의 초미의 관심사는 퇴임 후의 거취이다. 사실 최악의 경우 윤석열 후보나 혹은 최재형 후보에게 권력이 넘어간다 해도 그리 큰 위협이 되지 못할 듯하다. 우선 사회 곳곳에 뿌리내린 친여 지지 세력들이 건재할 뿐 아니라 공수처 등 겹겹이 법적 안전장치를 마련해 놓았기 때문이다. 그리고 당내에서 좌충우돌하고 있는 이재명 후보가 불안하다면 뜻에 맞는 다른 후보를 끌어 올려 그의 대권을 위한 설계와 작업을 본격적으로 시작하면 될 것이다. 쉽게 말하면 몇 개월 남지 않은 대선까지 문재인 대통령은 은퇴 후 자기를 지켜줄 몇 겹의 안전장치를 확보하려 할 것이고 여야에 관계 없이 그가 누구든 이에 적합한 대권 주자를 밀게 될 것이라는 것이다.

올바른 정치가 아닌 한 개인의 안위를 위한 대선의 피해는 결국 국민이 지게 된다. 이를 극복하는 길은 문재인 정권 고발 서적 "무법의 시간"을 쓴 권경애 변호사의 말처럼 국민이 끊임없이 목소리를 내야만 한다. 이 목소리는 먼저 깨어 있는 지식인부터 내야만 할 것이다. 이 한 줌의 지식인들마저 귀를 막거나 눈을 감는다면 망가져 가는 이 국가의 미래는 다시 기대할 수 없을 것이고 결국 북한과 같이 절대 독재로 빠질 수밖에 없다. 과연 나 하나 편하자고 그런 국가를 우리 아들딸에게 물려줄 수는 없는 노릇이다.

2021-08-05

기본소득, 축복인가?

선거의 꽃은 공약이다. 정책으로 이어지는 공약은 소속당과 후보의 정체성은 물론 경우에 따라서는 나라의 운명을 결정하기 마련이다. 이번 대선은 후보 간 비방 외에 이렇다 할 공약은 찾아보기 어렵지만 굳이 고르라면 기본소득과 그 아류 정도일 것이다. 그렇다면 기본소득 정책이 과연 우리에게 어떤 도움이 될 것인가도 한번 따져 볼 필요가 있다.

기본소득이란 일정 금액의 현금을 국민 모두에게 일정 기간마다 지급하는 제도이다. 이러한 기본소득의 뿌리는 멀리 1516년 유토피아의 저자 토마스 모어의 "보장된 소득(Guaranteed Income)"까지 올라가지만 이론적으로 정립된 것은 1차 대전 후 영국과 미국 진보학자들에 의해서이다. 그러나 실제 그 실현까지는 아직 요원한 듯하다. 2016년 스위스가 기본소득 정책을 국민투표에 부쳤으나 부결되었고 그 외 핀란드 등 일부 국가에서 시험적으로 했으나 의도했던 취업률이나 국민 만족도에서 별 효과를 얻지 못했다. 결국 실패한 그런 불완전한 제도를 대선 후보가 전면적으로 도입하겠다는 것이다.

기본소득의 이유로 4차 산업 즉 기술 발전으로 생산성은 급격히 올랐는데 일자리는 크게 줄었다는 점이 주로 언급되고 있다. 그래서 높은 생산성으로 얻어진 소득을 사라진 일자리에 대한 보상 차원에서 취약계층과 공유를 해야 한다는 것이고 소비진작의 결과로 생산물 수요 역시 올릴 수 있다고 한다. "21세기 기본소득"의 저자 판 파레이스에 따르면 전 국민 일괄 지급으로 행정비용 절감은 물론 생계지원금처럼 빈부 차별을 느낄 필요도 없을 뿐만 아니라 이미 어느 정도 소득이 있으니 일자리 협상 능력도 향상될 수 있다고 한다. 일견 그럴듯해 보인다.

그러나 반대도 만만치 않다. 우선 재원이 문제이다. 민주당 이재명 후보 측에 따르면 초기에는 전 국민에게 매년 백만 원을 지급한다고 했는데 그 액수는 대략 연 팔십조 원으로 이미 팔백조 원 빚의 국가 예산으로서는 감당하기 어려울 뿐만 아니라 증세와 타 예산축소로 일관된 조달 계획도 허술하기 짝이 없다. 더구나 이론적으로 보면 기본소득 지급과 함께 건강보험 등 기존에 있던 복지 혜택은 줄여야 하므로 취약 계층에게는 오히려 지원 총액이 줄어들 소지가 있다. 노동 의욕 역시 감퇴할 수 있는데 미국 흑인과 인디언 생계 보조금 정책에서 보듯 비록 소액이지만 생활에 큰 불편함이 없다면 굳이 힘들여 일할 필요가 없기 때문이다. 그러나 무엇보다 가장 큰 우려는 복지제도 특성상 한번 시작하면 멈추거나 줄일 수가 없다는 것이고 자칫 정부는 국민의 목줄을 쥐게 되어 더욱 강력한 권력을 갖게 될 수가 있다는 데 있다.

기본소득 공약에 대한 근본적인 의문은 기술의 발전에 따른 우리의 생산성 증가가 과연 기본소득을 줄 만큼 향상되었냐 하는 것이다. 현재 일자리의 감소는 코로나로 인한 경기 침체와 경영 부실에 의한 것일 가능성이 더욱 크다. 사실 기업이 자동화가 되었다고는 하나 아직 고용은 지속적으로 이루어지고 있고 새로운 직업군도 나타나고 있는 추세이기 때문이다. 다시 말하면 현재의 기술 발전이 기본소득 도입에 대한 이유가 되지 못한다는 것이다. 그래서 대선 후보들이 지금 해야 하는 것은 기본소득과 같은 생계지원금으로 국민을 노예로 만들려 할 것이 아니라 국가 산업경쟁력을 키워 일자리 창출을 위한 공약 개발인 것이다.

이렇듯 정책 입안과 실시에는 필요성과 당위성들을 충분히 검토하지 않는다면 정책이 엉뚱하게 국민의 부담과 해악으로 빠져들게 된다. 예컨대 탈원전 정책과 같이 실제 의도와는 달리 산림 파괴나 전력 부족 그리고 원전 산업의 붕괴 등이 바로 그것이다. 또한 현 정부의 큰 패착인 부동산 정책도 마찬가지이다. 더욱이 기본소득처럼 대선공약으로 내건 포퓰리즘 정책이 지금 문제인 정권에서와 같이 교조(教條)화 된다면 결국 난민국가인 베네수엘라에서 보는 것처럼 국민이 받는 그 피해는 물론 말할 것도 없을 것이다.

사실 기본소득은 매력적이다. 어느 누가 매달 공짜 현금을 마다하겠는가. 이러니 이재명 후보가 기본소득 깃발을 흔들수록 그것이 옳든 아니든 다른 후보들은 여기에 대해 대응할 수밖에 없을 것이고 그래서 언론이나 인터넷상에서 이재명 이름이 계속 표출될 수밖에 없다. 이슈메이킹과 유권자의 후보 각인(刻印), 이는 선거에서 파괴력이 가장 큰 무기라는 것을 그는 잘 알고 있는 것이다. 사실 선거에서는 후일 실행 여부보다는 지금 국민의 인기가 더욱 중요한 법이다. 다시 말하면 남북정상회담과 같이 큰 이슈가 나오지 않는 한 기본소득 공약은 선거기간 내내 우리를 괴롭힐 것이라는 것이다.

정책은 국가를, 그리고 국민을 잘살게 하기 위한 수단이다. 물론 좋은 정책은 국가의 힘을 강하게 하고 국민을 풍요롭게 하는 것이지만 그것이 권력의 수단으로 전락하면 국민의 삶은 악몽에 다름아니다. 기본소득 정책 역시 이러한 관점에서 고려되지 않는다면 자칫 국민을 위한 것이 아니라 국민을 볼모로 권력의 수단이 되거나 후보의 인기를 위한 방편밖에 되지 않음을 우리는 알아야 한다.

2021-08-12

홍범도 장군과 독립군

이번 76돌 광복절을 맞이하여 의미 있는 일 중의 하나는 독립투사 홍범도 (1868-1943) 장군의 유해가 카자흐스탄에서 돌아온다는 일이다. 특히 문재인 정부의 역할이 있었다고 한다. 추측하건대 그의 출생지가 평양이었던 것만큼 봉환지를 놓고 북한과의 마찰이 큰 부담이 되었을 것이다. 그러나 무엇보다 이번 광복절 그리고 유해 봉환에 즈음하여 이미 전설화된 독립군의 역할과 이슈화 되고 있는 그들의 유공자 자격에 대해 생각해 볼 필요가 있다.

전쟁에서의 핵심은 조직과 전술 그리고 보급이다. 무엇보다도 승리를 위해 조직과 전술이 중요하지만 보급이 안 되면 주변 마을의 도움을 받거나 약탈을 할 수밖에 없다. 태평양전쟁에서 미국이 일본을 이긴 것은 무제한에 가까운 보급 덕분이었다는 것은 이미 알려진 사실이다. 문제는 당시 간도와 연해주에 흩어진 수백 명 단위의 독립군들은 그 어떤 것도 갖추지 못하고 있었다는 것이다. 더구나 주위에 약 삼만의 중무장 일본 정규군이 주둔하고 있었던 것과 비교하면 이들이 상대가 되지 못할 것은 당연하다.

홍범도 장군은 평양에서 머슴의 아들로 태어나 승려 그리고 사냥꾼으로 전전한다. 머슴으로 단련된 몸집과 탁월한 총솜씨를 인정받아 사냥꾼 무리의 우두머리가 되었으나 곧 조선의 총기 및 화약의 소지 금지조치에 따라 생계를 위협받게 되자 항거에 나서게 된다. 이후 을사조약에 의해 합방이 되면서 간도로 넘어간 그는 "대한독립군"을 결성하고 일본군과 대치하고 있던 소련 공산당 적군(赤軍)과 동조하여 공산주의자가 된다.

우리가 잘 알고 있다시피 그는 봉오동 전투에서 그리고 김좌진 장군과 함께 청산리 전투에서 큰 승리를 하게 된다. 하지만 이에 경각심을 갖게 된 일본군은 독립군의 보급 차단과 보복을 목적으로 연해주 참변과 간도 참변을 자행해 조선족과 고려인 수천 명을 학살하고 마을을 불태우는 만행을 일으킨다. 그리고 소련과 내통하여 연해주의 일본군 철수를 빌미로 독립군의 제거를 요구하게 되자 소련은 이를 위해 독립군의 한 분파인 고려공산당을 이용한다. 당시 고려공산당의 이루크츠크 파와 상해파는 소련 공산당의 신임을 얻기 위해 경쟁하고 있었다.

1921년 6월 이동휘를 위시한 고려공산당은 소련의 지원약속을 이유로 모든 독립군을 집결할 것을 알리자 홍범도 장군 휘하 부대 등 약 삼천 명의 독립군이 자유시로 모였다. 한자리에 집결한 순간 고려공산당과 적군은 무장해제를 요구하고 저항하는 자는 사살했으며 일부는 벌목공으로 나머지는 독소전쟁의 총알받이 죄수 부대로 보냈다. 이때 사살된 독립군은 약 800여 명에 달한다. 그리고 소련 공산당은 주역을 담당했던 이루크츠크 공산당 독립군을 해체하여 적군에 편입시켰는데 이로써 우리 무장 독립군의 활동은 역사에서 사라진다. 이것이 안타까운 자유시 참변으로 이 사건은 소련의 농간과 독립군들의 내분에 의한 결과였다. 문제는 독립군 학살에 홍범도 장군이 가담했다는 사실이다.

홍범도 장군은 자유시에서 고려공산당과 함께 이루크츠크로 이동했고 거기서 공산당에 입당하여 평범한 소련 공산당원으로 살아가게 된다. 그가 카자흐스탄에서 묻힌 것은 소련의 소수 민족 이동정책에 의해 이주했기 때문이다.

독립군의 어이없는 자멸은 우리에게 두 가지의 교훈과 숙제를 남긴다. 열악한 보급과 규율이 없는 조직도 문제지만 근본적으로는 리더십 부재와 이로 인한 독립군 내분이 더욱 큰 문제였다. 무엇보다도 독립군 전체를 아우르는 리더십의 인물이 없었던 것이다. 투사가 지도자로 올라서기 위해서는 강력한 전투력이 물론 있어야 하지만 이와 함께 통솔이념과 흩어진 조직을 하나로 만드는 리더십 그리고 국제적인 안목이 필연적이다. 사실 전투력만 강하다면 한 집단의 수장이 갖는 한계를 벗어날 수 없는 것이다. 예컨대 터키의 무스타파 케말파샤, 유고 연방을 주창했던 발칸의 요지프 브로즈 티토나 팔레스타인 PLO 지도자 아세르 아라파트 등은 훌륭한 투사였을 뿐만 아니라 훌륭한 정치가이자 또한 민족의 지도자였다. 김좌진 장군이나 홍범도 장군은 훌륭한 투사였지만 산재된 독립군을 하나로 만드는 리더십이 부족했던 것이다.

또한 상해 임시정부 때와 마찬가지로 독립군 역시 내분이 큰 원인이었다. 중국과 소련에 흩어진 소규모 독립군 간의 헤게모니 경쟁은 자유시에서 통합 독립군 "대한독립군단"을 조직할 때 극에 달했다. 누가 독립군 전체를 통제할 것인가를 두고 경쟁한 것이다. 결국 고려공산당 이르크츠크 파와 상해 파의 소련 공산당에 대한 충성 경쟁이 불러온 것이 자유시 참변이고 이들에 의해 한 줌의 독립군은 순간에 섬멸된 것이다. 만약 당시 독립군 내분을 잠재우고 하나로 만들 위인이 있었다면 우리는 중국과 같이 승전국이 될 수도 있었다는 김구 선생의 탄식이 가슴을 울리는 것이다.

이제 우리에게 남은 숙제는 독립운동사에 대한 사료 보강과 유공자에 대한 기준 정립일 것이다. 예컨대 독립군 활동에 대해서는 이범석 장군의 저서와 홍범도 평전과 같은 서적과 대부분 현지인 증언이 전부이다. 청산리 전투나 봉오동 전투의 기록도 우리 쪽 기술과 일본 측의 기술에 현격한 차이가 있다. 일본군 피해가 엄청난 것으로 적고 있지만 일본군이 기록한 일본군의 피해는 거의 미미한 것으로 기록되어 있기 때문이다.

이와 함께 국가유공자의 자격기준 문제도 정립해야 한다. 예컨대 항일운동가이지만 공산주의자로서 한국전쟁의 장본인이기도 한 김원봉에게 독립유공자로 최근 추서한 것도 문제이지만 홍범도 장군도 예외는 아니다. 그가 자유시의 독립군 학살에 가담했다면 유해 봉환은 물론이고 건국과 독립유공자 자격은 가당치 않다. 명지대 강규형 교수는 이에 보답으로 레닌의 초대를 받아 금화와 권총을 선물받았다고 지적한다. 따라서 한때 항일운동을 했다 하더라도 민족을 해하거나 적성국가를 위해 일했다면 우리 후대를 위해서라도 절대 유공자로 기릴 수는 없는 것이다.

　홍범도 장군이 훌륭한 독립투사라 해도 자유시 참변에 대한 책임에서 결코
자유롭지 못한 것도 사실이다. 그래서 유해 봉환에 앞서 정치적 홍보보다는 역
사적 사실로서 그를 다시 판단해야 하는 것이다.

아프간 사태가 주는 교훈

　최근 세계적인 이슈는 코로나 재확산과 탈레반의 아프가니스탄(아프간) 점령이다. 특히 아프간 사태는 미국의 전격적인 지원 아래서도 패망했다는 점에서 우리에게 여러 시사점을 주고 있다. 그래서 단순히 그들의 불행에 안타까워하거나 몇몇 난민 구출에 뿌듯함을 느끼기보다는 그들의 패망으로부터 패인과 교훈을 깨닫는 것이 우리에게 무엇보다 중요한 일일 것이다.

　"지리의 힘"의 저자 팀 마샬은 국운은 지리적 위치로부터 큰 영향을 받는다고 간파했다. 예컨대 해양시대가 열리기 전까지 실크로드가 번성했던 시절 아프간 도시들은 나름대로 부유하고 융성하였다. 실크로드의 중앙 즉 중앙아시아 한복판에 위치한 덕분이었다. 그래서 훈족, 한족, 그리고 몽골족 등 시대의 정복자로부터 약탈과 점령이 반복되었던 곳이고 이것이 현대까지 이어져 전략적 목적을 위한 영국, 러시아 그리고 미국의 침공을 차례로 겪게 된 것이다.

　그러나 미국과 같이 원거리에 있다 보면 점령국 관리는 쉬운 일이 아니다. 직접 관리를 하려면 자국민으로 구성된 통제 인력 등 많은 비용이 들지만 괴뢰 정권을 세우면 적은 비용으로 같은 목적을 이룰 수 있다. 미국은 가니 대통령을 수반으로 하는 친미 아프간 정권을 세웠고 미국을 대변하는 대가로 그들의 부패를 눈 감고 있었던 것이다. 이 부패를 먹고 사는 가니 정권에게 국가 리더십이나 국가 비전을 기대하기란 어려운 노릇이다. 20년간 아프간 지배계층을 이루고 있었던 이들 미국 부역자들은 미국의 지원을 갖가지 명목으로 빼돌리고 있었지만 미국이 빠진 순간 탈레반의 보복이 두려워 공항으로 몰려들었던 것이다. 탈레반이 기존의 이슬람 근본주의 국가로 다시 돌아가기 위해 오염된(?) 서구 문화에 대한 정화 작업과 아울러 미국의 부역자들에 대한 응징과 숙청 작업은 어쩌면 당연한 수순이다.

또 다른 패인은 모호한 전쟁 명분을 들 수 있다. 탈레반은 외세의 침략에 맞서 싸운 아프간 민병대 전사로서 아프간인들 역시 이들을 적으로 생각하지 않고 있다는 것이다. 미국이 들어온 이유가 알 카에다 소탕의 명분을 걸고 있지만 실상은 중국과 러시아 견제를 위한 아프간의 위치 선점에 있다는 것에 이미 알려진 사실이다. 결국 미국이 물러난 순간 탈레반은 러시아에 했던 것처럼 미국의 침략을 물리치고 나라를 지킨 형국이 되었다. 다시 말하면 아프간이 같은 민족 그리고 같은 종교를 갖고 있는 탈레반을 적으로 싸울 명분이 모호했다는 것이고 탈레반의 적은 미국이지 아프간이 아니었다는 것이다.

그러나 무엇보다도 그들의 불행은 국가를 생각하는 걸출한 정치적 지도자가 없었다는 것이다. 그 지도자는 긴 세월 간 미국 품에 있을 때 아프간 내부 통합과 국력을 길렀어야 했다. "자신을 지키지 않는 전쟁을 더 이상 하는 것은 무의미하다"라는 바이든의 말이 그것을 대변한다. 결국 곁에 미국이 있을 때 지원에 의지한 채 자신을 돌아보지 않았던 것이 그들의 패인이었다.

이러한 아프간 패인들을 돌아보면 국가를 지키기 위해서는 세 가지 요인 즉 확고한 국가 이념과 지도자의 리더십 그리고 신뢰가능한 동맹이 필요한 것임을 생각할 수 있다.

확고한 이념 즉 이슬람으로 무장된 세력 앞에서는 어떤 첨단무기도 무력하다. 다시 말하면 영국, 러시아, 그리고 미국을 물리친 것은 총칼이 아니라 무슬림 집단의 종교적 이념이었다. 이슬람의 근본 교리가 지적하듯이 알 카에다와 같은 무슬림 친구를 도와야 한다는 것 그리고 자기 자신을 희생하면 천국을 보장받는다는 것 등의 이슬람의 종교적 신념은 자살 공격도 쉽게 감수할 수 있는 강력한 무기이다. 반면 같은 이슬람 문화권에 있더라도 안락한 서구 문물에 취해 있던 아프간 지배계층과 정부는 이러한 이념이 약할 수밖에 없었다. 더욱이 관행이 된 부패사회와 미국의 지원에 길든 이들이 탈레반과 맞서기에 너무나 허약했던 것이다.

만약 친미 가니 정권이 강력한 리더십을 발휘하여 아프간의 내부 통합을 이루고 미국의 지원으로 군사력과 경제력을 기르려 했다면 오히려 탈레반을 흡수하고 빠른 경제 성장을 이룩할 수도 있었을 것이다. 미국도 한없이 들어가는 희생과 비용만큼 효과가 나지 않으니 과감히 포기한 것이고 결국 이것에 대한 책임은 결국 아프간 정부와 국민에게 있을 수밖에 없다. 즉 아프간의 정권에 부족했던 것은 가장 절실할 때에 가장 필요했던 국가 비전과 리더십이었다.

마지막으로 군사 동맹은 상대방이 침략을 당하거나 전쟁을 일으켰을 때 자동적 참전을 의미한다. 사실 제1차 세계대전은 이러한 동맹관계에 의해 세계대전으로 확대된 것이다. 그러나 미국이 과감히 전쟁 중인 아프간을 버릴 정도로 동맹은 예전과 같지 않다. 다시 말하면 우리의 행동에 따라 미국은 우리의 가치를 다시 계산할 것이고 필요하다면 가차 없이 버릴 수도 있다는 것이다. 이제 중국과 미국의 등거리 외교노선에서 탈피하여 확실한 선택을 할 수밖에 없다.

이번 아프간 사태는 국가의 통치 이념과 국가의 리더십이 얼마나 중요한지 그리고 동맹이란 국가의 존립을 위해 필요한 것인지를 다시금 일깨워 주는 사건이었다. 최근 우리에게도 군대의 기강해이를 비롯한 좌와 우 등 극심한 이념적 혼재, 문재인 정권의 리더십 부재, 그리고 동맹의 관계 변화 등의 문제에 직면하고 있어 이번 아프간 사태를 통해 다시금 우리를 돌아봐야만 할 것이다.

2021-09-02

코로나 추석, 어떻게 보내야 하는가

올해 추석은 각별하다. 코로나가 잡히는가 싶더니 변이가 생겨 다시 창궐하는 형국이고 거리두기는 더욱 심해져 올해도 성묘는 고사하고 가족들마저 함께 모이기 힘들게 되었다. 더욱이 대선이 6개월 앞으로 다가와 여야 할 것 없이 과열된 경선정국은 그야말로 극히 혼미하다. 그래서 잊혀만 가는 추석의 의미를 다시금 되새기고 특히 이번 명절을 어떻게 보내야 할지를 새겨 볼 필요가 있다.

추석은 우리뿐만 아니라 거의 모든 나라에서 중요한 명절이다. 떨어져 살던 가족이 함께 모여 올해 수확한 것에 대해 조상에게 감사를 느끼고, 놀이를 통해 친목과 우애를 다짐으로써 가족의 의미를 되새긴다는 점은 어디서나 같다. 이렇듯 추석은 수확의 기쁨을 나눌 뿐 아니라 서로의 안위는 물론 가족과 후대들에게 미래를 대비하도록 하는 의미가 매우 크다. 특히 대선을 앞둔 우리에게는 가족과 함께 직면해 있는 국가 위협을 인식함으로써 이번 대선을 통해 이 위기를 슬기롭게 헤쳐 나갈 수 있도록 하는 것이 중요하다 할 수 있다.

사실 우리는 세 가지 큰 위기에 처해 있다. 경제적 위기와 외교적 위기 그리고 정치적 위기가 바로 그것이다.

이미 주지하고 있다시피 코로나로 인한 서민 경제의 붕괴와 그동안 한껏 부풀렸던 세계적 통화 유동성으로 경제 전문가들은 경제 파국의 가능성을 지적하고 있다. 이미 미국을 비롯한 여러 국가들이 일제히 긴축재정으로 돌아섰지만 유독 우리는 내년 대선과 맞물려 오히려 유동성을 늘리고 있다. 내년 예산 규모가 600조 원에 이르고 있으며 총 국가 부채는 이미 2000조 원에 이르고 있다. 이번 대선 공약 역시 정부 돈 푸는 것 일색이어서 결과된 과도한 정부 부채는 후대들의 짐으로 돌아올 수밖에 없다. 물론 이뿐만이 아니다. 부동산 패착, 코인 거품, 경제 옥죄는 규제 남발, 정치화된 노조문제 등 쉽지 않은 난제들이 헤아릴 수 없이 많다.

더욱 중요한 것은 외통수에 빠진 우리 외교일 것이다. 현 정부의 그동안 미·중의 모호한 외교적 노선이 양쪽에서의 이득이 아니라 반대로 한미 동맹은 약화되었고 중국의 냉담으로 귀결되었다. 미국은 아시아 군사 동맹 훈련에서 이미 한국만 제외하였고 중국은 미·중 간 우리의 입장을 밝히라고 겁박을 하고 있는 것이다. 그러나 지금처럼 국제관계가 매우 중요한 상황에서 등거리 외교는 자칫 양쪽에서 내쳐져 그야말로 국제 미아가 될 가능성이 크다. 물론 미·중 관계만 중요한 것이 아니라 우리와 직결되어 있는 일본 과거사 문제와 대북 문제도 더없이 중요하다. 그래서 가족들에게 우리의 국가 외교가 현재 어떠하며 우리는 어떠한 결정을 내려야 하는지 일깨워 주고 생각하도록 해야 하는 것이다.

마지막으로 우리의 정치상황을 일깨워야 한다. 정치는 종교도 아니고 권력자들의 정권게임도 아니다. 바로 세금처럼, 그리고 법처럼 우리에게 직접적인 영향을 주는 무형의 것이다. 그래서 멀리할 것이 아니라 적극적으로 판단하는 능력을 갖고 그들의 행동에 깨어 있어야 하는 것이다. 사실 현 정부의 무능과 부패도 참기 어렵지만 더욱 힘든 것은 국민의 갈라치기이다. 정치적 무능 예컨대 부동산 패착, 원전 금지로 인한 국가적 손실, 방역실패에 따른 국민적 고통은 그래도 어떻게 참고 지나갈 수도 있을 것이나 내 가족을 가르고, 친구를 가르고, 그리고 계층과 계급을 가르는 일은 다른 문제이다. 우리가 경험해서 알 듯 사람의 관계가 한번 갈라져서 어긋장이 나면 쉽게 화합될 수 없기 때문이다. 조국 교수 문제, 친일 문제, 좌우의 이념문제, 가진 자와 안 가진 자의 문제, 노동계와 아닌 자의 문제 등 수 없는 국민 갈라치기는 권력자에게는 통치 수단에 활용할 수 있을지는 몰라도 국가적 사회적 손실은 막대하다. 결국 조선

말의 당파의 분열과 대립이 이것과 결코 다르지 않다. 그때는 권력자 간의 갈라치기였지만 지금은 국민 간의 갈라치기가 다를 뿐이다. 물론 후자가 더 두려운 것이다. 이러한 사태의 심각성을 가족들에게 일깨워야만 할 것이다.

당장 대선이 코앞이다. 선출된 대통령은 이러한 급한 난제들을 수습해야 할 능력은 물론 국가 비전이 있어야만 한다. 망가진 경제를 어떻게 되살릴 것이며 외교는 어떻게 바로잡을 것이고 국민 통합을 어떻게 이룩할 것인지에 대한 구체적인 복안이 있어야만 하는 것이다. 그 하나하나가 우리의 운명을 결정지을 수 있는 것이며 자칫 국가가 나락으로 떨어질 수도 있다. 그래서 과거 선거에서 늘 그랬듯 지난 정권에 대한 징벌이나 국민세금으로 생색내기 공약에 관심 두기보다는 이러한 국가적 난제들에 대한 복안이 있는지 그리고 그것이 얼마나 타당한지를 나와 가족의 입장에서 생각해야만 하고 또한 그것을 대선 후보들에게 함께 물어야만 할 것이다.

물론 이러한 국가 위기를 이해하고 가족에게 알려서 공감을 끌어내는 일은 결코 쉬운 일이 아니다. 그래서 대부분이 잊고 외면하기 일쑤이다. 그러나 무관심이 잠시 편할지는 몰라도 해결책은 결코 아니다. 적어도 정치가의 결정이 가족의 안녕에 저촉된다면 더욱 그렇다. 정부는 내 가족을 위해 존재하는 것이지 그들을 위해 내 가족이 존재하는 것은 아니기 때문이다.

추석 명절은 조상과 가족의 안위를 지키는 전통 그것을 이어가는 민족행사이다. 생각과 생활이 바뀌어도 우리가 지켜야만 하는 것은 그 전통이 갖고 있는 의미일 것이다. 그래서 코로나로 인해 전통을 지키는 것이 어렵더라도 그것이 갖는 의미를 깨닫고 나와 내 가족의 안녕을 위해 현실을 직시할 수 있어야만 한다.

2021-09-16

대장동 사건을 바라보는 마음

 나라가 어수선하다. 하루가 멀다고 터지는 굵직한 의혹들이 나라를 온통 삼키고 있다. 각 언론들의 지면과 화면이 대장동 사건으로 도배되어 모두의 시선을 꼼짝없이 묶어 두고 있는 것이다. 어떤 이는 이 사건이 비슷한 시기에 나왔던 영화 "아수라"나 "짝패"와 그대로라고 영화 감독의 감각에 혀를 두른다. 그러나 이 사건에 울분보다는 이제 무엇이 문제이고 여기서 우리는 무엇을 해야할지 생각해 보는 것이 더욱 중요하다 할 것이다.

 대장동 개발사업 사건은 일부의 고위 법조인과 정치가가 부동산 투기꾼과 야합하여 떼돈을 번 대규모 권력형 비리 사건이다. 이것이 크게 부각이 된 것은 이번 사건 중심에 유력 대선 후보인 이재명 전 성남시장이 있을 뿐만 아니라 그 사건 자체가 국가를 힘들게 하고 있는 부동산 폭등에 편승해서 벌어졌기 때문이다. 그리고 조연으로 최고 법조인인 박영수 전 특검, 권순일 전 대법관, 김수남 전 검찰총장, 강찬우 전 수원 지검장 그리고 곽상도 의원, 원유철 의원 등 정치인도 여야를 가리지 않고 실세라면 그리고 작전에 도움이 된다면 끼어 있기 때문이다. 물론 이들만이 아니다. 겉으로는 부각되지 않은 수많은 실세들이 얽혀 있을 것이다.

 당사자인 이재명 전 성남시장은 이 사업을 본인의 치적으로 내세우다가 문제가 불거지자 국민의 힘 의원들이 개입한 것을 들어 오히려 국민의 힘 게이트로 몰아가고 있다. 이제 흐름은 지리한 공방과 함께 재료가 떨어질 때쯤 힘 없는 한두 명의 정치인을 희생양으로 가닥을 잡아가는 것 같다. 주로 보도되고 있는 그들 아들딸의 특혜 시비 즉 엄청난 대우가 과연 정당한가의 문제는 사실 전체 그림과는 별 상관이 없다.

그동안 불거진 의혹을 정리하면 민간 개발사업을 성남시에서 공영개발의 형태로 토지를 수용해서 다시 성남시가 민간기업인 화천대유에게 맡겼다는 것 그리고 입찰 일주 전에 급조해서 만든 이 기업이 자격미달인데도 불구하고 하루 만에 맡게 되었다는 사실이다. 이와 함께 화천대유에는 부동산 전문가보다는 이재명과 그리고 성남시와 관련이 있는 고위 실세 법조인, 정치인들로 채워져 있는 것도 이상하지만 더욱 이상한 것은 4000억의 천문학적 수익이 뭉텅이 현금으로 인출되었는데 도대체 이 돈의 행방을 모른다는 것이다.

이들이 지탄을 받을 수밖에 없는 것 중의 하나는 공영개발 형식으로 토지를 수용해서 이들에게 높은 가격으로 아파트를 분양했다는 것 즉 없는 사람들을 편취해서 이 돈의 일부를 각자 역할에 따라 혹은 방패막이로 직원, 법조인 그리고 정치인들에게 엄청난 액수로 보상한 것이다.

더욱 기가 막힌 것은 예전의 권력형 비리처럼 한두 명이 자신의 탐욕을 채우기 위해 압력을 행한 것이 아니라 한탕털이 영화 "오션스 일레븐"에서 보듯이 전문가 팀이 고도의 법 지식을 갖고 법의 테두리 안에서 치밀한 설계 하에 각각의 역할 분담으로 천 배 넘는 수익을 창출한 것이다. 법적 문제가 없다는 전제하에서 경영학적으로 본다면 이는 교과서에 실려야 하는 경영 성공 사례일 것이다. 그러나 문제는 그 돈이 결국 집 없는 자의 피와 땀이다. 자신의 재능과 권력으로 안전한 투기판을 만들어 엄청난 치부를 한 것이다. 영화 "아수라"에서 돈이 전부인 것처럼 현실에서도 이들 권력잡이들도 결국은 돈이 전부인 셈이다.

그러나 조금 떨어져서 보면 또 다른 의혹들도 보인다. 대장동 개발에 원주민들이 애초부터 민원을 제기했고 또한 이재명 경기도 지사의 선거 재판 때도 청와대 민정수석실은 알고 있었지 않았는가 하는 것이다. 그렇다면 왜 청와대는 무슨 의도로 이 부패 사건을 모른 척했던 것일까. 의문은 이 과거 사안이 왜 지금 갑자기 불거져 나왔냐 하는 것이고 중앙지를 중심으로 새로운 의혹들이 거의 시리즈로 발표되고 있다는 점이다. 어디선가 의혹을 흘리는 것 같은 의구심을 갖지 않을 수 없다. 혹시 당선이 유력시되는 이재명에 대해 청와대는 어떤 의도가 있지 않나 싶은 것이다.

새로운 큰 사건은 종종 기존의 사건을 묻어 버리고 또한 신경을 써야 하는 일들도 덮어 버리게 된다. 특히 눈과 귀가 통제된 우리와 같은 상황이라면 더욱 주위를 살펴볼 필요가 있다. 예컨대 언론 재갈법이라고 불리는 언론 중재법 국회 통과 문제나 어쩌면 우리가 눈치채지 못하는 중요한 사안도 있을 수 있다. 언제나 언론이 의도대로 절제된 상태로 보여주는 것만 보고 판단할 수밖에 없기 때문이다.

그러나 우리를 참담하게 만드는 것은 몇몇 고위 정치인과 법조인이 부동산 투기꾼과 야합해서 떼돈을 벌었다는 것이 아니라 그들의 그런 행태가 이미 우리 사회 특히 고위 지도층에게는 상투적인 일이 되었다는 것이다. 또한 우리는 그들의 당당한 협잡을 보고도 그들이 만드는 시스템 속에서 무력하게 착취를 받아야만 한다는 것이다. 그리고 가장 유력한 다음 대선 주자가 그들의 중심에 있다는 사실은 생각만 해도 소름이 끼치는 일이다.

그래서 당장 가까이는 이를 바로잡을 올바른 대선 후보를 선택해야 하고 멀게는 사회가치에 대해 말할 때이다. 존경을 받는 권력자들이 재능과 권력을 이용해 탐욕을 부리기보다는 다른 사람들을 생각할 수 있도록 가치를 말하는 인문적 교육이 앞서야 한다는 것이다. 평생을 사람됨보다는 경쟁 속에서 전문성만 키웠다면 그는 돈만 아는 단순한 기능인에 지나지 않게 된다. 그런 그가 타인을 위한 삶을 이해하기란 어려운 노릇이다. 이런 까닭에 고대 희랍의 플라톤은 "국가"에서 권력자를 철학자로 교육시켜야 한다고 설파했다.

자본주의 사회는 정보화 사회와 맞물려 가치보다는 더욱 물질과 지식의 노예가 될 것이 불을 보듯 뻔하다. 이제 사회를 살리기 위해 먼저 나 자신이, 그리고 사회가 변해야만 한다. 그래서 이제는 돈보다는 가치를 말해야 할 때이다. 그래야 우리 미래가 있다.

2021-10-05

이해가 안 되는 일들

우리 주위에 이해가 안 되는 일이 수도 없지만 최근 정치 관련하여 그런 일이 두 가지로 축약된다. 그 하나는 끊임없는 실책에도 불구하고 거의 사십 프로 내의 굳건한 문재인 대통령 지지율이고 다른 하나는 소위 선진국의 대권 주자들이 보여주는 민망함이다. 그러나 그들 수준이 안 되는 것은 어쩔 수 없다 하더라도 임기 말 높은 지지율에 대해서는 궁금하지 않을 수 없다.

민주주의 정치는 대중의 인기 즉 지지에 의해 작동된다. 문제는 이들 대중이 이성보다는 감성에 의해 움직인다는 것이다. 고대 희랍의 민주정에서도 연설이 정치에 주효했기에 정치가들은 어김없이 수사학의 스토아 철학자들에게 사사를 받았다. 그 유명한 소크라테스나 제자 플라톤도 스토아 학자들이었으며 이러한 전통은 로마에까지 이어진다. 이렇듯 민주주의 정치의 가장 큰 핵심인 대중의 지지는 결국 사람들의 감성에 호소함으로써 얻어질 수 있는 것이다.

기술이 발달한 현대에 들어서면 대중의 지지를 얻기 위한 노력은 더욱 적극적인 형태로 바뀐다. 미디어를 이용한 선전과 선동 그리고 대중교육 시스템을 통한 국민 세뇌가 바로 그것이다. 독일 나치즘은 정치적 소외자들이 우익에 편승하여 권력 획득으로 시작했으나 단체를 이용한 사회 조직화 및 미디어를 통한 선동으로 국민을 광기로 몰아 종교집단화 한 현상이다. 일본 명치유신 시절 천황에 대한 신격화 과정 역시 같은 맥락에서 이루어졌다. 즉 국민학교라는 교육 시스템과 조직적인 단체 운동을 통해 국민을 목적에 맞게 개조했던 것이다. 이 두 현상은 나라는 다르지만 결국 자국민을 처참한 2차 대전으로 몰아가게 했다.

이처럼 반복된 선전과 세뇌는 국민으로 하여금 믿음으로 그리고 맹신으로 이어져 이성적 판단을 마비시키고 결국 국가가 종교 집단화되는 것이다. 가까이 북한을 보면 쉽게 알 수 있는 일이다. 이 모든 행위의 목적은 어김없이 권력 쟁탈이나 유지로 귀착된다.

문재인 정권의 높은 지지율 이슈는 설문의 대상이나 형식 그리고 분석방법 등 통계의 신뢰성 문제는 차치하더라도 세 가지 측면에서 찾아볼 수가 있는데 그것은 집권초기부터 인기에 대한 집착과 우리 국민의 수준 그리고 환경적 측면이다.

지지 관리를 위한 수순은 언론의 장악과 국민 갈라치기 그리고 지지세력의 공고화로 이어졌다. 방송과 신문 등 언론사들에 대한 회유는 물론 소위 정권 스피커로 불리는 연예인을 요소에 박아 놓아 국민의 눈과 귀를 장악했던 것이다. 이를 시작으로 쇼의 이미지 정치, 막무가내식 통계 조작 그리고 소위 가짜 뉴스를 만들어내는 것을 서슴지 않았다. 실업률 수치에 대한 불만으로 통계청장이 갑자기 바뀐 것이나 명확한 사안에도 아랑곳없이 쏟아내는 자기 중심의 일방적 발언들은 낯 뜨거울 정도이다.

다른 하나는 필요하다면 반일 감정과 같은 국민 갈라치기를 철저히 활용했다는 것이다. 죽창가 발언, 홍범도 장군 유해 송환이나 백선엽 장군의 국립묘지 사건 등 적절한 국민적 갈등 즉 계급 간, 계층 간 갈등을 부추김으로써 국민을 분열시키고 한쪽 편 손을 들어 절대적 지지세력을 만들었다.

지지 세력에 대한 무조건적 지지 및 비호를 들 수 있다. 민노총, 전교조, 경실련 등 동류(同類)의 NGO 단체에 대해 비굴적이라 할 정도로의 지원은 물론 정권 유착기업에 대한 편애 그리고 파렴치한 윤미향 의원이나 조국 교수 등 동료에 대한 감싸기 등 이루 열거할 수 없다. 당연히 이들 연대 세력들은 정권의 무조건적 지지자일 수밖에 없는 것이다.

국민 수준 역시 집권세력의 지지율을 결정하는 데 중요하다. 정권은 국민의 수준에 따라 지지율 전략을 필 수밖에 없으며 목적이나 필요에 따라서는 오히려 국민을 개조하려 할 것이기 때문이다. 몇 년 전 정부 고위 관료가 국민을 개 돼지로 평한 적이 있었다. 쉽게 말해 정권이 원하는 대로 개 돼지처럼 통제하기 쉽다는 것이고 국가 및 국민의 안녕은 안중에도 없다는 것이다. 이는 우리 국민들의 비판적 능력이 아직 미흡하고 이성보다는 감성에 따라 쉽게 움직인다고 봤기 때문이다.

이외에도 코로나 같은 환경적 측면도 주효했다. 코로나가 가지고 있는 공포는 국민을 불안하게 만들고 이는 또한 맹종으로 쉽게 이른다. 사실 정부가 만든 규제인 거리 두기와 마스크 쓰기를 우리처럼 잘 지키는 국민은 세계에 어디에도 없다. 거의 조선의 백성처럼 정부의 지시를 신앙처럼 따르고 지키려는 국민은 많지 않은 것이다.

이처럼 문재인의 지지율이 작위적이고 비정상적일지라도 우리에게 주어진 선택지는 많지 않다. 우리가 힘을 쓸 수 있는 유일한 것은 선거이지만 이를 바꿀 후보도 마땅히 보이지 않을 뿐 아니라 대장동 사건처럼 대권후보들의 치졸한 싸움에 관심이 쏠려 있는 한 그의 지지율에는 어떤 변화도 기대할 수가 없을 듯하다.

그러나 짧은 세월에 선진국으로 올라선 우리이기에 희망은 있다. 지금부터라도 우리가 냉철한 비판의식을 갖추어야 하고 체념과 눈감기보다는 작지만 큰 목소리를 내야 할 것이다. 그렇게 하기 위해서는 국민 자체가 세계 역사와 흐름을 이해해야 하고 또한 나름 우리를 판단할 수 있는 능력을 길러야 하는 것이다. 국민이 먼저 변해야 정치가 변하고 국가가 변하는 것이지 국민은 그대로인데 정치가 먼저 변할 수는 없는 법이다. 나라를 걱정하는 것은 누구나 할 수 있는 일이지만 우리의 지력을 기르는 일은 우리 모두가 노력해야만 하는 것이다. 그것이 바로 애국(愛國)이 아니겠는가.

2021-11-16

패션 문화도시, 인천

　최근 패션 불모지 인천에 국내 패션 중견기업인 형지 어패럴㈜사가 사옥을 짓고 계열사들과 함께 둥지를 틀었다. 자동차와 바이오산업 한복판에 문화산업을 지향하는 패션기업의 등장은 지역 문화의 발전이라는 측면에서 여러 시사점을 주고 있다. 그러한 관점에서 우리는 이 사건이 인천시에 어떤 의미를 갖고 있으며 이를 지렛대로 하여 지역 패션산업이 성장하려면 무엇을 해야 하는지 대략적이나마 살펴볼 필요가 있다.

　의복의 주된 기능은 몸의 보호와 상징이다. 외부로부터 추위와 햇빛을 막아주는 보호막은 의복의 가장 원초적인 기능이다. 그리고 사회 다변화와 함께 신분이 나타나게 되었고 의복은 이를 상징하게 되면서 같은 신분에서도 계급에 따라 그리고 장소와 때에 따라 더욱 복잡한 형태를 띠게 된다. 의복이 패션(fashion)으로서 지금처럼 개인의 표현 수단이 된 것은 근대에 들어와서도 제1차 세계대전 이후이다. 이때까지만 해도 대부분의 여성들이 중세나 미국 서부영화에서 보듯 코르셋으로 허리를 잔뜩 조이고 파니에로 치마를 한껏 부풀려왔던 것이다.

　이후 나일론의 값싼 섬유의 개발과 산업화 즉 대량생산의 구조를 갖게 되어 저렴한 가격으로 일반에게 의복을 공급하게 된다. 즉 신체 보호와 신분 그리고 자기 표현이라는 패션 기능의 삼박자는 대량 생산 대량 소비에 맞추어 현재와 같은 패션산업을 만들어낸 것이다.

　패션은 소재, 색, 그리고 디자인으로 구성되지만 가장 중요한 요소인 디자인을 만들어내는 것은 디자이너의 창의력이고 이 창의력의 원천은 디자이너가 담고 있는 지역적 문화이다. 대표적인 네 곳의 패션 도시를 살펴보면 나름의 독특한 문화를 갖고 있음을 알 수 있다. 예컨대 프랑스 파리는 예술의 도시답게 화려한 여성스러움을 담고 있으며 이태리 밀라노는 장인의 특징인 실용성 및 섬세함에 강점을 갖고 있다. 미국 뉴욕은 전후의 패션 성지답게 신시대의 조류를 반영하고 있으며 영국 런던은 다양한 시대 조류를 실험하는 전진기지로서 알려져 있다. 이들 패션도시가 공통으로 갖고 있는 것은 경제력을 기반으로 예술과 문화의 집결지이자 생산지라는 것이다.

우리의 패션산업은 아직 초보적인 수준이다. 인천의 패션산업이 어려웠던 것은 1971년 동일방직사건에서 볼 수 있듯 경제 발전 초기에서 흔히 경공업 즉 섬유산업으로 출발하였으나 정부주도로 주로 중화학공업으로 발전한 탓이다. 국내적으로도 패션산업의 발전이 더딘 것은 이들 국내 패션기업들이 한결같이 외국 패션을 그대로 카피하거나 외국 브랜드를 직수입하는 형태로 발전했기 때문에 그 원인을 찾을 수 있다. 다시 말해서 우리의 문화와의 접목보다는 파리나 뉴욕의 패션을 카피하는 데 우선순위를 두었는데 이는 위험부담이 적고 단기간 수익을 올릴 수 있기 때문이었다.

이와는 달리 일본은 외국 사조를 따르기보다는 자신의 색, 디자인 등을 추구해 온 결과 국제 무대에서 큰 성공을 거둘 수 있었다. 일본 특유의 것, 즉 어두운 경향을 갖지만 세련된 색조, 일본 전통극에서 영감을 얻어 온 독특한 디자인을 창출했던 것이다. 예컨대 이세이 미야케의 "플리츠 플리즈"는 동아시아의 전통 복식의 특징인 융통성과 편리함을 현대로 해석해낸 디자인이다. 그의 "서양 복식으로는 그들을 따라잡을 수 없다"라는 말은 결코 패션 영역에만 적용되는 것은 아닐 것이다.

그렇다면 인천이 패션문화 도시로서 발전하기 위해서는 무엇이 필요한가. 그것은 경제력과 도시 문화의 정립이며 이를 위해 관과 학계, 그리고 패션기업 형지가 해야 할 일은 명확하다. 그리고 무엇보다 먼저 이해해야 하는 것은 이미 패션산업은 과거처럼 단순 제조업이 아니라 이제는 IT 문화 복합 산업이라는 것이다. 이러한 새로운 시각에서 산업을 봐야 개략적이라도 정확한 출발점을 찾을 수 있다.

가장 쉽게 생각할 수 있는 것은 흔히 산업개발 정책으로 알려져 있는 정책적 푸쉬(push)와 기업의 풀(pull)의 협력 전략일 것이다. 한쪽만의 노력 즉 일개 중견기업이 홀로 지역 문화의 저변확대와 인프라를 구축하기에는 한계가 있기 때문이다. 시정부는 기업이 지역에 안착하고 성장할 수 있도록 법적 제도적 지원이 필요하고 대학은 패션디자인뿐만 아니라 패션산업 전반에 대한 지원체계 즉 IT, 물류, 마케팅, 소재산업에 대한 연구와 첨단 인력 육성이 필요하다.

반면 형지는 단기간의 이익보다는 글로벌 패션 기업으로서 지역 그리고 한국 고유의 문화를 디자인으로 녹여내야 할 것이다. 아울러 시민의 패션 감각과 문화 수준의 향상을 위해 노력해야 한다. 이러한 형지의 노력에 시와 대학은 새로운 패션문화를 이끌 수 있도록 지역 문화 정립을 해야 하고 이후 이를 중심으로 궁극적으로는 관광 등 연관 산업들로 이루어지는 산업 생태계를 만들 필요가 있다. K-pop이 그랬고 기생충과 같은 영화가 그랬던 것처럼 우리 독특한 문화가 없다면 새로 만들어야 할 것이다. 인천 송도가 글로벌 국제 도시를 지향하는 만큼 그 또한 가능한 일이다.

사실 중견 기업 형지가 지역에 당장 큰 변화를 일으키기란 결코 쉽지 않다. 그러나 인천이 첨단국제 도시로서 그리고 국제적 패션 도시로 발전하기 위해 지역 문화를 발전시켜야 한다면 이를 끌어올리는 동인(動因)은 어쩌면 패션 문화기업인 형지가 될 수도 있다.

도시가 문화를 담아내는 그릇이라면 패션은 그 도시민이 입는 문화이다. 도시와 패션은 다름이 아니다. 그래서 가까운 미래에 파리나 뉴욕처럼 고급의상인 우리의 오트쿠트르 패션을 여기 문화도시 인천 송도에서 보았으면 싶은 것이다. 아무튼 이번 형지의 인천 입성과 함께 지역 패션산업의 발전과 인천 문화 발전에 거는 기대가 사뭇 높다.

2021-12-23

또 하나의 허구(虛構), 메타버스

　비트코인의 광풍이 지나자 요즘은 메타버스(meta-verse)가 세간에 회자되고 있다. 소위 경기 바로미터라는 증권시장에서도 메타버스 기업 MTF에 큰돈이 몰린다고 한다. 그러나 사실 이름도 낯설어서 떨떠름한 우리보다는 주로 IT 기업들의 강한 마케팅으로 한껏 힘을 주고 있는 모양새이다. 그래서 미래 기술로서 파급적이라면 이것이 무엇이고 우리에게 어떤 영향을 주는지 살펴볼 필요가 있다.

　인간이 만들어낸 가장 위대한 발명품이자 허구가 고대에는 신(神)이었다면 근대에 들어와서는 국가와 기업일 것이다. 허구란 실체가 없는 가공(架空)의 것 혹은 이야기를 말한다. 사실 신도 마찬가지이지만 국가나 기업도 실체가 없이 가설과 가정 그리고 서로의 계약 등으로 이루어진 허구덩어리라 할 수 있다. 예전에는 허구를 신화나 서사시, 소설, 그리고 영화와 같이 작가가 만들어냈지만 이제는 컴퓨터 게임과 같이 독자가 직접 개입하는 형태로 발전하게 되었다. 예컨대 단독 게임인 "마인크래프트"나 다자간 전략 시뮬인 "스타크래프트" 게임 등이 바로 그런 경우이다.

　개입하는 방식도 키보드와 마우스를 활용하여 화면 속 아바타를 움직이는 것이 아니라 고글과 손에 드는 포인터를 통해 현실처럼 직접 몸으로 체험하는 형태로 발전하고 있다. 다시 말하면 참여자 모두가 사전에 설정된 가상 가면 연극에 참여한다는 것이다. 단지 이 연극에는 무대만 있고 시나리오는 참여자들이 직접 행동으로 만들어내는 것이 다를 뿐이다. 이때 연극 무대인 가상 공간 즉 가상 현실을 설계하고 그 안에서 활동할 규칙을 만드는 것이 메타버스 기업이다. 이 공간에서 참여자들은 서로 물건을 팔 수도 있고 은행업무나 사무실같이 여러 사람과 같이 함께 일도 할 수 있다. 심지어 이 공간에서 미지 세계의 경험 예컨대 화성과 같은 우주 탐험까지도 가능한 것이다.

사실 SF 영화에서 이미 이러한 가상공간을 다루고 있다. 예컨대 컴퓨터의 가상공간 속에서 여러 사람들의 관계 설정을 한 영화의 예가 유명한 키아누 리브스 주연의 "매트릭스"이고 꿈의 세계를 상정한 것이 디카프리오 주연의 "인셉션"이다. 코로나와 더불어 성장한 메타버스 기업의 가상공간이 이들 영화같이 호전적이거나 비현실적이기보다는 현실사회와 비슷하게 만들어 공연도 보고 토론도 하고 하는 점이 다르다.

가상현실은 현실에 대한 대안으로도 제시되고 있다. 몇 해 전 컴퓨터 구루들이 "비트네이션" "아스가르디아"라는 영토 없는 사이버 국가를 설정하여 활동한 적이 있었고 2003년 린들 랩은 현실과 비슷한 형태로 "세컨드 라이프" 공간을 만들어 가입자를 모은 적이 있었다. "비트네이션"은 현재 한국에도 대사관을 두고 있고 "세컨드 라이프"도 한때 수천만 명이 가입한 사이트이다. 특히 구글이 구글 제국을 꿈꾸는 것처럼 세계 10억 명이 쓰고 있는 페이스북 역시 가상현실 사업은 여간 매력적인 일이 아닐 수 없다. 선도적 메타버스 기업이 국가가 하는 것처럼 우리의 정신적, 물질적 모든 것을 장악할 수 있기 때문이다. 그래서인지 최근 페이스북은 사명 자체를 아예 "메타"로 변경했다.

가상현실은 장점이 많다. 무엇보다도 쉽게 미지의 공간에 대한 호기심을 충족할 수 있고 코로나로 위축된 대면활동을 대신할 수 있을 뿐 아니라 불편한 현실을 쉽게 피할 수 있다. 간편히 몇 장비만 갖추면 공연이나 해외 여행과 같은 새로운 체험이나 사회활동 그리고 사이버 사무실을 차려 어느 곳에서나 일을 할 수도 있다. 그렇게 하면 대면을 위해 필요한 형식을 굳이 힘들여 갖출 이유가 없는 것이다.

물론 문제점도 적지 않다. 전문가들은 현실과 가상공간을 혼동할 수가 있고 게임에 빠지듯 어쩌면 이 공간 생활에 탐닉하다 현실생활이 어려울 수도 있다고 경고한다. 더욱이 이 가상공간에서 이루어질 수 있는 범죄행위 즉 사기나 개인 정보 유출 등에 대한 법률적 처벌이 아직 마땅치 않다는 것이다.

기술이 우리 생활을 바꾸려면 그것에 대한 사회적 필요성이 있어야 하고 여기에 제도와 우리 생각이 바뀌어야 한다. 메타버스가 코로나 사태에 대한 대안으로 부각되기는 했으나 아직 기술 수준만이 아니라 제도적으로도 게임의 수준을 벗어나지 못하고 있다. 일부 매니아를 중심으로 미래 가능성을 말하고 있지만 아직은 몇 IT 기업들을 중심으로 미래 먹거리사업으로서 투자하고 있는 상황이다.

그러나 설령 이러한 가상현실이 자유롭고 무한한 가능성을 갖고 있다 하더라도 실제 현실 생활로부터 자유롭지는 못하다. 결국 인간은 육체적 한계로 인하여 꿈에서 깨듯 가상에서 깨어 반드시 현실로 돌아와야 할 필연성이 갖고 있기 때문이다. 다시 말해서 생활을 변혁하는 그리고 우리의 사고를 바꿀 수 있는 그러한 기술이기보다는 비트코인이나 인공지능과 같은 여타 첨단 기술처럼 우리의 생활을 보완하는 진보된 새로운 게임에 한정될 개연성이 높다.

2021-12-01

2022년

2.2 러시아-우크라이나 위기 : 러시아의 공격

2.4 2022년 베이징 동계 올림픽 개최

3.4 20대 대통령 선거, 국민의 힘 윤석열 후보 당선

4.26 머스크의 트위터 인수 (55조 원)

5.3 검수완박 법안 공포

6.1 8회 전국 동시 지방 선거: 국민의 힘 유종복 후보 인천시장 당선

6.7 윤석열 대통령 반도체 인력육성 지원 발언

7.8 일본 아베 수상 피살

9. 13 오징어 게임 74회 에미상 드라마 부분 감독상, 남우주연상 수상

9.22 패션그룹 형지 송도 이전

10.1 북한 5년 만에 탄도 미사일 발사

10.15 판교 SK&C 데이터 센터 화재로 인한 카카오 서비스 먹통

10.27 이태원 대규모 압사 사고 발생

12.1 ChatGPT 3.5 출시

12.30 전 세계 코로나 누적 확진자 62,472만 명, 사망자 663만 명

2022년을 맞이하는 마음

살다 보면 지긋지긋하여 어서 빨리 벗어나고 싶은 해가 있다. 아마 지난해가 바로 그런 해가 아닌가 싶다. 한 해 내내 코로나에 시달리는 것도 힘든데 대권 후보들이 벌이는 눈살 찌푸리는 칼춤도 모자라 코인과 주식 광풍, 그리고 부동산과 세금 폭등에 수없이 가슴을 쓸어내려야 했던 것이다.

그러나 우리를 더욱 힘들게 하는 것은 올해라고 상황이 나아질 것 같지 않다는 사실이다. 아무리 생각해봐도 희망이 별로 보이지 않는다는 것이다. 도대체 올해는 어떤 모습일까. 과학자들이 과거를 통해 앞을 내다보듯 지난해의 일들을 회상하면 어렴풋이 올해를 상상할 수 있다. 그것은 우리 생활과 가장 밀접한 세 사안 즉 코로나 사태와 정치 그리고 경제 쪽부터 찾아보아야 할 것이다.

작년 코로나 사태가 남긴 것은 총체적인 불신이었다. 의료집단도, 정부도 그리고 하다못해 집 식구를 포함해 어느 누구도 믿을 수 없는 의료 붕괴에 이른 것이다. 이제 델타를 넘어 오미크론이 무섭게 퍼지고 있으니 방역 수준은 정부도 손 놓은 정책 즉 위드 코로나라는 소위 천수답 수준이다. 사실 정부의 말을 곧이곧대로 믿는다면 앞으로 3개월마다 10번을 더 백신을 맞아야 한다. 결국 코로나가 남긴 것은 갈팡질팡하는 그래서 미덥지 못한 정부에 별수 없이 내 몸과 생명을 맡겨야 한다는 공포이다.

물론 정치 역시 공포스러운 것도 마찬가지이다. 대선 여야 주자 할 것 없이 이념도, 비전도 그리고 능력도 없다는 것은 그렇다 하더라도 불거진 부패와 거짓으로 불과 두 달도 남지 않은 대선 시국에 오죽했으면 후보 교체론까지 나오고 있다. 여권 후보는 대장동 사건 몸통이라는 의혹과 집안 그리고 여자 문제에 빠져 허우적거리고 야권 후보는 이렇다 할 자기 생각도 없이 당 내부 집안싸움에 정신 못 차리고 있다. 이번 대선은 참으로 이해가 안 되는 일 투성이다. 유력한 두 후보 모두 정치 초년생으로 소위 정치고수들을 물리치고 단 한 번에 대권 후보에 올라간 것도 그렇고 야당 후보와 그 선거 준비위원회 수장들이 상대 당에서 밀려난 퇴물들로 들어차 있는 것도 그렇다. 그래서 누가 권력을 잡는다 하더라도 현재의 정권과 노선이 크게 달라질 것이 없다. 어쩌면 정권 심판론이니 하는 것도 우리의 짝사랑으로 끝날 가능성이 크고 그래서 이 정권이 쏟아낸 오물을 다시 올곧이 받아야 한다는 사실이 우리를 몸서리치게 하는 것이다.

우리 민생과 직결된 경제는 더욱 폭발 직전이다. 연일 미디어는 그동안 미친 듯이 올랐던 주식, 부동산의 폭락을 보도하고 있다. 이미 미국이 이자율 인상을 현실화하고 있는 만큼 우리도 어쩔 수 없이 따라갈 것이고 그렇게 되면 그동안 영끌하여 움켜쥐었던 집이나 주식이니 하는 것도 감당이 안 될 것이다. 이번 3월 대선과 6월 총선까지야 어떻게 돈을 풀어 막아 볼 수는 있겠지만 다음 정권에는 돈줄을 잡을 수밖에 없다. 즉 빚이 많은 젊은 세대를 시작으로 패닉이 올 수도 있다는 것이다. 이미 신년 초부터 줄줄이 물가나 건보료 그리고 세금 인상이 확정적이고 보면 세계적인 경기부진과 겹쳐 어쩌면 예전 일본의 불 꺼진 20년처럼 그리고 악몽의 베네수엘라처럼 되지 말란 법도 없다.

주위에 만연된 공포와 두려움은 불안사회를 의미한다. 불안은 일종의 질병으로 불안 장애가 있으면 사람들은 쉽게 이성을 잃게 되어 폭력적으로 돌변하거나 아니면 오히려 극히 수동적으로 된다고 한다. 예컨대 코로나 발생 초기에 보았던 미국 대도시에서 일어난 폭동 사태나 혹은 1923년 일본 관동 대지진 한인 학살 사건, 그리고 가까이 북한을 보면 명확한 일이다. 짧게 말하면 이 불안의 불씨를 들고 있는 한 올해 우리 삶도 그리 평탄할 것 같지 않다.

그러나 지난 해에 우울한 것만 있었던 것은 아니다. 억지로라도 찾아보면 힘든 코로나 상황 속에서도 BTS의 K-pop이나 오징어 게임 등 우리 엔터테인먼트 산업을 세계적으로 알린 것도 그렇고 자주포 등 국산 무기를 우방에 수출하는 등 일부 분야에서는 나름 선방을 했다. 우리 힘으로 우주선을 쏘아 올려 우주 국가라는 뿌듯함도 있었다.

흔히 신년에는 지난해에 대한 반성과 함께 앞일에 대한 각오와 희망을 갖는 것이 일반적이다. 이렇듯 지난 힘든 일을 다시 돌아보는 것은 올해의 출발선을 찾기 위해서이다. 그래야 희망의 실마리를 찾을 수 있지 않을까 싶다.

역사를 보면 수많은 민족과 종족이 바람 속에 사라졌어도 우리 민족은 무엇인지 모르는 힘에 의해 그 역경을 헤치고 살아남았다. 그런 까닭에 올해의 상황이 아무리 힘들어도 우리 민족은 이 역경을 극복할 것이다. 그러나 이 어려움을 이기기 위해서는 무엇보다도 먼저 나 그리고 우리부터 깨치고 깨어 있어야 함은 물론이다. 해방과 한국전쟁에서 미국이 우리에게 그렇게 했듯이 또다시 그런 요행이 항상 반복되지는 않기 때문이다.

2022-01-04

녹취 선거와 부인 리스크

이제 선거 한 달 남짓 시점에 온갖 뉴스 미디어는 김건희 씨 통화녹음 파일 이슈로 도배가 되고 있다. 무명 언론사 기자가 대권 후보 부인과 수십 차례 사적인 통화를 하고 녹음한 것도 놀랍지만 그것을 받아 공영방송인 MBC가 아무런 확인도 없이 방영한 것도 놀랍고 더구나 당사자 정당인 국힘당의 뜨뜻미지근한 반응은 더욱 놀랍다. 그러나 무엇보다도 궁금한 것은 김건희 씨 녹음 파일 공개가 왜 지금이냐 하는 것과 소위 검찰총장을 지낸 대권후보의 부인이 이를 정말 몰랐는가 하는 것이다.

사진도 마찬가지이지만 녹음은 뒤집을 수 없는 확실성 그리고 영구적 재생과 실시간 파급이 가능하다는 것 이외에 핸드폰과 같은 기기로 간편하게 만들 수 있다는 특징이 있다. 그래서인지 법정에서도 녹음 파일이나 사진이 증거자료로 종종 사용된다.

이러한 대표적 예가 1973년 미국 행정부가 민주당 선거준비회의를 도청한 워터게이트 사건으로서 도청테이프가 공개되자 당시 수장이었던 닉슨 대통령이 탄핵으로 낙마했다. 국내에서도 1992년 부산 초원 복집에서 14대 대선에 지역감정을 일으키기 위한 지역공무원 모임을 녹음한 사건이 있었다. 이 사건은 당시 "우리가 남이가" 하는 유명한 유행어를 남겼다. 이들 사건들은 외부인이 몰래 녹음한 것 즉 도청이지만 최근 대선과 관련하여 불거진 이준석 국힘당 대표와 원희룡 의원과의 통화 그리고 이번에 김건희 씨의 통화의 경우에는 상대방 허락도 없이 녹음하고 공개했던 것이다. 더욱이 김건희 씨의 녹음 파일의 경우에는 아직 몇 가지 석연치 않은 의문점들이 남아 있다.

우선 이름도 없는 소규모 언론사 기자가 일면식도 없는 대권 후보 부인에게 전화를 걸어 50회 이상의 전화통화를 할 만큼 친분을 쌓았다는 것이 가능한가 싶다. 그리고 그녀가 그 기자에게 선거 관련 강의를 부탁하는 등 상당한 기간 선거운동을 했는데 정작 후보인 남편이 이 사실을 모르고 있다는 것이 상식적으로 이해가 되지 않는 것이다. 또한 전화녹음을 한 언론사가 어떤 목적을 이루기 위해 MBC에 그 자료를 줬다고 하지만 그 각고의 노력을 드린 대박 공작 파일을 남에게 그렇게 쉽게 줄 수는 없는 노릇이다. 차라리 MBC로부터 사주를 받았을 가능성이 보다 설득력이 있고 그 MBC 역시 큰 윗선으로부터 지시를 받았을 가능성도 생각해 볼 수 있다. 다시 말하면 그래야 "지금"이라는 타이밍이 설명이 되는 것이다.

어쩌면 그 윗선에서는 이재명 후보 부부의 욕설 녹음 파일과 폭발 직전의 대장동 사건 그리고 변호사비 대납사건과 이에 따른 의문의 죽음 등 이재명 후보 쪽의 불편한 이슈를 덮기 위해 새로운 카운터 이슈가 필요했고 결국 그간 준비하고 있던 김건희 씨 녹음 파일이 그 역할을 했다고 볼 수도 있다. 결국 의도대로 이 후보의 들끓던 불편한 이슈가 잠시 주춤해졌다는 점에서 어느 정도는 성공한 것도 사실이다.

한편 우리 사회 구조상 윤석열 후보가 검찰총장 그리고 대권 후보로 그 자리에 오르려면 부인의 역할 역시 무시 못 하는 것이다. 이는 녹음 파일에서도 알 수 있듯이 그녀의 해명성 자기 주장 그리고 뚜렷한 정치적 견해가 바로 그것이다. 그렇다면 그녀가 처음에는 정보가 필요해서 그 기자와 관계를 유지했겠지만 반복된 통화를 통하여 녹음을 인지했을 것이고 그래서 이를 역으로 활용하려 했을 가능성이 크다. 쉽게 말하면 기자를 오히려 관리했다고 보는 것이 보다 확실한 설명이 된다. 그래서 기자가 듣고 싶은 내용보다는 김건희 씨가 말하고 싶은 말을 했던 것이다. 이렇듯 우리가 듣고 아는 것과는 전혀 다른 해석도 충분히 가능하다.

만약 김건희 씨가 녹음을 인지하고 그동안 통화를 계속했다면 그녀는 대단한 정략가이겠지만 만에 하나 모르고 관계를 지속했다면 윤석열 후보 입장에서는 큰 부담이 되는 일이다. 언제 어떻게 부인으로 인한 돌발 변수가 또 생길지 모르기 때문이다. 그러나 학력위조의 전적을 갖고 있는 그녀가 녹음되는 것을 모르고 장기간 통화를 했다고 하기에는 너무 순진한 생각이 아닐 수 없다.

대선이라면 응당 있어야 할 후보 간 정책대결이 아니라 이렇듯 후보 부인의 사적 대화가 오히려 이슈가 되는 현실이 답답하다 못해 자괴감마저 든다. 이렇게 된 직접적인 원인은 다름 아닌 우리의 낙후된 정치 수준에 있다. 그리고 사실 정치의 그 수준은 결국 국가의 수준 그리고 국민의 수준에 다름아니다. 우리가 복잡한 정책적 이슈보다는 말초적인 관음증에 쉽게 빠지기 때문에 이에 언론이 반응하는 것이고 또한 권력도 또한 그렇게 설계하는 것이다.

이러한 정치적 후진성을 극복하는 길은 국민이 먼저 깨어야 하고 정치가에게 요구해야만 할 것이다. 그렇게 해야 정치가, 언론가 그리고 지식인을 포함한 소위 유튜버들도 여기에 틈을 맞출 것이고 이들에 의해 보다 바람직한 정치 풍토를 만들어 갈 수가 있다. 정치가에게 끊임없이 그들의 국가관과 통치관 그리고 경제관을 물어야 할 것이고 그것이 나와 내 가족에게 어떤 이득이 있는지를 판단해야 하는 것이다. 그것이 나의 미래 아니 후대의 미래가 결정되기 때문이다. 정치 시스템이란 한번 어긋나면 돌이키기란 결코 쉽지 않은 법이다. 이미 우리는 지금 그것을 몸으로 경험하고 있는 것이다.

2022-01-26

우크라이나와 대만

 이라크와 아프가니스탄 전쟁이 끝난 지 얼마 되지 않은데 지구 반대쪽 우크라이나 상황이 심상치 않다. 미디어에 따르면 러시아군이 우크라이나 국경에 침공준비를 하고 있으며 3월 혹은 5월 중에 전쟁이 가능하다고 한다. 최근 미국도 전투병을 급파하는 등 전쟁의 가능성은 더욱 급박해지고 있다. 그렇다면 우리로서는 전쟁의 양상은 어떻게 될 것인지 그리고 이 사태로부터 어떤 교훈을 얻어야 하는지가 중요할 것이다.

 우크라이나는 남쪽의 크림반도와 동쪽의 러시아 국경은 우크라이나 전체 인구 중 17%의 인구인 러시아 민족이 점유하고 있고 나머지 지역은 우크라이나 민족으로 구성되어 있다. 구소련의 붕괴로 독립은 되었으나 부패와 혼란으로 인해 현재의 개그맨 출신 젤렌스키 대통령이 당선되었고 이 정권이 기존 정책 기조를 바꿔 친서방으로 전환하였다. 그래서 러시아가 내건 빌미는 우크라이나가 서방조약 기구인 NATO 즉 북대서양조약기구에 가입하려 한다는 것이다. 이것이 전쟁 명분이 되기 어려워 러시아는 나름대로 우크라이나에 대해 전면적 사이버 및 미디어전을 펼치고 있고 우크라이나 내 러시아 민족을 활용한 테러 등을 일으켜 불안을 조성하고 있는 상황이다.

 우크라이나는 러시아로서는 포기할 수도 없고 그렇다고 지난번 크림반도처럼 병합하기도 어려운 곳이다. 먼저 러시아 자체가 우크라이나에서 출발한 같은 루스족이어서 이곳이 러시아의 정신적 고향과 같은 곳이고 더욱 중요한 것은 위치적으로 서방과의 전략적 완충지기 때문이다. 발단이 된 이번 경우처럼 우크라이나가 친서방 기조를 택해 NATO에 가입하려 한다면 완충지를 잃어버리게 될 뿐만 아니라 이제는 우크라이나 한 나라가 아니라 NATO 규정대로 전

NATO국을 상대해야만 하는 힘든 상황이 된다.

그러나 서방 역시 상황이 어렵다. 우선 우크라이나가 NATO에 오는 것은 분명 반가운 일이나 러시아가 침공을 하면 NATO국이 아닌 이상 참전이 어려울 뿐 아니라 상대방이 강국 러시아라는 점에서 부담스러운 것이다. 결국 서방 유럽 입장에서도 러시아와의 완충지대가 필요한 만큼 현재의 어정쩡한 상황이 최선인 셈이다.

미국의 입장은 더욱 곤혹스럽다. 결국은 미국과 러시아의 문제이기 때문이다. 미국은 중국을 상대하고 있는 태평양 병력을 빼서 우크라이나로 보내면 태평양 지역에서 공백이 생길 가능성이 있다. 그러나 만약 방관해서 우크라이나가 러시아에 떨어지면 패권국으로서 위치가 흔들리게 되고 이는 동유럽은 물론 발칸 그리고 중동의 공산화가 불을 보듯 하기 때문이다. 이미 월남과 아프가니스탄에서 경험했듯 종이 호랑이로서 치부될 가능성이 크고 중국과 북한 다루기가 더욱 힘들어지게 되는 것이다. 그래서 어떡해서든 현상 유지를 하는 것이 최선의 방책인 것이다.

요약하면 최악의 상황은 전쟁을 통해 크림반도에서와 같이 러시아가 무력으로 우크라이나를 점령하는 것이고 최선은 러시아가 포기하고 현상유지나 혹은 무사히 우크라이나가 원하는 대로 NATO에 가입하는 일이다. 그러나 이도 저도 아니라면 결국 러시아가 원하는 대로 러시아가 내정에 간섭하여 친러시아 정권을 만드는 일이라고 볼 수 있다. 결국 이 모든 것은 러시아와 미국의 협상테이블에서 결정될 수밖에 없다.

이와 비슷한 입장에 있는 것이 바로 우리 이웃인 대만이다. 대만은 대만 원주민과 본토 피난민으로 구성되어 있고 현재 대만 원주민의 반중파가 권력을 잡고 있다. 중국은 시진핑의 역사적 과업을 위해 대만 통합 즉 하나의 중국 실현과 남지나해 영해 장악을 위해 대만이 필요하다. 그래서 지금도 수없이 대만 항공에 전투기를 날려 갈등을 조성하고 있는 것이다.

미국도 중국 대치의 아킬레스건인 대만을 포기할 수는 없는 노릇이다. 그렇다고 중국과 수교를 하고 있는 만큼 대만과의 거리를 두지 않을 수도 없다. 그래서 적당한 근거리 외교 정책으로 중국경계가 필요할 경우 대만에 첨단 무기를 공급하는 식으로 운용해 왔다. 실질적으로 중국, 대만, 그리고 아시아 국가들의 힘의 균형을 이루게 하는 것이 미국의 태평양 전략이고 이에 대한 수단이 태평양 지역에 주둔하고 있는 미군 병력이다. 그래서 태평양 병력을 유럽쪽으로 빼는 것은 아시아의 공백을 만들어 자칫 대만이 위험해질 수도 있을뿐더러, 최악의 상황에 중국과 러시아를 동시에 상대해야 할 경우도 배제할 수 없다. 이러한 상황은 바이든 미 대통령이 원하는 일이 분명 아니기 때문에 아시아나 유럽에서의 미국 전략은 결국 현상유지일 수밖에 없는 것이다.

여기서 우리가 얻을 수 있는 교훈은 힘이 없으면 남에 의해 나라의 운명이 결정된다는 지극히 당연한 사실이다. 우리가 어느 정도 경제력이 올라와 있는 만큼 상황은 다를지 몰라도 강대국에 둘러싸여 있는 입장은 같다. 그래서 우리가 해야 할 것은 경제, 국방 그리고 외교에서 힘을 길러야 하는 것이고 힘이 부족하다면 패권국을 동맹국으로 삼아 우리를 보호해야만 하는 것이다. 이것이 정치가가 할 일이고 이것을 우리가 그들에게 보고 싶은 것이다.

그러나 국내 이슈의 대부분을 차지하고 있는 대선 공약이나 정책토론을 돌아보면 이러한 국가 안보 정책보다는 그저 표를 위한 단편적인 세금 퍼주는 공약만 있어 씁쓸하기 그지없다. 자칫 이번 대선에서 젤렌스키와 같은 개그맨을 뽑게 되지 않을까 걱정이 되는 것은 나 혼자만이 아닐 것이다.

2022-02-15

베이징 동계 올림픽과 중화 민족주의

　이번 베이징 동계 올림픽의 가장 큰 이슈는 단연코 중국의 막무가내식 편파 판정이다. 황대헌 선수와 이준서 선수의 석연치 않은 판정에서 보듯 외국 선수들에게 엉뚱한 것을 꼬투리 잡아 실격을 시키는 것은 물론 주최국인 중국선수들의 반칙에는 묵인하는 식으로 메달 상위권을 독식하려 한 것이다. 참가 선수들이 분통을 터뜨리지만 심판 격인 IOC도 입 다물고 있어 이번 동계 올림픽은 중국 국내 체전이라 비아냥받을 만하다. 그렇다면 이러한 중국 태도에 대해 불쾌하게만 생각할 게 아니라 그들 이유가 무엇이고 이것이 우리에게 미칠 영향이 무엇인지 아는 것도 중요하다.

　이러한 중국 행동의 원인은 중화 민족주의 즉 중화사상에 기인한 중국 국가적 민족주의에서 찾아야 할 것이다. 민족주의란 원래 남을 폄훼하고 자기 민족의 우월성을 나타내는 것으로 기원은 "독일민족에게 고함"의 저자 독일 사상가 피히테이다. 당시 팽배하던 사회 진화론과 더불어 독일 민족주의를 극한으로 밀어붙여 히틀러의 나치즘에 이르면 그 절정에 달한다. 이 논리에 따르면 열등한 민족과 문명을 멸절하면 우수한 사회를 만들 수 있다는 것이다. 그래서 유대인과 집시를 열등한 민족으로 치부하여 인종청소를 자행했고 우월한 게르만 민족의 세상을 만들기 위해 6천만을 희생한 제2차 세계대전을 일으키게 된다.

　당시 독일이 민족주의를 고취하기 위해서 쉽게 동원했던 것이 국민 체육이고 이를 과시했던 것이 손기정 선수가 뛰었던 1930년 히틀러 체제하의 베를린 올림픽이었다. 당시 올림픽은 독일 민족주의의 선동과 교육을 통한 국민 세뇌에 가장 효과적인 도구로 등장했던 것이다.

　그렇다면 중국에서 민족주의는 왜 필요한가. 무엇보다도 한족 등 약 56개의 소수민족으로 구성된 중국을 "하나의 중국"으로 만들기 위해서이다. 사실 효율적인 통제를 위해서는 이질적인 이들을 하나로 엮어 줄 이념이 필요하다. 그래서 소위 삐딱한 소수 민족들, 예컨대 위구르족이나 티베트족의 독립을 막기 위해서 모두가 위대한 중국의 구성체라는 이념으로 국가적 세뇌와 통제를 해왔던 것이다.

또한 자본주의화 그리고 자유주의화 되고 있는 중국을 통치하기 위해 이러한 이념이 필요했다. 중국이 경제성장을 위해 벤처 기업에 자율을 주면서 중국 사회는 자본주의화와 자유주의화가 급물살을 타고 있다. 세계적인 쇼핑몰 알리바바나 드론 기업 DJI가 미국 증권시장 상장에 성공하자 이러한 추세가 자칫 기업들을 통제하기 어려울 수 있다고 판단한 중국은 이들을 통제하기 시작했던 것이다. 최근 잘 나가던 마윈 알리바바 회장이 이유도 없이 갑자기 사임한 것이 그 예이다. 그래서 기업 자율을 표방한 중국으로서는 이러한 기업 통제를 대중으로부터 가리기 위해 강력한 중화 민족주의가 필요했던 것이다. 이를 테면 자율을 가장한 통제이다.

마지막으로 시진핑의 장기집권을 위한 독재체제 구축은 바로 중화 민족주의를 통한 "하나의 중국"이라는 이념에서 완성된다. 극단의 민족주의는 전체주의를 형성하는 것이고, 이는 독일 나치즘이 그러했듯이 목적을 위해 주어진 권력의 힘으로 무지막지한 폭력을 자행할 수 있음을 뜻한다. 시진핑은 최근 영구집권을 선언한 이후 이에 대한 대중의 반발을 잠재우기 위해 강력한 독재체제가 필요했고 이를 위해서는 그들이 내건 중화민족주의가 효율적인 이념적 수단이 된 것이다.

사실 중국은 중화민족주의 고취를 위해 다방면에서 노력해 왔다. 다국에서 펼치고 있는 공자학원 사업이나 엉성한 항공모함과 스텔스기의 급조 그리고 첨단 우주정거장 사업은 물론 소위 국뽕 영화제작에 천문학적 자금을 지원하여 왔다. 사실 당이 모든 정보와 폭력을 쥐고 있는 만큼 중화민족주의 이념에 대한 국민선전과 세뇌는 그리 어려운 일이 아니다.

민족주의는 물론 좋은 점도 있다. 순수한 의미에서의 민족주의는 국민적 단결과 높은 국민적 자긍심을 키울 수 있다. 그러나 목적을 갖는 과도한 민족주의는 경계해야만 한다. 예컨대 독일 나치즘이 의미하듯 과도한 민족주의는 자신들의 목적을 위해 자칫 주위의 어떤 것도 희생할 수 있기 때문이다. 의도된 목적을 위해서라면 국제법이나 국가 간의 지켜야 할 관습 등을 쉽게 저버릴 수 있다는 것이다. 예컨대 현재 국제 규약을 무시하고 자기들이 정한 영해(領海)를 고집하거나 이번처럼 막무가내식 편파 판정도 그런 맥락에서 읽어야 할 것이다.

그렇다면 우리는 어떻게 해야 하는가. 중화민족주의가 팽배하게 되면 그들과 연계된 외교, 국방, 경제 그리고 문화 등 모든 면에서 그들이 갖고 있는 세계관 그리고 태도가 변하게 됨은 자명하다. 즉 그들이 정한 법률과 관습 그리고 규약으로 우리를 밀어붙일 가능성이 커질 것이고 그렇게 되면 바로 이해 당사자인 우리의 입지는 점차 더욱 어려워질 것은 명약관화하다.

그래서 더욱 오만해지는 중국을 견제하기 위해 먼저 우리의 힘을 길러야 함은 물론 미국과의 동맹을 더욱 공고히 해야 한다. 그러나 우려스러운 점은 친중(親中)을 넘어 사대(事大)에 가까운 우리의 중국 외교를 볼 때 가까운 미래에 조선 말처럼 중국에 예속될 가능성도 결코 적지 않다는 점이다. 지금 우크라이나 사태와 대만을 보면 누구나 알 일이다.

2022-03-03

이제 국민의 차례이다

　역대 비호감 선거로 치러진 이번 20대 대선은 투표자 0.73%라는 박빙의 차이로 승부가 갈렸다. 어김없이 이번에도 선거가 끝나자마자 모든 매체가 당선자에게 청구서를 가득 실어내고 있다. 그러나 정치 신인인 당선자에게 이것저것 잡다하게 요구하기보다는 그에게 무엇이 필요하고 우리는 과연 무엇을 해야 하는지를 이번 선거 과정을 통하여 살펴보는 것이 무엇보다 필요하다 할 것이다.

　윤석열 당선자의 정국운영에 대한 걸림돌을 몇 가지 추려 보면 크게 내부적인 것 그리고 외부적인 것으로 구분할 수 있다. 내부적인 것에는 무엇보다도 국가 비전과 철학의 부재이고 아울러 그 자신의 출신문제이다. 사실 국가의 수장을 뽑는 대선이라면 응당 있어야 할 국가 비전이나 정책논의는 선거기간 내내 실종되었고 포퓰리즘의 정책과 상대방 후보와 후보 가족에 대한 비방으로 일관되었다. 그나마 제시된 정책도 서로 비슷한 것이어서 민주당 후보가 경제회생 운운하면서 박정희 대통령을 들먹이고 국힘당 후보가 오히려 포퓰리즘 공약 등을 내세워 이름을 가리면 어느 당 공약인지 헷갈릴 정도이다. 이는 자신의 국가 비전이 없다 보니 표를 위해서는 세금 퍼주기 공약이나 상대방 흠집내기 외에는 대안이 없기 때문일 것이다. 결국 당장 국가 운영에 대한 큰 틀이 없다 보니 국정 초기에 정책의 우선 순위나 방향설정으로 상당한 기간을 보낼 수밖에 없을 것이다.

　다른 하나는 윤석열 당선자가 정치경험이나 정치적 기반이 약하다는 것과 문재인 정권으로부터 자유롭지 못하다는 점이다. 검찰을 흔들려는 조국 전 장관에 대한 반발로 문을 박차고 나왔지만 그의 근간은 어쨌든 문재인 정권이다.

그곳에서 권력의 형성과정을 눈으로 지켜봤고 또한 직접 칼을 쥐고 문재인 정적들을 쳐낸 그 핵심 가신으로서 인정을 받았기 때문이다. 부인 김건희 씨 말대로 옮겨간 상대당에서 떠밀려서 얼떨결에 대통령까지 올라왔지만 아직은 그들을 벗어나기 쉽지 않다. 그래서 선거기간 중 "정권심판"을 언급했다가 문재인 대통령에게 말을 들은 뒤 다시는 심판이란 말을 꺼내지 않았다. 국민이 그에게 그토록 원하는 "정권심판"과는 달리 "정권교체"로 그리고 실질적으로는 "정권교대"의 형태로 입장을 바꾸게 된 것이다. 다시 말해서 자기 정치를 하기에는 한계가 있다는 것이다.

외부적 요인도 만만치 않다. 먼저 초박빙 선거결과가 걸림돌이다. 47%와 48% 약 27만 표차, 정확히 전 국민이 두 쪽으로 쪼개졌다는 것이고 이런 탓에 연정이나 합치, 협치를 하기란 결코 쉽지 않다. 이는 한쪽이 우세하거나 전쟁과 같은 국가 위기여야 가능한 일이다. 더욱이 현재처럼 여소야대 상황에서 그리고 언론과 사법부 역시 상대 쪽 사람들이 잡고 있는 상황에서 그들의 생각과 반하는 정책을 하기란 결코 쉽지 않은 일이다. 결국 실질 세력인 노동계를 비롯한 각종 단체들 그리고 이들과 연계한 언론들이 자신의 기득권을 위해 결사 항전할 것이고 자칫 광우병 사태나 혹은 박근혜 대통령 탄핵에서처럼 촛불시위가 정권 초반부터 터질 수도 있다. 그렇다면 또다시 많은 국민이 동참하게 될 것이고 국가는 다시 큰 혼돈으로 빠질 가능성도 적지 않다.

또한 문재인 정권에서 저지른 각종 패착들 즉 친북과 친중 외교, 부동산 정책 실패, 탈 원전 정책, 무리한 태양광 사업, 그리고 각종 규제 등을 바로잡으려면 상당한 시일과 노력이 필요하다. 예컨대 시급한 경제 문제만 하더라도 우크라이나 사태와 미국의 경제 완급조절로 인하여 국제적 경제환경도 어려울 뿐만 아니라 설령 경제를 옥죄고 있는 규제를 당장 풀고 기업을 독려한다 하더라도 사회가 반응을 하기 위해서는 상당한 시간이 필요하다. 더욱이 공약실현을 위해 어쩔 수 없이 돈을 계속 푼다면 국가 경제는 경제 전문가들이 이구

동성으로 걱정하듯이 파국으로 치달을 수밖에 없을 것이다. 그러나 코로나가 아직 기승을 부리고 있는 상태에서 국민의 입을 막기 위해서는 돈을 찍어 뿌리는 것 외에는 뾰족한 방법이 사실상 없다. 즉 문재인 정권이 뿌린 실책을 되돌릴 방안이 마땅치 않다는 것이다.

아무리 희망을 갖는다 하더라도 험한 길에 놓인 초보운전자 윤석열 당선자의 처한 상황은 결코 쉽지 않아 보인다. 더욱이 권력자들이 그렇듯이 자신의 지지 기반이 약할수록 그리고 자신의 권력이 약하다고 느낄수록 항상 권력의 중심에 있었던 사람으로서 참기 어려운 것이다. 박근혜 정부로부터 좌천을 당한 후 문정권에서 그의 한풀이는 소름이 끼칠 정도였다. 결국 윤석열 당선자는 자신의 권력을 강화하고 유지하기 위해서는 자신이 지켜봤던 그리고 자신이 직접 뛰었던 문재인의 성공적 권력 유지 방식을 따를 수밖에 없을 것이다. 그래서 그들의 방식처럼 언론과 검찰, 사법부와 행정 그리고 입법부를 그의 검찰 경험을 통하여 그리고 그의 뿌리인 검찰 세력의 도움으로 장악하려 할 것임을 쉽게 생각할 수 있다.

사실 선한 권력이 없는 것과 같이 선한 정권도 없다. 19세기 초 프랑스의 정치철학자 알렉시 토크빌은 이 점을 지적하였다. 즉 "어떻게 해서 정권이 들어서면 국민은 노예가 된다. 다시 신임을 물을 때 노예의 위치는 잠시 벗어나지만 정권이 선정되는 순간 국민은 자기 할 일은 했다고 생각하고 다시 예전의 노예로 돌아간다." 그는 군림하는 정권과 힘없는 국민을 군주와 노예의 관계로 비판하고 있다. 즉 국민이 선거로 당선자를 뽑으면 그것을 끝으로 잊는 것이 아니라 그를 감시하고 끊임없이 목소리를 내야 한다는 것이다.

이제 새로운 시대가 시작되었다. 새로운 시대인 만큼 이제 국민이 변해야 한다. 쉽게 우리가 감정에 그리고 사소한 일에 휩쓸리지 않도록 냉철한 판단과 목소리를 냄으로써 새로운 정권에 채찍과 힘을 실어 주는 그런 슬기로운 국민으로 거듭나야 하는 것이다. 모두가 외치는 화합과 협치는 말로 되는 것이 아니다. 그가 순수한 마음으로 국가를 위해 자기의 권력 기반을 버릴 수 있다고 생각하는 것은 참으로 순진한 것이다. 오히려 냉철한 지식과 판단으로 무장하여 그에게 자기의 역할을 할 수 있도록 감시와 요구를 해야 하는 것이다. 정치는 선거로 끝난 것이 아니라 시작임을 우리는 알아야 한다.

2022-03-15

교육감 선거와 우리의 미래

　대선이 끝나자 응당 시끄러워야 할 단체장과 교육감 뽑는 총선이 청와대 이전 이슈에 묻혀 그만 잠잠하다. 그러나 초중고 과정의 실질적 책임자인 교육감 선거는 자식의 장래뿐만 아니라 어쩌면 미래 우리 운명을 정할 수 있는 일인 만큼 관심 사항이 아닐 수 없다. 더욱이 교육감이 도덕적으로도 존경받아야 하고 올바른 교육철학을 갖고 있어야 하지만 종종 형사 입건되는 등 불미스러운 일이 끊이지 않았던 것은 아마도 그 직이 갖는 권력과 이권이 상상을 초월하기 때문이다. 그래서 선거에 앞서 다시 한번 그 직이 갖는 의미를 이해하고 후보를 살펴보는 것이 필요하다.

　먼저 초중고 교육과정의 목적은 소위 일반 국민으로서 필요한 기본적 소양을 쌓게 하는 것이다. 이 과정을 통하여 비로소 학생들은 세계관 혹은 국가관 정립은 물론 공동체에서 살아가기 위한 규범을 익히고 아울러 국가 운영에 필요한 국민적 소양을 갖게 된다. 여기서 전자는 법과 도덕을 말하며 후자는 명예나 애국심과 같은 국가를 위한 희생을 의미한다. 이로써 피교육자들은 공동체가 지향하는 이념을 숙지하게 되고, 옳고 그름에 대한 판단 능력 즉 가치관이 형성되는 것이다.

　교육감은 초중고의 실질적 교육에 대한 방향과 체계, 그리고 운영관리에 대한 책임자이다. 이 중요성을 이해하여 중앙정부나 지역정부에서는 교육청에 막대한 예산을 배정하고 있다. 예컨대 2022년 기준 약 14.4조 원의 인천시의 총예산과 비교하면 인천 교육청 예산은 4조 8천억 원으로 거의 30%에 육박할 정도이다. 이렇게 무지막지한 예산권만 갖고 있는 것이 아니다. 인천 소재 920개 초중고 교사들의 인사권 역시 갖고 있다. 이처럼 교육감이 갖는 권력이 막중하기 때문에 무엇보다 우리 교육이 처한 문제를 이해하고 이를 바로잡을 수 있는 인물을 찾아야만 하는 것이다.

우리 교육 현장에서 부각되고 있는 가장 큰 문제는 무엇보다 날로 커지고 있는 사교육비와 무너지는 인성교육이라 할 수 있다. 이 두 문제가 결국은 공교육의 질적 하락에 기인한다는 것은 이미 주지의 사실이다.

가계에서 차지하고 있는 사교육비는 감당하기 힘들 정도로 매년 급증하고 있는데, 지난 14일 자 일간지의 보도를 보면 작년 사교육비가 전년 대비 20%가 증가하여 사상 최고 금액 약 23조 4000억 원에 이르고 있으며 고등학생 1학년의 경우 한 학생당 월 약 65만 원을 지출한다고 한다. 학생이 둘 이상 있는 평범한 가계로서는 적지 않은 부담이 된다. 정부에서도 교육지책으로 교육방송에 소위 잘나간다는 스타강사 강의를 내보내고 있으나 실제 그 효과는 아직 미미한 수준이다.

이들 공교육의 붕괴와 함께 거론되는 것은 교권의 붕괴와 이에 따른 인성교육의 부재다. 교사가 부모들의 신고로 교장실에 불려가는 일이나 어린 학생들이 교사의 훈계를 참지 못하고 인터넷에 동영상을 찍어 올리는 일이 이제 흔한 일이 되었다. 이처럼 교권이 아예 어린 초등과정부터 사회는 물론 그들의 부모로부터 무시되고 있는 것이 작금의 현실이다. 부모나 학생으로부터 신뢰와 존경을 받지 못하는 교사에게 학생으로부터 권위를 기대할 수는 없는 노릇이다. 이러한 현상은 결국 초중고 과정에서 그토록 강조하는 인성교육의 부실로 나타나기 마련이다. 사실 인성교육이라는 것이 사제와의 인간적 관계를 통해 그리고 교사가 하는 말과 행동을 통해 필요한 가치를 배우고 가치관을 습득하는 것이지 단순히 머리로 암송하는 것은 아니다.

물론 이러한 공교육과 교권의 붕괴는 근본적으로 대학입시 위주라는 고질적인 사회구조에서 기인한다. 좋은 대학이 출세와 좋은 직장의 바로미터가 되는 상황에서 극히 제한되어 있는 입시 레이스에 들어가기 위해서는 오로지 입시 실력만이 필요하기에 소위 교육이 지향하고 있는 모든 가치들을 무시할 수밖에 없다.

그래서 교육감은 이러한 교육 현장의 모순을 불식시키고 교권을 회복하는 등 그가 맡은 공교육을 정상적으로 돌릴 수 있는 방안을 고민해야 할 것이다. 물론 이뿐만이 아니다. 사회 환경변화에 따른 요소들 즉 첨단정보화 시대에 따른 첨단 교육, 코로나 환경의 익숙한 비대면 사회, 그리고 일반화되고 있는 평생교육 등 급변하고 있는 사회구조 변화에 대응할 적절한 교육 시스템 준비역시 반드시 염두에 둘 과제이다.

사실 중앙정부조차도 손을 놓고 있는 이 모든 것을 물론 일개 일선 교육감이 고민하고 바꾸는 것을 기대하는 것은 어려운 일이다. 그렇다고 손을 놓을 수도 없는 노릇이어서 교육의 추세와 현실적인 지역 과제를 지역 전문가의 함께 연구하여 후보 공약에 적극적으로 반영해야 할 필요가 있다. 이와 아울러 교육감 선거할 때마다 흔히 내세우는 후보의 좌우 편향의 정치적 성향은 정치판에서는 의미가 있을지 몰라도 초중고 교육을 책임 맡는 교육감 선거에서는 나타내지 말아야 할 사안임은 물론이다.

요즘과 같이 다원적이고 불명료한 가치를 갖는 사회에서는 교육 수장의 역할이 특히 중요하다. 초중고 학생들과 같이 사회 경험이 없는 이들에게 처음 주입되는 교육을 교육감이 결정하기 때문이다. 그래서 대선이 현재의 우리 운명을 정하는 선거라면 우리의 미래를 결정하는 것은 바로 교육감 선거라고 할 수 있는 것이다.

2022-03-29

핵과 안보

멀리 우크라이나가 의외로 선전을 하면서 전황이 어렵게 돌아가자 러시아의 마지막 대안으로 전술적 핵무기 사용에 대한 우려가 제기되고 있다. 이러한 핵 경각심 속에 최근 북한이 ICBM을 쏘면서 그동안 탈핵을 줄기차게 외쳤던 문재인 정부로서는 한마디로 뒤통수를 맞는 듯하다. 그렇다면 문 정권같이 핵을 무조건 멀리만 할 게 아니라 안보 등 다양한 차원에서 핵이 왜 중요하고 우리에게 어떠한 의미가 있는지 살펴볼 필요가 있다.

"전쟁은 모든 수단을 동원한 정치의 연장이다." 전쟁 관련 바이블인 "전쟁론"의 저자 클라우제비츠가 내린 정의이다. 즉 국가는 정치적 목적을 달성하기 위해 온갖 첨단 무기를 이용하여 전쟁에 임한다는 것이다. 여기에 더욱 나아가 전쟁사학자인 "존 키건"은 현대의 국가 간 전쟁은 결전 내지 총력전으로 엄청난 피해와 함께 최악의 사태로 치닫게 된다고 지적하였다. 다시 말하면 종국에는 핵전쟁으로 갈 수밖에 없다는 논리이다.

그러나 핵무기를 보유하려는 가장 중요한 이유는 핵무기 자체가 갖고 있는 가공할 위험성으로 전쟁 억제력을 갖기 때문이다. 아무리 훌륭한 재래식 무기도 핵무기를 결코 넘어설 수 없을뿐더러 단 한 번 사용으로 상대방을 초토화시킬 수 있다. 주지하다시피 전쟁에서 패한다는 것은 국가가 망하는 것이고 모든 것을 잃어버리는 것을 의미하는 것이어서 우크라이나 사태에서 궁지에 몰린 푸틴의 유일한 선택지가 바로 핵이라는 것은 어쩌면 당연한 일이다. 만약 우크라이나가 1994년 부다페스트조약과는 달리 핵을 포기 않고 보유하고 있었다면 푸틴이 아마도 그렇게 쉽게 침략을 결정하지는 못했을 것이다.

핵보유 노력은 상호 대치국 사이에서 특히 두드러진다. 예컨대 적성국인 인도와 파키스탄, 미국과 소련, 이란과 이스라엘과 같이 핵무기를 갖고 상호 대치하고 있는 것이다. 핵무기에 대한 억제력이 비등한 핵무기가 유일하기 때문이다. 이런 관점에서 보면 핵보유국 북한과 마주한 비 핵보유국 한국의 상황은 생각만 해도 끔찍하다. 그동안 북한이 연이은 도발과 명확한 핵개발 움직임에도 불구하고 확실치 않은 이유로 핵의 자발적 포기는 상식적으로도 도저히 이해하기 어려운 일이다.

사실 우리의 핵무기의 개발 역사는 자주국방을 내세웠던 박정희 대통령 시대로 거슬러 올라간다. 1978년 당시 비밀리에 미국 유학 중인 핵물리학자를 불러들였고 이를 감지한 미국이 견제 조치로서 한국의 핵범위를 실험용 원자로에 국한하였다. 이후 1991년 노태우 대통령은 남한 핵 부재를 선포해 핵무기를 한반도에서 걷어냈고 현재 문재인 대통령에 와서는 정권 내내 탈핵 정책으로 상업적인 핵발전조차도 외면하게 되었다. 이로써 우리는 그동안 길렀던 핵 관련 첨단 인력과 기업을 잃는 등 핵 기술에 치명적인 자상을 입게 된다. 북한의 핵무기 완성을 보면서 박정희 대통령의 핵무기 개발 실패와 후속 정권들의 핵에 대한 히스테리는 참으로 아쉬운 일이 아닐 수 없다.

핵무기 확보를 위해서는 핵분열 기술과 아울러 이를 실어 보낼 로켓 기술이 필요하다. 강력한 로켓 기술과 핵분열 기술은 탄탄한 기초학문 그리고 수많은 연구와 실험 등을 통해 얻은 기반 기술들이 축적되어야만 이룰 수 있는 일이다. 북한의 핵개발에서 보듯 핵무기 기술은 엄청난 비용과 시간 그리고 수 없는 시행착오를 필요로 한다. 그래서 만약 우리 안보를 위해 그 핵이 필요하다면 지금부터라도 잠시 멈추었던 연구와 시설 투자를 다시 활성화시켜 핵기술 그리고 핵무기 기술 개발을 서둘러야만 한다.

핵의 장점은 이렇듯 핵 안보와 아울러 핵기술이 갖는 경제 파급효과 역시 크다는 데 있다. 청정 기술인 핵발전은 물론이고 핵 처리, 핵 원자로 폐기, 핵 군함 등 핵 관련 기술의 활용 분야는 그야말로 무궁무진하다. 예컨대 앞으로 일반화될 전기 자동차 혹은 항시 전기가 필요한 데이터 센터 그리고 미래 공장인 스마트 팩토리는 엄청난 에너지를 필요로 한다. 그래서 핵이 안전한 시설운영 및 처리 시설만 갖춘다면 고 에너지 시대에 가장 효과적인 에너지 원천임과 동시에 또한 놀라운 경제적 파급 효과를 갖는 첨단 기술자원이라 할 수 있는 것이다. 기존의 화석원료로는 어림없는 일이다.

따라서 이제 핵에 대한 시각을 바꿀 때이다. 주지하다시피 새로운 기술을 선택하여 활용한 국가나 기업이 패권국으로 그리고 세계적인 기업으로 발전한 것을 흔히 볼 수 있다. 예컨대 지중해의 갤리선을 무찌른 영국 범선, 성을 무력화한 대포나 하늘을 제압할 수 있는 비행기 같은 당시 선진 기술은 전쟁뿐만 아니라 국가의 산업, 금융, 경제 그리고 세계관까지도 뒤바꿔 놓았다.

다시 말하면 국가의 운명과 우리 역사를 바꿀 수 있는 그런 기술이 바로 핵 기술이라는 것은 자명하다. 그래서 화약을 발명한 중국이 영국의 대포 앞에 무릎을 꿇은 것처럼, 이미 확보한 핵 기술을 발전시키기보다는 오히려 저버린 그 아둔함은 크게 질책되어야 마땅하다.

2022-04-21

국민통합, 도대체 어떻게 해야 하는가

국민통합은 윤석열 정권에만 해당되는 일이 아니다. 문재인 정권의 패착을 들자면 원전파괴나 경제 붕괴 그리고 외교적 고립 등을 수없이 열거할 수 있겠지만 그중 가장 큰 것은 아무래도 국민들을 두 쪽으로 가른 국민 분열이다. 다른 사안들은 그래도 우리가 어찌 노력을 하면 극복이 가능한 일이지만 이 모두는 국민 통합이 선행되었을 경우이다. 그렇다면 윤석열 정부가 선결해야 할 가장 큰 책무는 무엇보다도 국민 분열의 극복일 것이다.

사실 거의 모든 정권들이 국민통합에 목을 매다시피 했다. 노무현의 국민대통합연석회의, 이명박의 사회통합위원회, 박근혜의 국민대통합위원회 그리고 이번 윤석열 당선자 인수위에서도 이름만 바꿔 국민통합위원회를 두었다. 그러나 이들이 내건 국민 통합방식이 표면적으로는 공히 공정한 법집행이나 정파에 관계없이 전문 인력을 쓰자는 탕평책 등을 거론하지만, 이것은 민주사회라면 그리고 제대로 정치를 하려면 기본적으로 지켜야 하는 것이지 그들이 내건 국민통합과는 사뭇 거리가 먼 것이다.

마땅한 대안이 없다면 국내외 역사를 통해서 국민통합 사례에 대해 살펴보는 것이 순서이다. 예전에는 국가가 선택할 수 있는 쉬운 방식으로 국론 전환용 전쟁을 일으키는 것이었다. 잘 알고 있다시피 사무라이의 불만을 잠재우기 위해 일으킨 임진왜란이나 종교집단에 대한 기사계급의 불만을 이슬람으로 돌렸던 중세 십자군 전쟁이 바로 그것이다. 그러나 이 대안은 피해가 막급하고 자칫 정권 붕괴로 이어질 수 있어 쉽게 선택할 수 있는 것은 아니다.

두 번째는 폭력에 의한 강압 정치로서 권력을 가진 집단에서 보면 꽤나 유혹적이다. 북한이나 중국 같은 공산 진영에서 볼 수 있듯이 강력한 압제와 함께 언론을 통제하여 국민의 눈과 귀를 막아 판단을 흐리게 하는 것이다. 민주국가 역시 자유를 가장하지만 권력기관을 독점하여 사실상 독재를 하는 경우가 종종 있다. 독일 히틀러가 그랬고 근래에 우리 주변에서도 볼 수 있는 현상이다.

또 다른 방식으로는 지도자의 강인한 리더십으로 국민의 갈등을 극복하는 경우이다. 예컨대 미국 남북전쟁으로 파탄이 난 남북 국민들을 감동적인 게티즈버그 연설로 통합을 일궈낸 링컨이 그랬고 흑백인종 갈등이 고조된 가운데 소위 "I have a dream"이라는 연설로 미국을 하나로 만들었던 루터 킹 목사 그리고 독일에 항복과 전쟁의 기로에서 연설로 항전을 설득했던 영국 처칠 수상이 바로 그들이다. 이는 지도자의 리더십과 확고한 비전 그리고 호소력이 있어야 가능한 일이다. 이런 지도자와 함께한다는 것은 그야말로 행운이다.

정치란 이성적이기보다는 많은 부분이 감정의 산물이다. 그래서 국민들은 리더의 호소 어린 목소리에 쉽게 감동을 받곤 한다. 특히 그것이 그들처럼 리더의 진정성이 느껴질 때는 더욱 그러하다. 그래서 아무리 절망적이라도 그러한 리더들에 의해 국민은 희망을 갖고 극복할 수가 있는 것이다.

마지막으로 국민 모두가 공감할 수 있는 국가 차원의 공동 목표를 설정하고 국민을 설득하여 갈등을 희석시키는 일이다. 예컨대 박정희 시대에서는 새마을 운동이나 경제 개발계획 등 당시 개혁이 필요했던 사항들을 전 국민적 차원으로 올려 모두가 참여케 함으로써 갈등을 잠재우고 사회 개혁과 발전에 그 에너지를 쏟게 했던 것이다.

이러한 통합방식 중에서 권력기관과 언론을 틀어쥐고 강압적 정권을 세우는 방식이 어쩌면 윤석열 당선자로서는 이미 문재인 정권에서 배웠고 또한 검찰출신의 체질에 맞을 수도 있다. 그러나 거대 야권의 국회를 마주하고 있어 이들과 야합을 하지 않는 한 어떠한 정책결정도 쉬운 일이 아니다. 더욱이 이번 대선기간에서 우리가 지켜봤던 것처럼 윤석열 당선인에게 유명한 지도자들처럼 국민 호소력이나 국가 비전을 기대하기란 쉽지 않을뿐더러 당장 국가적 공동 목표를 설정하는 것도 현 인수위의 무기력한 행태를 보면 이것 또한 기대하기 어려운 것도 사실이다.

이렇듯 첨예한 국민 분열을 끌어안고 윤정권이 할 수 있는 일이란 별로 없어 보인다. 이번 선거결과가 말하듯 국민이 정확하게 반으로 쪼개져 있어 어떤 사안이던 나머지 반의 반대를 예상할 수 있기 때문이다. 그렇다고 통합을 방치한 다면 그야말로 국가는 식물 정국으로 그리고 끝없이 파국으로 떨어질 공산이 매우 크다. 더욱이 허약한 정권이 자칫 실수라도 하는 경우에는 다시 이명박 혹은 박근혜 정권 때처럼 절망한 반의 국민들이 촛불을 들어 전국을 덮을 수 도 있는 것이다.

그래서 이를 극복하는 길은 할 수만 있다면 아니 해야만 한다면 윤석열 당선 자는 지금이라도 국가 비전을 세우고 국민을 하나로 할 수 있는 가치 설정과 국가 발전 어젠다(agenda)를 세워야 한다. 그리고 진정성을 갖고 국민들에게 호소하여 우리 모두가 하나의 목표로 함께 나아갈 수 있도록 해야만 하는 것 이다. 그것이 바로 국민분열의 에너지를 국가 발전으로 전환할 수 있는 유일한 방도이다.

이제 윤석열 당선인이 살기 위해서 그리고 그동안 망가진 국가를 다시 되돌 리기 위해서 손을 마주 잡아야 할 상대는 가신이나 야당이 아닌 다름 아닌 바 로 국민들이다.

2022-05-04

검수완박 법안과 특수 범죄국가

문정권의 대미는 퇴임 며칠 안 남기고 야반도주하듯 소위 검수완박 법안을 날치기 통과한 일이다. 그것이 일반 국민을 위한 민생법도 아닌 자신들의 보신을 위한 법이기에 더욱 가증스럽고 자괴감이 드는 것이다. 주지하다시피 이 정권은 집권 내내 정적에 대한 철저한 복수와 참혹한 경제 붕괴 그리고 국민 갈라치기 외에 별로 생각나는 것이 없는 반민주적 권력이었다. 정권이 바뀐 이 시점에서 검수완박 법안 이후 벌어질 우리 상황에 대해 짚어 보는 것도 나름 의미가 있다.

법치사회에서는 아무리 악법이라도 절차를 거쳤다면 그것 역시 법이다. 그 법을 지키지 못하면 범죄가 되는 것이고 사회는 그 법을 따라가야 하는 것이다. 그래서 우리가 법을 만들지만 일단 만들어진 그 법은 우리 모두의 행동을 구속하고 생각과 사회 규범을 규정하곤 한다. 법이 곧 사회 정의가 되는 것이다. 그래서 만들어진 새로운 법은 종종 사회를 좋든 나쁘든 새로운 형태로 변화시킨다.

사실 이번 검수완박 법안은 애초부터 허점이 많았던 법이었다. 이러한 부족함에도 정권이 넘어가자 위기를 느낀 민주당이 많은 반대에도 무릅쓰고 다수의 힘으로 성급하게 밀어붙였다. 이번 법안으로 일반 서민과는 달리 국회의원들과 고위 공직자의 특권 권력층들은 검찰수사에서 해방되었을 뿐만 아니라 앞으로도 수사받을 걱정 없이 부패와 비리를 저지를 수 있는 사회, 즉 그들의 비리가 밝혀지기 힘든 사회가 된 것이다.

어쨌든 형식상 검수완박의 법률적 장치는 완료되어 검찰이 무력해짐에 따라 비리 의혹이 많았던 문재인과 이재명 그리고 그 밑의 가신들은 발을 뻗고 잘 수 있게 되었다. 물론 이러한 특권은 새로운 권력자 윤정권 역시 마찬가지로 수혜를 받는다. 결국 이들 권력자들의 부패와 비리는 드러나지는 않겠지만 더욱 노골화될 것이고 사회 윤리나 도덕관념은 우리 상상을 초월하여 더욱 추락하게 될 듯싶은 것이다. 문정권에서 보듯이 새 정권에서도 수없이 비리와 부패 의혹이 나오겠지만 이런 의혹은 검찰과 같은 독립적 수사기관 없이는 결코 밝혀질 수 없기 때문이다.

문제는 우리 주변 상황도 그리 밝지 않아 사람들의 괴리감이 더욱 커질 수밖에 없다는 것이다. 과도한 국가 부채로 인하여 경기회복이 결코 쉽지 않을뿐더러 막가파식 중국과 핵을 가진 북한에 치우친 그동안의 외교도 사회 불안의 요소이다. 윤 정권 인수위의 발표를 들여다봐도 정책기조가 문정권과 크게 다르지 않고 현실적인 정책도 눈에 들어오지 않아 사회 전반적 회복은 쉽지 않아 보인다.

그렇다면 어떻게 해야 하는가. 검수완박 법안의 골자가 검찰이 수사권을 남용한다는 것에서 시작되었으나 정작 이들이 지목한 검찰 부패를 들여다보면 그들은 단지 권력의 이해에 따라 움직였다는 것을 쉽게 알 수 있다. 예컨대 예전 박근혜 정권을 문정권의 입맛대로 초토화시켰던 반면 대장동 사건이나 부산시장 선거와 같이 실세와 밀접한 수사에 대해서는 뭉개고 있었던 일을 들 수 있다. 그러나 법안이 말하듯 검찰의 수사권을 없앤다고 비리가 없어지는 것은 아니다. 권력이동과 함께 비리와 부패도 함께 갈 것이 당연하기 때문이다.

지난 70년간 검찰이 수사권을 유지한 것도 그에 합당한 이유가 있었다. 검찰의 독립성 보장으로 살아 있는 권력에 대한 수사도 가능했을 뿐만 아니라 금융사건과 같이 고도의 전문적 수사도 가능 했던 것이다. 이러한 검찰 기능 때문에 그나마 권력층들이 어느 정도 조심했음에도 불구하고 아직 수많은 비리가 자행되고 있는 것도 사실이다. 이번에 제 발이 저린 국회의원들과 정권 권력자들이 그렇게 급하게 자기들 방탄법을 만든 것을 보면 누구나 쉽게 알 일이다. 물론 그동안 검찰이 권력의 수족 역할을 했어도 이것이 검찰 역할의 전부는 아니다. 그래서 검찰 조직에 대한 통제가 필요한 것이지 칼을 뺏을 일이 아니라는 것이다.

가장 좋은 대안은 아마 검찰에 다시 수사권을 돌려주어 이들 권력자들을 감시하는 일일 것이다. 현 체제에서는 권력에 대한 수사는 공수처가 맡고 있지만 수사 전문성을 갖기에는 아직 상당한 시일이 필요하고 독립조차 확보되지 않고 있다. 또한 앞으로는 경찰이 수사를 전담한다고 하지만 아직 직제상 행정부의 소속일 뿐만 아니라 검찰과 같은 수사전문성 역시 미흡한 실정이다. 다시 말하면 이 법안 하에서는 권력에 대한 수사는 공백이 생길 수밖에 없고 그야말로 권력자들에 의한 무법 범죄사회가 도래할 수도 있다는 것이다.

이와 같이 국가 시스템이 특권 권력자들을 통제할 수 없을 정도로 무력하다면 결국 국민이 깨어나야 한다. 국민이 길거리로 나가 행동으로 나서야 한다는 것이다. 예전 이승만 그리고 박정희 시절처럼 정당정치가 그리고 민주주의가 작동하지 않는다면 국민이 직접 길거리로 나가서 행동하는 도리밖에 없다. 물론 우리 국민의 행동만으로는 어림없는 일이다. 지식인 역시 권력에 대해 칼날 같은 직언을 해야 할 것이고 언론과 미디어는 함께 무소불위의 권력에 대해 목소리를 높여야만 할 것이다.

이제 권력형 부패와 비리가 표면적으로는 사라졌다. 의혹이 있어도 검찰이 수사할 수 없기 때문이다. 결국 수사를 받지 않는 소위 치외법권을 갖는 특권 권력 계급이 합법적으로 형성되었을 뿐만 아니라 불법과 부패가 오히려 당연한 승자들의 권리가 되어 버린 것이다. 그래서 조그만 조선반도가 탐욕과 부패 그리고 온갖 죄악이 일상이 되고 그것이 당연한 규범이 되는, 생각하기조차도 싫은 나락으로 떨어지게 되지 않을까 두려워진다.

2022-05-16

인천광역시 시장(市長)과 도시 비전

　며칠 남지도 않은 지방 선거가 검수완박 법안, 대통령 집무실 이전과 바이든 미 대통령 방문같이 굵직한 이슈에 파묻혀 좀처럼 세간의 이목을 끌지 못하고 있다. 물론 중앙권력도 중요하지만 우리 피부에 직접 영향을 주는 것은 바로 지방 권력임은 틀림없다. 특히 아시아의 허브 도시로서 발전을 지향하고 있는 인천으로서는 출중한 리더가 더욱 절실할 수밖에 없는 것이다.

　사실 시장 직(職)이란 지역 경제를 일으켜 시민의 생활 수준을 높이고 여기에 필적할 문화에 걸맞은 도시 인프라 구축을 하는 일이다. 이를 위해서는 먼저 자신의 도시비전을 세우고 현실화할 수 있도록 도시 자원의 구체적인 투입 계획을 갖고 있어야만 한다. 만약 이러한 도시 비전 즉 목표가 분명치 않거나 없다면 도시는 발전의 지향점을 잃을 뿐 아니라 한정된 자원은 무의미하게 소진될 가능성이 크다.

　존경받는 시장들의 공통점은 먼저 도시의 문제점을 직시하고 도시 비전을 설정하여 추진했다는 것이다. 예컨대 1830년대에 시작된 도시화로 난제를 앓고 있던 프랑스 파리를 오늘날 도시의 모습으로 구축했던 오스망 시장, 도시 환경문제를 성공적으로 극복했던 브라질 꾸리치바시의 레르네르 시장, 그리고 1990년대 악명높던 미국 뉴욕의 폭력을 근절시켜 안전한 도시로 만들었던 줄리아니 시장이 바로 그들이다. 또한 인천의 고 최기선 전 시장도 송도 자유구역의 추진이나 인천 지하철 개통 그리고 중국 단동시를 인천기업의 중국 진출 기지로 개발하는 등 인천 지역발전에 큰 획을 그었다는 것은 부인할 수 없는 사실이다.

　일반적으로 리더의 역량은 방향과 힘으로 결정된다. 방향이란 리더 즉 시장이 갖는 도시 비전과 이념을 말하는 것이고 힘이란 이를 추진하기 위한 협상 능력을 포함한 리더십을 의미한다. 그러나 무엇보다 중요한 것은 도시를 어떻게 발전시킬 것인가 하는 자신의 도시 비전일 것이다. 그가 아무리 훌륭한 추진력을 갖고 있고 심성이 훌륭하다 하더라도 발전 방향이 잘못 설정되었다면 종종 잘못된 결과를 낳기 때문이다.

문제는 국내 후보들이 대부분 자신의 정치철학이나 비전에 대한 준비가 없이 선거 운동을 시작한다는 것이다. 이러한 현상은 과거 모든 형태의 선거를 포함하여 현재 벌어지고 있는 지방선거 역시 마찬가지이다. 사실 어느 누구도 방금 끝난 대선에서 후보들이 제시한 국가비전을 기억하는 사람은 없을 것이다. 그런 것을 후보들이 말한 적이 없기 때문이다. 이렇듯 후보가 자신의 비전이 없다면 결과는 흔히 취약한 공약제시, 이전투구 선거운동, 그리고 여론 정치로 나타난다.

먼저 후보의 정책 지향점인 비전이 약하다 보면 당연히 공약 역시 큰 차이점이 없을뿐더러 정책 역시 구체적이지 못하다. 이러한 사실은 이번 인천 시장 후보들이 제시한 공약에서도 볼 수 있다. 지난번 후보들의 정책 토론에 대해 전문가들은 한결같이 이 같은 점을 지적하고 있다. 민주당 박남춘 후보가 5개 영역에 걸쳐 e-음 경제, 연결도시, 복지, 지속가능 생태계 및 관광 산업을 주축으로 한 문화 공간을 공약으로 내걸고 있지만 거의 비슷한 내용의 공약을 상대 당인 국힘당의 유정복 후보 역시 내세우고 있다. 다만 정의당 이정미 후보의 경우는 환경 및 복지에 다소 초점을 둔 것이 차이라면 차이일 것이다.

만약 후보들이 내건 공약에 차이점이 없다면 선거운동은 당연히 이전투구로 갈 수밖에 없다. 지난 대선에서 본 바와 같이 대선 후보들이 국가 비전이 없다 보니 결국 상대방에 대한 비방이나 헐뜯기 그리고 극심한 포퓰리즘에 대중 인기를 기델 수밖에 없었다. 이런 후보들이 결국 당선이 된다 하더라도 정책결정은 여론에 맡기고 자신은 책임을 지려 하지 않으려 할 것이 명확하다. 이를

테면 지난 정권에서 보았듯 여론을 빙자한 원전 파괴나 부산 가덕도 공항 관련 정책결정은 바로 그런 기조에서 결정되었다고 볼 수 있다.

공약은 이러한 도시비전을 구현하기 위한 방책들이다. 그래서 먼저 도시 비전 즉 인천의 미래를 설정하고 필요한 공약들이 설정되어야만 한다. 이는 국가라고 해서 다르지 않다. 예컨대 박정희 시대에 추진했던 경제개발 계획은 중화학 공업국의 비전을 갖고 있었기 때문에 가능했던 정책이었던 것이다. 그래서 인천 역시도 설정된 도시 비전에 맞추어서 여기에 합당한 문화와 도시 인프라에 대한 공약이 도출되는 것이지 몇몇 주위 사람들의 머리에서 즉흥적으로 나오는 것은 결코 아니다.

인천시는 무한한 가능성을 갖고 있는 아름다운 항구 도시이다. 그리고 우리 모두는 뉴욕, 동경, 시드니, 그리고 암스테르담과 같은 세계적인 메트로폴리탄에 필적할 만한 성장 잠재력을 확신하고 있다. 그러나 그 가능성은 시장이 나름의 도시 비전을 갖고 그 실현을 위한 시민 설득과 추진력의 리더십에 달려 있는 것이다.

그래서 고향이 이곳 인천인 두 유력 후보에게 원하는 것은 전철을 지하화하거나 일자리를 몇몇 늘리거나 하는 지엽적이고 통상적인 것이 아니라 그가 진정으로 만들고자 하는 인천의 비전, 즉 인천의 미래가 도대체 어떤 것인지 먼저 듣고 싶은 것이다.

2022-05-27

선거 후, 선거를 생각하다

그동안 시끄럽던 두 차례의 선거가 지난 6월 1일 무사히 지나갔다. 후보자들이야 나름 최선을 다했겠지만 그동안 선거를 지켜보는 국민들 입장에서는 후보 수도 많고 내건 공약도 별반 차이가 없어 선거 당일까지 혼란스러운 선거였다. 다만 특이한 점이라면 어느 때보다도 후보자의 포퓰리즘 강세와 유권자의 유별남일 것이다. 결과적으로 대선은 0.73퍼센트 즉 24만 표차로 승패가 갈렸고 지방선거는 전국 4000 선거구 중 508곳의 무투표 당선이 있었다. 그래서 선거가 끝난 지금, 지나간 선거를 돌아보고 앞으로의 선거를 생각해 볼 필요가 있다.

사실 우리가 현재 채용하고 있는 대의 민주주의는 불완전한 시스템이다. 대리자를 뽑아 이들에게 일정 기간 권력을 위임하지만 이 권력으로 결국 국민들에 군림하게 되기 때문이다. 이와 같은 선거의 폐단을 지적하고 있는 이가 프랑스의 정치철학자 알렉시 토크빌이고 또한 "국가론"을 쓴 그리스의 플라톤이다. 최근에는 버나드 마넹이 "선거는 민주적인가"라는 책에서 아예 대의 민주주의의 한계에 대해 선을 그었다. 민주주의가 아니라는 것이다. 그러나 민주주의의 중추인 선거제도를 바꿀 수 없다면 움직일 수 있는 유일한 것은 결국 선거에 참여하고 있는 세 구성체 즉 후보자와 유권자 그리고 중간자들의 자질일 것이다. 그래서 지난 선거에서 불거진 여러 문제점들을 돌이켜 보는 것이 해결의 출발점이 될 수가 있다.

우선 먼저 후보자들의 자질을 살펴보자. 이번 대선 과정에서는 정치 경험이 없는 초년생들이 어쩌다 등단하여 어떠한 정치적 비전도, 정책도 그리고 이렇다 할 기본적인 자신들의 정치적 입장을 주지 못했다. 정치적 자질이 안 되다 보니 정책 논리보다는 상대편 인신공격이나 선심성 포퓰리즘 공약이 손쉬울 수밖에 없었다. 이러한 선거운동에는 공부가 따로 필요 없기 때문이다. 사실 당시 이재명 후보의 기본 시리즈나 윤석열 후보자의 끝도 없는 지원금 약속은 서로 소속당의 이름만 다르지 50보 100보이다. 결국 유권자는 지지정당보다는 어떤 당 아니면 어떤 인물이 싫어서 상대 당을 선택하는 꼴이 되었다. 이러한 후보자 자질 문제는 단지 선거 규모에서 차이가 있었을 뿐 지방선거라고 해서 크게 다르지 않다.

후보자의 수준도 문제지만 정당 역시 문제를 안고 있다. 당은 이념을 위한 정치 집단이지만 권력쟁취를 위하여 당을 대표할 인물보다는 대중 인기에 영합할 인물을 내세우곤 한다. 그리고 그의 수순은 으레 당내 헤게모니를 잡기 위해 전력을 기울이는 것이다. 그래서 수박이니 민들레 하는 집단을 만들고 권력지향의 계파 정치 즉 패거리 정치에 급급하게 된다. 이러한 상황에서 누가 올바른 정치관을 갖고 이 판에 뛰어들겠는가.

두 번째는 유권자의 정치적 수준이 낮다는 점이다. 특히 대중은 후보자들이 내세우는 포퓰리즘에 약하고 공약에 대한 비판 능력도 부족한 경향이 있다. 민주주의가 익숙하지 않다면 이미 오랜 기간 익숙해져 있던 대로 정치를 종교로 혹은 왕조처럼 인식하기가 쉽다. 쉽게 말하면 대통령을 왕으로 인식한다는 것이다. 이러한 현상이 더욱 심해지면 지지 정당이나 지지 인물에는 거의 무 비판적 맹종을 하는 반면 상대편에는 아예 없어져야 할 대상으로 적대시하게 된다. 지난 선거에서 부각되었던 "개딸"이나 "대깨문" 등의 집단이 바로 그것이다.

마지막으로는 선거의 중간자들의 자질 또한 문제이다. 소위 언론이나 선거 전문가들은 그렇다 치더라도 인터넷의 발달과 함께 떠오른 유튜버와 SNS의 난립, 그리고 이들이 여과되지 않고 쏟아내는 정보와 편향된 정보들로 인해 선거는 그야말로 암흑천지로 변한다. 더욱이 유권자들은 공중파에서와는 달리 듣고 싶은 정보만 취사 선택해서 듣게 되는 확증편향 현상으로 판단력은 갈수록 흐려지고 국민 갈등의 골은 더욱 깊어질 수밖에 없다. 정보 홍수가 오히려 정보를 교란시키고 유권자들을 더욱 편향되게 만드는 것이다.

사실 이 모든 것을 한꺼번에 바꾸기는 어려운 노릇이다. 그리고 각 선거 구성체들은 서로가 연결되어 있어 한쪽만 된다고 전체가 바뀔 수 있는 것도 아니다. 그러나 선거의 궁극적인 목적은 국민의 삶이고 국민의 삶을 위해 정치는 필요한 것이다. 그래서 민주주의 체제에서 선거제도가 바뀔 수 없다면 정치의 수혜자인 국민의 수준 자체가 변하지 않으면 안 된다.

국민의 자질 즉 국민이 변해야 한다는 것은 국민들이 먼저 깨치고 이를 정치가에게 요구를 해야 한다는 것이다. 이를 위해서 먼저 해야 할 일은 책을 가까이해야 하고 토론문화가 활성화되어야 한다. 물론 모든 국민이 다 같이 할 수는 없다 하더라도 소수의 사람들이 모여 목소리를 낼 수 있다면 그리고 국민들이 그 목소리에 귀를 기울여 준다면 정치권도 이러한 목소리에 반응을 할 수밖에 없을 것이다. 물론 돈에 모든 가치를 두고 있는 자본주의 체제에서 새로운 가치를 선택하기란 쉽지 않다. 그렇기 때문에 그러한 가치 변화를 이끌 수 있는 사람이 결국 지식인들이고 그들의 역할이 중요한 이유이다.

정치란 결국 국민의 거울이며 또한 정치는 국민의 수준을 넘어설 수 없다. 우리 최근 역사를 돌아보건대 국민 수준이 국가를 이끌어 갈 수준에 이르지 못할 때 항상 전제 군주인 왕이 슬기롭게 국가를 이끌어 가거나 아니면 외부의 강력하지만 자애로운 힘에 의지하곤 하였다. 이러한 행운마저도 없다면 결국 조선처럼 패망할 수밖에 없었던 것이다. 그러나 두려운 것은 또다시 그런 일이 자칫 현실화될 수도 있다는 사실이다.

2022-06-16

끝나지 않은 전쟁, 6.25

매년 6.25 전쟁 기념식에는 으레 북한의 남침규탄이나 동족상잔의 아픔에 대한 회상으로 구성된다. 이러한 형태의 기념식은 그때의 일을 우리 모두 함께 되새김으로써 다시금 그런 일이 일어나지 않도록 하는 일종의 의식작업이다. 그러나 70년간 긴 휴전 기간 동안 그때의 참혹한 기억도 많이 달라져 집권 정부에 따라서는 북한이 적국(敵國)이라는 극히 기본적인 전제부터 흔들리고 있다. 그렇다면 다시금 6.25 전쟁에 대한 의의를 살펴보고 그 전쟁이 남긴 숙제를 살펴보는 것이 중요하다.

전쟁은 태풍과도 같은 것이다. 태풍은 서로 다른 기류가 합쳐져 급기야는 폭발에 이르는 기상변화이다. 그래서 파괴뿐만 아니라 이제까지 누적되었던 모든 것을 일시에 흩트려 놓아 새로운 시작점을 만들어낸다. 전쟁도 마찬가지이다. 기존의 케케묵은 규범, 가치관, 질서 그리고 정신세계를 일거에 송두리째 파괴하곤 한다. 이처럼 전쟁은 그 어떤 혁명보다 더 큰 사회적 파괴력을 갖는 것이다.

이런 점에서 8.15 광복이 물리적 해방이라면 6.25 전쟁은 진정한 정신적 해방이다. 6.25 전쟁을 통하여 조선 말부터 이어왔던 신분제, 규범, 유교적 가치관 등이 실질적으로 무너졌고 6.25 전쟁 이후 등장한 점령군인 미군들에 의해 한국은 미국문화로 새로 채색되었던 것이다. 일본 치하에서도 일본은 조선의 사회적 이념과 구조인 유교체제 및 신분제를 그들의 통치를 위해 그대로 유지했다. 이러한 뿌리 깊던 조선의 정신적 토대와 관습 등이 무지막지한 전쟁 폭력 앞에 무너졌다. 사실 별 의미 없이 수많은 사람이 눈앞에서 죽어가는 마당에 정신적 사회적 굴레는 거추장스러운 것이다.

이렇듯 6.25 전쟁이 우리 역사를 새로 쓰는 변곡점이었지만 이후의 역사 전개 과정은 경제적 측면을 제외하고는 그리 밝지만은 않다. 이를 국가 힘의 세 가지 요소인 이념, 경제력, 그리고 군사력 측면에서 간단하게 살펴보자.

먼저 심각한 문제는 이념의 갈등이 끝나지 않은 상태에서 휴전을 맞이했다는 사실이다. 전쟁이 끝난 후에도 남쪽은 아직 좌익과 우익 세력이 아직 공존하고 있었다. 이념은 더욱 혼탁하게 되어 여러 다른 이념 즉 민족, 친북, 좌익, 공산 그리고 진보 이념이 차별 없이 쓰이게 되었고 이러한 다원화된 이념이 이후 학생운동과 반정부 세력과 함께 소위 민주화 세력으로 각색되었던 것이다. 그래서 우리 사회에서 볼 수 있는 바와 같이 민주화 이념에 대한 이해가 더욱 모호해져 좌익이 진보를 위장한 민주 세력으로 그리고 자유민주주의를 지향하는 우익이 오히려 발전을 가로막는 보수 세력으로 왜곡되어 있다. 다시 말하면 우리가 민주화라고 일상 쓰는 이념에는 공산, 친북 및 좌익 등과 같이 자유민주주의와 적대적 이념도 포함되어 있다는 것이다.

반면 다행히 경제는 미국의 비호 아래 눈부신 성장을 하였다. 이승만 시대에 유학한 인재들이 경제발전에 큰 도움이 되었으며 미국의 저효율 산업 아시아 이전 정책에 큰 덕을 보게 되었다. 이런 행운 덕분에 급기야는 최근에 소위 선진국 대열에도 진입이 가능하게 된 것이다.

그러나 일반적으로 군사력은 이러한 강력한 경제력에 의해 견인되는 것이 맞지만 항상 그런 것은 아니다. 예컨대 핵무기의 파괴력은 모든 군사력을 무력화시킬 수 있다. 그래서 러시아의 비호 아래 경제보다는 군사력을 택한 북한은 재래식보다 저렴한 핵무기개발에 관심을 갖게 되었고 결국 최근에는 핵보유에 이르게 되었다. 반대로 우리는 노태우 시절에 한반도를 핵무기 청정지역으로 선포하였고 결국은 문재인 정부에 와서는 상업적 활용인 핵발전 시설마저도 폐기했다. 핵을 갖는 국가는 유일하게 핵을 갖는 국가만이 대응할 수 있다는 것은 엄연한 사실이다. 이제는 핵무기 보유와 같이 북한과 대등한 군사적 균형을 갖지 않는 한 재래식 군사력 증강이 별 의미가 없어 보인다. 그래서 당장 핵을 개발할 수 없다면 결국 미국 동맹관계에서 이를 얻어내야만 한다.

그렇다면 다시금 6.25 전쟁을 되풀이하지 않기 위해서 먼저 해야 할 일이 자유민주주의라는 이념 설정이다. 이는 당연히 같은 이념을 갖는 동맹국인 미국으로부터 우리가 생존하기에 필요한 경제력과 군사력을 확보할 수 있기 때문이다. 만약 국가 지배이념이 미국과 같이 자유민주주의에 입각한 진보와 보수의 양립이 아니라 극히 다른 이념 예컨대 사회주의와 자유민주주의와의 대립이고 또한 그 극단의 세력이 서로 바꿔가면서 집권을 하게 된다면 국가 비전이나 정책이 정부가 바뀔 때마다 달라져 국가 발전은 고사하고 기형이 되기 마련이다.

이를 극복하는 길 중의 하나는 자유민주주의에 입각한 교육과 실천이다. 자유민주주의의 틀 속에서 이념의 진자 운동 폭을 조절하기 위해서는 국민이 이러한 이념을 정확히 이해하여야 하고 이는 교육을 통하여 이루어져야만 한다. 보수와 진보가 다른 것이라면 친북과 진보는 더더욱 다른 것이다. 물론 이를 혼동하면 국가는 정체성에 큰 혼란에 빠질 수밖에 없다.

6.25 전쟁은 끝났으나 그 전쟁을 촉발시킨 좌우의 이념 전쟁은 끝난 것이 아니다. 그래서 북한에 대한 경각심 이상으로 우리 내부의 좌익 활동에 경각심을 가져야 한다. 외부의 적은 우리가 힘을 합치면 물리칠 수 있으나 내부의 적은 대적하기가 매우 어려운 법이다. 만약 이러한 경각심을 순간이라도 잃어버린다면 그동안 수많은 희생을 통해 기적처럼 쌓아 올린 풍요로운 자유민주주의는 한낱 신기루에 지나지 않게 된다. 결코 그런 국가를 우리 후대에 물려줄 수는 없는 것이다.

2022-06-22

영종 복합 리조트와 인천시 관광 협회의 역할

지난달 14일 영종도에는 지난해 발족한 인천시관광협회의 영종지부 포럼이 열렸다. 비록 약 200명 정도 모인 소모임이지만 관광 불모지다시피 한 관광도시 인천에서 지역의 중소 관광업 종사자들이 한자리에 모였다는 것 자체가 의미 있는 일이 아닐 수 없다. 특히 제조산업에 편중된 지역 특성 탓에 관광 산업은 관심을 받기 어려운 영역이어서 더욱 그러하다. 아직 협회가 설립 초기이지만 그 목표가 지역 관광을 활성화하여 수익을 올리는 것이라면 시작부터 무엇부터 해야 할지 살펴볼 필요가 있다.

관광산업은 간단히 말해서 고객이 원하는 서비스를 제공하여 돈을 버는 산업으로 최근 화두는 산업의 융합과 대형화로 축약된다. 예컨대 과거에는 유적지나 좋은 풍광들이 관광 대상이었으나 지금은 이 영역이 넓어져 컨벤션, 힐링, 쇼, 교육, 의료뿐만 아니라 IT, 게임, 교통 및 금융산업 등으로 점차 확대되는 추세이다. 다른 측면으로는 관광 규모가 상상을 초월할 만큼 커지고 있다는 것이다. 예컨대 마카오와 라스베이거스, 싱가포르 그리고 두바이의 세계적 관광상품은 민간과 국가가 만들어낸 엄청난 투자의 결과물이다. 다시 말하면 관광산업이 국제적 경쟁력을 가지려면 복합 산업화되어야 하고 대규모 투자가 전제되어야 한다는 것이다. 최근 현실화되고 있는 영종의 국제규모의 복합 리조트 사업(IR: Integrated Resort)은 이 추세에 합당하다는 점에서 관광 영종의 미래에 결정적이라고 할 수 있다.

사실 영종의 경쟁력은 단연코 인천공항에서 기인한다. 이러한 이점으로 이미 세 곳의 국제 복합 리조트가 건설되거나 운영 중에 있다. 파라다이스 시티는 공항 남쪽에서 현재 운영 중에 있고 미국 재단인 인스파이어 엔터테인먼트

리조트는 내년 개장을 목표로 건설 중에 있다. 나머지 시저스 코리아 리조트도 코로나 사태로 인한 어려운 고비를 넘겼다고 알려졌다. 세 복합 리조트 외에도 무의도 지역에 고급 리조트가 세 곳이 계획되어 있고 영종 송산 인근 개발은 인천 시장의 공약사항이다.

이와 같이 예정되어 있는 대로 세 곳의 국제 복합 리조트와 중간급 리조트들 그리고 송산 개발 등이 서로 보완적 역할을 맡게 되면 명실공히 영종은 지역 곳곳에 관광 핵심 스팟들을 형성하게 된다. 여기에 중소의 개별 관광종사자들이 이 스팟들을 잇는 동선을 채운다면 영종 자체가 하나의 큰 테마 파크라 할 수 있다. 이를 가능하게 하기 위해서는 물론 정부 주도의 톱다운(top down) 추진 방식도 중요하지만 중소 관광업 종사자들의 바텀업(bottom up) 방식의 지원체계도 필요한데 그때 인천시 관광 협회의 역할이 절실해지는 것이다.

일반적으로 협회를 비롯한 사회 조직이 실질적인 행동으로 사회에 영향을 주기 위해서는 일반 기업과 마찬가지로 세 조건 즉 조직과 리더십 그리고 비전이 있어야만 한다. 그래서 인천관광협회가 단지 상인들 친목단체로 끝나지 않으려면 이것부터 다시 챙길 필요가 있다.

돈은 낙수 효과(spillover effect)의 뜻처럼 큰 조직에서 아래로 흐른다. 다시 말하면 국제 복합 리조트가 돈을 벌고 잘되어야 무의도의 리조트 사업도 잘될 수 있을 것이고 송산의 관광 개발도 탄력을 받을 뿐 아니라 지역의 관광업도 호황을 맞을 수 있다는 뜻이다. 이같이 협회의 성공이 복합 리조트의 활성화가 전제되어야 한다면 협회의 비전과 목표는 명확하다.

즉 인천시 관광산업 협회는 복합 리조트들과 협업을 더 나아가서 하나의 조직체처럼 움직일 필요가 있다는 것이다. 전체 파이를 키워야 협회가 얻을 수 있는 파이도 커지는 법이다. 그렇기 때문에 협회는 이들 복합 리조트들과 같이 파이를 키우기 위한 작업으로 인천시는 물론 복합 리조트의 협업을 기초로 하여 협회의 비전을 만들어야 하고 이를 기반으로 사업을 구상해야만 한다.

물론 비전을 이행하려면 유능한 사업 추진조직과 이를 이끌 리더십도 필요하다. 사업을 제안하고 실행에 옮기기 위해서는 관광뿐만 아니라 다양한 전문가들이 필요하지만 현실은 인력산실인 대학 관광학과가 전무한 실정이고 관광 전문가 또한 절박하다. 그렇기 때문에 당장이라도 지역 관광의 미래를 위해서 관광 전문가 육성을 대학과 시 정부에 주장해야만 한다.

　협회의 리더십은 사업에 필요한 예산 확보와 사업을 원활히 이끌어 가는 것이다. 따라서 시당국과는 물론 복합 리조트 기업들과 세 곳의 리조트 기업과의 협의 그리고 송산 개발과 연계하여 협회원들을 위한 새로운 사업을 개발하고 구현할 수 있도록 리더십을 발휘해야 할 것이다.

　협회가 해야 할 일은 이러한 세 분야뿐만이 아니다. 인천 시민의 관광에 대한 이해도를 높일 수 있도록 노력해야 할 것이고 겹겹이 막을 친 규제완화에 대한 주장도 필요하다. 예컨대 외국 투자 유치에 대한 규제완화 주장이나 더 나아가서 선진국들처럼 내국인 허용 카지노 즉 오픈 카지노를 주장하는 것도 필요할 것이다. 어쩌면 김수홍 전 인천대교 사장의 말처럼 차라리 대교 통행세를 전면 무료화할 경우 관광객이 많아져 오히려 영종 관광수입이 통행세를 능가할 수 있을 것이다. 솔직히 이렇게 파격적으로 규제도 없애야 영종의 경쟁력을 얻을 수 있지 않나 싶다.

　이제 관광산업은 인천의 새로운 먹거리 산업이고 여기에 핵심은 복합 리조트이다. 이 기회를 잃지 않기 위해 인천시 관광협회는 시와 이들 기업들을 아우르는 미래 지향적 영종 관광 비전을 만들어야 하고 여기에 걸맞은 사업을 추진해야만 한다. 그럴 때만이 지역의 정치가, 사업가 그리고 인천시민들이 공감하고 마음을 같이할 수 있을 것이다. 그것이 협회의 역할이고 또한 인천시 관광협회뿐만 아니라 어쩌면 경쟁력을 잃어 가는 인천시를 살리는 길이다.

2022-08-03

대통령의 발언과 반도체 인력 육성

　말은 생각의 표현이고 이는 곧 행동으로 나타난다. 더욱이 권력자의 발언은 힘을 갖게 되어 종종 법과 중간 과정을 뛰어넘곤 한다. 몇 주 전 윤석열 대통령이 업계로부터 반도체 인력의 부족에 대해 보고받고 바로 인재 육성에 대한 지시를 내린 것이 바로 그것이다. 이에 대해 업계의 호응도 있지만 우려의 목소리도 적지 않다. 예컨대 문재인 전 대통령이 영화 하나 보고 무리하게 탈원전을 주장한 것과 흡사하기 때문이다. 그래서 먼저 정부의 반도체 인력육성에 대해 명암을 살펴볼 필요가 있다.

　관련 업계에 따르면 반도체산업 필요 인력이 매년 3,000명씩 앞으로 10년간 삼만 명의 대졸 이상의 고급인력이, 그리고 다양한 학과 즉 화학공학, 전자 공학, 그리고 환경공학 전공자가 필요하다고 한다. 그래서 정부에서는 곧바로 반도체 학과 신설 및 대학 입학정원 확충으로 5년간 약 7000명 육성 그리고 1조 2000억 원의 천문학적 재정지원을 발표하였으나 막상 학계에서는 그리 반가운 표정이 아니다. 그들의 우려를 몇 가지로 정리하면 다음과 같다.

　먼저 기술은 사람처럼 생명 주기를 갖는다는 것이다. 기술이 계속 발전할 뿐만 아니라 이를 대체할 혁신적인 기술이 새롭게 개발되기 때문이다. 최근 석유로 가는 자동차보다는 전기자동차를 더 많이 생산하는 것을 보면 알 수 있다. 이러한 기술의 부침에 따라 인력 수요도 부침이 있게 마련인데 문제는 이 인력을 육성하는 데 상당한 시간 즉 5-7년의 기간이 필요하다는 것이다. 이러한 인력의 수요와 공급이 맞지 않아 나타나는 일시적 불균형을 정부가 정책적으로 인력 공급을 늘리면 일정 부분 해결할 수는 있으나 쇠퇴기에는 다량의 고급인력의 실업을 유발할 수밖에 없다. 지난번처럼 탈 원전 정책으로 많은 전문

인력이 졸지에 직장을 잃은 것과 마찬가지이다.

반도체 경기가 2017과 2018년에는 호황 그리고 2019년과 2020년에는 불황으로 이어졌던 것같이 이 산업 자체가 세계 경기에 따라 민감하게 작용되어 왔다. 이러한 경기 부침 외에도 다른 여타 요소들이 반도체 관련학과 존립에 큰 영향을 줄 수가 있다. 예컨대 올해 익산 원광대는 정원미달을 이유로 2004년도에 만든 반도체 디스플레이학과 폐지를 신청했다.

그리고 업계에서도 사실은 현재 인력이 그리 부족하지 않다고 말한다. 대학에서는 이미 반도체 관련 과목들이 여러 전공에 녹아들어 있어서 현재 기업에서 하고 있는 것처럼 단기간 현장 교육으로 충분하다는 것이다. 한편 상당수 기업들이 이미 대학과 협력하여 정원 외의 계약학과를 신설하여 이들에 대해 취업과 장학금 등 다양한 특혜를 주고 있다. 삼성전자는 성균관대, 연세대, 카이스트 그리고 포스텍과, SK하이닉스는 고려대, 서강대 그리고 한양대와 계약학과를 개설하였다. 다시 말해서 기업에서 필요하면 대학에 장비 등을 투자해서 그때마다 필요한 인력을 확충할 수 있다는 것이다.

그렇다면 왜 그렇게 업계에서는 대통령에게 그리 엄살을 떨었던 것인가. 반도체 산업 관련 전문가에 따르면 우선 적지 않은 미래에 다른 영역 즉 디스플레이나 정보기술 등과 같은 영역에 인력을 뺏기지 않으려면 소위 양질의 인력을 입도선매(立稻先賣)할 필요가 있을 것이고 또한 대학과 협력을 하려면 비싼 장비를 투자해야 하는데 어차피 이번 정부도 정권 초기에 과시할 곳이 필요한 만큼 이 기회에 비용을 정부나 대학에 전가(轉嫁)시킬 수가 있다는 것이다.

또 다른 우려는 반도체 육성 정책으로 자칫 필요한 영역에의 인력 부족을 불러올 수 있다는 점이다. 미래에 우리가 필요한 첨단 인력은 반도체만 있는 것이 아니다. 예컨대 AI, 빅 데이터와 같은 소프트웨어뿐만 아니라 드론과 자율자동차, 로봇 등의 제조 기술 그리고 바이오 영역도 우리의 미래 먹거리이다. 더구나 이들 영역들은 상호 연계가 되어 있어 모두가 균등하게 발전되어야 전체적인 기술 수준이 올라가는 것이다. 그래서 이번처럼 반도체 인력 육성 전략은 오히려 인력 수급의 균형을 무너뜨려 전체적인 부실을 야기할 가능성도 커질 수 있다.

그렇다면 반도체 인력 육성 정책의 방향은 명확하다. 먼저 외국에서 보듯이 반도체 인력이 필요한 기업이 대학에 투자해서 대학과 같이 인력을 함께 육성하면 되는 것이다. 기업이 그 인력으로 돈을 벌기 때문이다. 여기에 정부는 필요하면 대학 내 구조조정이나 학제 조정 등 대학 규제를 풀어주면 될 것이다. 굳이 기업이 투자해야 할 엄청난 예산 지원을 세금으로 대신 나서서 할 필요가 없을 것이고 자세한 지침도 대학에 내릴 필요도 없다. 대학과 기업의 자율에 맡기면 된다. 그래야 경기 부침에 따라 반도체 인력 공급도 탄력성을 갖고 대응할 수가 있는 것이다.

대통령의 발언은 통수권자로서 정부의 입장이자 정책이다. 그의 말 한마디는 우리에게 강한 힘을 줄 수도 있고 어떤 경우에는 우리를 하나로 만들 수도 있는 반면 천 갈래 갈라놓을 수도 있다. 그래서 그의 말은 많은 고민 끝에 나와야 하지 결코 즉흥적일 수는 없는 것이다. 만약 개인적 생각만 갖고 발언을 하게 되면 지난번처럼 탈원전 꼴이 날 수도 있다. 그래서 그의 말은 정제(精製)되어야 하고 대통령다운 말이어야 하는 것이다. 그의 말 한마디에 우리 운명이 걸려 있기 때문이다.

2022-07-27

인천 예찬(禮讚)

  무릇 누구나 자기가 발붙이고 사는 고장에 향수를 느끼고 애정을 갖기 마련이다. 특히 그곳에서 몇 대를 대물림하면서 살아왔다면 더욱 그러할 것이다. 그럴진대 평생을 인천에 살면서 인천의 아름다움을 다시 돌아볼 수 있다면 그것 역시 큰 즐거움이 아닐 수 없다.

  베네치아가 지중해의 진주라고 한다면 인천은 아시아의 진주라고 할 수 있다. 보석에 비유하는 것은 그만큼 그 역할이 그 국가에 큰 영향을 미쳤을 뿐 아니라 또한 그 도시 자체가 매우 아름답기 때문이다. 예를 들자면 미국의 뉴욕 그리고 호주의 시드니 그리고 네덜란드의 암스테르담 그리고 가까이 중국의 상해도 이러한 범주에 든다. 그래서 이들 도시민들은 자부심도 대단하여 자기들을 일컬어 뉴요커 혹은 상해인 등으로 굳이 차이를 두려고 한다.

  우리가 도시의 가치를 찾아보려면 그 도시가 갖고 있는 풍광, 지형의 천연적 요소와 함께 그 도시를 구성하고 있는 요소 즉 역사와 이를 통한 미래 가능성을 살펴봐야 하는 것이 그 순서일 것이다.

  인천은 바다의 허파인 서해 갯벌과 40개 유인도를 포함하여 약 168개의 섬으로 구성되어 있다. 이들 섬이 주는 아름다움은 배 타고 삼십 분 남짓이면 천연의 섬 덕적도에서도 느낄 수 있지만 그만큼 차로 영종 광명항만 가도 빼어난 청정 풍광을 그대로 볼 수 있다. 이처럼 섬들이 만들어내는 다양하고 빼어난 아름다움은 인천의 아름다움을 돋보이게 하는 큰 자산이다.

  풍광만이 아니다. 인천은 지형적으로 동북아시아의 중앙에 그리고 14억 인구의 중국 바로 코앞에 있을 뿐만 아니라 국제공항을 품고 있는 미항(美港)인 국가 관문도시이다. 이 때문에 개국 전에는 중국 사신들에 의해, 개항 후에는 외항선원과 외교관들에 의해 그리고 전후에는 미군들까지 가세하여 인천은 그야말로 세계 문화의 용광로였던 것이다. 개국 당시 현 자유공원(옛 만국공원)을 중심으로 북쪽으로는 청나라, 남쪽으로는 일본 그리고 서북쪽으로는 러시아의 상인들과 외교관들이 밀집해 살고 있었다. 이곳이 지금도 남아 있는 북성동 차이나타운과 그 옆 전동(錢洞)으로 여기는 요즘 뜨고 있는 남해의 독일마을과 미국마을의 효시이다.

국가 관문도시는 크게 두 가지 기능을 갖는다. 하나는 많은 일들이 최초라는 타이틀을 달고 시작한다는 것이고 다른 하나는 국제무역의 결과 지역 경제가 크게 활성화된다는 것이다. 근대 역사적 자원 예컨대 최초의 조폐공사, 기생을 교육시키던 권번, 최초의 극장, 최초의 요정 등의 역사적 사료가 인천 곳곳에 산재해 있다. 그리고 아펜젤러 목사가 만든 최초 교회인 인천 내리교회나 고딕식 건물 양식을 갖고 있는 답동 성당도 빼놓을 수 없는 역사적 자산이다. 이화여전의 한국인 최초 교장이었던 김활란 박사도 이곳 내리교회 출신이다. 이렇듯 외국의 문화가 인천에서 유입 숙성되어 서울로 그리고 전국으로 퍼져 나갈 수 있었던 것이다.

아마 인천 출신 연예인이 많았던 것은 이러한 이유였을 것이다. 최초 미학자 고유섭을 비롯 액션배우로서 유명한 장동휘나 최불암, 황신혜, 송창식 등이 있으며 지금도 많은 이들이 배우, 가수 그리고 개그맨 등의 연예인으로서 활동하고 있다.

인천이 과거 어촌마을에서 국가 산업의 제일 선봉 지역으로서 부상하게 된 것은 관문도시의 특권이었다. 수도권에 위치하고 있을 뿐 아니라 전후 북에서 온 피난민 그리고 지방에서 서울로 온 이주민들로 산업 인력이 풍부했고 배가 닿을 수 있어 수출 기지로는 적격이었다. 그래서 수출기업인 대성목재, 한국중공업, 한국 GM의 전신인 신진자동차 등 수출을 이끌었던 기업들이 인천에서 시작하였다. 대한 항공의 한진그룹이 초창기 인천에서 운수업으로 시작했다는 것은 상식이다. 현재까지도 남동공단을 비롯하여 현재 15 산업단지를 보유하여 명실공히 국가 산업의 모태가 되었고 또한 노동운동의 효시가 된 것도 바로 인천이다. 현재 바이오 산업 등과 같은 첨단 산업을 이끌고 있는 것이 결코 우연이 아닌 것이다.

그러나 무엇보다도 인천의 진정한 가치는 인천만이 갖는 유일한 미래 가능성일 것이다. 아름다운 풍광과 아시아 물류 중심의 지형 그리고 산업을 바탕으로 한 경제력이 그 가능성에 대한 요인들이다. 그것이 현실화되고 있는 증거가 이미 영종에 세 곳의 국제 복합 리조트가 건설되고 있고 송도에는 바이오 클러스터가 구축되고 있을 뿐 아니라 다양한 국제 기구들이 둥지를 틀고 있다는 사실이다. 이렇듯 이제 하나씩 디딤돌을 거쳐 과거로부터 진정한 미래도시로 나아가고 있는 것이다.

아름다운 바다의 풍광과 개항의 한국 역사를 품고 또한 국가 산업의 기틀을 만든 국가 관문인 미항 그것이 바로 인천의 모습이다. 누구든 지금 잠시라도 송도 해변에 서 보라. 그러면 인천의 가치를 그리고 미래를 눈으로 확인할 수 있을뿐더러 그 도시를 사랑하지 않을 수 없게 된다.

진주는 그 자체로는 아름다운 것이 아니다. 정성을 들여 더욱 돋보이도록 가꾸고 걸맞게 장식해야 진가가 나타나는 것이다. 보석과 같은 인천의 유산을 잘 가꾸고 발전시켜 아름다운 인천을 후대에게 남길 수 있도록 그래서 인천인으로서 자부심을 갖도록 모두 노력해야 할 것이다. 그것이 인천에서 살아가는 우리가 지역에 대한 빚을 갚는 유일한 방법이지 않나 싶다.

2022-08-30

행복에 대하여

동서고금을 막론하고 가장 많이 생각되고 회자된 말은 "행복"일 것이다. 인류사 시작부터 갖가지 노력에도 아직도 논쟁되는 것을 보면 여간 골치 아픈 주제임에는 틀림없다. 그러나 현자들이 언급했듯이 행복이 삶의 의미이며 궁극적인 목적이라면 이제까지 그래왔듯 그것을 어떻게 구해야 할지 아는 것이 우리에게 가장 중요한 일이다.

행복을 얻으려면 먼저 행복이 무엇인지를 알아야 하고 그리고 이를 구할 방법을 생각하는 것이 순서이다. 정의(定義)가 불확실하다면 그것을 얻을 방법이 막연해지기 때문이다. 그러나 문제는 행복에 대한 정의가 꽤나 모호하다는 데 있다.

행복이란 사전적 정의에 따르면 생활에 만족하여 즐겁고 흐뭇하게 느끼는 감정으로 되어있다. 이를 풀어쓰면 좋은 감정 즉 만족, 쾌감, 포만감, 성취감, 즐거움 등을 포괄한 것인데 이들 감정 역시 주관적일 뿐만 아니라 모호하긴 마찬가지이다.

이 행복관도 시대에 따라 그리고 환경에 따라 끊임없이 변화해 왔다. 수많은 이들이 행복에 대해 언급했지만 대표적인 몇 가지만 추려 보자. 먼저 고대 아리스토텔레스에 따르면 행복은 덕을 찾아내기 위해 지속적으로 수행하는 정신적인 활동이라 했고 동양의 공자는 예를 갖추고 수신(修身)을 하면 행복하다고 했다. 예수는 사랑을 그리고 에피쿠로스는 쾌락 자체를 행복이라고 했으며 근대에 들어 제러미 벤담과 그 제자인 스튜어트 밀은 자유가 곧 행복이라고 생각했다. 다시 말하면 행복에 대해서 아직까지도 잘 모른다는 것이다.

아마 그 이유는 행복이 극히 개인적이고 주관적이기 때문일 것이다. 로마 콜

로세움에서 사자밥이 되는 공포 속에서도 순교자는 곧 신을 만난다는 생각에 행복을 느꼈던 것이고 티베트 토굴 속에서 수십 년 구도 끝에 어렵사리 득도한 이도 행복을 느꼈던 것이다. 이렇듯 고통 속에서도 행복은 느낄 수 있는 것이어서 물질적으로 풍요하고 육체적으로 편하다고만 해서 행복한 것은 아니다.

그래서 개인의 행복은 개인의 고유한 특질과 함께 주위와의 관계에서 결정된다고 봐야 할 것이다. 개인의 특질이란 성격, 가치관, 믿고 있는 신앙과 같이 내재된 특성인 반면, 주위와의 관계는 공동체가 갖고 있는 규범이나 세계관 그리고 타인과의 비교 등과 같은 것을 의미하는데 이러한 요인들의 복합작용에 의해 개인의 행복은 결정된다. 다시 말하면 행복은 사람마다 다르기 때문에 명쾌한 답을 구하기 어렵다는 것이다. 그래서 현자들은 이 빈약한 행복 정의를 보완하려 여러 특징들을 부연하였다. 예컨대 행복에는 크고 작은 정도(程度)가 있다거나 순간적이다 혹은 고통 속에서도 느낄 수 있다고 사족을 달았던 것이다.

이토록 행복에 대한 정의를 내리기 어렵다면 차라리 아리스토텔레스가 했던 것처럼 행복을 구하는 행위와 결과를 함께 묶어서 생각해 볼 수가 있다. 예컨대 걱정 근심이 없는 상태인 소극적인 행복 그리고 욕망을 만들고 그것을 얻고자 하는 적극적인 행복으로 구분하여 볼 수 있는 것이다. 전자가 살아가는 데 기본적인 욕구를 채움으로써 얻을 수 있는 행복이라면 후자는 욕망을 정하고 이를 달성하는 노력 그리고 성취까지의 모든 과정에서 순간순간에 느껴질 수 있는 만족감이다.

특히 사람에게서 욕망이란 중요한 것이어서 채울 욕망이나 욕구가 없다면 행복 자체를 생각할 수 없게 된다. 욕망을 잃어버리면 희망 역시 잃기 때문이다. 그래서 독일 유대인 수용소에서 벌어진 것처럼 멀쩡한 사람에게서 강제로 욕망을 거세했을 때 절망에 빠져들었던 것은 당연하다.

그렇다면 행복을 얻을 수 있는 길은 명확하다. 전자 즉 소극적인 행복의 경우는 중국 공자가 그렇게 부러워했던 중국 주(周)나라 시대처럼 자의든 타의든 결과적으로 먹고사는 데 근심 걱정이 없다면 얻을 수가 있다. 기본적인 생존에 별문제가 없기 때문이다. 그러나 적극적인 행복 관점에서는 뭔가 소유하고 싶고 성취에 대한 욕망을 가져야 하고 그것을 얻고자 계획하고 노력하는 것 그리고 마지막에 그것을 얻었을 때에 궁극적인 행복을 얻을 수 있게 된다.

그러나 요즘과 같이 풍요로운 시대에서의 문제는 행복 자체를 어떻게 추구해야 할지 모를 뿐만 아니라 본인이 행복한 상태에 있음에도 이를 느끼지 못한다는 데 있다. 행복을 느낀다는 것은 본인이 먼저 의식하고 있어야 하는데 이러한 의식이 없다면 행복의 좋은 감정을 갖기 어렵다. 더욱이 불행의 느낌은 보다 강렬하여 쉽사리 행복의 감정을 지우게 된다. 이렇듯 행복을 갖고 있음에도 행복을 모르는 것은 차라리 불행한 것이다. 선진국 G7에 들어선 한국을 향해 헬 조선을 외치는 우리 젊은이들이 그런 모습이다.

사실 우리가 겪고 있는 각박한 자본주의 경쟁사회에서는 행복을 느낄 여유가 없어 보인다. 행복 경험이 없으니 행복이 와도 그것을 느끼지 못하는 것은 당연하고 남들에게도 행복을 줄 수가 없을뿐더러 가르칠 수도 없는 것이다. 현대의 사회는 물질적 풍요는 얻을 수 있어도 정작 필요한 행복은 잃어버린 사회이다.

그래서 국내외로 어려운 지금, 무엇보다 행복을 인식하고 이를 적극적으로 얻어내는 노력으로 행복사회를 회복하는 것이 필요한 우리의 덕목이지 않을까 싶다. 행복을 말하는 사회가 밝고 발전하는 사회이기 때문이다.

2022-09-15

정치 납량(納凉)특집, 그 발칙한 상상

지난 6월에 집권한 윤석열 정부의 허니문 기간이 벌써 끝나가고 있고 대선 상대였던 이재명 의원도 8월 말이면 민주당 당대표라는 수사대응 방탄조끼를 챙겨 입을 태세이다. 불과 삼 개월 만에 다시 대립구도로 돌아온 것이다. 윤석열 대통령의 지지도를 비롯 양 당의 지지도는 바닥권인 30%를 맴돌고 있고, 국내와 세계 경제는 이미 퍼펙트 스톰 경고음이 요란함에도 아랑곳하지 않고 양당에서는 공천에 앞서 각각 세력 만들기에 여념이 없는 듯하다. 이들이 앞으로 벌일 최악의 상황은 무더위를 떨칠 납량특집 감이다. 이들 권력 투쟁으로 내 재산은 물론 자칫 나라 자체가 괴멸될 수도 있기 때문이다.

민주주의는 글자 그대로 국민이 주인인 정치제도이다. 이 체제에서 국민은 생명과 자산의 보호를 위해 정부에 폭력을 위임한다. 그러나 국민은 안중에 없이 권력 암투에 몰두한다면 그것은 조선 말 당쟁과 다름이 아니다. 주지하다시피 조선은 망했고 그때 나라 잃은 백성만 더욱 도탄에 빠졌는데 작금의 정치 상황이 바로 그런 모습인 것이다.

지난 대선 이후 인수위원회는 이렇다 할 결과도 없이 권력의 징검다리 역할로 끝났고 정부 각 요직에는 검사들로 채워진 반면 핵심 경제 수장에는 과거 노무현 경제 관료를 그대로 가져다 썼다. 사실 이번 총리가 된 한덕수나 경제 고문 변양균은 노무현 때의 경제 핵심 관료였고 당시 부동산 폭등의 주범들이었다. 이런 몇몇 사실들만 봐도 윤석열 정부의 출발이 어째 불안스럽다. 그러나 불안하기는 민주당도 마찬가지이다. 당장 민주당이 앞으로 내디딜 몇 수를 상상해 보자.

언론은 이번 8월 25일 있을 민주당 당대표 선거는 어대명(어차피 대표는 이재명)이라고 한다. 거의 추대하다시피 당선되면 첫 과제는 지금 윤석열 대통령이 하듯 당 장악이다. 우선 당내 직제에서 이질 세력 즉 문재인 세력과 노무현 세력을 밀어낼 것이고 이어서 공천권을 이용하여 자기 세력으로 당의원들을 채울 것이다. 급한 대로 조여오는 자신에 대한 검찰 수사에 대해 당으로 겹겹이 방어벽을 치고 숨어서 지휘를 할 수가 있기 때문이다.

다음 수순은 당 주변세력 즉 민노총을 위시하여 각 좌익계열 사회 단체, 그리고 소위 반정부 언론인과의 네트워크를 만들어 현 정부에 대한 광범위한 대척 세력을 구축함과 동시에 취약한 윤정권을 허물기 위한 전략을 기획하는 것이다. 이 설계에 따라 초보 윤정권이 휘청거리는 것을 모든 촉수를 돋우고 지켜보다 확실한 한 방에 모든 화력을 집중할 것이다. 그에게는 앞으로 5년을 기다리기에는 너무 길 뿐만 아니라 그간 자칫 기소가 되어 형이 확정되면 정치 생명이 끝나기 때문에 혼신의 힘을 다해 자신의 대권 시나리오를 밀어붙일 수밖에 없다.

여기에 대해 윤정권의 대안은 두 형태 정도이다. 하나는 지금 하고 있는 바와 같이 좌우를 넘나들면서 적당한 포퓰리즘 경제 정책, 적당한 반 문재인 정책을 구사하는 일이다. 적을 안 만드니 지지율은 떨어지겠지만 그렇게 반대자도 없고 지지세력도 없게 된다. 그러나 이 전략은 자칫 박근혜처럼 어정쩡한 방어만 하다 역공으로 괴멸될 위험성이 있다. 그래서 수성보다는 차라리 공성쪽이 생리에 맞는다.

일단 정부 요직에 검사들로 채워 진영을 갖추게 되면 이재명 진영과 반발 세력에 힘을 통한 압박이 가능하다. 사실 지난 박근혜 진영의 절멸(絶滅)에서 보듯 반대세력의 제거는 검찰로서는 그리 어려운 일이 아니다. 더욱이 강력한 공안(公安) 정국은 우리는 코로나 공안 정국에서 이미 익숙하다. 다시 말해 적당한 명분만 만들면 국민들의 반발 역시 쉽게 잠재울 수 있다는 것이다. 그래서 전 정권 때처럼 검찰과 경찰 그리고 국회를 장악하기만 한다면 현 정권이 하기에 따라 어쩌면 더욱 강력한 독재가 가능한 것이다.

물론 여기에 대해 이재명 진영도 결코 당하고만 있지 않을 것이다. 언론을 통한 의혹제기, 법 입안, 기소 그리고 더욱 이슈를 크게 키워 대국민 재판이나 탄핵과 같은 대규모 집회를 열어 정부활동을 방해하고 피로감을 올림으로써 정부가 실수할 때를 기다리려 할 것이다.

이때가 되면 한국은 어찌 될까? 또다시 무장 데모대가 용산을 덮을 것이고 양 진영의 언론과 유튜브는 또다시 우리 혼을 뺏을 것이다. 말을 해야 할 지식인은 숨어 버리고 온갖 선동과 모략 그리고 가짜 뉴스가 박근혜 탄핵 때보다도 더욱 심하게 우리의 귀와 눈을 잡고 있을 것이다. 더욱이 위태한 경제마저 무너져 내리면 결국 나라는 파국으로 갈지도 모를 일이다.

두 집단의 사투, 정치가 아니라 자신들의 권력싸움과 다름아니다. 부패, 음모와 선동, 집회, 폭력이 난무하는 혼탁 속에 물론 국민은 없다. 그리고 그들은 이것도 나름 정치라고 한다. 실제 고대 로마와 조선이 망한 것은 외부의 침략 이전에 먼저 국가의 윤리 도덕이 무너졌고 분열되었기 때문이다. 문제는 그 권력 다툼의 손실이 그 탐욕 당사자가 아니라 고스란히 일반인들의 몫이었다는 것이다.

물론 이 시나리오는 절대 일어나서는 안 되는 허구(虛構)다. 누구는 이에 대해 코웃음을 칠 수도 있다. 그러나 예상치 못한 일이 역사를 만드는 것이다. 바로 박근혜 전 대통령의 탄핵과 옥살이가 그런 경우이다. 어느 누가 그것을 상상이나 했겠는가? 정말 소름이 돋는 일이다.

2022-08-18

페미니즘과 정치

　지난 대선에서 부각된 여러 이슈들 중의 하나는 당시 연이은 데이트 폭행 및 살인 사건에 대해 국힘당 이준석 대표의 발언으로 촉발된 페미니즘 논란이었다. 더욱이 윤석열 후보의 여성부 철폐 의견도 페미니스트를 자극하였고 이어 지난 6월 국회에서 국힘당 권성동 원내 대표의 발언이 이를 부추겼다. 당시 권 의원은 페미니즘 활동에 대한 지원이 어렵다고 했는데 이것이 페미니스트에게는 불편했던 것이다. 어쨌든 이 페미니즘이 우리 사회에 그렇게 민감하다면 우리는 어떤 시각으로 봐야 할지 다시 돌아볼 필요가 있다.

　사전적으로 보면 페미니즘은 성별로 인해 발생하는 정치 · 경제 · 사회 문화적 차별을 없애야 한다는 견해이다. 이러한 페미니즘은 사회의 변화와 함께 몇 단계로 진화되어 왔는데, 초기 페미니즘 운동인 여성 참정권의 역사는 그리 오래되지 않았다. 오늘날의 남녀 동등 선거권 같은 경우 민주화가 가장 앞선 영국과 미국도 세계대전이 끝난 1920년대에 들어와서야 인정되었다. 1950년대 킨제이 보고서가 나오면서 금기시되었던 성(性)에 대한 자각으로 페미니즘은 큰 전환점을 맞게 된다. 특히 피임기술이 발달되고 냉장고, 세탁기 등 각종 생활 이기(利器)들의 출현으로 육아와 가사(家事)에서 해방되면서 다양한 여성 권익운동들이 나타났던 것이다.

　그 이후 국내외 페미니즘은 다시 여러 그룹으로 나뉘게 된다. 한 그룹들은 여성들의 인권과 복지를 위해 일하는 조직이고 다른 한 그룹은 이 그룹들이 변질되어 표면적으로는 이를 가장하지만 실제는 여성을 볼모로 지원금을 목적으로 하거나 정치권과 결탁하여 세력화하는 그룹이다. 예컨대 이들은 일본군 위안부를 이용했던 윤미향 의원과 같이 여성 피해에 대한 사안에 대해서는 입을 한껏 열었던 것에 반해 문재인 정권의 중요 인사인 안희정, 오거돈, 박원순의 성추행 및 성희롱에 대해서는 한결같이 과묵했다.

다른 한 부류는 일부 극단론자들에 의한 남자 혐오 그룹으로 결혼을 멀리하고 비슷한 생각을 갖는 여성들과 남혐(男嫌)에 대한 공동세력을 만들기도 하는데 국내에서는 주로 인터넷 공간에서 활동하는 메르스 갤러리 그리고 메갈리아 등이 있다. 이들 페미니스트 그룹들이 주장하는 여성 문제는 정치권과 언론에는 오히려 좋은 먹잇감이 되곤 한다. 즉 상대방에 반 페미니스트의 프레임을 걸어 정치적으로 공격을 하는 것이다.

대선 당시 데이트 폭력과 살인이 바로 남성의 여성 혐오에서 비롯되었다고 페미니스트 단체들이 주장했던 것에 반해 이준석 대표는 이 사안이 페미니즘과는 다르다고 해서 이들과 민주당의 질타를 받았던 것이다. 여기서 언론은 더 나아가 20대 정당 지지세력을 젠더로 갈라서 민주당은 이대녀(20대의 여성) 그리고 국힘당은 이대남(20대의 남성)으로 보도하였다. 더욱이 지난 국힘당 권성동 원내 대표의 지원 중단 발언이 다시 그들의 원성을 샀던 것이다. 그러나 어느 중앙지의 주장대로 이러한 이대녀 그리고 이대남의 이슈는 오히려 정치권과 언론에서 부풀린 점도 없지 않다. 전문가들은 이 현상이 소위 5포시대와 인터넷 공간의 불통에 따른 결과라고 진단하고 있는 것이다.

다시 말하면 이러한 페미니즘의 이슈들이 사회적 현상의 결과물이지 페미니스트가 주장하는 남혐, 여혐의 문제가 아니라는 것이다. 그래서 문제의 해결은 감정이 아니라 사회적 논의를 통해 합리적으로 해야만 한다.

우리가 지향하고 있는 자유민주주의사회와 그 경제구조인 자본주의 사회에서는 공적 공간과 사적 공간으로 구성되어 있다. 전자인 공적 기관인 정부기관 등과 같은 공간에서는 같은 구성원인 여성의 의견도 들어야 하고 여성 권익도 챙겨야 하기 때문에 능력위주로 하되 여성에 대한 배려는 필요하다 할 수 있다. 그러나 사적 영역 즉 기업을 위시하여 이익을 우선으로 하는 조직에서는 성의 구별보다는 능력 위주가 무엇보다 중요한 것이다. 능력이 바로 생산성과 직결되는 것이고 이것이 기업의 생존에 직결되기 때문이다.

젠더 이슈 즉 페미니즘은 환경변화에 따른 사회의 적응 과정의 산물이다. 새로운 기술, 사회 구조 그리고 우리의 생각과 규범 등이 변화함으로써 여성에 대한 사회 필요성과 함께 부각되어온 결과물인 것이다. 그래서 이준석의 말대로 데이트 폭력 사건을 단지 그들이 말하는 여성혐오에 기인한 것이 아니라 하나의 사회 범죄 현상으로 보는 것이 마땅하다. 한둘의 데이트 폭력 사건을 두고 이를 남성 전체가 여혐인 것처럼 매도하는 것은 분명 잘못된 것이다. 더구나 정치권과 언론이 이를 갖고 국민을 갈라치기하는 것은 더욱 잘못된 것이다.

성에 대한 관습과 법률에서 흔히 보듯 그 경계가 불분명한 상태에서 자칫 우리도 모르는 사이 소위 페미니스트와 정치권력이 만들어내는 프레임에 희생이 되는 것이 아닌가 싶다. 어쩌면 우리는 성에 대해 너무 민감한 그래서 성마저 정쟁도구로 삼는 그러한 사회에 살고 있는 것이 아닌가 싶은 것이다.

2022-10-04

카카오 화재가 남긴 것

지난 카카오 화재가 불러온 사태는 세월호가 그랬듯 국가 재난 수준이었다. 문자가 일상이 된 국민 소통 수단의 불통은 차치한다 하더라도 카카오 서비스로 움직이는 배달, 택시 그리고 식당 등은 망연자실할 수밖에 없었던 것이다. 이미 상당한 정도 서비스는 복구되었으나 그간 불거졌던 몇 가지 석연찮은 의혹을 밝혀야 하고 또한 다시금 이런 일이 발생하지 않도록 준비할 필요가 있다. 또한 무섭게 질주하는 카카오를 국가적 이익 관점에서 돌아볼 필요 역시 있다.

기업은 상품과 서비스를 통하여 고객들로부터 수익을 얻는다. 카카오와 같은 IT 서비스 기업은 고객 정보와 서비스가 회사 자산이다. 그래서 이를 보호하고 유지하는 것에 최우선의 가치를 두어야 하는 것은 두말할 것 없는 것이다. 서비스가 독점이 되어 자칫 국가가 이들 기업에 의해 휘둘릴 수 있다면 정부는 독과점 금지법과 같이 필요한 규제를 만들곤 한다. 예를 보자.

미국은 1984년 통신시장을 독점하던 AT&T를 7곳의 지역으로 쪼개어 각기 독자적인 베이비 벨 통신 회사를 만들었다. 이들 간에는 서로 연동될 뿐만 아니라 유사시에는 서로의 자원을 활용할 수가 있도록 하였다. 물론 다양한 경쟁 구도를 만들어 Sprint와 같은 통신 기업들이 진입하면서 미국 통신시장은 급성장하게 된다. 이러한 예는 우리가 흔히 PC에서 쓰는 운영체제도 마찬가지이다. 대부분이 마이크로소프트의 윈도우 체제를 사용하고 있지만 법으로 이 회사로 하여금 다른 운영체제 예컨대 유닉스 운영체제 개발 회사에 투자하도록 하고 있다. 사실 서버 시장에는 유닉스 운영체제가 일반적이다.

카카오는 문자서비스를 플랫폼으로 하는 인터넷기업이다. 이 플랫폼을 기반으로 연 13개씩 자회사를 확장하여 현재는 약 5000만의 사용자 그리고 약 180 개의 기업으로 거대 군단이 되었다. 다시 말하면 우리 주변 생활과 관련한 금융, 배달, 예약, 캐릭터, 게임, 광고를 포함하여 상상할 수 있는 모든 서비스가 카카오 플랫폼 안에서 움직이고 있다는 것이다. 이같이 독점적 인터넷 정보 서비스 기업은 일반 첨단 IT기업과는 달리 지난 정권 때 뉴스를 의도적으로 가공했던 네이버처럼 정치권과 연계하여 국민 여론에 영향을 미칠 수 있다.

이렇기 때문에 이번 카카오 화재와 관련하여 의혹과 의문이 생길 수밖에 없는 것이다. 예컨대 대기업이 골목상권에 들어올 때 아우성치던 정치인들이 네이버와 카카오가 독식하고 있을 때는 조용했다는 것, 하필이면 대북 송금 코인 수사 바로 직전에 관련 기업인 카카오의 서버에 불이 났던 것, 기업 차원에서 보면 카카오가 서버 임대를 하고 있던(화재로부터 안전을 위해 운영되고 있는 데이터 센터인) SK C&C에 서버 전체가 전소될 정도로 화재대응 준비가 전혀 없었다는 것, 그리고 데이터가 생명인 카카오에 가장 중요한 자체 백업 시스템이 없다는 것이 바로 그것이다.

물론 의혹들이 밝혀져서 만약 방화가 범죄나 태만에 의했다면 반드시 죄를 물어야 하고 다시 재앙이 반복되지 않도록 대책이 필요하다. 그러나 더욱 중요한 것은 비대해질 대로 비대해진 카카오와 같은 기업을 어떻게 처리해야 할지 그리고 재난에 대해 어떻게 대비하도록 해야 할지를 미리 짚고 넘어갈 필요가 있다는 것이다.

당연히 카카오를 포함하여 IT 기업들은 정보시스템 재난 복구 계획의 일환으로 확실한 백업사이트를 준비하여야 함은 물론 데이터의 안전 및 보안에 대한 규정을 수립하고 유사시를 위한 훈련을 항시 해야만 한다. 더욱이 백업과 같이 기본시설은 반드시 법제화가 필요하다. 자사 백업시스템을 갖춘 네이버가 큰 화를 면했던 것과는 달리 그동안 카카오는 확장에만 몰두했지 정보기업의 기본에는 별 신경을 쓰지 않았던 것이 이번 화재 피해가 고스란히 고객 몫이 된 것이다.

  국가차원에서도 기업이 비대해 국가에 영향을 미친다고 판단되면 정부가 간섭하여 카카오를 주 서비스 즉 인터넷 문자서비스에 국한하게 하고 이를 기반으로 한 서비스들을 독립시켜 여러 기업들이 자유롭게 경쟁하도록 할 필요가 있다. 예컨대 핸드폰 제조기업이 앱 개발을 개발자에게 열어 놓는 방식이다. 아니면 아예 윈도우 운영체제처럼 핸드폰 운영체제 속에 인터넷 문자 서비스를 통합하여 출시해도 좋을 듯하다. 이런 차원에서 윤석열 대통령이 기업의 인터넷 서비스가 국가 운영에 문제가 될 정도로 영향력이 커진다면 응당 정부의 간섭이 필요하다고 발언한 것은 옳은 것이다.

  다시 말해 카카오같이 거대 인터넷 서비스 기업의 무지막지한 문어발 확장은 통제하여 인터넷 문자 서비스의 플랫폼에 국한하도록 해야 한다. 그리고 운영에 필요한 경비는 광고나 인터넷 문자 서비스를 활용하는 기업들이 적절한 수준에서 부담하게 하면 될 일이다.

  그러나 문제는 이미 많은 국민들이 카카오 서비스에 익숙해져서 당장 다른 대안을 구하기가 쉽지 않다는 데 있다. 더욱이 세월호처럼 기업의 탐욕의 병폐가 고쳐지지 않는 한 언제 어떻게 같은 사태가 발생할지 아무도 모른다는 것이다. 모든 것이 정보화되어 있는 지금 데이터 센터에 천재지변이나 테러 공격을 생각하면 정말 아찔하다.

2022-11-07

이태원 참사가 남긴 숙제

이번 이태원 핼러윈 축제에서 156명 젊은이 사망은 세월호 사건 이후 가장 큰 비극적인 사고로 기록되었다. 그러나 추모의 시간도 없이 정치권과 언론에서는 세월호 참사처럼 사고를 정쟁의 블랙홀로 끌고 가고 있을 뿐 아니라 좌우 성향의 유튜버들도 여기에 동조해서 갈수록 추모는 간곳없이 각 매체들은 진흙탕이 되고 있다. 그래서 더 이상의 슬픔과 정쟁보다는 각자의 입장을 돌아보고 우리 사회가 갖는 숙제가 무엇인지 아는 것이 더욱 중요한 일일 것이다.

이태원 참사 후 정국의 흐름은 여야의 책임론 공방으로 이어진다. 먼저 야권은 이재명 민주당 당대표 수사를 덮기 위한 맞불로서 대통령 사과와 함께 참사 특검 요구에 대한 국민서명 운동에 전력을 기울이고 있다. 아마 이러한 선동과 획책은 그가 구속되어 영향력이 없어질 때까지 극에 달할 듯하다. 마지 못해 정부가 잘못을 인정하게 되면 곧 정권 탄핵 운동으로 이어질 공산이 크다.

한편 세월호 트라우마에 갇혀 있던 우파 정부는 여론을 의식해서인지 재빨리 애도기간 선포와 재난위로금을 지급하고 "정부의 무한책임"을 내세워 관련 경찰 책임자 색출에 공을 들이고 있다. 검찰 출신 정부로서는 여론을 잠재우기 위해 어차피 희생양이 필요하고 더욱이 검수완박에 따른 앙금을 덧대어 상대방 경찰에게 마음껏 쏟고 있는 것이다. 그래서 결국 정부나 야당이나 경찰 때리기에는 성수가 났다. 문제는 세월호 참사에서 보듯 시스템이 그대로 있는 한 몇 책임자만 처벌한다고 해결되는 것은 아닐 것이다.

분명한 것은 윤석열 정부가 이 사태가 자칫 세월호처럼 조직적인 좌익 선동에 의해 정권 탄핵으로 불이 확산되지 않게 조심할수록 야당과 좌익 매체의 선동과 가짜 뉴스는 점차 도를 넘는다는 것이다. 더욱이 당대표에 대한 수사가 더욱 조여질수록 민주당을 포함한 이재명 정치공동체의 반발 움직임은 극에 달할 것이 명확하다. 야권의 권력 구심점인 그가 쓰러지면 겨우 완성했던 좌익의 전체 권력구조가 무너지기 때문이다. 다시 말하면 참사에 대한 수사가 끝나 곧 처벌대상자가 나오겠지만 그렇다고 올 연말 정국이 결코 평탄하지 않다는 것이다.

그러나 더욱 큰 문제는 이런 식으로 책임자가 처벌되면 앞으로의 모든 길거리 문화 행사나 축제는 크게 줄어들 수밖에 없다. 공무원들 입장에서 보면 만에 하나라도 책임질 일은 피하는 것이 상책인 것이다. 각 행사에 수많은 행정절차와 지켜야 할 안전사항이 첨부되어야 할 것이고 우발적이라도 사람들이 모이게 되면 어김없이 경찰 병력이 먼저 동원될 것이다. 즉 앞으로 우리가 생각하는 축제는 없다는 것이다. 사실 이번 참사로 인하여 이미 계획된 각종 길거리 집회나 축제가 줄줄이 취소가 되고 있다고 한다.

축제는 원래 특별한 의미가 있는 시간을 기념하는 의식을 말하지만 최근에는 지역 기반 문화 산업으로 인식되어 경제적 가치, 놀이 문화의 관점에서 주목받고 있다. 축제는 긴장의 이완, 해방감 그리고 군중 일체감이 내재되어 있고 술과 음악 그리고 심하면 마약까지 동반하게 되어 범죄나 성폭력의 가능성이 크다. 그러나 사회의 갈등구조 해결이나 일체감을 조성하는 데는 큰 역할을 하고 있을 뿐 아니라 지역 재정에 보탬이 되는 관광 산업의 중요한 자원이 되고 있는 것도 사실이다.

이렇듯 축제는 중요한 무형적 자원이다. 국내에서도 풍요를 기원하는 정월 대보름 마을 간 축제나 양반계급과의 갈등을 회화화(戱畵化)한 마당극 등이 있으며 최근에는 지역마다 지역 특성화 축제를 관광상품으로 개발하고 있는 추세이다. 주지하다시피 스페인의 토마토 축제와 소몰이 축제 그리고 브라질의 카니발 등은 세계적으로 유명한 축제로서 전 세계의 많은 관광객을 끌어모은다. 물론 이들 축제에서도 인명 사고가 나지만 그 사고 때문에 축제를 멈추지는 않는다.

한편 우리 문화와는 이질적인 핼러윈 축제가 과연 우리 고유의 것인가 하는 반문에 대해서도 대답은 간단하다. 넓게 보면 서로의 문화가 섞여 세계문화가 형성되듯이 사실 우리 고유의 것이란 존재하지 않는다. 그래서 오히려 전통은 우리가 만드는 것이어서 소화하여 우리의 것으로 만들면 되는 것이다. 우리가 축제처럼 즐기는 크리스마스나 석가탄신일도 마찬가지이다. 여타 축제와 같이 핼러윈이라는 가공된 의미를 통해서 세계 젊은이들이 같이 즐기고 교류하고 새로운 문화를 만들어 가면 될 일이다. 소위 외국인이 즐기고 있는 K-pop도 그랬고 한국 영화가 그랬던 것처럼 이를테면 "K-핼러윈 이태원"이라고 이름하여 세계적 축제로 만들면 되는 것이다.

이제는 미래의 핼러윈 축제를 생각할 시간이다. 이번 이태원 참사를 이용한 정쟁이나 끝없는 슬픔에 매몰되어 있거나 그래서 몇 안 되던 젊은이들의 축제를 없애는 것이 해답은 아닐 것이다. 그보다는 안전장치를 보강해서 우리 젊은이들이 마음껏 즐길 수 있는 축제 그리고 외국의 관광객들도 함께 즐길 수 있는 세계적인 축제로 발전할 수 있도록 만들어 가는 것이 어쩌면 이번 참사자들에 대한 우리가 할 수 있는 예우가 아닌가 싶다.

2022-11-17

정치를 읽는 또 다른 눈

정치판은 국가의 안정과 성장을 위해 존재하는 곳이지만 한편 권력 투쟁의 현장이기도 하다. 권력을 가진 쪽은 지키기 위해서 그 반대쪽은 권력을 쟁취하기 위한 처절한 전투 현장이다. 대선 이후 요즘 국내 정치에서 돌아가는 면면들을 보면 이러한 사실이 더욱 와닿는다. 그러나 요즘 유난히 동시다발적으로 벌어지고 있는 여야의 정치 투쟁적 사안들은 제각각인 듯하지만 한발 물러서서 보면 한 가지 사안에 연계되어 있음을 알 수가 있다.

주지하다시피 그 중심은 민주당의 이재명 지키기를 넘어 대통령 만들기일 것이다. 대선 이후 이재명 본인은 이미 불거졌던 부패 사안에 대해 검찰 수사를 피할 수 없다고 직감했고 그래서 살기 위해서는 거대 야당에 올라타는 것이 유일한 길이었다. 일단 당을 손아귀에 쥐면 국회의원 목줄인 공천권을 흔들 수가 있을 뿐만 아니라 이들을 이용해 검찰 수사 뒤에 숨을 수 있기 때문이다. 그리고 그의 가장 큰 무기는 대장동 및 정치 비리로 비축된 엄청난 현금이었을 것이다. 그 무기가 법원의 결정도 흔들 정도로 강력했기에 이번엔 단번에 국회의원 배지와 당대표를 거머쥔 것이다. 참으로 영화에나 나올 법한 일이다. 이제 정치적 힘과 천문학적 현금을 갖게 된 것이다.

이제 이재명에게 대안은 친위세력을 동원하여 세월호 참사처럼 국민 선동으로 윤석열 정부를 뒤엎어서 대권을 노려보거나 이것이 여의치 않으면 차선책으로 수없이 흠집을 내어 정부를 무력화시킨 다음 자신에 대한 검찰 수사에 대해 흥정을 하거나 가능하면 철회시키는 것이다. 최근 측근들이 줄줄이 구속되는 등 검찰수사가 속도를 낼수록 이재명 역시 나름 속도를 낼 수밖에 없었다. 마침 국감과 이태원 참사의 기회가 왔고 이를 위해 몇몇의 광대에게 역할이 주어진 것이다.

국감장에서 한 김의겸 의원의 청담동 술집 녹취 발언은 차라리 정치 코미디이다. 국가 최고 통수권자에 관한 치명적인 거짓말 녹음 파일을 기자 출신인 그가 국감장에서 확인도 안 하고 전 국민에게 틀어댄 것은 자질론을 떠나 그가 우리나라 국회의원이라는 사실에 자괴감마저 든다. 어쩌면 그의 정치생명에 치명적일 수도 있는데 아무런 증거도 없이 무명인의 불법 녹취를 사용한 일은 아무리 생각해도 어설프기 짝이 없다.

더욱이 "더탐사"의 행동도 이해가 되지 않는다. 한동훈 장관에 대한 스토킹이나 거의 연출에 가까운 제보 등을 거침없이 하는 것을 보면 이 조직은 언론사보다는 돈을 받고 하는 흥신소에 가깝다. 더욱이 국무위원을 미행, 녹취하고 주거에 침입하는 불법행태를 자행하고도 오히려 그들이 보인 당당한 모습은 법치국가에서는 상상 못 할 일이다.

그래서 차라리 누군가의 지령에 의해서 했다고 하는 편이 오히려 그럴듯하다. 다시 말하면 김의겸 의원이나 더 탐사는 누군가의 목적에 맞추어 정부를 흠집을 내어 이재명의 검찰 수사로부터 국민의 시선을 돌리려 연출을 하고 있다고밖에 볼 수 없는 것이다. 어쨌든 이번 일로 김의겸 의원과 더탐사 조직은 가짜뉴스를 악용하여 국가의 엄청난 피해를 준 댓가로 큰돈 들이지 않고 그 나름 목적을 달성했고 또한 이름까지 알렸다.

이처럼 이재명을 지키기 위한 소위 가미카제 팀은 김의겸 의원 외에도 초선의원들인 고민정 의원이나 김남국 의원들을 포함한다. 이들은 당내에 이렇다할 정치적 기반이 없기에 이재명이 설령 범법자라 하더라도 그를 구하기 위한 광대 역할도 마다하지 않아야 당에서 인정도 받고 여론에 이름을 알릴 수가 있을 뿐 아니라 공천도 기대할 수가 있는 것이다.

이태원 참사도 그들에게는 절호의 기회이다. 세월호 참사에 트라우마가 있던 정부는 질겁을 하고 발 빠른 대응을 했지만 야당은 특검과 함께 대통령 사과 및 행안부 장관의 경질을 요구하는 등 정치공세화 하려 안간힘을 쓰고 있다. 이러한 요구가 관철되면 아마 다음 수순은 정권 탄핵의 수순이 이어질 공산이 크다. 그러나 누구나 공감하고 있듯이 이 참사도 세월호처럼 대형사고이지만 안전장치의 보완보다는 정치적으로만 이용하니 여전히 안전 사고가 끊이질 않는 것이다.

그렇다면 근래의 모든 정치적 해프닝은 이재명 진영에서 설계되고 하명되어 꼭두각시들이 현 정부를 마구 쑤셔 피로감을 올리는 것으로 봐야 할 것이다. 이제 이재명 측근들이 줄줄이 기소되어 검찰의 마지막 칼끝이 그를 노리고 있는 한, 이재명 진영은 어떤 꼬투리라도 잡아 현 정권을 압박할 것이다. 다시 말하면 올해 말부터 국내 정국은 야당이 노동계 파업 선동은 물론 그야말로 가짜뉴스와 말도 안 되는 정치 사안을 들고나와 언론과 유튜브를 장악할 것이고 이에 편승한 시위대는 전국 거리를 덮을 것이 분명하다. 우리 모두가 걱정하듯 그 한 사람 때문에 박근혜 정권 탄핵 때와 같이 또다시 정치와 사회는 진흙탕의 깊은 늪 속에 빠질 가능성이 높다.

그러나 그 사회는 우리가 만들었고 그 피해는 결국 우리 국민이 고스란히 안고 있는 것이다.

어른의 실종 그리고 집단지성

최근 들어 국내 정치는 막장드라마로 치닫고 있고 우리 서민과 밀접한 경제는 그야말로 폭풍 직전이다. 이처럼 나라가 혼란할수록 그리고 가는 길이 안 보일수록 절실한 것은 길을 밝혀줄 어른의 존재일 것이다. 그러나 그러한 어른들이 언젠가부터 우리 주위에서 보이지 않는다. 우리가 사회 어른이라고 여기던 김동길 교수, 김수환 추기경 그리고 함석헌 선생들의 비보만 있을 뿐 어른이라고 부를 수 있는 인물이 보이지 않는 것이다. 그렇다면 그들이 왜 우리 사회에서 사라졌는지 또 그들을 불러낼 길은 무엇인지 생각해 볼 필요가 있다.

어른이란 공동체에 닥친 문제에 그들이 갖는 권위와 지식으로 답을 주기도 하고 또한 공동체를 위해 노블레스 오블리주를 실현하는 계층이다. 예전에는 이러한 계층을 성직자와 권력층이 담당했던 반면 근대 이후로는 주로 지식인 계급이 담당하였다. 물론 가정이나 부락같이 규모가 작은 공동체에는 주로 경험과 연륜 많은 연령층이 어른 역할을 하여 왔다.

근대의 급속한 사회 변화 중의 하나는 이러한 어른의 존재를 무색하게 만들었다는 것이다. 예컨대 과학의 발전은 성직자를 무력화시켰고 개인의 평등을 강조했던 민주적 사회의 도래는 귀족계급을 유명무실하게 만들었고 최근 정보기술 발전에 따른 지식의 일반화로 인해 지식 엘리트층이 퇴색되었다.

특히 근대에서는 개인의 가치를 부각시킨 여러 철학자의 노력으로 개인들은 자유와 각기 개성에 눈뜨기 시작했는데 이로써 평등의 기치를 갖는 민주주의가 정착되는 계기가 된다. 개성이 각기 다른 개인들이 나름 가치를 추구하게 되면서 사회는 다양한 가치를 가질 수밖에 없게 되었고 이러한 다원화 사회에서는 어른이 힘을 잃어버리게 되는 것이다.

그러나 최근 이러한 현상을 더욱 가세한 원인으로는 바로 눈부신 정보기술의 발전에서 찾아야 할 것이다. 인터넷기술은 언제 어디서나 대답을 쉽게 얻을 수 있어서 요즘은 초등학생들까지도 네이버 같은 인터넷 포털사이트나 유튜브에 해답을 구하는 세상이다. 이것에서 더 나아가서 소위 "집단 지성"이라고 불리는 인터넷 기술을 쓰게 되면 많은 대중들에게 동시에 의견을 물을 수 있고 최근에는 대중보다는 직접 기계에 답을 구하는 "인공지능"의 기술까지 개발되었다. 인공지능은 말 그대로 기계 스스로 방대한 양의 과거 사례를 종합하여 분석한 후 상황에 적합한 답을 제공하는 첨단 기술이다. 이렇듯 우리 일상을 비롯한 모든 문제에 대해 기계에 답을 구하는 것은 어른의 역할을 기계로 대체하는 일과 다름아니다.

그러나 어른이 없는 사회는 사회를 지탱하고 있는 중심축이 없이 힘의 논리가 지배하기 마련이다. 야만의 시대처럼 옳고 그름이 누가 권력을 가졌느냐에 따라 결정되는 사회로 귀결되는 것이다. 더욱이 지금처럼 정치권력에 따라 경제나 사회정의가 좌지우지되는 사회에서 그리고 금전이 최고의 가치를 갖는 자본주의 사회에서는 어른의 권위가 예전으로 회복될 가능성이 쉽지 않아 보인다.

사회 정의가 정치 논리에 의해 결정된다면 그 사회는 결코 회복될 수 없는 패망의 길로 빠져들게 마련이다. 로마의 멸망도 그리고 비잔틴의 멸망 그리고 가까이 조선도 세도가들의 정치 권력이 국가보다는 개인의 사익을 더욱 중시했기에 결국은 이들 간의 들끓던 내분으로 지리멸렬했다. 즉 국론분열의 경종을 울리고 국가를 올바른 길로 이끌어 갈 어른다운 어른들이 없기에 국가는 힘을 점차 잃을 수밖에 없었던 것이다.

그래서 어떤 사회 공동체라도 사회의 올바른 길을 일러줄 어른의 존재가 필요한 법이다. 사실 사회문제라는 것이 민주주의처럼 투표로 결정되는 것도 있고 대의민주주의처럼 대표자를 뽑아 이들에 의한 정치도 할 수 있지만 이들이 나은 결정을 할 수 있도록 하는 것은 이들 소수의 값진 의견이 중요한 역할을 한다. 거기에는 오랜 경험과 학식으로 비롯된 경륜 즉 어른만이 갖고 있는 혜안, 경험, 지혜, 전통, 가치관, 세계관 등이 녹아 있기 때문이다. 물론 만능의 기계조차도 결코 할 수 없는 일이다.

이처럼 사회가 어른을 필요로 하다면 어른은 그의 역할을 해야 하고 사회는 그들을 인정하는 풍토가 마련되어야 할 것이다. 예컨대 어른들은 소위 노블레스 오블리주의 역할을 솔선수범을 해야 함은 물론 사익보다는 공익을 위해서 사회 정의에 대해 목소리를 내야만 한다. 정부가 잘못하고 있다면 정부 정책에 대해 그리고 사회가 잘못 가고 있다면 사회에 대해 과감히 말을 할 수 있는 용기가 있어야 하고 또한 필요하다면 대의를 위해 나설 줄도 알아야 한다. 그래서 어른은 공동체에 대한 자기 희생과 용기의 대가로 존경과 위엄을 얻을 수가 있는 것이다.

공동체가 그리고 나라가 혼란하고 사회정의가 불명료하다면 어른의 존재는 더욱 절실하다. 헝클어진 내부 갈등이 이들에 의해 쉽게 해결될 수만 있다면 국가 혹은 그 공동체는 소모전을 피하고 발전에 매진할 수가 있다. 특히 경제적으로 정치적으로 춥게만 느껴지는 작금에 더욱 그런 어른의 존재가 절실해지는 것은 나뿐만이 아닐 것이다.

2022-12-26

2022년, 갈등과 분열의 해

한 해를 평가하는 방법 중의 하나는 가장 크게 사회에 충격을 준 사건이나 혹은 작은 일이지만 반복해서 일어났는지를 살펴보고 공통점을 찾아 그해를 규정하는 것이다. 지난해가 코로나 창궐로 인해 "공포"의 해였다면 다사다난 했던 2022년을 관통하는 용어로는 "갈등과 분열"이라는 말을 어렵지 않게 기억해 낼 수 있다.

세계적 갈등의 원인은 러시아와의 우크라이나 전쟁과 중국과 미국 간의 패권게임에서 찾을 수 있다. 우크라이나 전쟁이 표면적으로는 양국 즉 러시아와 우크라이나와의 전쟁인 것 같지만 실제로는 미국을 위시한 유럽 NATO국과 러시아를 주축으로 한 위성국가 간의 전쟁이다. 서방은 전쟁물자를 우크라이나에 무한정 지원하고 있고 러시아 역시 부족한 전쟁 물자를 친러시아 국가로부터 공급받고 있기 때문이다.

주지하다시피 러시아는 천연 가스의 에너지 수출국이고 우크라이나는 세계의 곡창이라고 할 정도로 곡물 수출국이다. 전쟁으로 에너지와 곡물의 수출이 막히니 세계는 에너지 고갈과 식량부족에 직격탄을 맞게 된 것이다.

패권국 미국에 대한 중국의 도전은 또 다른 갈등을 유발하였다. 이 갈등으로 미국은 중국을 견제하기 위해 일본, 인도, 호주를 포함한 태평양 안보 동맹 즉 쿼드를 구축하기에 이르렀다. 그리고 미국 내에서 중국제품의 퇴출은 물론 수입 금지와 중국 내 미국 기업의 철수 등을 시행하고 동맹국도 따를 것을 종용했다. 이러한 일련의 조치로 중국은 세계 제조공장의 초고속 성장을 멈추고 공산진영에 고립되고 만 것이다. 결과적으로 세계는 미국을 중심으로 한 동맹 체제와 러시아와 중국을 중심으로 한 국가 집단 즉 극단의 두 체제로 재편하게 되었다.

　이러한 세계적 분열은 우리에게도 정치적 그리고 경제적으로 큰 충격이었다. 우리의 주요 수출 대상국이 중국인 반면 국방은 미국에 의존하고 있어 양 진영으로부터 어쩔 수 없이 한쪽 선택을 강요를 받았던 한 해였다. 또한 미국의 경제적 불황이 급기야 국내 경기의 침체로 이어짐에 따라 높은 물가와 불황이 복합된 소위 스태그플레이션이 이미 시작되었다고 전문가들은 말한다.

　더욱이 국내의 정치적 갈등은 더욱 우리를 힘들게 하였다. 연초부터 달궈진 대선의 열기가 대선이 끝난 뒤에도 검찰 수사를 피하기 위해 이재명 후보가 민주당대표로 나서면서 이재명 진영과 윤석열 대통령 진영으로 나뉘어 정치적 공방을 이어 갔다. 분명 이재명은 선거 중 불거졌던 대장동 부패사건으로 수사를 받는 것이지만 그의 진영은 이를 정치탄압으로 규정하고 대야의 국회를 이용하여 공세를 펼치고 있다. 이 와중에 언론과 국민들 역시 철저히 분열되어 서로를 향해 삿대질하고 있는 형국이다.

　이러한 정치적 갈등은 사회적 갈등으로 파급되어 올해 내내 점철되었다. 예컨대, 친미와 친북, 친미와 친중, 친일과 반일, 가진 자와 없는 자, 급기야 이대남과 이대녀 등 정치적 이슈에 따라 편을 나누고 또 나누었던 것이다. 그래서 결과적으로 두 진영의 정파적 갈등으로 국민들은 그들의 필요에 따라 여러 방식으로 쪼개지고 분열되었다.

　"머니"의 저자 제프리 잉햄은 현대사회에서는 정치적 논리가 경제적 논리를 우선한다고 말한다. 즉 정치적 결정이 경제구조나 사회구조 자체를 바꿀 수 있다는 것이다. 올해 이루어졌던 문재인 정권에 대한 윤석열 정권의 교체는 이념적 전환의 정치적 의미를 넘어 우리와 밀접한 경제와 생각까지도 바꿀 수 있다는 의미이다.

　그래서 분열된 사회를 하나로 하기 위해서는 무엇보다도 윤석열 대통령의 정치력 즉 강력한 리더십이 필요하다. 그러한 리더십을 갖기 위해서는 본인부터 국가 발전에 대한 명확한 국가 비전이 전제되어야 할 것이다. 이 비전을 갖고 있어야 상대를 설득할 수 있고 또한 국민들을 하나로 모을 수가 있기 때문이다. 예컨대 미국의 링컨이 그랬고 영국의 처칠이 그랬고 또한 독일의 히틀러도 그랬던 것처럼, 국민을 설득하고 하나로 만들어 그들의 에너지를 국가 발전으로 활용해야 국가가 발전하는 것이다.

갈등으로 인한 분열의 끝은 전쟁으로 이어지기 마련이다. 조선 말이 그랬듯 정치 진영의 극단적 대립은 국민을 갈기 찢어 자칫 패망의 구렁텅이로 몰고 갈 수도 있다. 생각만 해도 아찔한 일이다. 이렇듯 2022년은 국내외적으로 절망적이었던 코로나로부터 탈출이라는 희망이 있던 한 해였으나 또한 정치, 사회적으로 갈등과 분열로 점철된 한 해이기도 했다.

2022-12-07

2023년

2.4 미국 국방부 사우스캐롤라이나 해안에서 중국 정찰 풍선 격추

2.27 이재명 체포동의안 부결

3.12 한국타이어 대전 공장 화재

3.15 ChatGPT 4.0 출시

3.20 전철 등 교통수단 내 실내마스크 해제

3.21 애플 페이 출시

3.26 전 세계 코로나 확진자 67,868만 명, 사망자 682만 명

2023년에 거는 희망

매년 새해가 되면 누구나 한 해에 대한 희망을 갖곤 한다. 지난해의 어려웠던 점을 상기하고 새로운 기회를 이용하여 이를 극복하고자 다짐하는 것이다. 그러나 유난히 올해는 전문가의 전망이나 쏟아지는 뉴스 어디에도 실낱 같은 희망조차 보이지 않는다. 그렇다고 막연히 기대만 할 수는 없는 노릇이어서 지난 일을 되짚어 보고 어렴풋하게라도 우리 갈 길을 정하는 것이 옳은 일일 것이다. 항시 이럴 때는 주변부터 살펴보는 것이 순서이다.

지난해를 결정짓는 화두가 갈등과 분열이었다면 올해의 희망의 언어는 응당 화합과 번영이어야 할 것이다. 그러한 희망과는 달리 혼란의 원천인 우크라이나 전쟁이나 미중 갈등의 끝이 보이지 않는다. 우크라이나 전쟁의 핵심인 NATO 가입 문제는 서방이나 러시아 양쪽에서 양보할 수 없는 문제이고 중국 역시 시진핑의 장기 집권을 위해서는 미국과 상충되는 패권국 야심을 버릴 수가 없기 때문이다. 바꾸어 말하면 기적이 나타나지 않는 한 해결이 어렵다는 것이다.

이러한 국제적 갈등은 국내외 경제 전반에 미치는 영향이 클 수밖에 없다. 전문가들은 국제전쟁과 대립으로 인한 공급망 붕괴와 과하게 풀려버린 유동성으로 극심한 불경기를 예고하고 있다. 물론 국내의 살인적인 물가와 이자율 그리고 이와 더불어 부동산 붕괴, 증권시장 붕괴 등은 이미 심각한 사회 문제로 대두되고 있다. 그러나 더욱 희망을 암울하게 만드는 것은 정치권이다.

이재명 민주당대표에 대한 부패비리 수사가 마무리되기까지 길게는 내년 4월 총선까지 정국이 어지러울 수밖에 없을 듯하다. 대장동 게이트나 여타 의혹들이 밝혀지게 되어 사법절차가 끝날 때까지 이제까지 그래왔듯 이재명을 지키기 위한 가짜뉴스와 정치적 선동 그리고 도처에서 과격한 시위를 각오할 수밖에 없기 때문이다.

우리 사회의 또 다른 위협으로 두 가지 이슈 즉 이념적인 갈등과 북한 핵의 위협을 들 수 있다. 그동안 좌우의 이념적 갈등이 친북과 친중, 반미, 반일 그리고 민주화와 같은 세력과 섞이면서 분별력이 모호해진 경향이 있다. 이러한 개념의 혼돈 속에 각 세력들은 이념을 빙자한 권력 단체화 되었고 또한 이들이 부추긴 국민분열은 이미 극단으로 치닫고 있는 것이다. 여기에 설상가상으로 종교가 되다시피 한 국민의 정치 성향과 더해져 이들을 봉합하여 하나로 만들기는 결코 쉬운 일이 아니다.

그러나 북한의 핵은 더욱 심각하다. 북한 핵무기는 우리에게도 공포 그 자체이지만 또한 직접적으로 미국을 압박할 수가 있어서 남한을 도발해도 미국이 자국의 안전 때문에 어쩌지 못할 수 있다. 만약 이렇게 된다면 핵이 없는 우리로서는 북한의 모든 도발을 그대로 받아낼 수밖에 없고 결국 북한에 대한 부담은 더욱 커질 수밖에 없는 것이다. 주지하다시피 북한은 핵개발 단계를 떠나 이미 ICBM 등으로 무장하고 있다.

이렇듯 국내외의 정치, 경제, 사회 등 모든 분야에서 2023년은 어느 하나 희망을 갖기가 쉽지 않다. 그래도 억지로라도 꼽으라면 코로나가 다소 진정되었다는 점, 그리고 k-culture라는 이름으로 예술 스포츠 분야에서 이름을 알리기 시작했고 동구권에 무기가 수출되기 시작했다는 정도일 것이다. 그러나 무엇보다도 천만다행인 것은 지난 7개월간 윤석열 정부가 지난 정권이 뿌린 오물을 점차 걷어내고 자유민주주의의 태를 덧씌우기 시작했다는 사실이다. 분명 이는 희망의 징후이다.

나라가 어지럽고 국민이 힘들고 지칠 때는 희망을 줄 수 있는 것은 기적이 아니라 결국 리더이다. 2023년의 화두 즉 화합과 번영을 위해서는 국민적 화합이 우선되어야 하고 유일하게 이를 가능하게 하는 것은 리더의 힘이다. 예컨대 독일침공의 절망 속에서 영국민에게 용기를 준 처칠 수상, 남북전쟁의 갈등을 봉합한 미국의 링컨 대통령, 인종차별의 갈등을 극복한 루터 킹 목사는 갈라진 국가를 하나로 만든 리더였다. 이렇듯 국민을 하나로 만들 수 있는 것은 리더의 명확한 국가 비전 그리고 그의 설득력 있는 말과 행동일 것이다.

그래서 우리는 할 수 있는 것이다. 리더와 국민들이 하나로 뭉칠 수만 있다면 요즘 러시아에 선전하는 젤렌스키의 우크라이나처럼 어떤 어려움도 극복해 낼 수 있다. 어느 나라도 못한 60년이라는 그 짧은 시간에 전쟁 폐허에서 G20의 선진국 대열이라는 기적을 만들어 낸 우리 아닌가.

계묘년 올해의 동물인 토끼는 민첩하고 주의력이 강한 동물이다. 그것은 강국에 둘러싸여 있는 우리에게 생존과 번영을 위해 반드시 필요한 능력이다. 물론 이 능력을 제대로 발휘하려면 먼저 우리부터 바뀌어야만 할 것이다. 지금처럼 국민 분열이라는 갈기 찢어진 몸으로 무엇을 할 수 있겠는가. 그래서 기적처럼 일궈낸 풍요를 다음 세대에게 물려주기 위해서라도 우리는 먼저 하나가 되기를 희망하는 것이다.

2023-01-06

부상하는 새로운 권력, 네이버

최근 중앙지에는 국내 인터넷 포탈인 네이버에 대한 성토성 광고가 연이어 실렸는가 하면 지난 12일에는 "독과점 플랫폼 혁신"이라는 주제로 몇몇 정치인들과 함께 같은 취지의 토론회가 열렸다. 사실 이들의 주장이 일반인들로서는 낯선 사안이지만 조금 관심을 갖고 들여다보면 사회적으로나 정치적으로 섬찟한 일이 아닐 수 없다. 그래서 이들 이슈가 무엇이고 그것이 우리에게 미치는 영향에 대해 살펴보는 것이 필요하다.

주지하고 있다시피 네이버는 인터넷 검색서비스를 제공하는 국내 독점적 플랫폼 기업이다. 세계적 플랫폼 기업의 예로 포털 서비스로는 구글이 있고 쇼핑몰로는 아마존, SNS 영역에서는 페이스북과 트위터, 영상 서비스로는 넷플릭스 등을 꼽을 수 있다. 이들의 특징은 철저히 전문 영역별로 나뉘어 세계를 대상으로 최고의 서비스를 한다는 것이다. 그러나 국내에서는 반대로 네이버가 독점적 위치를 이용하여 모든 영역에 진출하려 하는 데 문제가 있다.

네이버의 사업영역은 포털 서비스를 기반으로 크게 세 분야 즉 쇼핑, 정보 그리고 뉴스 서비스로 구분할 수 있다. 쇼핑부분에서는 네이버 쇼핑몰이 국내 굴지의 전문 기업인 쿠팡을 따라잡고 있고 연말에 출시하는 "1시간 장보기" 서비스는 가뜩이나 어려운 골목상권을 초토화시킬 것이라고 전문가들은 말한다. 이외에도 부동산 정보와 금융 정보 그리고 지도 서비스 등을 제공하여 부동산 상가와 같은 중소상권을 빠르게 흡수 대체하고 있다. 그러나 무엇보다도 논란이 많은 것은 매년 선거 때마다 이슈가 된 뉴스 포털 서비스일 것이다.

뉴스 포털이란 네이버 화면에 각 언론사의 뉴스를 끌고 와서 게시하는 것을 말한다. 뉴스를 가져오는 방식에 따라 "인링크(inlink)"와 "아웃링크(outlink)"

로 나뉘는데 "인링크"란 외부의 뉴스를 가져와서 네이버 화면에 게재하는 것이고 "아웃링크"란 언론사 기사로 링크만 걸어놓는 것이다. 그러나 이 두 가지 방식 모두 네이버의 의도에 따라 선별적 게시가 가능하고 또한 화면상에 게시 위치도 임의로 정할 수 있다. 특히 전자의 경우에는 기사내용에 대한 가공과 편집이 가능해서 네이버의 의도를 반영할 수 있는 것이다. 이뿐만이 아니다. 마음만 먹는다면 기사 밑에 붙는 독자의 댓글도 얼마든지 조작이 가능하다. 예컨대 댓글의 편집이나 누락 그리고 불허 등이 그것이다.

이를 회피하고자 아웃링크 방식을 강요할 수는 있지만 이 방식 역시 한계가 있다. 예컨대 "인앱 브라우저(inappbrowser)"라는 기술을 쓰게 되면 외부 링크를 타고 나가도 항상 네이버의 사이트에 갇혀 있는 형태가 되기 때문이다. 카카오에서 링크가 걸려 있는 외부 동영상에 대한 시청이 끝나도 아직 톡 공간에 있는 것과 같은 원리이다. 다시 말해 어떤 방식을 택해도 네이버에서 벗어나기 어렵고 사용자 의도와는 달리 네이버의 의도대로 따를 수밖에 없게 된다.

당연히 이러한 왜곡을 자사의 이익을 위해서 의도적으로 자행하거나 혹은 한쪽 정치 진영과 야합을 하는 경우에는 국민이 입는 피해는 매우 심각할 수밖에 없다. 지난 대선에 불거졌던 댓글 자동 생성 기계인 킹크랩을 사용하여 여론을 조작한 네이버 댓글 조작사건이나 네이버의 뉴스 편집사건이 일으킨 사회적 물의를 생각하면 섬찟하다. 특히 이번에 불거진 네이버 제2 본사 건립 건과 성남시 FC 후원에 대한 대가성 논란 이슈는 네이버의 정치권력과의 유착 관계를 어렴풋하게 엿볼 수 있는 대목이다.

물론 법이 철저한 외국의 경우에도 예외는 있다. 예컨대 최근 테슬라의 사장 일론 머스크가 트위터를 산 뒤 자사들에 부정적인 인물들의 트윗을 고의로 막거나 지연시켰다는 사실을 폭로했다. 또한 트위터를 가장 많이 쓰고 있는 트럼프 전 대통령의 계정을 상당 기간 막은 것도 당시 큰 사회적인 이슈가 된 적이 있다. 그러나 법을 최고의 준칙으로 알고 있는 그러한 사회에서는 조작이나 독자 게재물에 대한 개입 행위에 대한 처벌 수준이 여기와는 달리 엄격하다.

이렇듯 독과점적 플랫폼을 통해 쇼핑몰과 같은 실물시장은 물론 정보와 뉴스를 독점한다면 그것은 바로 보이지 않는 폭력으로 무장한 권력이다. 이는 결코 바람직한 일이 아니다. 이를 막는 방법에는 많은 연구가 필요하나 당장 급하게는 외국처럼 이들 플랫폼 기업들이 고유 영역을 벗어나지 못하게 하는 것을 입법화하는 것이고 또한 이들의 행동을 항상 감시할 수 있는 전문 기관을 설립하는 것이다.

정보화 사회에 있어 독과점적 플랫폼 기업의 영향은 기존의 독점기업과는 차원이 다르다. 이들 기업이 단지 이익추구에만 매몰된 것이 아니라 우리 생활 주변은 물론 눈과 귀를 장악하여 우리의 생각과 행동까지 바꾸기 때문이다. 이렇듯 이 새로운 권력에 의해 우리의 모든 것이 좌우된다면 결국 우리는 그들의 노예와 다름 아니다. 이러한 미래가 공상 과학에만 등장하는 것이 아니라 바로 지금 내 주위에서 진행된다고 생각하면 소름이 끼칠 수밖에 없다.

2023-01-13

인터넷 제국, 구글

약 10년 전 구글을 소개한 동영상의 마지막 장면에 "구글 국가(google government)"라는 비전 제시를 담았다. 당시 구글은 세계적인 인터넷 검색기업으로서 엄청난 성장을 하던 차였다. 이를 보고 숨이 멎는 듯싶었다. 구글이 국가를 넘어 어쩌면 구글 제국으로 넘어갈 수도 있다는 생각에서였다.

제국이란 다른 민족을 통치, 통제하는 정치체계이다. 고대 로마제국과 신성로마제국 그리고 몽골제국에 이어 최근에서는 조금 의미는 다르지만 패권국 미국을 제국으로 지칭하기도 한다. 인터넷 세상의 한 특징으로는 사업과 서비스가 공간과 시간을 초월해서 이루어지기 때문에 사실 국가 개념도 모호하다는 점이다. 그래서 만약 이들이 국가를 초월해서 우리의 모든 생활과 생각을 통제하여 자기들 뜻대로 세상을 움직여 간다면 어떤 의미에서는 이를 제국이라 부를 수 있을 것이다.

17세기 초에 프랜시스 베이컨이 "아는 것이 힘이다."라는 유명한 말을 남겼다. 이는 기업차원에서 보면 "지식은 곧 자산이다"라는 뜻으로 지식이 기업 경쟁력에 중요하다는 것이다. 이 명제에 준해서 구글은 세상의 지식을 모으기 시작했는데, 당시는 text 즉 글이 바로 정보였으므로 전 세계 도서관에 스캐너를 갖다 놓고 모든 서가를 컴퓨터에 쓸어 담았다. 그들의 꿈은 전 세계의 지식을 소유하는 것이어서 어떤 자료라도 언제 어디서나 검색하고 찾아볼 수 있게 만드는 것이다. 그래서 의문이 있다면 도서관보다는 먼저 구글을 찾게 하고 싶었던 것이다.

그러다가 카메라가 달린 핸드폰 기술이 발전하고 일반화되자 이미지와 동영상이 대세임을 간파하고 구글은 동영상 사이트인 유튜브를 사들였다. 요즘은 사용자들이 들고 있는 핸드폰으로 손쉽게 찍은 사진과 동영상을 편집해서 유튜브에 올리는 것이 가능하다. 그래서 구글(유튜브)은 동영상을 직접 만들 필요가 없이 사용자들이 올린 정보를 관리하기만 하면 된 셈이다. 다만 인센티브로 게시물 조회수에 따라 소정의 예우만을 하면 그뿐이다. 그러나 만약 구글이 옳지 않은 어떤 의도를 갖고 있다면 매우 심각한 결과를 초래할 수 있다.

일반적으로 정보가 모이면 소위 지식이라고 부르는데 이 지식은 결국 그 시대를 정의하는 생각과 행동 그리고 세계관까지도 결정하게 된다. 이 지식을 관리 통제하는 것, 즉 사용자의 질문에 지식 포털이 자기 의도대로 선별하고 가공하여 전달한다면 그리고 그것을 사용자가 아무런 저항 없이 받아들인다면 결국 알지도 못한 채 포털이 우리 생각과 생활을 지배하게 된다. 즉 지식 습득 통로가 지식 포털이 유일하다면 이에 길든 우리는 그것이 선하고 옳다고 생각할 수밖에 없는 것이다. 그래서 만약 그 포털이 자신의 이익을 위해서 혹은 특정 정치 권력을 위해서 정보를 가공한다면 우리가 상상할 수 없는 최악의 상태가 됨은 물론이다.

우리라고 상황이 크게 다르지 않다. 거대 독과점적 플랫폼인 네이버 역시 정보와 뉴스 포털까지 독식하고 있다. 네이버의 정보 왜곡에 대한 사례는 이미 지난 대선 기간 뉴스 포털 서비스를 하면서 뉴스의 선별적 게시와 댓글 조작에 대한 방관으로 물의를 일으킨 바가 있었고 최근에는 제2 본사 건립과 성남 FC 후원과 관련하여 정치권과 대가성 유착 혐의가 있는 상태이다. 다시 말하면 이 같은 정보 포털 기업은 필요하면 자기들 유리한 쪽으로 여론을 만들고 호도할 수가 있다는 것이고, 결국 우리는 네이버의 손아귀를 벗어나기 어렵다는 것이다.

이렇듯 지식을 독점하는 기업은 그 공동체의 생각과 행동 나아가서 세계관까지도 통제할 가능성이 크다. 이런 이유에서 구글은 자기 미래 비전을 "구글 국가"라고 설정했을뿐더러 이러한 지식 포털이 있는 한 대안이 없는 우리로서는 앞으로 그들의 힘에 예속될 가능성이 큰 것이다. 이들이 소유한 지식이 곧 힘이고 우리는 그것에 의존해야 하기 때문이다.

이에 대응할 방안으로는 먼저 깊은 연구를 통한 법률 제정과 기구가 필요하다. 사실 법이 엄격한 외국과는 달리 국내의 경우에는 이를 제재할 마땅한 대안이 없다. 독점금지법이 있으나 이는 실물 산업인 제조나 통신산업에 적용되고 있지 아직 인터넷 산업에는 미흡하다. 그래서 이제까지는 벤처나 첨단 정보 산업의 이름으로 보호와 지원을 했다면 이제는 통제 불가능한 정도까지 커지는 것을 방임할 수는 없는 노릇이어서 이미 일부 정치인과 언론인들은 매체를 통해 성토를 하고 있다. 그래서 빠른 시일 내에 법제화는 물론 관련 전문 기관을 통해 지속적으로 이들을 감시해야 할 필요가 있다는 것이다.

미래 학자 유발 하라리는 "호모데우스"에서 미래는 인간시대를 넘어 인류와 기계가 공존하는 시대가 도래할 것이라고 예견하고 있다. 그러나 그 이전에 이들 거대 지식 포털기업들이 제국처럼 우리를 지배하는 시대가 올지도 모른다. 어쩌면 공상과학 영화에 나올 법한 이야기이지만 구글이나 네이버의 두려운 미래 가능성을 가늠해 볼 수 있듯이 이를 마냥 소설 속의 이야기로 치부할 수만은 없는 것이다.

2023-01-20

이승만 전 대통령을 다시 돌아보다

역사에 대한 서술이나 인물에 대한 평가는 서술가의 관점에 따라 그리고 시대의 상황에 따라 달리 기술되기 마련이다. 동서고금을 막론하고 충신이었으나 때가 바뀌어 역적으로 몰리는 사례는 수없이 많으나 유독 직접 우리 피부에 와닿은 인물은 초대 대통령인 이승만일 것이다. 특히 그에 대한 평가가 중요한 것은 우리 시대를 여는 초대 통수권자였기에 자칫 잘못된 평가가 그 이후의 인물 평가에 영향을 줄 뿐만 아니라 우리를 포함한 후대의 역사 인식에도 큰 영향을 미칠 수 있기 때문이다.

일반적으로 인물 평가에는 기준을 세워 객관적으로 과오를 나누고 평가해야 한다. 만약 어떤 목적에 따라 필요한 사안만을 취하거나 혹은 자신의 해석이 과하다면 그것은 올바른 인물 평가라 할 수 없다. 어떤 목적도 그리고 주관적 가치 판단도 배제해야 하는 것이다. 그래야 어떤 점을 배워야 하고 어떤 점이 한계인지 알 수가 있을 뿐 아니라 이를 통해 인간적 이해 역시 가능한 것이다. 그렇지 않다면 한낱 신화(神話)에 지나지 않는다.

이승만에 대해 제기된 부정적인 평가를 시기 순으로 나열하면 하와이에서의 독립자금 횡령, 건국 후 친일 세력 수용, 김구 암살 의혹, 한국전쟁 시 한강다리 폭파, 그리고 마지막으로 3.15 부정선거 정도이다. 이 중 독립자금 횡령과 김구 암살 의혹은 아직 이렇다 할 증거가 없고 확실하지도 않다. 한강다리 폭파는 전격전으로 질주하는 북한군을 멈추기 위해서는 어느 정도 피난민 희생을 감수하고 다리를 끊을 수밖에 없었을 것이다. 물론 국가 통수권자가 포로가 되기 전에 자리를 피해야 하는 것은 기본적인 상식이다. 또한 3.15 부정선거는 본인 선거가 아닌 당시 부통령 부정선거에 희생이 되었다고 보는 것이 정확할 뿐 아니라 85세의 고령이었던 그는 책임자로서 대통령직에서 물러났다. 이처럼 과오라고 하던 일도 돌아보면 크게 지탄을 받을 정도는 아니다.

반면 이승만이 높은 평가를 받아야 하는 이유는 적지 않다. 무엇보다도 미국 유학파 지식인으로서 미국의 정치무대에서 독립운동을 한 유일한 인물이라는 점이다. 이런 까닭에 폭력위주 독립운동 방식의 상해임시정부 일원들에게 별로 환영을 못 받았던 것도 사실이다. 그후 해방과 함께 시작된 미군정에서 남로당의 대통령 투표 방해 공작인 4.3사건과 여순 반란사건을 극복하고 초대 대통령에 올라 건국을 하게 된다.

한국전쟁이 발발하자 그가 갖고 있던 인적 네트워크를 이용하여 UN 참전 및 한미 동맹을 이끌어낸 것은 그의 결정적인 공일 것이다. 이뿐만이 아니라 38선 이북으로의 한국군 단독 북진 감행 그리고 거제도 반공포로 석방 등도 그의 국가관과 통일관을 엿볼 수 있는 부분이다. 다시 말하면 그는 유일하게 외교를 이해한 인물로서 반공을 기치로 건국을 이끌고 나라를 지켰던 것이다.

사실 그에 대한 평가 왜곡은 상해 임시정부 시절부터 시작된다. 미국에서 수학한 그로서는 폭력조직화 되어있는 상해임시정부를 장악하기란 쉽지 않은 일이었다. 우선 독립 운동의 방식 자체가 틀리기 때문이다. 그 이후 김구와 정치 라이벌로서 대통령 투표를 놓고 김구의 찬탁통치와 이승만의 반탁통치로 나뉘게 되면서 극에 달한다. 당시 국가 수립이 되어야 국제법상 북한 침략으로 인정이 되어 UN의 보호를 받을 수 있었다. 이러한 이유로 이승만과 김구는 반탁 즉 투표를 통한 건국을 주장했지만 김구는 북한의 회유로 찬탁으로 갑자기 돌아서게 된다.

이후 5.16 군사정변에 성공한 박정희로서는 혁명의 정당성을 얻기 위해서는 전 정권 즉 이승만을 지우고 대척점에 섰던 김구를 내세울 수밖에 없었다. 더욱이 정치적 반대세력 즉 좌익들과 그동안 소외되었던 여타 세력들로부터 심하게 평가 절하됨은 당연한 수순이었다. 그것이 이후 정권에서 회복되지 못하고 문민정권을 거쳐 현재에 이르고 있다. 그래서 이승만에 대한 부정적 평가가 사실로서 교과서에 실리고 결국 우리 머릿속 깊이 뿌리를 내리게 된 것이다.

그러나 최근 다행스럽게도 이승만에 대한 재조명 노력이 차츰 나타나고 있다. 이승만 공적에 대한 책이 서점에 등장하고 있고 그동안 분칠(粉漆)되었던 고종과 민비 그리고 대원군에 대한 평가작업도 다시 시작되고 있다는 사실은 올바른 역사서술을 위해 매우 고무적인 일이다.

국부(國父)는 존경과 예우를 받아야 한다. 예컨대 미국의 토마스 제퍼슨, 베트남의 호찌민, 유고 연방의 티토, 튀르키에의 케말파샤, 싱가포르의 리콴유 수상 등 국민들로부터 존경을 받은 국부는 무수하게 많을뿐더러 이는 이념이 다른 공산주의라고 해서 다르지 않다. 그것은 그들이 추구했던 건국 이념과 열정, 용기와 그리고 올바른 판단을 기리기 위함이다. 그래서 우리도 이런저런 이유로 내동댕이쳐졌던 그의 명예를 다시 되살려 이제는 회복해야만 한다.

이제 우리도 선진국 대열에 진입할 만큼 성숙된 역사관을 가질 때이다. 객관적 역사 서술 및 인물평가가 되어야 올바로 역사를 인식할 수가 있고 또한 역사로부터 배울 수 있다. 그리고 그러한 올바른 역사 서술은 바로 인물의 올바른 기술에서부터 비롯되는 것이다.

2023-02-03

ChatGPT를 아시나요?

요즘은 언론 미디어나 간단한 대화에도 마이크로소프트사의 ChatGPT (Generative Pretrained Transformer)가 일색이다. 불과 얼마 전에 구글의 알파고가 이세돌을 이겨서 난리가 나자 이것이 블록체인 열풍으로 이어지더니 올해는 이 신기한 AI기술이 차지한 것이다. 어찌나 광풍인지 마이크로소프트의 주가가 크게 오른 반면 경쟁기업인 구글은 거의 10% 이상 떨어져 버렸다. 그렇다면 이 기술을 어떻게 봐야 할까?

ChatGPT는 간단히 말해 지능형 검색엔진으로서 인간의 뇌세포를 본 따 만든 AI엔진(Transformer)에 언어모델인 GPT 3.5를 붙인 것이다. 검색할 때처럼 컴퓨터 화면에 질문을 넣으면 이것이 AI 엔진을 통해 답을 구한 후 우리에게 친숙한 형태로 전달하게 되어 있다. 단순히 자료를 찾아 주던 기존 검색엔진과는 달리 검색된 여러 자료들을 구성하여 하나의 글 형태로 보여준다. 이를 위해서는 인터넷에 있는 온갖 정보를 시스템에 담고 있어야 하는데 이것이 소위 거대 AI 시스템이 필요한 이유이다. 사실 검색시장의 최강자인 구글의 지능형 검색기술 바드(Bard) 역시 마찬가지 구조를 갖고 있다.

성공의 관건은 추출된 답에 대한 정확성을 어떻게 확보하냐는 것이고 또한 어떻게 우리에게 익숙한 형태로 보여주냐는 것이다. 정확성도 정확성이지만 후자 즉 사람이 원하는 다양한 형태로 기술한다는 것은 정말 획기적인 일이 아닐 수 없다. 예컨대 3.1 운동에 대한 자료를 뽑아 달라고 하는 것과 3.1 운동에 대한 에세이나 논문 아니면 시 형태로 만들어 달라고 하는 것은 전혀 다른 이야기이다. 영화 속에서나 가능했던 이런 일들이 이제 가능하게 된 것이다.

그러나 ChatGPT 서비스나 구글의 비슷한 서비스인 바드 역시 상품화하기에는 아직 이른 듯하다. 뚜렷한 목표를 갖고 있던 알파고와는 달리 대화형 AI의 경우에는 추출된 답에 대한 판단이 어렵기 때문이다. 다시 말하면 ChatGPT는 나름 갖고 있는 지능을 통하여 답을 하는데 이것이 블랙박스와 같아서 답이 어떻게 추출되는지 아무도 모를 뿐 아니라 추출된 답에 대해 검증도 쉽지 않다. 일반적으로 실생활이나 비즈니스에 활용하기 위해서는 추출된 답이 일정 조건을 충족하여야 한다. 그중 기본적인 몇 가지만 들어 보자.

첫째는 정확성으로 그 답이 사실과 다르지 않아야 한다는 것이다. 이 기술들은 기억된 데이터를 바탕으로 답을 추출할 뿐이다. 따라서 그 답의 정확성을 확인하는 검증시스템이 필요하고 다시 이를 검증해야 하는 시스템이 또한 필요하다. 이처럼 꼬리에 꼬리를 무는, 수 없는 검증 절차가 필요한 것이다.

다른 특성은 주어진 답에 대한 신뢰성으로 시스템은 항상 일관된 답을 해야 한다. 만약 같은 질문에 다른 답을 주면 신뢰성을 잃게 되고 일단 신뢰를 잃게 되면 시스템은 의미를 잃게 된다. 그리고 윤리성은 그 답이 윤리적으로 맞는가 하는 점이다. 그 시스템이 이질적인 데이터로 훈련되었다면 당연히 기계로부터 얻은 답은 우리 사회와는 부합되지 않을 것이고 이는 자칫 잘못된 결정에 이를 수 있다.

예로 든 조건들이 언뜻 보기에도 상식적인 것이지만 사실 이를 충족할 수 있는 경우는 그리 많아 보이지 않는다. 이렇듯 이들 시스템들은 주어진 데이터 내에서 답을 추출하는 것이어서 그 데이터가 갖고 있는 한계가 바로 답의 한계와 직결될 뿐만 아니라 추출된 답 역시 검증 과정 역시 필요하다. 그래서 적용 방면에 지식이 있어서 이 시스템을 보조적으로 활용할 수 있는 사람에게 의미가 있지 않나 싶다. 그러나 더욱 심각한 것은 야기될 수 있는 여러 사회 문제이다.

한 예로 이 기술이 일반화되고 의존이 높아진다면 우리의 사고(思考) 능력 역시 현저히 떨어질 수 있다는 사실이다. 자동차나 컴퓨터같이 기계는 새롭게 출현할 때마다 사람의 기능을 점차 대신하여 왔다. 이것이 사람의 마지막 보루인 사고의 능력까지 올라온 것이다. 예컨대 글쓰기에는 논리적 사고를 전제로 하는데 답 자체를 기계가 대신한다면 내 몸이 편할지는 몰라도 그것이 본인의 아이디어도 아닐뿐더러 사고력도 퇴화할 것은 자명하다. 더구나 초중고 학생처럼 아직 사고력이 부족한 세대가 이 같은 AI 시스템에 길든다면 우리 미래는 암울해지기 마련이다.

어쨌든 이들 지능형 검색기술은 무섭게 빠른 속도로 진화 중이고 분명 생산성에 큰 도움을 줄 것도 명확하다. 그러나 조만간 모든 미디어에 글이나, 그림, 음악 할 것 없이 이들 시스템이 만들어낸 것으로 도배가 될 것이고 지금도 이미 그런 징후가 많다. 그래서 어쩌면 머지않은 미래에 그들 스스로 계속 자가 발전하여 인류가 만들어낸 창조물을 덮어 버릴 가능성도 없지 않은 것이다.

이들 첨단 시스템이 여타 도구와 마찬가지로 하기에 따라 인류에게 도움이 될 수 있는 이기(利器)가 될 수 있지만 자칫 사람을 잡아먹는 괴물로 변할 가능성도 또한 충분하다. 만약 그 도구를 이윤을 추구하는 일개 거대 기업이 갖고 있다면 더욱 그러할 것이다. 만약 신(神)과 다름없을 그 기업이 우리 사고나 판단을 지배하게 된다면 그런 세상을 생각만 해도 끔찍하다.

이처럼 도구를 목적에 맞게 활용해야만 하는 우리가 자칫 도구에 종속된다면 인류의 미래는 정말 악몽으로 치닫게 되는 것이다. 지금부터라도 그 마술램프와 같이 신기한 기술에 환호만 할 것이 아니라 인류 차원에서 그 개발 방향과 필요한 규제를 곱씹어 봐야 한다.

2023-02-24

부당(不當)한 권위에 어떻게 저항해야 하는가

최근 한 사이비 종교집단 교주의 성추문 폭로뉴스가 모든 언론 매체에 도배가 되고 있다. 예전 1987년 32명을 집단 자살로 몰고 간 오대양 사건도 그랬지만 이들 사이비 종교 집단에서 공통적으로 납득이 안 가는 점은 교주의 지시가 잘못된 것을 알고도 어떻게 사람들이 그렇게 복종했냐는 것이다. 그러나 사실 알고 보면 부당한 권위에 대한 복종 현상은 크게는 정부조직에서부터 기업, 크고 작은 사회모임 그리고 작게는 가정에 이르기까지 모든 조직에서 알게 모르게 일어나고 있다. 지시를 받고 한 폐기물 방류도 그렇고 서류 불법조작도 그러한 일이다. 그렇다면 왜 사람들은 부당한 지시에 복종을 하는 것일까.

권위는 어떤 개인이나 조직이 사회에서 인정하고 영향력을 행사할 수 있는 능력이다. 일반적으로 권위는 사회 구조에서 예컨대 계급사회나 신분사회 혹은 기업과 같은 사회 조직에서 볼 수 있는 것처럼 자연스레 만들어지지만 때로는 인위적으로 만들어지기도 한다. 예컨대 신격화, 우상화하는 작업이 그렇고 이를 위해 선동, 세뇌, 교육 혹은 무자비한 폭력을 통해 권위를 만들어내는 것이다. 그래서 이들 집단에 항상 폭력, 격리, 집단최면 같은 용어들이 따라붙는다. 이 같은 권위 형성은 북한에서 볼 수 있듯이 정치영역이라고 해서 다르지 않다. 사실 정치에서는 폭력을 의미하는 권력과 혼동 없이 쓰이곤 한다. 하지만 이렇듯 권위자의 부당한 지시에 대한 사람들의 반응은 흥미롭다.

1961년 미국 스탠리 밀그램 교수의 복종실험은 제2차 세계대전 당시 나치 독일에서 평범한 일반 사람이 잔인한 유대인 학살 명령에 어떻게 아무런 거리낌이 없이 복종했는지에 대한 의문에서 시작하였다. 대표적인 인물이 포로 수용소장 하인리히 슐리만으로 그는 수많은 유대인을 학살한 장본인이었다. 실험의 결과를 요약하면 지시자가 권위적으로 보일 경우 예컨대 실험실 가운을 입고 있거나 정규 유니폼을 입고 있다면 대부분 지시가 부당하더라도 복종을 하지만 지시자가 자신과 별반 차이를 느끼지 못한다면 실험자는 그 부당한 지시에 거부하게 된다는 것이다. 이 실험이 의미하는 바는 피실험자 즉 일반인이 지식으로 무장하여 판단력을 갖게 된다면 권위자의 부당한 지시에 저항하게 된다는 사실이다.

부당한 지시는 대부분 도덕적인 문제가 있는 일로서 개인의 탐욕을 위한 일이거나 남에게 피해를 주는 일이다. 이러한 지시를 받게 되면 판단하여 불응할 수도 있지만 권위자의 지시라면 대부분 복종하게 되는데, 이때의 복종심리는 권위자에게 책임을 전가(轉嫁)함으로써 자신은 자유롭다고 생각하게 된다는 것이다. 법정에 선 하인리히는 자기는 상부에서 시켜서 했을 뿐이고 무죄라고 주장했지만 결국 그는 학살에 대한 책임으로 사형당한다.

사이비 종교 집단에서는 교주 신격화가 만들어낸 강력한 권위로 인해 사람들은 성폭행 같은 불이익에도 복종했던 것이고 오히려 이를 당연하게 여겼던 것이다. 더욱이 피해자는 저항이나 좌절보다는 이러한 피해를 남에게도 강요함으로써 오히려 혼자가 아니라는 심리적 안정감을 가질 수 있었다. 그러나 만약 그 신도가 사전에 교주가 자신과 같은 한 인간이라는 사실을 알았다면 분명 교주의 부당한 권위를 거부했을 것이다.

그래서 부당한 권위에 저항하기 위해서는 먼저 그 지시를 판단할 수 있는 지력(智力)이 있어야 하고 또한 이러한 지식을 공유하는 토론의 공간이 필요하다. 물론 부당하다고 판단이 되면 당연히 거부할 수 있는 용기가 또한 있어야 할 것이다.

지력과 판단력을 기르는 가장 좋은 방법으로는 당연히 책 읽기이다. 다방면의 독서로 얻게 되는 폭 넓은 사고와 지식으로 편협(偏狹)된 사고에서 벗어날 수가 있을 뿐만 아니라 양심과 같은 도덕적 사고를 형성할 수가 있다. 이러한 지식의 도움으로 권위자 지시에 대한 결과를 명확히 인지할 수가 있게 되는 것이다. 사실 문해력이 점차 떨어지고 있는 현실에서 책을 통해 지력을 기른다는 것은 더욱 절실한 일이 아닐 수 없다.

이와 함께 생각의 소통 역시 중요하다. 자기 생각을 상호 교환할 수 있는 토론의 열린 공간은 문제에 대해 생각을 유연하게 할 수 있을 뿐 아니라 판단력을 높일 수 있고 또한 공동대처를 할 수 있기 때문이다. 필요하다면 이러한 공간에서 정신적 혹은 물리적 도움 역시 얻을 수가 있다.

그러나 이렇게 결과에 대해 인지하고 있다고 부당한 권위를 거부할 수 있는 것은 아니다. 더욱 중요한 것은 앞의 예에서 보듯 행위 결과에 대해 책임을 권위자에게 전가하는 것이 아니라 직접 져야 한다는 사실을 인지해야 하는 것이다. 사실 하인리히가 학살에 대한 책임을 본인이 진다고 했다면 그렇게 하지 못했을 것이고 사이비 종교에서도 자신이 피해자가 된다고 자각했다면 당연히 거부했을 것이다. 물론 사이비 종교와 유대인 학살의 경우가 정확히 일치하는 예가 아니라 할지라도 부당한 권위에 복종하는 이유를 설명하기에는 충분하다.

이렇듯 우리는 부당한 권위에 단연코 저항해야 한다. 그러한 복종이 일상이 된다면 도처에 위법과 탈법 그리고 부패가 만연하게 될 것이고 이를 당연하게 여기는, 견디기 힘든 세상이 될 것이다. 이러한 세상은 결코 바람직한 세상이 아니다.

2023-03-29

왜 우리는 혁명가가 없는가

　우리는 많은 운동가를 보유하고 있지만 정작 혁명가로 불리는 사람은 보이지 않는다. 역사를 봐도 몇 번의 혁명적 시도는 있었으나 성공까지는 이르지 못했는데, 한 가지 이유로 쉽게 조선 500년간 우리 정신세계를 옥죄었던 주자학을 떠올릴 수 있을 것이다. 그러나 역사가 혁명가에 의해 발전되어 왔다면 우리는 왜 그 긴 기간 혁명가의 부재에 대해 다시 생각해 볼 필요가 있다.

　제프 구드윈 교수는 혁명(Revolution)은 "대중의 폭력으로 권력을 몰아내고 정치 경제 등 제 방면에 발전을 이룩하는 것"이라고 말한다. 여기에 따르면 프랑스 혁명을 이끌었던 로베스피에르나 러시아의 10월 혁명을 성공시킨 레닌과 같이 혁명가는 기존의 사회 구조를 짧은 시간에 바꾸려는 사람일 것이다. 이들의 특징은 이론 실천가로서 무엇보다도 새로운 사상과 이론에 투철하다는 것이다. 카를 마르크스의 공산이론에 대한 실천적 모델을 제공한 것은 제정 러시아에서는 레닌과 트로츠키였고, 독일에서는 베른슈타인과 로자 룩셈부르크였는데 이들 모두는 혁명가이기 앞서 학자였다.

　이들 혁명가가 나타나고 성공하기 위해서는 먼저 혁명을 받아 줄 사회 환경이 있어야 하고 이를 촉발하는 사건 또한 있어야 한다. 당시 독일과 소련에는 지식인층이 꽤나 두터웠고 주말마다 모여 서양의 새로운 사조에 대해 토론하는 것이 일상이었다. 이들 지식층에게는 주기적 경제 공황의 한계를 갖고 있는 자본주의보다는 공산주의가 대안으로 떠올랐고 이를 위해 당시 로마노프 왕정은 제거되어야 할 대상이었다. 다시 말하면 중간과정인 서방의 자본주의를 생략하고 공산주의로 곧바로 가자는 것이다. 그들 중에 한 그룹인 레닌이 볼셰비키 당을 세워 10월 시민 봉기를 이용하여 공산혁명을 성공시켰던 것이다.

그러나 혁명은 우리와는 먼 듯하다. 굳이 예를 들자면 조선 초기 조광조가 귀족정치에 반하여 사대부 중심의 정치 개혁을 위한 난과 조선 말 일본에서 유학한 김옥균이 입헌군주제를 하기 위해 시도한 갑신정변 정도가 해당될 수 있을 것이다. 민주화 혁명으로 추켜세우고 있는 동학혁명 역시 결국은 탐관오리 학정에 일어난 민란에 불과하다. 주자학에 억눌려 있던 사회에서 새로운 생각을 하는 것 자체가 쉽지 않았고 설령 있다 해도 세력이 약하거나 그를 받아줄 사회 환경이 되지 못했던 것이다. 해방 이후 4.19 의거, 5.16 그리고 최근에는 5.18 광주민주화운동이나 박근혜 탄핵을 혁명으로 내세우고 있으나 엄밀히 말하면 이는 기존 권력을 몰아내고 새로운 권력으로 대체한 것뿐이다. 다시 말하면 혁명으로 불릴 만큼 정치, 사회, 문화적 변화가 없었다는 것이다.

　물론 혁명이 이루어져서 사회가 변한 것이 반드시 좋은 것만은 아니다. 프랑스 혁명으로 수많은 사람들이 죽고 몇 번의 공화정을 거친 우여곡절 끝에 결국 회귀한 것이 또 다른 황제국 나폴레옹 제정이었고 러시아 역시 혁명 이래 스탈린 집권까지 수많은 살육으로 이어졌지만 결국에는 국가 자체가 붕괴되었다. 이러한 현실은 중국을 비롯한 아랍, 남미에서도 그렇고 아시아 여러 나라도 크게 다르지 않다.

　이렇듯 혁명의 결과가 만족스럽지 못한 것은 주체적 혁명세력이 없거나, 있어도 혁명 이후에 대한 준비가 없어 방심하는 동안 탐욕스러운 정치가가 재빨리 권력을 움켜쥐기 때문일 것이다. 다른 이유로는 혁명세력이 세력을 잡았다 하더라도 혁명 이념의 현실화 과정에서 통찰과정이 없이 무리한 추진에 수많은 희생을 강요하기 때문이다. 혁명 때 상황과 실제 현실화할 때의 그것은 결코 같지 않은 것이다. 그래서 혁명을 준비한 레닌도 결국 수십만 명을 숙청하였고 그 외의 혁명국가들도 같은 길을 갔다. 그래서 한 가지 확실한 것은 혁명은 전(前)이나 후(後)에도 많은 이론적 통찰과 논의 그리고 완급조절이 필요하다는 것이다.

반면 과격한 혁명보다는 3.1운동이나 여성운동, 환경운동같이 사회의 흐름을 바꾸려는 운동(Movement) 역시도 이론적 근거가 없다면 허약할 수밖에 없다. 한 예로 우리의 운동권을 돌아보자. 종북의 주체사상 운운하면서 반체제 운동을 하는 인물들은 많아도 나름대로 국가 이익에 대한 이론적 체계를 들어본 적이 없다. 해방 후 일부 지식인들에 의해 제시된 좌경 이념도 그 이념 자체나 이념 이행에 따르는 논쟁, 즉 그 이론이 우리에게 어떤 도움이 되고 어떻게 현실화할지에 대한 체계적인 고민이 없었다는 것이다. 결국 이론이 결핍된 이들 세력들은 전 정부의 운동권 세력들이 보여주었듯이 권력 쟁취와 기득권 유지에 매몰될 수밖에 없었다. 즉 이론적 논쟁보다는 폭력적 시위와 국민 선동에 그쳤다는 것이다.

그래서 혁명가나 운동가가 되기 위해 밖으로 뛰쳐나가기 앞서 책과 토론을 통하여 새로운 시대에 도대체 무엇이 어떻게 필요한지를 고민해야만 한다. 그래야 논리를 갖고 설득력으로 사람을 움직일 수 있을 것이다. 이것이 결여될 때 머리가 없이 가슴만 있는 혁명가나 운동권에 지나지 않는 것이고 또한 결과조차 또한 바람직하지 않다. 지금처럼 머리가 없는 좌파 운동은 결국 권력을 위한 감성적 호소와 선동, 폭력을 가질 뿐 이 이상도 그 이하도 아닌 것이다.

분명 혁명이나 운동이 있다는 것은 정도의 차만 있을 뿐 사회가 그만큼 병들었음을 나타내는 것이다. 환경의 변화 즉 기술과 산업이 변화하는 상황에서 사회 자체도 거기에 맞추어서 변해야 한다. 그러나 특정 세력 예컨대 기득권층에 의해 변하지 못하고 억눌러진 사회적 모순이 누적된다면 결국 폭발하게 되는데 이것이 바로 혁명이다. 그래서 혁명 자체는 결코 바람직한 것은 아니다. 그러나 그것이 정작 필요한 때에 없다면 그것 또한 불행한 일이 아닐 수 없다. 조선 말(末)처럼 말이다.

2023-4-26

에필로그

　역사는 사람들의 관계가 만들어내는 사건으로 성장하는 생명체이다. 이 생명체는 세 가지 외부 충격에 의해 크게 변화하는데 그것은 전쟁 발발, 혁신 기술의 출현 그리고 지진이나 전염병 같은 자연 재해이다. 지난 몇 년간 국내외 정세 변화의 특징은 중세의 흑사병이나, 근대의 산업혁명 그리고 제1차, 제2차 세계대전에 비하면 규모는 작으나 이 세 가지 충격이 동시다발적으로 일어났다는 사실이다. 우크라이나 전쟁, 첨단 정보기술의 혁신적 발전, 그리고 코로나 역병이 바로 그것이다. 역사가 그렇듯 지금 당장은 그 영향이 흐릿할 수도 있지만 충분한 시간이 지나면 역사의 흐름이 이 시기를 전환점으로 해서 다른 방향으로 밀려가고 있음을 느끼게 될 것이다.

　책의 서두에서도 언급했지만 이 칼럼의 시대적 배경은 국내 시각으로 보면 2019년부터 2023년 초반까지의 5년간으로, 문재인 정권 통치 기간을 포함 윤석열 대통령의 초기 일 년간의 집권기간이다. 칼럼은 시대에 벌어진 사건에 대한 개인의 생각이기에 컬럼 모음은 그 시대를 대하는 개인의 시각이다. 이 개인의 시각 즉 파편화된 시각을 시간의 흐름에서 다시 지역, 국가, 세계적 공간의 범주로 묶어 내고 더 나아가서 각 공간을 형성하고 있는 요소인 이념, 정치, 경제, 개발 그리고 문화 등으로 세분화할 필요가 있다. 그래야 내가 속한 공간에서 무엇이 문제이고 무엇을 해야 할지가 분명해지기 때문이다. 이러한 목적을 위해 칼럼들의 내용을 이들 범주로 간략히 다시 살펴보고자 한다.

지역적 범주

사람은 자신이 뿌리 박고 있는 공간으로부터 제약을 받기 마련이다. 필자가 생명을 얻었고 또한 이어간 곳이 인천이기에 칼럼 주제의 지역적 범위가 이곳에 한정되어 있음은 자연스러운 것이다.

국가와는 달리 도시 단위의 경우 외부의 충격 즉 우크라이나 전쟁이나 기술의 혁신에 의한 충격이 상대적으로 약할 수밖에 없다. 사실 지난 5년간의 불거진 이슈를 살펴보면 시민의 삶에 직접 영향을 준 코로나 충격이 가장 큰 요인이었다. 또한 이념이나 정치보다는 보다 작은 개념인 지역 산업, 주택을 포함한 도시 인프라 개발 그리고 문화와 복지 등 주민들과 밀접한 민생이 주된 이슈가 될 수밖에 없다.

지역의 정치 이슈로는 2022년 총선에서 박남춘 전 시장과 유정복 후보가 각축을 벌였지만 당시 후보 자질론과 공약에서 누구도 정치적 우위를 갖지 못한 상태에서 총선 4개월 전에 끝났던 대선 여파에 밀려 국민의 힘 유정복 후보가 당선되었다.

지역 경제 이슈로는 지역 제조업의 핵심을 차지하고 있는 GM 부평공장의 지속적 운영여부와 전기자동차 제조에 대한 미국 본사로부터 할당량을 둘러싸고 이슈가 되었으나 큰 반향은 없었고 대신 시의 관심은 코로나 사태와 미래 산업으로 부각되고 있는 바이오 산업으로 전환되었다. 그러나 지역이 갖는 딜레마는 비싼 송도 지역에 바이오 산업과 같은 대규모 장치 산업이 비효율적이라는 점이다. 넓게 차지하고 있는 공장 부지에 비하여 상대적으로 고용효과가 크지 않아 지역 홍보 효과는 있을지 몰라도 지역 경제에의 도움은 회의적이라는 것이기 때문이다.

이외에 관광산업으로 크게 부각되었던 영종의 복합리조트 사업들은 사드(THAAD)와 이어진 코로나 사태의 충격으로 거의 고사 상태까지 직면하였다. 영종도 남서쪽에 위치한 파라다이스 시티는 최소한의 규모로 운영하였고, 공항 내의 인스파이어 리조트사는 2023년 개장을 목표로 하고 있지만 사행산업이라는 국내 인식, 그리고 코로나 사태와 중국외교 갈등으로 인한 외국인의 국내 출입이 쉽지 않는 등의 악재로 새로운 돌파구를 찾아야 하는 실정이다.

코로나 사태와 우크라이나 전쟁으로 인한 세계 공급망 붕괴는 지역의 중소기업에 큰 피해를 안겨준 것은 사실이다. 현재까지 정부의 무제한적인 경영지원 자금 살포로 명맥을 유지하고 있으나 중국의 약진과 지역 소재 기업의 영세성으로 인해 첨단 산업 형태로의 구조 변화가 없는 한 앞으로의 생존은 예상할 수 없는 실정이다.

지역의 씽크탱크와 첨단 인력 양성의 역할은 대학의 몫이다. 이러한 목적으로 송도에 인천대학교의 이전과 함께 연세대와 외국 유수 대학을 유치했으나 아직 그 지역대학으로서 이러한 역할이 미흡하다. 더욱이 코로나 사태로 인한 비대면 교육의 활성화 추세는 대학의 기능에 대해 다시 생각하게 하는 계기가 또한 되었다.

문화적으로도 개항장거리 활성화, 월미열차 운행, 섬 관광 활성화 등 다양한 관광 상품을 개발하였으나 이들 도시 특성화 사업들도 코로나 사태의 충격을 벗어나지 못했고 코로나 사태 이후에 경기 침체가 예고되고 있어 미래 역시 불투명하다.

인천시가 갖고 있는 문제점을 요약하면 단기적으로는 코로나와 전쟁의 영향이 있다고는 하지만 근본적인 것은 도시 경쟁력의 약화와 정체성 부재에 있다고 할 수 있다. 여기에 다양한 원인을 생각해 볼 수가 있다.

첫째는 인천의 훌륭한 자원이 풍부함에도 이를 묶어 비전을 향해 갈 수 있는 정치적 리더십과 이를 직접 실행하는 시 종사원의 역량 부족, 그리고 시민들의 무관심을 들 수가 있다. 매년 지자체 수장이 바뀔 때마다 항상 새롭게 비전 수립과 기본계획을 세우곤 했으나 이것이 시민들을 포함한 시 구성원들과 공유된 적이 없었던 것도 한 이유가 될 수 있다. 둘째는 인천 발전의 견인 노릇을 해야 할 송도가 경제자유구역이라는 초기 구상과는 달리 단지 일산이나 분당과 같은 신도시개발과 같은 형태로 개발하고 있다는 점이다.

인천의 비전 즉 아시아의 허브로 발전하기 위해서는 먼저 장기적인 도시 비전을 세우고 여기에 모든 지역 구성원들과 비전을 공유할 필요가 있다. 이러한 도시 비전 수립에 있어서 도시 경쟁력이 핵심 요인으로서 이를 결정하는 것은 "직업의 지리학"의 저자 엔리코 모레티 교수가 강조한 바와 같이 도시 경제의 활성화이다. 도시 경쟁력을 생각한다면 먼저 로봇산업이나 드론, 인공지능 등의 첨단 기업을 유치하고 대학을 중심으로 도시 경제와 문화를 육성해야 할 것이다.

국가적 범주

이 책이 다루는 2019년부터 2023년 시기가 주로 문재인 대통령 집권기간이었고 대선과 총선이 있었던 시대만큼 칼럼의 주제는 자연스레 여기에 초점을 두게 되었다. 특히 문재인 정권유지에 동원된 반일과 친북, 친중 행각에 의한 이념적 혼란, 그리고 소주성 정책을 위시하여 인기 영합 전략으로 출발한 핵발전소 폐기, 사대강 복원 사업 등이 결과한 경제적 폐해가 적지 않았기 때문이다.

이외에 전 정권의 도덕성 논란도 큰 이슈였다. 운동권 출신 정치권 고위 인사들의 잇단 성추문과 그들의 몰락, 조국, 윤미향, 손혜원 등의 내로남불 행태는 진보그룹의 도덕성에 큰 의구심을 품게 되었으며 이들이 외친 반일과 반미 그리고 친중과 친북의 반동적 행보는 한국의 자유 민주주의의 정체성을 퇴색하였을 뿐만 아니라 국민 분열을 조장하였다.

대선 기간 이재명 후보와 윤석열 후보의 자질 및 과거 전력에 대한 공방으로 일관하다가 결국 박빙의 승부차이로 윤석열 후보가 당선되었으나 반쪽의 승리라는 한계가 정국 안정에 큰 걸림돌이 되었다. 당시 대선 후보로 나온 이재명 후보가 공약으로 내세운 기본 시리즈는 구체성에 상당한 한계를 드러내었지만 다른 후보들은 이렇다 할 정책마저 없었다. 결국 정책적 공방보다는 대장동 비리 같은 부패사건 그리고 후보 부인들의 사생활이 화제가 되었다.

코로나의 충격은 마스크 정국으로 국가의 권력을 공고하게 하여 심지어 전체주의 형태로 이르게 된 것도 하나의 현상이다. 또한 소득 주도성장 정책과 코로나 사태로 인한 피해를 줄이고자 통제 없이 풀려 버린 유동성 확대는 정부의 포퓰리즘 정책과 맞물려 부동산, 코인, 주식의 광풍을 조장하였고 인플레이션에 대한 큰 우려를 남게 하였다.

여기에 부풀려진 부동산 경기는 예타(예비타당성) 배제와 함께 더욱 달아올랐는데 대표적으로 인천 연륙교 건설, 가덕도 신공항 건설, 그리고 GTX 사업 등으로 코로나 사태가 진정되기 시작하는 2023년 전 세계적인 침체 국면으로 사업 진행에 대한 전망은 불투명하다.

대한민국이 갖고 있는 문제점은 이 장 마지막에 다시 언급하겠지만 단적으로 국민 분열과 함께 불합리한 정권에 저항할 수 있는 국민의 교양부재라 할 수 있다. 이에 대한 원인으로는 이미 이념적으로 분열되어 있는 국민성향에다가 정권 창출 및 유지를 위한 국민분열 작업이 가세를 했고 여기에 코로나로 일반화된 SNS와 유튜브 등의 매체가 활용되었기 때문이다. 지역뿐만 아니라 가진 자와 없는 자, 20대 이대남과 이대녀, 친일과 반일, 친북과 친미 등 목적에 따라 신분과 계급 분열을 방조했다. 국민 통합을 이루기 위해서는 훌륭한 리더십이나 혹은 전쟁이나 경제 위기 같은 충격이 있지 않는 한 당분간 해결될 것으로 보이지 않는다.

부당한 권력에 저항할 수 있기 위해서 필요한 것은 선진화된 국민의식이고 이 의식은 바로 국민 교양 수준에서 결정된다. 국민 교양을 함양할 수 있는 것은 정책을 동반한 국가의 노력도 중요하지만 무엇보다도 사회 지도층을 형성하고 있는 지식 계급들의 자발적인 노력이 필요하다.

이러한 국가의 정치적 그리고 이념적 이슈 외에 정보기술의 발전과 관련하여 국가적 통제 역시 관심을 가질 시점이다. 국민 대부분의 소통 도구로 활용되고 있는 카카오 서비스가 서버의 화재로 인하여 잠시나마 국가가 패닉 상태로 있었던 점이나 네이버의 댓글 사건 혹은 FC 뇌물 사건 등 이들이 보여준 정치적 행보도 우려가 된다. 그래서 그들의 서비스에 우리의 소통과 생활, 의식을 의지하고 있는 만큼 더욱 절대권력으로 성장하기 전에 혹은 국가 권력에 결탁을 막기 위해서는 지금부터라도 정보기술 산업 보호 정책에서 이제는 통제로의 전환이 절실하다.

세계적 범주

역사를 움직일 수 있는 거대한 충격이 역병, 기술, 그리고 전쟁이라면 이 세 충격을 동시에 받은 것이 지난 5년간이라는 점은 이미 지적한 바 있다.

코로나의 세계적 확산과 우크라이나 전쟁 그리고 미·중의 패권 경쟁에서 야기된 것은 정치적으로는 자유민주체제와 공산체제의 이념적 고립화와 그리고 경제적으로는 세계의 공급망 붕괴에 따른 고립된 경제 블록화였다.

먼저 코로나 사태가 미친 가장 큰 영향 중의 하나는 인류가 그간 쌓아 온 과학 문명에 대한 인류의 오만함을 여지없이 무너뜨린 일이었다. 인류가 선택한 것은 역병을 이기기보다는 "강한 자만이 살아남는다"라는 고전적 방역 정책이었으며 이는 상당한 기간 인류의 이동을 차단하는 결과를 가져왔다. 그리고 앞으로 자유로운 인류 이동에 대해 거부감을 갖게 될 것임에는 틀림없다. 한편 이 점은 이스라엘의 사학자 유발 하라리의 언급과 같이 인간 몸으로부터의 해방을 생각해 보는 계기가 되었다.

미·중 패권 경쟁과 우크라이나 전쟁과 함께 코로나 사태로 인하여 세계는 이념적 분화 즉 미국 중심의 자유민주주의 체제, 그리고 러시아와 중국 중심의 공산주의 체제와 같이 두 블록 다극 체제로 명확히 구분 및 재편되는 모습을 보이고 있다. 이는 각국이 두 체제들로부터 선택을 강요받을 수밖에 없음을 뜻하며 과거처럼 느슨한 외교가 용납되지 않음을 뜻한다. 종국에는 결국 두 블록 간의 무역단절이라는 경직성을 갖게 되어 각국 경제에 심각한 영향을 줄 수밖에 없다. 주지하고 있다시피 이미 미국은 리쇼어링 정책을 통하여 국제 공급망 체계를 버리고 자국 내 공급망을 구축하고 있다. 중국에 무역비중이 많은 우리로서는 심각한 문제가 아닐 수 없으며 더욱이 외교 및 경제 영역에서 미국에 더욱 의존할 수밖에 없고 이러한 새로운 관계 속에서 우리의 생존을 찾아야 함을 의미한다.

특히 러시아의 에너지 수출, 우크라이나의 곡물수출, 그리고 중국의 세계공장 역할의 정지는 세계공급망 붕괴와 국제 경기의 침체로 이어졌고 각국은 어려워진 경기를 타개하고자 유동성을 제한 없이 풀게 되었다. 2021년에서 2022년 중반은 전쟁과 코로나 사태의 절정기였으며 또한 유동성 확대와 인플레이션의 절정이었다. 이 여파로 각국은 현재까지도 물가 인상과 침체를 동반하는 스태그플레이션의 고통을 이어 가고 있다.

역병에 의한 소통 단절은 오히려 정보통신 기술이 발달하는 계기가 되었다. 이것이 인공지능 및 로봇 등의 발달과 아울러 전쟁의 형태가 변화할 뿐 아니라 인류 노동의 대체를 생각하는 계기가 마련된 것이다. 사람들의 이동을 막은 불편함을 정보기술 혁신으로 보완하였고 이는 짧게는 인터넷을 활용한 소통 기술에 그리고 블록체인에 기반한 코인 개발 그리고 장기적으로는 인공지능에 기반을 둔 다양한 생산성 혁신 기술들이 나타난 계기가 되었다.

이 기술은 전쟁 수행 방식의 변화를 초래하게 되었는데 그것은 예전의 항공모함을 이용한 제공권 전투에서 드론과 미사일의 원거리 전투 양상으로 변화하였다. 실제 우크라이나는 이들 첨단 전쟁 무기의 시험장이자 유럽이 갖고 있던 재래식 무기의 폐기 장소이다. 그리고 이 전쟁은 대규모의 소모전이라고 하는 것을 여실히 보여 주었던 비극이었으며, 어떤 일이 있더라도 피해야 한다는 사실을 일깨워 주었다.

문제점은 결국 국제 분쟁을 조절하는 국제 기구의 한계라고 할 수 있다. 제1차 세계대전 후에 미국 대통령 우드로 윌슨에 의해 국제연맹이 제창되었고 제2차 세계대전 후에는 또다시 UN이 설립되었지만 아직도 우크라이나 전쟁을 막기에는 무력하다. 결국 이러한 분쟁을 불식시키기 위해서는 강력한 국제 분쟁 처리 기구가 필요하다는 것이다. 물론 각국의 이해가 있어 쉽지 않으나 이 기구의 부재는 결국 힘으로밖에 해결 방법이 없다는 것을 역사에서 배웠다.

그리고 질병에 대해서도 이제는 일국 단위로 해결보다는 국제 기구를 통한 세계적 통제 역시 필요하다. 각국의 위생상황을 관측하고 예방 그리고 연구기능을 갖는 전문 기관에서 질병 관리를 맡아 범지구적인 관리가 필요한 것이다. 현재까지도 코로나의 진원지로 알려져 있는 중국에 대해서 어떤 간섭도 할 수 없기 때문이다.

통제가 필요한 것은 첨단 정보기술에 대해서도 예외는 아니다. 물론 첨단 기술의 발전이 인류의 생산성에 큰 도움이 되었고 또한 될 것도 사실이다. 그러나 인공지능의 발전에 대해 많은 전문가들은 미래에 대한 우려 역시 갖고 있다. 통제를 못 하고 방향도 알 수 없는 새로운 혁신 기술의 출현이 자칫 인간성과 창조력을 파괴하는 도구가 될 수도 있기 때문이다. 최근 들어 ChatGPT와 같은 인공지능 기술은 그것을 예측하기에 전혀 지나치지 않다.

어쨌든 2020년대는 이들 충격에 대해 상당한 불편함과 인내가 필요한 시기임에는 틀림이 없다.

국민교양의 함양과 국민 통합

칼럼의 마지막 귀결은 결국 뿌리 박고 있는 대한민국에 다시 모일 수밖에 없다. 국가가 정립되어야 개인이 거주하는 지역이 잘 될 것이고 또한 어떠한 외세에도 흔들리지 않기 때문이다. 이렇듯 국가라는 존재가 현세에서는 우리 삶에 가장 영향력을 갖고 있는 구조물이다.

대한민국이 앞으로의 번영을 하기 위해서는 극복해야 할 두 가지 과제가 있는데 그것은 아직 미흡한 국민 의식이고 다른 하나는 국민 분열이다. 우리가 지향하고 있는 자유민주주의 체제에서 주인인 국민이 불합리한 정부 권력에 저항하기 위해서는 선진국에 합당한 국민의식을 지녀야만 한다. 국민의식이 있어야 불합리한 권력에 대한 비판력과 판단력을 얻을 수가 있기 때문이다. 그리고 이러한 국민의식의 기본 전제 조건은 국민교양의 함양이고 이는 바로 책 읽기와 토론문화에서부터 시작하는 것이다.

러시아 혁명 시에도 지식인들의 서구사상에 대한 공부 모임과 토론 문화가 융성했고 스코틀랜드의 존 녹스의 노력으로 대부분 주민이 책과 사상에 대해 말할 줄 알았다. 유명한 근대 철학자 데이비드 흄과 애덤 스미스도 바로 그들로부터 나왔던 것이다. 또한 일본의 메이지 유신이 성공할 수 있었던 것은 서양의 선진문화를 받아들이려는 노력과 지식인 등을 포함한 유학파들이 뜻을 모으고 노력한 덕분이었다. 그래서 국가가 희망을 갖기 위해서는 경제력도 중요하지만 이러한 깨인 국민의식이 밑바탕이 되어야 한다.

국민통합의 핵심은 서로를 이해하고 배려하는 가운데 우리의 지향점 즉 자유민주주의의 가치를 공유하는 것이다. 물론 가치를 추구하는 방식이 서로 상이할 수는 있으나 이를 조율하고 설득하여 통합을 끌어내는 것이 바로 리더십이다. 그래서 대통령의 강한 국가 리더십이 국민통합에 있어서 중요한 요소인 것이다. 사실 남북의 통합을 이루어낸 미국의 에이브러햄 링컨 대통령 그리고 흑백의 통합을 이루어낸 마틴 루터 킹 목사처럼 국민을 하나로 만들 수 있던 것도 그들의 리더십 덕분이었다.

이러한 국민 통합은 근본적으로 국민 개개인이 갖고 있는 배려심과 겸손에서 비롯된다고 본다. 그 기본적 특성은 예전 중국의 맹자가 언급했던 연민(憐愍)의 측은지심(惻隱之心)일 것이다. 배려하는 태도에서 서로의 생각에 대해 이해와 공감할 수 있고 또한 함께 토론이 가능하며 행동을 함께할 수 있는 계기가 되는 것이다.

또한 우리의 두 가지 과제 즉 국민의식 함양과 국민 통합의 중요한 요소로 지식인들의 역할을 지적하지 않을 수 없다. 지식인은 노블레스 오블리주의 소명의식을 갖고 국민 교양함양을 통해서 국민을 일깨워야 하고 때로는 국민통합을 위해 정부의 정당한 리더십에 부응도 해야 한다. 부당한 권력으로부터 국민을 지켜야 함은 물론이다. 다시 말하면 국가의 어른 역할을 하여야 한다는 것이다.

대한민국은 1997년 IMF 금융위기를 극복한 이후부터 지금까지 25년 기간이 우리 역사 반만년 기간 중 황금기라고 할 수 있다. 1910년 한일 합방 이후 100년, 1953년 한국전쟁의 폐허에서 불과 70년 만에 현재의 선진국으로 발전한 것은 기적이다. 이미 국방력과 경제력은 선진국 수준에 들어섰고 외교적으로도 공식 석상에 패권국 미국이나 중국 정상과 자리를 함께할 정도이다. 사실 이러한 대접을 받아 보는 것은 그 긴 역사상 처음 있는 일이다. 이제 선진국으로서 국격(國格)을 유지하고 더욱 발전시켜서 후대에게 물려주는 것이 우리 세대의 의무이고 책임일 것이다.

그래서 희망하고 또한 확신한다. 우리는 수없이 많은 어려움도 있었지만 그때마다 극복하여 왔다. 또한 그러한 DNA도 갖고 있고 그러한 자신감도 있다. 그래서 앞으로도 그렇게 될 것이고 또한 반드시 그렇게 되어야만 한다.

시각과 공감

초판인쇄 2023년 5월 26일
초판발행 2023년 5월 26일

지은이 김준우
펴낸이 채종준
펴낸곳 한국학술정보(주)
주 소 경기도 파주시 회동길 230(문발동)
전 화 031-908-3181(대표)
팩 스 031-908-3189
홈페이지 http://ebook.kstudy.com
E-mail 출판사업부 publish@kstudy.com
등 록 제일산-115호(2000. 6. 19)

ISBN 979-11-6983-391-2 03300